本书得到中国敦煌石窟保护研究基金会的资助

新时代敦煌学研究丛书
荣新江 主编

银币东来

五至七世纪吐鲁番绿洲经济与丝绸之路

Silver Coins Towards the East
The Economy of the Turfan Oasis and the Silk Road from the 5th to the 7th Century

裴成国 著

浙江古籍出版社

图书在版编目（CIP）数据

银币东来：五至七世纪吐鲁番绿洲经济与丝绸之路 / 裴成国著. -- 杭州：浙江古籍出版社，2025. 8. （新时代敦煌学研究丛书 / 荣新江主编）. -- ISBN 978 -7-5540-3409-5

Ⅰ．K294.5

中国国家版本馆CIP数据核字第2025DQ1387号

新时代敦煌学研究丛书　荣新江主编

银币东来：五至七世纪吐鲁番绿洲经济与丝绸之路

裴成国　著

出版发行	浙江古籍出版社
	（杭州市环城北路177号　邮编：310006）
网　　址	https://zjgj.zjcbcm.com
责任编辑	沈宗宇
责任校对	吴颖胤　叶静超
封面设计	时代艺术
责任印务	楼浩凯
照　　排	大千时代（杭州）文化传媒有限公司
印　　刷	浙江海虹彩色印务有限公司
开　　本	710mm×1000mm　1/16
印　　张	23.75
字　　数	425千字
版　　次	2025年8月第1版
印　　次	2025年8月第1次印刷
书　　号	ISBN 978-7-5540-3409-5
定　　价	138.00元

如发现印装质量问题，影响阅读，请与市场营销部联系调换。

"新时代敦煌学研究丛书"编纂委员会

（按姓氏音序排列）

主　　编：荣新江

编　　委：郝春文　刘安志　刘进宝　刘　屹
　　　　　游自勇　于志勇　张小艳　张涌泉
　　　　　张元林　赵声良　郑炳林

编委会助理：冯　婧　沈晓萍

编纂单位：中国敦煌吐鲁番学会

总　序

如果把 1900 年敦煌藏经洞的发现作为敦煌学研究的起点，敦煌学已经走过了 120 多年的历程。郝春文教授等所著《当代中国敦煌学研究》把中国的敦煌学研究分成 1909—1949 年、1949—1978 年、1978—2000 年、2000—2019 年四个阶段。我们在此基础上，把 2020 年作为"新时代敦煌学研究"的开始。

为了展现新时代敦煌学的研究成果，我们计划编纂"新时代敦煌学研究丛书"。这套丛书由中国敦煌吐鲁番学会主持编纂，会长担任主编，以学会副会长及学术带头人组成编委会，负责质量把关。丛书由浙江古籍出版社出版，由敦煌学出版中心具体运作。大致每 5 本一辑，持续推出。

这套丛书主要收录新的学术研究论著，以成系统的专著和论集为主。内容上以敦煌学研究为主，兼收吐鲁番、于阗、龟兹以及石窟寺等方面的研究著作，是一套开放的敦煌学研究丛书。

我们希望集合老中青学者的力量，形成学术"合力"，推进敦煌学研究进步，展现新时代敦煌学的研究实力。希望本丛书吸纳近年来敦煌学者的最新研究成果，成为当今敦煌学研究最高水准的代表，共同构筑新时代敦煌学的雄伟大厦。

浙江与敦煌，一在东之南，一在西之北，相距六千余里，却有着深厚的学术渊源与文化联系。1900 年后，浙江与敦煌学就紧密联系在一起，浙江籍里研究敦煌文献的，稍早一点有叶昌炽、罗振玉、王国维等。此后代有其人，敦煌研究院两任院长常书鸿、樊锦诗均为杭州人。浙江出版联合集团多年来也是敦煌学著作的出版阵地，早年姜亮夫先生的《瀛涯敦煌韵书卷子考释》等，近期赵声良主编的《藏经洞敦煌艺术精品》，都是由浙江古籍出版社出版，获得不少好评。

当下，敦煌学界和出版界都在为敦煌学的发展而努力，浙江出版联合集团支持浙江古籍出版社成立"敦煌学出版中心"，为"新时代敦煌学研究丛书"的实施提供了大力的支持，相信未来会有更多更优秀的敦煌学相关著作由此产生。

丛书编委会
2025 年 5 月 11 日

序

公元 5—7 世纪的吐鲁番，经历了其历史上的高昌郡、高昌国和唐西州时期，19 世纪末、20 世纪初以来，当地发现了大量各种类型的典籍和文书，为今人研究吐鲁番这几个时段的历史提供了丰富的资料。特别是从 20 世纪 80 年代以来，随着唐长孺先生主编的《吐鲁番出土文书》公布了大量官私文书，吐鲁番史的相关研究出现了一个高潮，举凡政治、经济、文化、民族关系、对外交往等问题，都有丰硕的研究成果。以后，又有《新获吐鲁番出土文献》《旅顺博物馆藏新疆出土汉文文献》公布的新材料，但总体上世俗文书不够多，因此吐鲁番文书的历史学研究方面，稍稍有些降温。

然而，吐鲁番文书仍在不断出土，有关方面的研究仍有细化的空间。从吐鲁番的绿洲经济和丝绸之路的角度来看，学界过去对于高昌在东西文化交往上的重要作用着墨较多，而对丝绸之路的经济贸易之于丝路绿洲高昌王国或唐西州的影响则强调不够。裴成国的这本专著正是在这样的思考背景下选择的题目，可谓切中肯綮。他细致入微地把高昌民众的土地占有、赋役承担，特别是波斯萨珊银币的使用情况与这个丝路城市的经济联系起来，从而找到了高昌国和唐西州经济发展的关键所在，也破解了许多前人未曾解决的问题。相反，正是由于对吐鲁番文书没有真正理解，总有一些欧美、日本学者低估丝绸之路在东西方贸易上的重要意义，也无法理解丝绸之路对高昌这个绿洲城市产生了什么样的影响，这些我们现在可以从裴成国的书里得到更可靠的答案。

裴成国原本师从中国人民大学历史学院孟宪实教授，对吐鲁番出土文书已有相当的把握。从 2006 年至 2011 年，他就读于北京大学历史学系，跟从我做博士研究生。在此期间，我正好在与孟宪实及吐鲁番学研究院的李肖先生合作，主持进行"新获吐鲁番出土文献的整理与研究"课题，他随即投身其中，得到许多亲手处理原始文书的机会，也特别承担了一些北凉和阚氏高昌国时期赋税文书的整理与研究工作，成为最后形成的《新获吐鲁番出土文献》（中华书局，2008 年）的编纂者之一，也独立发表了一些相关的研究论文。与此同时，他还参与了我主持编写的《吐鲁番文书总目（欧美收藏卷）》（武汉大学出版社，2007 年）和《吐鲁番出土文献散录》（中华书局，2021 年）两项工作，接触到更多类型的吐鲁番文书，受到了多方面的训练。他在学期间，我又把他送到日本新潟大学，跟随日本吐鲁番出土文书研究方面的顶级专家関尾史郎教授，学习了一年半时间，从而获得大量日本的学术信息和资源，这些收获也都体现在他现在这本专著当中。

毕业后，成国进入西北大学历史学院任教，此后又有机会赴美国哈佛大学进修一年，收集外语资料；他还跟从胡戟教授走访过土耳其、希腊、意大利、荷兰，寻访丝绸之路沿线遗迹，并收集今人研究论著，夯实研究基础。他的一些论文不仅在国内核心期刊上发表，有些还被翻译成英文、日文，在海外刊行。特别是在 2024 年 5 月，他被邀请参加日本东洋文库举办的"敦煌吐鲁番研究的最前沿"学术研讨会，发表主题讲演。我知道这不是日本东洋史学界的随意为之，而是对成国吐鲁番学相关研究的肯定和重视。他的成功演讲，为中国学术界争了光。

我忝为成国的指导老师，见到他的新著即将出版，喜不自胜，因叙学缘，聊以为序。希望成国百尺竿头，更进一步。

荣新江

2025 年 3 月 23 日于三升斋

目 录

总　序　*i*
序（荣新江）　*iii*

绪　论　*001*

第一章　公元5世纪吐鲁番绿洲的经济与赋役　*006*
　　第一节　吐鲁番新出北凉计赀、计口出丝帐　*006*
　　第二节　吐鲁番新出阚氏高昌时期供物、差役帐　*035*
　　第三节　高昌货币史上的毯本位时代　*075*
　　第四节　《高昌主簿张绾等传供帐》的性质
　　　　　　——兼论阚氏高昌国时期的客使接待制度　*086*

第二章　麴氏高昌国流通货币　*096*
　　第一节　文书和考古所见的"银钱"　*096*
　　第二节　"半文"银钱　*108*
　　第三节　作为流通手段的粮食　*113*

第三章　丝绸之路与高昌国的银钱流通　*120*
　　第一节　先行成果　*120*
　　第二节　高昌国银钱的使用及流通的实态　*127*
　　第三节　小结：兼论"丝绸之路史观论争"　*182*

第四章　土地与生计　*190*
　　第一节　文书所见高昌国平民土地占有状况　*190*

001

第二节　丝绸之路绿洲国家百姓的生计　219

　　第三节　高昌国夏树契约所见果木租赁　230

第五章　丝绸之路与高昌经济的崛起　239

　　第一节　时代的机遇　241

　　第二节　高昌资源的优化配置　246

　　第三节　经济战略的调整　251

第六章　丝绸之路与唐西州经济　260

　　第一节　唐西州银钱的使用与流通　260

　　第二节　西州百姓的生产与收益　269

　　第三节　客使接待与西州地方经济　280

结　语　295

附录一　高昌国"作人"问题再论　299

附录二　评殷晴《丝绸之路与西域经济：十二世纪前新疆开发史稿》　316

附录三　评李艳玲《田作畜牧：公元前2世纪至公元7世纪前期西域绿洲农业研究》　324

参考文献　332

图版目录　360

表格目录　362

后　记　364

Contents

General Preface *i*

Preface (Rong Xinjiang) *iii*

Introduction　*001*

Chapter 1 The Economy, Taxes and Corvée Labor of the Turfan Oasis in the 5th Century　*006*

    1.1 Newly Unearthed Accounts of Household Asset Valuation and Silk Levy from the Northern Liang Period　*006*

    1.2 Newly Unearthed Accounts of Tributes and Corvée Labor from the Gaochang Kingdom under the Kan Family's Rule　*035*

    1.3 The Carpet Standard Era in the Monetary History of Gaochang　*075*

    1.4 The Nature of the Accounts of Gaochang Chief Clerk Zhang Wan and Others' Transmission of Supply and the Guest Reception System in the Gaochang Kingdom under the Kan Family's Rule　*086*

Chapter 2 Currencies in the Gaochang Kingdom under the Qu Family's Rule　*096*

    2.1 "Silver Coins" Seen in Turfan Documents and other Archaeological Material　*096*

    2.2 "Half *wen*" Silver Coins　*108*

    2.3 Grain as a Medium of Circulation　*113*

Chapter 3 The Silk Road and Circulation of Silver Coins in the Gaochang Kingdom   *120*

    3.1 Former Scholarship   *120*

    3.2 The Real State of the Use and Circulation of Silver Coins in the Gaochang Kingdom   *127*

    3.3 Conclusion: On the "Silk Road Historical View Debate"   *182*

Chapter 4 Land and Livelihood   *190*

    4.1 Land Ownership of Commoners in the Gaochang Kingdom as Seen in Documents   *190*

    4.2 Livelihoods of People in the Oasis States along the Silk Road   *219*

    4.3 Fruit Tree Leasing as Seen in Gaochang's Tree Leasing Contracts   *230*

Chapter 5 The Silk Road and the Economic Rise of Gaochang   *239*

    5.1 Opportunities of the Time   *241*

    5.2 Optimal Allocation of Gaochang's Resources   *246*

    5.3 Adjustment of Economic Strategy   *251*

Chapter 6 The Silk Road and the Economy of Xizhou Prefecture in the Tang Dynasty   *260*

    6.1 Use and Circulation of Silver Coins in Tang's Xizhou   *260*

    6.2 Production and Earnings of Xizhou's People   *269*

    6.3 Guest Reception and Local Economy of Xizhou   *280*

Conclusion   *295*

Appendix I Re-discussion on the Issue of *zuoren* in the Gaochang Kingdom   *299*

Appendix II Review of Yin Qing's *The Silk Road and the Economy of the Western Regions: A Draft History of Xinjiang's Development before the 12th Century*   *316*

Appendix III Review of Li Yanling's *Farming and Animal Husbandry: A Study on the Oasis Agriculture in the Western Regions from the 2nd Century BC to the Early 7th Century AD*　　*324*

Bibliography　　*332*

List of figures　　*360*

List of tables　　*362*

Postscript　　*364*

绪　论

自从张骞出使西域，丝绸之路实现全线贯通，绿洲丝绸之路即成为欧亚大陆上东西方交往的大动脉，推动着东西方之间的经济和文化交流。汉唐时期的西域绿洲犹如一颗颗明珠串联起丝绸之路，维系着丝绸之路的畅通，也受到丝绸之路的滋养。本书重点关注丝绸之路商业贸易与绿洲社会经济之间的关系，5—7世纪的吐鲁番绿洲因为有丰富的出土文书资料而成为本书的研究对象。

商业贸易是丝绸之路的基本内涵，汉唐时期丝绸之路商贸受东西方政权各自的政治、外交和经济等方面的影响，其形势也存在历时性的变化[1]。尽管两汉时期欧亚大陆上的主要政权之间的直接政治交往较多，但因相距遥远，商业贸易中中转贸易也是重要的形式[2]。汉唐时期的中国内地与西域地区一直商贸往来不断，西域绿洲国家既是丝绸等商品的消费者，更是中转商，在特定的时期也是生产者，丝绸之路贸易对西域绿洲国家而言是重大的商机，但具体情况则又时代而有不同。

19世纪才被学界作为概念提出的"丝绸之路"不是古代中西方史籍关注和记载的重点，自近代以来，这一领域相关研究的推进相当程度依赖出土文献，就整体而言，这一领域史料仍然不系统、不完整，这是基本现状。因此即便一百年来已经积累了大量成果，丝绸之路贸易的许多基本情况我们仍然不清楚，在试图对其进行历时性描述时仍然面临诸多困难。基于史料和学界既有研究，我们大致可以观察到以下侧面。鉴于本书的主题，这里重点关注汉唐时期中原与西域及中亚地区的贸易关系。汉唐时期绿洲丝绸之路贸易的形式大致经历了以朝贡贸易为主到队商贸易为主的变化。

---

[1] 荣新江《欧亚大陆视野下的汉唐丝绸之路》，李肖主编《丝绸之路研究》第1辑，北京：生活·读书·新知三联书店，2017年，第59—62页。
[2] 荒川正晴《オアシス国家とキャラヴァン交易》，东京：山川出版社，2003年，第4—30页。

西汉时期自武帝时代以"广地万里，重九译，致殊俗，威德遍于四海"[①]的抱负开拓西域之后，在西域建立了藩属体制[②]，朝贡贸易成为丝绸输出的重要方式。加之两汉时期蚕桑业尚未传播到周边的西域等地区，汉朝内地实际上成为丝绸的唯一来源。维系与汉朝官方联系是西域国家获得丝绸的重要途径，所以商胡贩客也都竞相打着朝贡的名义来汉朝以期获得丰厚回赐。两汉结束之后中国进入了长期的割据时代，与西域的政治联系和商业贸易都因此发生了变化。粟特商人以自身的商贸活动重建了欧亚大陆东部的贸易网络[③]，他们沿着丝绸之路向东迁徙，从晋至唐在丝绸之路上以队商贸易的形式发挥了主导作用[④]。魏晋南北朝时期粟特人重视与不同政权的统治者建立密切的联系[⑤]，以方便开展商业活动。在西域绿洲国家和游牧政权中，他们都有自己的聚落和部落[⑥]，以突出的商业才能垄断了当时的丝绸之路贸易。唐朝建立之初即对朝贡贸易进行了规范，通过向藩属国颁授铜鱼的方式杜绝了伪冒朝贡使者的可能性[⑦]。因为唐朝疆域空前广阔，周边与唐朝建立政治联系的政权众多，他们定时向唐朝进行朝贡，唐朝对朝贡使团例行回赐，仍以丝织品为主，这是唐代丝绸向外输出的一种重要方式。唐朝对民间商旅携带丝织品和金属等商品出关有严格的禁令，粟特商人的商业活动亦应受到一定影响，但军资练、朝贡贸易获得的敕赐禁物，胡族通过绢马贸易和与官方互市贸易获得的丝织品都可以合法地越度关津，并在包括西州在内的各地市场上自由交易。可以说除朝贡贸易的回赐，丝绸向外输出还有两

[①]《史记》卷一二三《大宛列传》，北京：中华书局，2014年，第3844页。
[②] 参阅李大龙《汉唐藩属体制研究》，北京：中国社会科学文献出版社，2006年。
[③] Étienne de la Vaissière, *Sogdian Traders: A History*, Leiden & Boston: Brill, 2005；魏义天《粟特商人史》，王睿译，桂林：广西师范大学出版社，2012年，第22—41页。荣新江《欧亚大陆视野下的汉唐丝绸之路》，李肖主编《丝绸之路研究》第1辑，第62—68页。
[④] 姜伯勤《敦煌吐鲁番文书与丝绸之路》，北京：文物出版社，1994年，第150—205页。N. Sims-Williams, "The Sogdian Merchants in China and India", A. Cadonna and L. Lanciotti ed., *Cinae Iran: da Alessandro Magno alla Dinastia Tang*, Firenze: Casa Editrice Leo S. Olschki, 1996, pp.55-57; 尼古拉斯·辛姆斯—威廉姆斯《中国和印度的粟特商人》，毕波译，周伟洲主编《西北民族论丛》第10辑，北京：中国社会科学出版社，2014年，第32—56页。
[⑤] 参看森安孝夫《シルクロードと唐帝国》，东京：讲谈社，2007年，第113—126页。
[⑥] 荣新江《西域粟特移民聚落考》，马大正等主编《西域考察与研究》，乌鲁木齐：新疆人民出版社，1994年；《北朝隋唐粟特人之迁徙及其聚落》，《国学研究》第6卷，北京：北京大学出版社，1999年；两文收入作者《中古中国与外来文明》，北京：生活·读书·新知三联书店，2001年，第26—90页。荣新江《商胡、萨保与粟特贸易网络》，作者《从张骞到马可·波罗：丝绸之路十八讲》，南昌：江西人民出版社，2022年，第126—149页。
[⑦]《唐会要》卷一〇〇，上海：上海古籍出版社，2006年，第2133页。

种合法途径：军资练和绢马贸易[1]，两者都是由唐朝官方主导，与唐朝的边疆经略和战略安全密切相关。唐朝仍然鼓励商胡东来经商贸易，但官方的态度非常务实，除朝贡之外的商旅都使其以商队的形式往来贩易，对过境的绿洲有益而不会成为负担。唐朝对中亚地区的羁縻统治使得粟特人也获得了唐朝百姓的身份，通行更加便利[2]。粟特人在西州、庭州及西域各地继续从事着商业贸易活动[3]。

西域地区的绿洲经济从汉代到唐代经历了显著的发展。5—7世纪吐鲁番绿洲经济的发展情况，此前已有专著详论[4]。人口的增长、中原王朝屯田带来的先进生产工具及生产技术的进步、新作物品种的引进、手工业及园艺业的发展、畜牧业生产技术的进步等都是推动汉唐时期西域绿洲经济发展的因素。就5—7世纪的吐鲁番绿洲经济而言，人口的显著增长、人多地少的矛盾使得依靠精耕细作实行集约经营，提高土地利用率和生产效率成为生产者的主要选择。5—7世纪吐鲁番盆地经济发展成效显著，进而成为西域绿洲农业经济的发达区[5]。尽管前期研究成果已很丰富，但它们基本是从生产力发展的角度进行研究，有无生产力之外的因素，如丝绸之路贸易对绿洲经济的影响如何、丝绸之路贸易可否成为推动绿洲经济发展的动力，尚存较大的研究空间，本书希望在这方面进行探索。

5—7世纪的吐鲁番盆地经历了从高昌郡、高昌国到唐西州前期三个阶段，吐鲁番出土文书大多属于这一时期，这也为研究的开展提供可能。研究中古时期的丝绸之路贸易，吐鲁番文书提供了许多独一份的宝贵资料，即便放眼整个西域，吐鲁番文书在这方面的重要性也格外引人瞩目。北凉时期计赀计口出丝帐[6]、《高昌内藏奏得称价钱帐》[7]、延寿十六年（639）粟特文买婢契约[8]、高昌与突厥间的买马

---

[1] 王小甫《丝路运作与唐朝制度》，郑阿财、汪娟主编《敦煌学》第36期"张广达先生九秩华诞颂寿特刊"，台北：乐学书局，2020年，第47—78页。
[2] 荒川正晴《ユーラシアの交通・交易と唐帝国》，名古屋：名古屋大学出版社，2010年；此据荒川正晴《欧亚交通、贸易与唐帝国》，冯培红、王蕾译，兰州：甘肃教育出版社，2023年，第323—326页。
[3] 参阅程喜霖《唐代过所与胡汉商人贸易》，《西域研究》1995年第1期；收入作者《唐代过所研究》，北京：中华书局，2000年，第239—265页。荒川正晴《欧亚交通、贸易与唐帝国》，第319—358页。
[4] 殷晴《丝绸之路与西域经济：十二世纪前新疆开发史稿》，北京：中华书局，2007年。李艳玲《田作畜牧——公元前2世纪至7世纪前期西域绿洲农业研究》，兰州：兰州大学出版社，2014年。
[5] 李艳玲《田作畜牧——公元前2世纪至7世纪前期西域绿洲农业研究》，第175—215页。
[6] 荣新江、李肖、孟宪实主编《新获吐鲁番出土文献》，北京：中华书局，2008年，第279—284页。
[7] 唐长孺主编《吐鲁番出土文书》壹，北京：文物出版社，1992年，第450—452页。
[8] 吉田豊、森安孝夫、新疆ウイグル自治区博物館《麴氏高昌国時代ソグド文女奴隷売買文書》，《内陸アジア言語の研究》第4号，1989年，第1—50页。

帐①、唐西州时期的过所文书②等就是其中代表性文书。必须承认的是，吐鲁番文书绝大多数出自墓葬，官私文书绝大部分是被制作成明器埋入墓葬的，文书的埋纳和出土都具有很大的偶然性，谈不上完整和系统，资料的零散性使得试图进行系统的、闭环的研究仍然是一种无法实现的奢望。尽管如此，与官府相关的公文书、籍帐，与民众和寺院生活相关的契约、帐簿等依然数量相对集中。就目前所见，至少还有两方面的资料与丝绸之路商贸有关且尚存较大研究空间。第一类是货币流通方面的史料，5—6世纪当地流通货币从实物货币转变为金属货币，并且金属货币一般被认为是萨珊波斯银币。第二类是与客使商旅往来有关的，如阚氏高昌的送使文书、麹氏高昌时期大量的传供帐等。这两类文书分别涉及货币和客使商旅，两者与绿洲社会经济是怎么发生联系的，尚不清楚，值得深入研究，尤其萨珊波斯银币为何能在吐鲁番盆地作为百姓的日常通货流通一百多年，并且在唐西州建立之后也被继续使用了半个多世纪，银钱的来源与客使商旅有无关系，我们还无法回答。

吐鲁番文书以残片居多，号称难治。与传世的编纂史料不同，这些文书首先需要整理、定性，才能作为史料利用。残缺较多的文书的定性和定名往往不是一次就能够完成的。在此过程中细致绵密的文书学分析是唯一的津梁。在文书整理定名完成之后，如何利用文书则取决于研究者的问题意识。材料与议题是历史学永恒的主题，在残片居多的吐鲁番文书研究中这一点也尤其突出。研究者的问题意识可以激活沉睡千年的故纸，有时候断纸残篇也可以成为通往答案的关键材料。研治不完整、不系统的出土文书，进而尝试得出结论，尽管可能所见只是一些片段和侧面，但毕竟也是投向未知世界的一柱光束，成像即便不够真切，也远胜只有混沌一片。

就本书探究的核心问题，即丝绸之路贸易与绿洲社会经济之间的关系，实际上在国内外学界一直都受到关注，日本和美国也都有学者参与讨论。日本学界几十年来的"丝绸之路史观论争"的焦点就是如何考虑中亚绿洲都市的基本性格，也就是绿洲都市经济的基本支撑点是农业还是利用丝绸之路发展的商业的问题③。迄今为止的研究者都没有对特定的绿洲进行专门的深入分析，原因之一也在于史料的匮乏。

---

① 唐长孺主编《吐鲁番出土文书》壹，第338—345页。
② 共计十件，唐长孺主编《吐鲁番出土文书》贰，北京：文物出版社，1994年，第274页。唐长孺主编《吐鲁番出土文书》叁，北京：文物出版社，1996年，第306、346—350、355页。唐长孺主编《吐鲁番出土文书》肆，北京：文物出版社，1996年，第199、268—274、275—276、277—278、281—296、334页。
③ 关于这场论战，参见森安孝夫《シルクロードと唐帝国》，第72—80页。间野英二《"シルクロード史观"再考——森安孝夫氏の批判に关连して》，《史林》第91卷第2号，2008年，第116—136页。

解决这一旷日持久的争论的必由路径就是对绿洲经济内部形态的具体分析，舍此无他；目前来看资料情况最理想的就是中古时期的吐鲁番绿洲。从这个意义上来说，本书讨论的核心问题的意义不局限于一时一地，对我们认识和理解中古时期的丝绸之路也有参考价值。

第一章　公元 5 世纪吐鲁番绿洲的经济与赋役

第一节　吐鲁番新出北凉计赀、计口出丝帐

2006 年吐鲁番文物局征集到一批文书，其中有三组文书都拆自两只纸鞋。三组文书中有两组为赋税征收的内容，另一组为官文书。两组关于赋税征收的文书内容相近，又系同出，因此拟一并加以考释。现将"新获吐鲁番出土文献整理小组"的整理缀合结果和录文揭示如下，再作讨论[①]。

一、录文与基本信息

第一组关于计赀出献丝的文书拆自征集的两只纸鞋，皆为鞋面，计十件。通过核实文书各单元的总户数，知六片文书可缀合。文书编号：2006TZJI:190 ＋ 2006TZJI:185 ＋ 2006TZJI:173 ＋ 2006TZJI:172 ＋ 2006TZJI:186 ＋ 2006TZJI:189。缀合后尺寸为 24.2cm×65cm。无法缀合的四残片（2006TZJI:174、2006TZJI:175、2006TZJI:187 和 2006TZJI:188）附后。（图 1-1）

　　（一）

　　　　（前缺）

1　　　右 八 家 赀 □

[①] 图版及录文见荣新江、李肖、孟宪实主编《新获吐鲁番出土文献》，北京：中华书局，2008 年，第 279—284 页。王素《吐鲁番新获高昌郡文书的断代与研究——以〈新获吐鲁番出土文献〉为中心》（《故宫学刊》2009 年第 1 期）对这两组文书中个别文字有商榷意见，本文有部分采纳。

2　李谧六十六斛 ☐☐☐☐

3　严经十六斛 ☐☐☐☐

4　贯先五斛　　　　赵定六|斛| ☐☐☐☐

5　宋充七十四斛五斗　李慎十九斛　成麹安十二斛 ☐☐☐

6　索卢法生十二斛　韩相十三斛　张宴二斛乙

7　　　　　　　　　除宋充、李慎、苏☐①

8　　　　　　☐☐☐☐斛出献丝五斤

9　王宁八十三斛　　　严祛六十斛　　　☐☐☐☐|王|其十七斛五斗

10　西郭奴十七斛五斗　宋越十二斛　　张远安十一斛　张仁子十一斛

11　☐☐十斛五斗　　赵相受十斛五斗乙　索君明廿六斛　赵士进九斛

12　☐☐☐☐☐　|张|清九斛　　严延十四斛　　|刘|奴朴三斛

13　☐☐☐七斛五斗　|严|迁七斛五斗　　许通十二斛　　李弘长六斛

14　张抚三斛　　　李矞十斛　　　　除严祛、张远安、许通

15　　　右廿二家赀合|三||百||七||十||斛||出||献||丝||五||斤|

16　杜司马祠百五十三斛 ☐☐☐☐☐☐☐☐　|六|斛

17　|孙|国长六斛　　王模六斛　　　路晁六斛　范周会五十九斛

18　☐☐十八斛　　荆佛须十一斛　张玄通四斛五斗　宋棱四斛五斗

19　☐☐☐斛五斗　　令狐男四斛五斗　田槃安六斛　成崇安四斛五斗

---（李钦）

20　☐☐☐|四|斛五斗　唐暖四斛五斗　　除☐☐、范周会、宋☐

21　　右十八家赀合三百七十斛出献丝五斤

22　宋平八十五斛五斗　☐☐五十七斛五斗　张崇七斛　宋猞三斛

23　孔矞廿八斛乙 ☐☐☐☐☐

24　王场十九斛　　孙孜十斛五斗　　帛军弘三斛　　王圆二斛乙

25　　右十二家赀合三百七十斛出献丝五斤　　除☐☐、☐☐安

26　☐☐☐☐☐☐☐|范||通|☐四斛五斗　乐胜五十九斛五斗

27　☐☐☐|斛|　　田玫九十一斛五斗　韩钊八斛　王遂二斛

28　　右八家赀合三百斛②七十斛出献丝五斤　　除范☐、乐胜

---

① 本件文书每个单元末尾择空白处书写的"除"及人名，都系朱书。
② 此处"斛"字系衍字，该字旁边有三小点，为取消符号。

29　王奴安八十八斛　廉德五十四斛五斗　刘□□□□□廿五斛五斗
30　阚岌廿二斛　□□□□□　　　　　　　　□豹四斛
31　□□□□　　□□斛　　　阚钱四斛　　樊秉三斛
32　张士奴三斛乙　路鱼三斛　　令狐宠三斛　左臭九斛
33　隗登卅斛乙　　雷持六斛乙
34　　　右十八家 赀合三百七十斛 出献丝五斤
35　尚能七十二斛　　□□
36　廉遂四斛　　　　□□
37　□□十七斛　　　□□
　　（后缺）

（二）
　　（前缺）
1　　□□□□
2　杨田地祠六十七斛五斗　□□
3　宋旌旌廿一斛　□□
　　（后缺）

（三）
　　（前缺）
1　阚强百五斛　□□
2　麹黄廿一斛　□□
　　（后缺）

（四）
　　（前缺）
1　宋玞 廿 □□
　　（后缺）

（五）
　　（前缺）

```
1  和□ □□□□
2  □□ □□□□
```
（后缺）

　　该组文书 2006TZJI:173 与 2006TZJI:172 之间是纸缝，背面有"李钦"二字押署。同鞋拆下的官文书上有"七年八月"字样，据孟宪实先生考证，当为承平七年（449）[①]。该组文书为一计赀出献丝帐，残存部分约有八个单元，每个单元包括八至二十二家，占三至七行不等。每行记录四家，先书其户主姓名，再记其斛斗数。值得注意的是每家的斛斗数少者二三斛，最多的达一百五十三斛，最少者与最多者有七十五倍的差距。一户书写完毕，留约三个字的空隙，然后书写下一户。在每个单元的最后一行，注明该单元赀的总数，"右若干家赀合三百七十斛"。尽管每个单元所含户数并不相同，但赀的总数都是三百七十斛，"出献丝五斤"。整组文书字迹清晰，格式整齐。文书上的人名除赵相受、张宴、孔甭、王圆、张士奴、隗登、雷持外，或全部或一部分字上有明显的水印，当为涂抹所致，其颜色与字体明显不

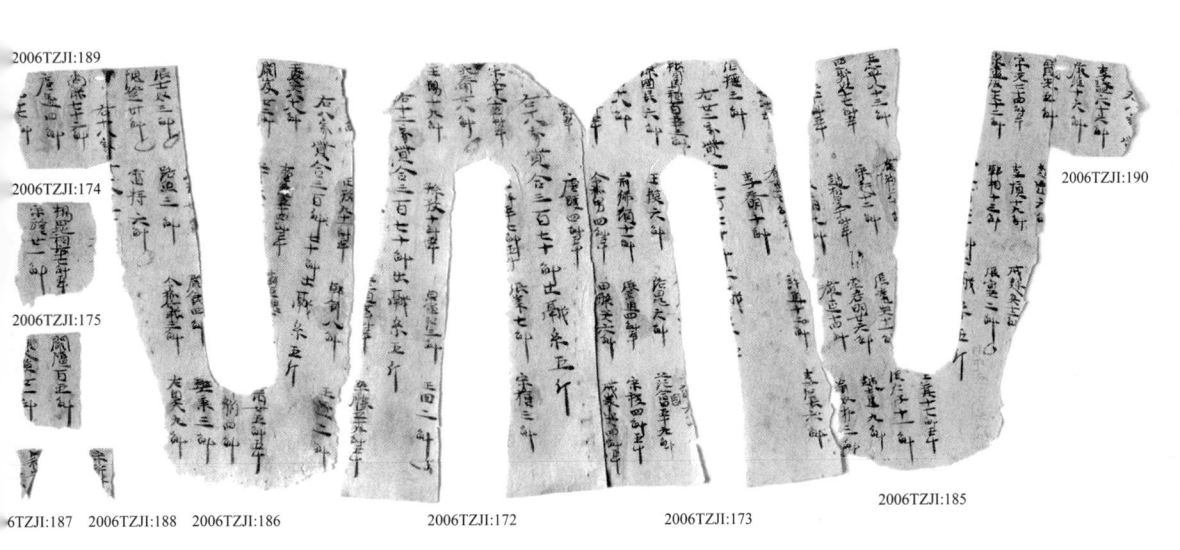

图 1-1　北凉计赀出献丝帐

[①] 孟宪实《吐鲁番新出一组北凉文书的初步研究》，沈卫荣主编《西域历史语言研究集刊》第 1 辑，北京：科学出版社，2007 年；收入孟宪实《出土文献与中古史研究》，北京：中华书局，2017 年，第 176—192 页。

同，当为朱笔。而未经涂抹的赵相受诸名之后有墨书勾画符号。这些勾画符号或作椭圆形，或作弧形，形式不一，应当并非出自一人之手。每个单元的末尾或两行之间空白处有一朱书的"除"字及两三个朱书的人名，当是复除的情况。文书编号为2006TZJI:186的第二个征税单元的合计总数残缺，其后原应当也有朱书的"除"字及人名。这一行朱书的人名在整件文书中并无固定的书写位置，都是在一个征收单元的最后择空白处书写。由文书上的朱书字和纸背的押署，可以断定此件为一官府的帐。

另一组文书为计口出丝帐，拆自左右两只纸鞋的鞋底。共五件残片，缀合成为三件文书，文书编号为 2006TZJI:170 + 2006TZJI:179；2006TZJI:169；2006TZJI:178 + 2006TZJI:177（图1-2）。其中170号拆自左鞋，179号拆自右鞋，第4行有朱笔勾勒，字痕完全吻合；178号和177号分别拆自右鞋底边和右鞋底。现将整理小组录文迻录如下。

（一）

（前缺）

1 　　　　□韩通七口　解勘
2 　　　　五口　牛国十二口　阎钊十四口　李迁三口
3 　　　　五口　王并一口
4 　　　　家口合六十八出丝四斤四两，严锐、牛国入
5 　　　　王并残八口　张端五口　张定二口　张安世五口　阚万虎四口
6 　　　　□□五口　□奴三口　宋纯四口　王邈四口　令狐□

（后缺）

（二）

（前缺）

1 　　　　□甑六口　宋迁五口　张赤子五口　万宗三口　孙□
2 　　　　乾奴五口　张虎安六口　王方五口　张和丰五口　冯显通
3 　　　　郭弥十二口　解遗六口　贾虎子二口　孙计三口　赵
4 　　　　□□赵亮二口　□□

（后缺）

（三）

　　（前缺）

1　　孙属十三口　　张万长四口　　窦虎□□□□

2　　──右廿五家口合百六十出丝十斤，田七子□□□

3　　□□□六口□□□

　　（后缺）

该组帐残存部分约为四个单元。每单元先记户主姓名并该户的口数，每行五户，每户的口数少则一二口，多则十三四口，而以五六口居多；再记该单元若干家的总口数并所纳丝的数量，目前可以看到的两行合计数上都有朱笔勾勒。每户书写完毕，留约两字的空隙之后书写下一户。整件文书字迹清晰，格式整齐。第一个征收单元残存四行，第四行为"家口合六十八出丝四斤四两，严锐、牛国入□"。该单元的总口数为六十八，经计算目前残存的七家有口四十七，则将此单元的总户数估计为十二户左右，当是合理的。第二、三单元就所存户数来看，其总户数也当分别在十

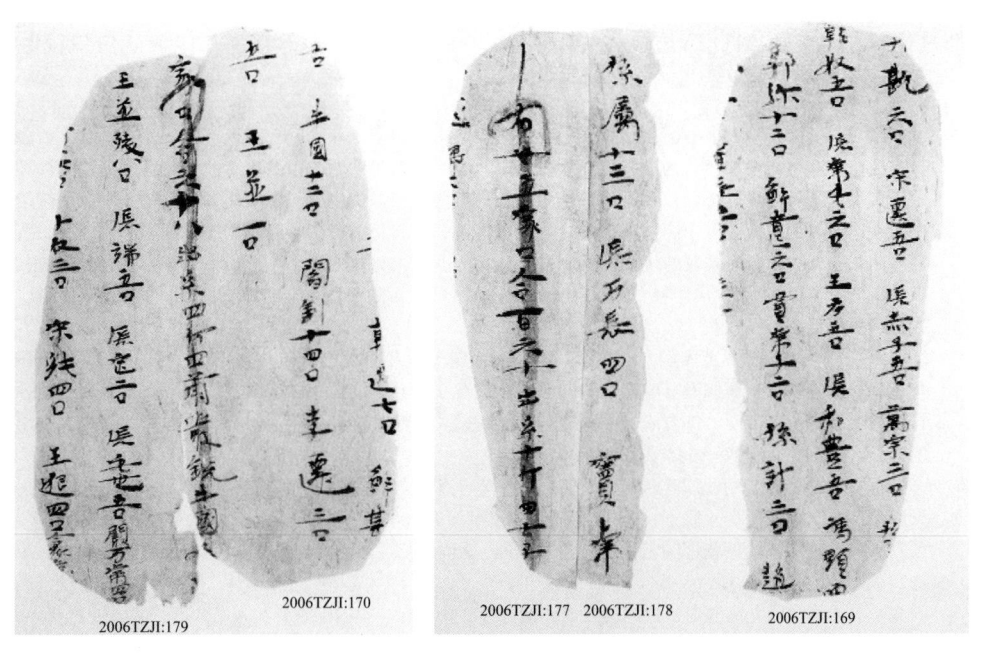

图 1-2　北凉计口出丝帐

和十八户以上。第四单元则为二十五户,总口数是一百六十人。

同时拆出的官文书的年代为承平七年(449),则两组帐应当也都为沮渠氏北凉时期的文书①,因此将两件文书分别定名为《北凉计赀出献丝帐》和《北凉计口出丝帐》。

二、此前关于北凉赋税制度的研究成果

魏晋南北朝时期的赋税征收制度,与秦汉时期相比,一个重要的变化就是户调制的创制和施行。建安九年(204)曹操正式创制户调制,令:

> 其收田租亩四升,户出绢二匹、绵二斤而已,他不得擅兴发。②

户调制的施行,取消了两汉时期按人口征收的算赋和口赋,赋税征收开始以田租和户调为主。这种赋税征收的机制在两晋南北朝时期被沿用③。李雄④、石勒⑤和北魏⑥对户调制的采用,虽然在具体的征收数量上有别,但都是以户为单位征收丝织品。户调制最重要的原则之一就是据赀定等,即按照民户的财产多少来确定所应纳户调的多少,即所谓"九品混通"制⑦。但从典籍中对户调的记载来看,每户的户调似乎都是定额征收的。对此唐长孺先生认为:"一个定额只是交给地方官统计户口征收

---

① 本文讨论的新出文书的年代为高昌大凉政权时期,这个政权是河西的沮渠氏北凉灭亡后,沮渠无讳和沮渠安周在高昌建立的流亡政权,一些学者仍然称其为北凉。文中所引的其他文书资料,则兼有统治中心在河西时的北凉管辖下高昌的遗存。为避免混乱,笔者将前后两个阶段仍统一称为"北凉",特此注明。关于高昌大凉政权的建立,可参见荣新江《〈且渠安周碑〉与高昌大凉政权》,《燕京学报》新5辑,北京:北京大学出版社,1998年;收入作者《吐鲁番的典籍与文书》,上海:上海古籍出版社,2023年,第147—174页。
② 《三国志》卷一《魏志·武帝纪》裴松之注引《魏书·建安九年令》,北京:中华书局,1959年,第26页。
③ 参见唐长孺《魏晋户调制及其演变》,《魏晋南北朝史论丛》,北京:生活·读书·新知三联书店,1955年,第59—84页。李剑农《中国古代经济史稿》(魏晋南北朝隋唐部分),武汉:武汉大学出版社,2011年,第497—545页。
④ 李雄据有巴蜀之后定制:"其赋男丁岁谷三斛,女丁半之,户调绢不过数丈,绵数两。"见《晋书》卷一二一《李雄载记》,北京:中华书局,1974年,第3040页。
⑤ "勒以幽冀渐平,始下州郡阅实人户,户赀二匹,租二斛。"见《晋书》卷一〇四《石勒载记》,第2724页。
⑥ "先是,天下户以九品混通,户调帛二匹、絮二斤、丝一斤、粟二十石,又入帛一匹二丈。委之州库,以供调外之费。"见《魏书》卷一一〇《食货志》,北京:中华书局,2017年,第3106页。
⑦ 户调据赀征收,可参见唐长孺《魏晋户调制及其演变》,《魏晋南北朝史论丛》,第65—73页。

的标准，其间贫富多少由地方官斟酌，但使每户平均数合于这个定额而已。"[1]这种计赀征收户调的办法在北方至孝文帝改革，颁行均田制，才进行了改革；在南朝则一直沿用到梁。

今吐鲁番东部地区自东晋咸和二年（327）前凉于其地建立高昌郡之后，相继被前凉、前秦、后凉、段氏北凉、西凉、沮渠氏北凉诸政权统治。公元439年，北魏灭建都于姑臧城的沮渠氏北凉，沮渠无讳和沮渠安周兄弟带领一万五千余部众于公元443年占据高昌，并改元承平，首次在高昌郡的基础上建立了独立于河西之外的地方割据政权[2]。大凉政权带到高昌的不仅仅是人口，还有北凉的文化[3]。公元450年，大凉政权联合柔然攻灭了建都于交河城的车师国，在历史上第一次统一了吐鲁番盆地。公元460年，大凉政权被北方的柔然攻灭，柔然人扶植阚伯周为王，高昌地区由此进入了阚氏高昌国时期。

高昌郡和高昌国时期的经济和赋税制度，大体上源自中原的魏晋。有学者认为，前凉政权奉晋正朔，公元327年在高昌地区建高昌郡之后，推行了西晋的占田制和课田制，这种制度一直延续到麴氏高昌国时期[4]。北凉时期高昌地区的赋税征收制度史籍阙载，而出土文书当中保存了一些珍贵的资料，使得我们可以窥其一斑。这些文书当中出土最早、研究最充分的是一组北凉赀簿。贺昌群、池田温、堀敏一、朱雷、町田隆吉、王素、関尾史郎等先生都有相关的研究文章发表[5]。这组赀簿当中，我们目前能够看到分藏在北京大学图书馆和中国科学院图书馆的原卷十余件。朱雷先生

---

[1] 唐长孺《魏晋户调制及其演变》，《魏晋南北朝史论丛》，第67页。李剑农先生亦持此种观点，见《中国古代经济史稿》（魏晋南北朝隋唐部分），第501—502页。
[2] 参王素《高昌史稿·统治编》，北京：文物出版社，1998年，第105—254页。
[3] 荣新江《〈且渠安周碑〉与高昌大凉政权》，《吐鲁番的典籍与文书》，第147—174页。
[4] 陈国灿《高昌国的占田制度》，《魏晋南北朝隋唐史资料》第11期，武汉：武汉大学出版社，1991年；收入《陈国灿吐鲁番敦煌出土文献史事论集》，上海：上海古籍出版社，2012年，第70—92页。
[5] 贺昌群《汉唐间封建的土地国有制与均田制》，上海：上海人民出版社，1958年，第106页。池田温《〈西域文化研究〉第二〈敦煌吐鲁番社会经济资料（上）〉的批评与介绍》，《史学杂志》第69编第8号，1960年；文书录文收入其著《中国古代籍帐研究》，东京：东京大学出版会，1979年；龚泽铣译《中国古代籍账研究》，北京：中华书局，2007年，第166—167页。堀敏一《均田制的研究》，东京：岩波书店，1975年，第303—306页。朱雷《吐鲁番出土北凉赀簿考释》，《武汉大学学报》1980年第4期；此据《朱雷敦煌吐鲁番文书论丛》，上海：上海古籍出版社，2012年，第1—25页。町田隆吉《吐鲁番出土"北凉赀簿"をめぐって》，《东洋史论》第3号，1982年，第38—67页。王素《吐鲁番出土北凉赀簿补说》，《文物》1996年第7期，第75—77页。関尾史郎《〈北凉年次未详（5世纪中顷）赀簿残卷〉の考察》（上），《西北出土文献研究》第2号，2005年，第42—56页。此外，姜伯勤在《高昌世族制度的衰落与社会变迁》一文对此件赀簿也多有引用，但将其视为麴氏高昌时期的文书，文载《中国社会历史评论》第4辑，北京：商务印书馆，2002年，第39—56页。

研究原卷之后撰写的《吐鲁番出土北凉赀簿考释》一文，解决了许多相关问题。朱先生首先断定了这组赀簿的时间和性质，认为北凉时存在按照土地面积、等级折算赀额的制度，这种计赀制度是赋税征收的依据；其次又根据文书的字体断定该组文书出自三个人的手笔，其中书于背面的都属于同一件，是高昌县都乡孝敬里所造该里赀簿的草稿；他又对赀簿当中出现的多种田地类型如"常田""潢田""石田""无他田""沙车田""卤田"等进行了解释[①]。高昌地区特殊的地理条件决定了当地田地类型的多样，而不同的田地类型，产量又有高低。朱雷先生的研究为我们进一步深入探讨这一时期的赋税制度奠定了基础。此外，王素先生1996年又整理了20世纪20年代发表在《艺林旬刊》上的五件赀簿残片，认为这一组与北京大学图书馆、中国科学院图书馆所藏内容不同，但可以确定是另一件北凉赀簿[②]。朱雷先生认为北凉赀簿编造的时间很可能就是北凉残余政权的承平年间（443—460）[③]，与此次新出的《北凉计赀出献丝帐》的时间正当同时。此外，刘汉东先生《关于吐鲁番出土文书中五凉时期的徭役问题》[④]、林日举先生《高昌郡赋役制度杂考》[⑤]两文在充分利用有限的相关资料的基础上对这一时期的赋役制度进行了考察，也是本文必须重视的研究成果。

此次新出的《北凉计赀出献丝帐》和《北凉计口出丝帐》包含着丰富的信息，相关研究的推进必将深化我们对这一时期高昌地区经济和赋税制度的认识。

三、计赀出献丝帐的性质

按照资产的多少划分等第，据此征发赋税，是汉魏一直到南北朝所通行的一种制度。北凉赀簿详细地登载了各户土地产权的转移情况，目的正在于准确掌握各户的土地面积。从北凉赀簿所反映的情况来看，当时的北凉政权对资产的登录是非常重视的。现将北大D214《北凉承平年间高昌赀簿》中对"□预"的登录情况迻录如下。

---

① 朱雷《吐鲁番出土北凉赀簿考释》，《朱雷敦煌吐鲁番文书论丛》，第1—25页。
② 王素《吐鲁番出土北凉赀簿补说》，第76页。
③ 朱雷《吐鲁番出土北凉赀簿考释》，《朱雷敦煌吐鲁番文书论丛》，第8页。
④ 刘汉东《关于吐鲁番出土文书中五凉时期的徭役问题》，《敦煌学辑刊》1990年第1期，第43—50页。
⑤ 林日举《高昌郡赋役制度杂考》，《中国社会经济史研究》1993年第2期，第19—28页。

（前略）

3　　□预蒲桃十亩半破，三亩半☐
4　　　桑八亩半　常田十六亩☐
5　　　无他田五亩
6　　　田地桑一亩，空地二亩，入田地☐
7　　　得冯善爱蒲桃二亩，常☐
8　　　桑一亩半入张叶奴
9　　　田地桑一亩半，枣一亩半，空☐
10　　得道人愿道常田五亩半，以四亩☐
11　　得吴达卤田十亩
12　　得冯之桑一[①]亩半，赀五斛
13　　得贯得奴田地卤田三亩半
14　　田地沙车田五亩
15　　无他渠田五亩
16　　得齐浮卤田十一亩
17　　赀合二百五十七斛[②]

从"□预"的情况来看，在土地登录时首先登录自上次造簿以来到此次造簿时没有发生转移的土地类型和数量，再登录异动的情况。每一块土地的登录都详细标注位置、类型和具体数量。此件赀簿中田地的位置未作标注的都在高昌郡，此外还有一些在田地郡、田地县、横截县等；土地类型的登录更为具体，池田温先生对各种土地类型的产量，朱雷先生对各种土地类型名称分别进行了详细的考证[③]；记录土地数量时除了出现"半亩"这样的用语外，还用了"不满""强"等表示比半亩更小的偏差的字词[④]，由此可见计量的精确。我们在赀簿中还看到"空地一亩一斛""新

---

① 该字朱雷、町田隆吉、関尾史郎均作"田"，其实是"一"字，此处径改。
② 《北京大学藏敦煌文献》（2），上海：上海古籍出版社，1995年，第238页。参见朱雷《吐鲁番出土北凉赀簿考释》，《朱雷敦煌吐鲁番文书论丛》，第17页；荣新江、史睿主编《吐鲁番出土文献散录》，北京：中华书局，2021年，第360—361页。
③ 池田温《〈西域文化研究〉第二〈敦煌吐鲁番社会经济资料（上）〉的批评与介绍》，第70—74页。朱雷《吐鲁番出土北凉赀簿考释》，《朱雷敦煌吐鲁番文书论丛》，第10—14页。
④ 王素《吐鲁番出土北凉赀簿补说》，第77页。

开田半亩种桑"这样的记载①，说明空地尽管尚未耕作，亦须按亩计赀；新开的田地虽然尚未计赀，也已记入赀簿，为今后计赀提供依据。我们看到赀簿中土地的转移都有"得""入""出……入"的标注，分别表示"买得"和"出卖"②。政府要求掌握每户百姓的每一块土地的转移情况。同时赀簿中还有这样的登录："（前缺）得□道人惠并常田二亩半入张（后缺）。"③这说明在一个造簿期限内，出现的两次转移情况都要被记入赀簿。赀簿中还有"宋通息桑二亩入张得成赀尽"这样的记载④，表明宋通息只有桑田二亩，出卖之后就别无土地。这一条记载似乎表明当时的计赀制度只计田亩，百姓没有土地就不计算资产，赋税征收时应当可以得到某种程度的减免。科图〈二〉（b）（此据朱雷先生的编号）上有一处这样的记录：

（前略）

4　　赀合二百廿一斛五斗

5　　其 八十九[斛]□□□除
　　　　百卅□

其中的"除"字就是指"复除"⑤。我们可以看到复除的赀额（查阅文书照片，应当为"八十九斛五斗"）和见在的赀额（应当为"百卅一斛"）相加正好等于总赀额"二百廿一斛五斗"。朱雷先生认为该户可能是享有"复除"权利的"士人"。即便是享有"复除"权利的士人，也没有被"复除"所有的赀额，只是一部分而已。从其"复除"的份额里含有"五斗"的余数来看，很可能这一份额还是由土地面积折算。总之，这种"复除"应当有其依据，而这一依据显然得到了严格的执行。这组北凉赀簿据朱雷先生研究，其反面同出一人的手笔，系"高昌县下都乡孝敬里的赀簿草稿"⑥，在草稿的最后又有"扣竟""校竟"的题记，表示赀簿草稿已经完成了调查和核对工作，下一步当会被重新誊录成规范的形式，就如我们现在看到的

---

① 北大 D214，《北京大学藏敦煌文献》（2），第 238 页。
② 朱雷《吐鲁番出土北凉赀簿考释》，《朱雷敦煌吐鲁番文书论丛》，第 14 页。对此池田温和堀敏一有不同的解释，他们都认为"出""入"表示"相互间的租佃关系"。十六国时期高昌地区的契约留存至今者不多，但在数量有限的契约中，土地买卖契约是其中很重要的一种。
③ 北大 D214v，《北京大学藏敦煌文献》（2），第 239 页。
④ 同上。
⑤ 在史籍中"复"和"除"都可以表示"复除"，如太熙元年（290）五月，"复租调一年"（《晋书》卷四《惠帝纪》，第 89 页）；永平元年（291）五月，"除天下户调绵绢"（《晋书》卷四《惠帝纪》，第 91 页）。
⑥ 朱雷《吐鲁番出土北凉赀簿考释》，《朱雷敦煌吐鲁番文书论丛》，第 5 页。

赀簿的正面一样。由以上分析，我们可以确信，北凉赀簿对土地的转移以及由此产生的赀额变化的登录无疑是非常详尽和彻底的，这种登录显然又是有章可循的。赀簿制作的情况反映出北凉时期相关经济制度，尤其是赋税制度执行的规范和严格。

由于高昌当地土地类型的多样，如果只是简单登录各户的土地总面积，事实上还是不能准确反映各户的资产状况，在这种情况下，"将田地面积按一定比率换算为赀额"[1]，就较好地解决了这个问题。我们从赀簿可以了解到当时百姓的土地占有情况。现对赀簿中所含各户的资产情况和土地面积统计如下：

表1-1 北凉赀簿所记赀额及折算田亩数情况表

序号	户主	赀额（斛）	田亩数	备注
1	?	228.5	80.5	推算[2]
2	□预	257	89	计算
3	冯照	263	89	计算
4	?	233.5	81.5	
5	?	210＋	74＋	
6	潘靖	114.5＋	40.5＋	
7	冯法政	12	4	计算
8	?	28	10	
9	侯遌	20	7	
10	宋通息	赀尽		
11	?	26	9	
12	?	20	7	

---

[1] 池田温《〈西域文化研究〉第二〈敦煌吐鲁番社会经济资料（上）〉的批评与介绍》，第70—74页。朱雷《吐鲁番出土北凉赀簿考释》，《朱雷敦煌吐鲁番文书论丛》，第10—14页。

[2] 因为文书残缺部分甚多，其中赀额和田亩数都完整的仅有第二、三、七、十四等四户，表格中的数据系计算得出。本表格只列赀额尚存的十八户，虽有部田亩记载，但赀额不存的户，其总的田亩数还是不易衡量，因此不列入表格。因为不同种类的田地的赀额不同，笔者根据资料完整的四户的赀额与田亩数的比值，得出一个每亩田地2.84斛的均值，并以此来推算有赀额但总的田亩数残缺的诸户的田亩数。备注栏内不注明的其他十四户的数据也系推算。表格中所列的部分户的赀额余数有残缺的用"＋"号表示，相应的田亩数后亦用"＋"号。

续 表

序号	户主	赀额（斛）	田亩数	备注
13	？	221.5	78	
14	齐都	80	32	计算
15	？	103	36	
16	？	3	1	
17	？	100+	35+	
18	□远	100+	35+	

通过以上表格，我们发现赀簿中的各户的田亩数及相应的赀额相差很大：冯照有田八十九亩，合赀额二百六十三斛；而冯法政只有田四亩，合赀额十二斛；更有不知名的某人仅有田一亩，合赀额三斛；宋通息更因为无田而赀尽。赀簿是以里为单位编制的，以上表格真实地反映出当时高昌地区百姓土地占有的状况。尽管各户的贫富情况不同，但我们看到不管是贫户还是富户，每一次的土地转移都被登记在簿，为官府所掌握，而且直接成为计赀的依据，官府据此以征收赋税。北凉时代的这件赀簿让我们看到了计赀制度在当地的推行，以及计赀的具体操作办法。

新出的《北凉计赀出献丝帐》从内容上看，与北凉赀簿具有密切的关系。北凉赀簿着重登录各户的土地转移信息，从而掌握百姓的资产状况；而《北凉计赀出献丝帐》则是根据各户的资产拥有情况来征收赋税。朱雷先生在对北凉"按赀配生马"制度进行研究之后指出："根据现有的资料，我们知道北凉计赀之后，按此配养马匹，至于是否还按赀征收什么……目前还不清楚。"[1] 新出的计赀出献丝帐则证明，赀簿不仅被用以"按赀配生马"，还用来计赀出献丝[2]。以下对此件帐的性质、征收数量、征收对象以及所反映的百姓土地占有情况进行分析。

此件计赀出献丝帐目前残存约九个征收单元，其中可以确认的有七个。第一个单元含八家，第二个单元约含十九家，第三个单元含二十二家，第四个单元含十八家，第五个单元含十二家，第六个单元含八家，第七个单元含十八家。很显然这件

---

[1] 朱雷《吐鲁番出土文书中所见的北凉"按赀配生马"制度》，原载《文物》1983年第1期；收入作者《朱雷敦煌吐鲁番文书论丛》，第31页。
[2] 林日举曾指出："高昌郡时期，北凉等割据政权沿用魏晋田租户调之制，调所征之物乃布帛之类。"见其撰《高昌郡赋役制度杂考》，第21页。

出献丝帐是以户为单位征收的。不管每个单元含多少户，所缴纳的丝的总量都为五斤，而出献丝五斤又是以每个单元的诸户"赀合三百七十斛"为前提条件的。每个单元的户数都不同，从上文论及的赀簿来看，是因为各户的土地数量不同、资产不等，在本件帐中，正是用由田亩数量折合的斛斗数来表示资产多少的。至于每个征税单元是如何划分出来的，文书本身没有提供信息，但从目前来看，如何将赀额凑到三百七十斛的统一标准，应当是当时首先考虑的方面。如此，则不太可能直接以原有的行政区划如"里"来进行划分，而必须进行专门的分配和规划，但其细节已难详知。

在我国的赋税制度史上，按户征收的税目始于曹魏时期，即曹操于建安九年（204）规定的按户征收丝织品充作户调[①]。征收户调的另一个重要原则就是计赀定调。从上文论及的赀簿我们知道北凉时期的百姓资产要折合为相应的斛斗数，这件计赀出献丝帐中诸户的赀额多的至一百五十三斛，少的则仅为二三斛，与上件赀簿所反映出的百姓的资产悬殊的情况是一致的。可以肯定此件出献丝帐在制作时依据的正是此前已经制作好的赀簿。通过以上分析，我们可以确认计赀出献丝帐具有以下特征：按户征收，对象为丝织品（或搭配绵及丝），依据资产决定缴纳份额的多少。这些正是魏晋以降户调征收的典型特征，因此笔者认为计赀出献丝帐所征收的就是户调（关于此点，下文还将论证）。

本件计赀出献丝帐文书上的一些特殊的记注也是我们必须注意的。目前我们所看到的文书上的文字内容并不是一次书写的，我们得出这样的结论最有力的证据就是每个单元复除的人名的书写方式与整件文书其他内容颇不相合。首先这些人名是朱书，与整件文书的其他内容用墨书不同。一般的财务帐簿当中，合计总数常用朱书[②]，此件没有用朱书，而是用了墨书，这是由文书的性质决定的（详后），很显然朱书的内容是后来补写的。其次，各户的赀额、总计的赀额、合计出丝数等部分有工整的书写格式，字体也完全一致，可以肯定是同时写成的；而朱书的人名位置则

[①] 关于户调制的创制时间，唐长孺先生认为当在建安五年（200），见其撰《魏晋户调制及其演变》，《魏晋南北朝史论丛》，第60页。
[②] 计帐中的合计数字用朱书在高昌国时期很常见，如《高昌僧僧明等僧尼得施财物疏》（唐长孺主编《吐鲁番出土文书》壹，北京：文物出版社，1992年，第160—168页），《高昌高乾秀等按亩入供帐》（唐长孺主编《吐鲁番出土文书》壹，第199页）。新获吐鲁番出土文献中有《麴氏高昌斛斗帐》（2006TZJI:085、2006TZJI:088）和《麴氏高昌僧回等名籍》（2006TZJI:134、2006TZJI:153），其中的合计数字均用朱书，见荣新江、李肖、孟宪实主编《新获吐鲁番出土文献》，第290—291页、第299页。

不固定，多是在每个单元的末尾择空白处书写，有两次写在倒数第二行的空白处，另外三次则因为倒数第二行已经写满，只能夹写在最后两行的中间。不考虑复除的朱书人名和其他人名上的涂抹勾画符号，本件文书最初是一件根据预先准备好的赀簿制作的赋税征收预案。这份预案后来在实际的征收过程中被使用，就出现了人名上的朱笔涂抹痕迹。查看文书原件，这些涂抹痕迹虽然不规范，但都是在人名上[①]；我们目前看到的颜色较浅，但结合与此件文书同出的计口出丝帐上的朱笔勾勒痕迹，可以肯定此件文书人名上的涂抹也系朱笔[②]。文书上没有朱色涂抹的赵相受、张宴、孔矞、王圆、张士奴、隗登、雷持等人名无一例外地在其下方有椭圆或弧形的墨笔勾画符号。朱笔涂抹表示已经缴纳完毕（同出的计口出丝帐上的朱笔勾勒就是非常典型的例证），那么墨笔的勾画应当是表示尚未缴纳。这一解释从每个单元的赀合总数与出丝总数都没有用朱笔勾勒也可以得到证明：因为有人逋欠，所以征收最后也没有完成。至于每个单元补书的两三个复除的朱书人名，无一人在逋欠的人名当中[③]，所以可以肯定他们并非是因逋欠而得到复除；而复除的人名又无一例外地在已经缴纳的人名当中[④]，说明复除与本次的缴纳无关。合理的解释是，这些复除的人名被以某种原则检点出来之后，书写在行将废弃的旧帐上，是为制作新的户调征收预案做准备工作。这些得到复除的人从此次的帐上来看，赀额有高有低：高的如宋充，赀额为七十四斛五斗；低的如张远安、许通，分别为十一、十二斛。因为文书本身提供的信息有限，我们又无其他的材料可供参考，复除是以什么原则进行的，我们无从知道，但似乎与他们的赀额多少并无直接的关系[⑤]。

新出的计赀出献丝文书，在其最初制作时是一份征收的预案；后来在实际的征

[①] 人名之外的文字上以及没有文字内容的空白处都没有此种涂抹痕迹，说明此种涂抹应当是有意为之的一种记注符号。
[②] 《高昌僧僧义等僧尼财物疏》（唐长孺主编《吐鲁番出土文书》壹，第209—217页）和《高昌樊寺等寺僧尼名籍》（唐长孺主编《吐鲁番出土文书》壹，第184—190页）的人名上也多有朱笔的涂抹痕迹，亦当属性质相近的记注符号。
[③] 文书有残缺，逋欠的人名可能并没有全部保存下来；复除的人名也有一些已经无法确认。目前所知的逋欠人名和复除人名确实无一人重合。
[④] 文书有残缺，目前可以看到的人名都是如此。
[⑤] 关于赋役的复除制度的研究，可以参看高敏《魏晋南北朝赋役豁免的对象与条件》，《江汉论坛》1990年第6期，第62—68页。张仁玺《秦汉复除制述论》，《山东师范大学学报（人文社会科学版）》1993年第4期，第38—42页。郑学檬主编《中国赋役制度史》，上海：上海人民出版社，2000年，第150—160页（"魏晋南北朝"部分由杨际平执笔）。朱雷先生指出，北凉赀簿中的复除者可能具有士族身份（朱雷《吐鲁番出土北凉赀簿考释》，《朱雷敦煌吐鲁番文书论丛》，第14页），本件计赀出献丝帐中的复除者则并无迹象显示其为士族。

收过程中，又被用作征收登记簿，以记录缴纳和逋欠的情况；最后又被用于制作新的赋税征收预案①。显然这并非一种临时性的课税，而是常规的固定税目。魏晋以降的户调正是这样一种赋税征收项目。至于当时征收的户调丝为何被称为"献丝"，文书本身没有提供线索。在当时的北凉，正如同出的计口出丝帐所示，还存在口税的征收（详见下文）。两汉时期的赋税制度中，以算赋和口赋为代表的口税征收始终存在。曹魏于建安初年改算赋、口赋征收为户调制之后，南方的孙吴并未同时进行此种改革，而是继续实行口赋和算赋的征收制度②。新出的计口出丝帐表明，北凉时仍存在口税的征收。北凉政权在口税征收基础之上，复行户调之征收，此种加派的户调实有进行区分之必要，因而被冠以"献丝"之名③，以与第一次的口税征收相区别，这与西晋的户调式当中占田民缴纳的税被称为"义米"不无相似之处④。

关于计赀定调的方法，《魏书》里有一段记载：

> 若有发调，县宰集乡邑三老计赀定课，衰多益寡，九品混通，不得纵富督贫，避强侵弱。⑤

这段记载表明户调的计赀定课由乡邑的三老来执行，要遵循九品混通的原则。但这

---

① 类似的情况并不少见。湖北江陵凤凰山十号汉墓出土的五号木牍所载是按月记的口赋、吏俸、传徙三种赋税征收、缴纳的经济事项。每一笔事项的上半部计算出每月应缴数额，下半部记载清缴结算情况。这批汉简刊登在《文物》1974年第6期，第41—54页。相关研究可参见同期第78—84页弘一《江陵凤凰山十号汉墓简牍初探》和郭道扬《中国会计史稿》（上），北京：中国财政经济出版社，1982年，第194—198页。吐鲁番哈拉和卓5号墓出土的《高昌和婆居罗等田租簿》也属类似情况，见唐长孺主编《吐鲁番出土文书》壹，第275—278页。吐鲁番出土的唐代西州百姓缴纳地税的青苗簿历，也是类似的情况，参见李锦绣《唐代财政史稿》（第1册），北京：社会科学文献出版社，2007年，第84页。
② 王素、宋少华、罗新《长沙走马楼简牍整理的新收获》，《文物》1999年第5期，第26—44页。韩树峰《吴简中的口算钱》，《历史研究》2001年第4期，第171—172页。
③ 黄楼引《前凉升平十一年（367）王念卖驼券》中所记"若还悔者，罚毯十张供献"（唐长孺主编《吐鲁番出土文书》壹，第2页）指出"供献"即"入官"的意思，所以"献丝"就是交给官府的丝，见黄楼《吐鲁番新出北凉〈计赀出献丝帐〉〈计口出丝帐〉再研究》，《吐鲁番学研究》2019年第2期；收入作者《吐鲁番出土官府帐簿文书研究》，北京：社会科学文献出版社，2020年，第42—43页。
④ "义米"的"义"是指"相对于正的第二次性的意思"。参见宫崎市定《晋武帝户调式研究》，《宫崎市定全集》（第7卷），东京：岩波书店，1992年；此据《日本学者研究中国史论著选译》第4卷，北京：中华书局，1992年，第119页。
⑤ 《魏书》卷四上《世祖纪》，第101页。

只是给出了一种原则上的规定，民间的具体操作办法我们并不完全清楚①。新出的北凉计赀出献丝帐的价值就在于为我们提供了北凉时期据赀定调的具体情况。考察新出计赀出献丝帐，我们看不到各家被分为九等的记录，似乎与各家应纳户调直接对应的就是各户的赀额，这应当是北凉时期的高昌计赀定调的独特方式。为进一步的分析，现将计赀出献丝帐中各户的斛斗数，以及相应折合的田亩数列表如下。

表 1-2　计赀出献丝帐赀额对应出献丝数量情况表

序号	赀额（斛）	折合田亩（亩）	应出献丝（两）	户数	所占比例
1	153	54	33	1	1.3%
2	50—150	17.5—53	10.8—32.4	14	18.2%
3	14—50	5—17.5	3—10.8	16	20.8%
4	4.5—13	1.6—4.6	1—2.8	32	41.5%
5	2—4	0.7—1.4	0.4—0.9	14	18.2%

从出献丝帐我们得知统一的征收标准是资产总额达到三百七十斛的若干家一起出献丝五斤，平均约为有赀四斛六斗三升者出丝一两。通过对上件表格的考察，我们可以计算出，表格中的七十七户平均赀额为二十三斛五斗，户均折合田地面积为八亩三分，应当出献丝约五两。当地百姓土地占有面积悬殊，约60%的百姓拥有的土地面积不足五亩，折合赀额在十四斛以下，应当缴纳的户调丝也都在三两以下，而占总户数不足20%的十五户应当缴纳65%的户调丝。

缴纳三两左右的献丝对当时的高昌百姓是一个什么样的概念呢？我们在此试作考察。阿斯塔那1号墓出土的《某人条呈为取床及买毯事》②，仅存三行，现迻录如下：

1　杨爵从刘普取官床四斛，为丝十三两。

---

① 郑学檬主编《中国赋役制度史》第85页引用的《张邱建算经》中的一道算题，显示将百姓按照贫富分为上上、上中、上下、中上、中中、中下、下上、下中、下下九个级别，每个级别出绢有差。杨际平指出，九品相通的办法自汉魏至北魏太和十年（486）一直沿用，但各县各乡九品之间如何评定，自应因时因地而异。长沙走马楼吴简中发现的"户品出钱"简，为我们提供了孙吴时的相关情况，参见王素、汪力工《长沙吴简"户品出钱"简新探》，《中国文物报》2007年4月20日；收入王素《汉唐历史与出土文献》，北京：故宫出版社，2011年，第189—192页。
② 唐长孺主编《吐鲁番出土文书》壹，第6页。

2 □□得床十一斛，作丝二斤三两半。阎儿前买毯贾
3 　　　　　　　　　　　　　　□条呈

依据同出文书，此件文书的年代当为西凉时期[1]，但它仍然可以为我们理解北凉时期粮食和丝之间的相对比价提供一个大致的参照。对于此件文书该如何理解，学者们的意见不尽一致，武敏先生认为"为丝""作丝"都是指缫丝，四斛和十一斛分别是缫丝十三两和二斤三两半的酬值[2]；而卢向前先生认为是取官床四斛和十三斛应当分别以丝十三两和二斤三两半偿付[3]。不管哪种意见正确，我们可以确信的是，一两丝的价格应在三斗床以上[4]。60%的百姓缴纳的户调丝相当于三斗至一斛的粮食的价值。如赀簿所示，当时的常田一亩计赀三斛，潢田一亩计赀两斛，其实际的产量更高[5]。应当指出北凉时期的户调对高昌百姓来说并不是一种沉重的负担，在他们的整体负担中所占的比重亦不会太大。

　　北凉时期是高昌佛教发展史上的重要时期，在北凉王族的大力推动下，当地佛教逐渐兴盛[6]。我们在一些文书中也可以看到北凉时期的道人（当时的僧人被称作"道人"）"买田""夏葡萄园""举锦"等等[7]，他们积极参与经济活动，似乎已经和

---

[1] 该墓同出文书有《西凉建初十四年（418）韩渠妻随葬衣物疏》，见唐长孺主编《吐鲁番出土文书》壹，第5页。
[2] 武敏《从出土文书看古代高昌地区的蚕丝与纺织》，《新疆社会科学》1987年第5期，第94页。武敏《从出土文物看唐代以前新疆纺织业的发展》，《西域研究》1996年第2期，第11页。
[3] 卢向前《高昌西州四百年货币关系演变述略——敦煌吐鲁番文书经济关系综述之一》，作者《敦煌吐鲁番文书论稿》，南昌：江西人民出版社，1992年，第221页。
[4] 由于出土文书中缺乏丝与粮食比价方面的资料，所以举此例以求一个大致情况。应当指出的是，一两丝折合三斗床这样的比价应当较实际低很多。按照常理来推断，缫丝所费的酬值不可能等于丝的价格，丝的价格为缫丝酬值的两倍应当也不为过。但在缺乏其他相关资料的情况下，笔者不拟再作进一步的推论。
[5] 在土地租佃契约中，一年可以两造的常田，租佃价格常常在每亩十余斛，部田的价格也多在每亩三斛左右。可参见卢向前《唐代西州土地关系述论》，上海：上海古籍出版社，2001年，第326—327页。
[6] 姚崇新《北凉王族与高昌佛教》，《新疆师范大学学报（哲学社会科学版）》1996年第1期；收入作者《中古艺术宗教与西域历史论稿》，北京：商务印书馆，2011年，第165—182页。荣新江《〈且渠安周碑〉与高昌大凉政权》，《吐鲁番的典籍与文书》，第147—174页。
[7] 《北凉建平四年（440）支生贵卖田券》《北凉建平五年（441）张鄀善奴夏葡萄园券》，两券都载王素《略谈香港新见吐鲁番契约的意义——〈高昌史稿·统治编〉续论之一》，《文物》2003年第10期；收入作者《汉唐历史与出土文献》，第290—292页。参张传玺《关于香港新见吐鲁番契约的一些问题》，《国学研究》第13卷，北京：北京大学出版社，2004年，第361—367页。関尾史郎《トゥルファン将来、"五胡"时代契约文书简介》，《西北出土文献研究》创刊号，2004年，第75、79—80页。関尾史郎《トゥルファン将来、"五胡"时代契约文书简介补订》，《西北出土文献研究》第2号，2005年，第67—72页。又如《北凉承平五年（447？）道人法安弟阿奴举锦券》，唐长孺主编《吐鲁番出土文书》壹，第88页。

普通百姓无异。在前文论及的北凉赀簿中，就可以看到有五名道人参与土地的买卖，可见当时的道人已经拥有自己的财产。其中一个道人拥有常田七亩，但寄赀在他人名下，可以肯定当时的道人作为个体也是要承担赋税的[①]。道人既然要承担赋税，赀簿当中自然会对其资产进行登录。现存的赀簿人名中，我们看到冯照、冯兴、冯泮三人是以合户共籍异财的方式记入赀簿的[②]，是否还有一些道人的资产也以此种方式记入赀簿，我们尚无法确定。

在本件计赀出献丝帐中，赀额最多的是杜司马祠，有赀一百五十三斛，约合田亩五十四亩；另有一杨田地祠赀额为六十七斛五斗，约合田地二十三亩八分。在可耕地面积狭小的高昌，这两座寺院在当时都属于大土地所有者[③]，具有巨大财力，显然也是要交纳调丝的。在计赀出献丝帐中，我们只看到"祠"，没有看到僧尼。按照计赀纳调的原则，杜司马祠赀额最多，出献丝也应当最多；既然是与普通百姓列在一起，想必也是按同样的原则统一征收。到麹氏高昌国时，僧人的租、调、役都较普通百姓为轻[④]，是否从北凉时代就已经如此，目前尚无法断定。

计赀出献丝的办法看似具有一定的公平性，但实际上正如朱雷先生指出的，由于制度规定的赀额总体上偏低，而好田与坏田相比负担更轻，所以总体上来说，计赀制度对地主阶级比对普通农民要有利得多。笔者还要提示另外一个事实，自汉代以降，计赀的对象除土地外，还包括房屋、奴婢、牲口、车辆等等，在南朝的宋、齐至少也包括房屋、桑树，计赀的办法通常是将资产折为钱[⑤]，相比较而言，北凉的计赀制度显得很特殊。从北凉的赀簿、按赀配生马制度我们看到当地衡量百姓资产状况都是以土地所折合的斛斗数，其他的财产似乎都不纳入计赀的范围。如果此前

---

① 朱雷《吐鲁番出土北凉赀簿考释》，《朱雷敦煌吐鲁番文书论丛》，第9—10页。
② 朱雷《吐鲁番出土北凉赀簿考释》，《朱雷敦煌吐鲁番文书论丛》，第9页。
③ 佛教初传入中国的时期，梵宇称作"祠"，后来才改作"寺"。在高昌，从"佛祠"到"佛寺"的这种演变发生在麹氏高昌国建立之前。王素最初认为这种转变发生在高昌郡、国之交，见《高昌佛祠向佛寺的演变——吐鲁番文书札记二》，《学林漫录》（第11集），北京：中华书局，1985年；后来又对自己的观点进行了修正，认为阚氏、张氏、马氏高昌国时期应当也处于"佛祠"向"佛寺"转变的过渡期，见王素《高昌史稿·统治编》，第291页。
④ 卢开万《试论麹氏高昌时期的赋役制度》，唐长孺主编《敦煌吐鲁番文书初探》，武汉：武汉大学出版社，1983年，第66—99页。谢重光《麹氏高昌赋役制度考辨》，《北京师范大学学报》1989年第1期，第87—88页。卢开万、谢重光两位先生都认为僧尼的赋税负担应当较普通百姓的为轻；陈国灿先生同意此种观点，同时指出："僧租恐怕还不同于寺租，因为寺租与俗租似乎并无差别。"参其撰《对高昌某寺全年月用帐的计量分析——兼析高昌国的租税制度》，载《魏晋南北朝隋唐史资料》第9—10期，1988年，第9页。从此件计赀出献丝帐来看，北凉时代的祠调应当也是与俗调无差别的。
⑤ 黄今言《汉代的訾算》，《中国社会经济史研究》1984年第1期，第78页。

我们对这一点还存有疑虑的话，那么新出的计赀出献丝帐所反映的户调征收也只计土地之赀，应当可以让我们确认这样的事实，即北凉的计赀制度确实是只计田地而不及其余的。制度在运行的过程中发生演变是很常见的事，北凉的这种计赀制度应当就是汉代以来的计赀制度的一种演变。

四、计口出丝帐的性质

与计赀出献丝帐同出的另一件计口出丝帐反映出北凉时期存在过另外一种赋税名目。从征收方式上来看，虽然两件帐征收的都是丝，但依据不同，计赀出丝帐是据赀，而计口出丝帐则是据口。从文书形式来看，每个征收单元为十余家到二十余家，约为一个里的户数[1]，在每个单元的最后一行注明该单元的总口数并出丝的总量，此行内容用朱笔勾勒，应当表示缴纳完毕。将总口数与出丝总量相折合，我们发现征收的标准是统一的，即每口人出丝一两。每个征收单元所出丝的总量统一交由一到两人上缴，这也是这一时期民间缴纳赋税的一般方式[2]。残存的文书中负责缴纳的人之一叫"牛国"，他家的口数为十二，是整件帐中口数最多的家庭之一。他之所以承担此项征缴工作，与他家口数较多应当是有关系的。

这件纳丝帐中的计口是计家口还是丁口，这种征收项目是一种常规的正税还是一种临时征收？因为目前所出的同时期的文书有限，笔者只能略作探讨。

新出的计口出丝帐中的计口是计家口还是丁口，这是首先需要解决的问题。

此前出土的文书中有两件被定为北凉时期的家口籍，或与本件新出文书有关，现介绍于下。

第一件是《蔡晖等家口籍》，出自哈拉和卓91号墓，所出有纪年文书起西凉建初元年（405），止北凉缘禾五年（436）。本件文书共二残片，笔迹相同，背面为一缺名随葬衣物疏，可以确定为北凉时期的文书。为说明此件家口籍的形制，逐录

---

[1] 刘熙《释名》卷二《释州国》："五家为伍……又谓之邻……五邻为里，居方一里之中也。"《丛书集成初编》，上海：商务印书馆，1939年，第26页。按照典籍的记载，汉代的里当为二十五户，但是池田温先生的研究证明"前汉的里，是以数十户的小村落为主的"。见池田温《中国古代籍帐研究》，龚泽铣译，第39页。关于北朝乡里的研究，可参见侯旭东《北朝村民的生活世界：朝廷、州县与村里》，北京：商务印书馆，2005年，第134—152页。
[2] 吐鲁番出土文书中，有许多的"头"，如"剌头""缞头"等。他们的身份都是百姓，要缴纳赋税，同时承担汇总本集体其他成员所交税并上交的任务。这种身份的人在此后的高昌国时期到唐西州时期始终存在。参见関尾史郎《唐西州"某头"考》，朱雷主编《唐代的历史与社会：中国唐史学会第六届年会暨国际唐史学术研讨会论文选集》，武汉：武汉大学出版社，1997年，第548—556页。

部分文书于下。

  1 蔡晖四口
  2 辛相明二口
  3 索晟五口   除
  4 周沙二口
  5 阎增肆口
  6 得双三口   除
  （后略）①

另一件文书《魏奴等家口籍》出自阿斯塔那382号墓，该墓所出文书最早为真兴六年（424）者，最晚为缘禾十年（441）者，同墓所出文书多有纪年，本件亦属北凉时期物当无疑问。原件断为两片，前后次序不明，背面无字，形制与上件《蔡晖等家口籍》相同，现迻录部分文书于下。

  （一）
  （前缺）
  1 魏奴三口
  2 荆诬二口
  3 成保二口
  4 李酉兴五口
  （后略）②

对于以上两件北凉时期的家口籍，関尾史郎先生曾作过专门的研究③。関尾先生

---

① 唐长孺主编《吐鲁番出土文书》壹，第80页。本件文书当中的"除"字系朱书。
② 柳洪亮《新出吐鲁番文书及其研究》，乌鲁木齐：新疆人民出版社，1997年，第17—18页。原书题作《北凉户口籍》，为统一起见，重新题作《魏奴等家口籍》。
③ 関尾史郎《从吐鲁番带出的"五胡"时期户籍残卷两件——柏林收藏的"Ch6001v"与圣彼得堡收藏的"Дx08519v"》，《吐鲁番学研究：第二届吐鲁番国际学术研讨会论文集》，上海：上海辞书出版社，2006年，第180—190页。

将德藏的《承阳二年（426）十一月户籍残卷》[①]、敦煌所出《西凉建初十二年（416）正月敦煌郡敦煌县西宕乡高昌里籍》[②]以及包括上文提及的两件家口籍在内的其他四件文书进行综合考察，认为："5世纪前期至中期西凉和北凉统治下的敦煌、吐鲁番两个地区，平均每户口数为3口、4口的小规模户是一般的。"[③]在可能的情况下对这一时期两地的家口规模进行探究，无疑是很有价值的。参考関尾先生的研究，笔者对新出文书中所包含的每户的口数进行统计，结果如下：

表1-3　计口出丝帐家口数量情况表

口数	十四	十三	十二	八	七	六	五	四	三	二	一
户数	1	1	2	1	1	3	10	4	4	2	1

通过以上统计，可得出上件计口出丝帐中的三十家的平均口数为5.57。鉴于本件帐中有些户包含12口人以上，结合関尾先生的研究结论，笔者认为此件帐中的"口"应当是指"家口"[④]。此件帐中的30户中，家口数在3至5之间的占到60%，这是符合常理的；但是，本件帐中出现的12口以上的大家庭在整件帐中占到13%左右，出丝帐所反映出来的家口规模整体上较大，确实是很明显的。在正常的情况下，一个地区的人口数量的自然增长应当是平稳的，家口结构也应当大体上保持一个稳定的水准；在没有发生重大自然灾害的情况下，人口数量大幅增减和家口结构显著变化往往要从人为的因素探究其原因。

现在我们重新审视一下据以得出研究结论的几件文书的年代。関尾史郎先生依

[①] T. Yamamoto & O.Ikeda co-ed., *Tun-huang and Turfan documents concerning social and economic history*, *Supplement*, The Toyo Bunko, 2001, A9.
[②] 《英藏敦煌文献》（1），成都：四川人民出版社，1990年，第50页下—51页上。池田温《中国古代籍帐研究》，龚泽铣译，第3—5页。
[③] 関尾史郎《从吐鲁番带出的"五胡"时期户籍残卷两件——柏林收藏的"Ch6001v"与圣彼得堡收藏的"Дx08519v"》，《吐鲁番学研究：第二届吐鲁番国际学术研讨会论文集》，第186页。
[④] 贞观十四年（640），唐灭高昌国时，得"户八千四十六，口三万七千七百三十八"，平均每户为4.7口人。见《唐会要》卷九五《高昌》，上海：上海古籍出版社，2006年，第2016页。两百余年之后的当地人口的资料虽然不能作为我们研究北凉时期情况的依据，但无疑是可以作为参照的。4.7口人虽然较関尾先生的研究结果为高，但是比计口出丝帐所反映的5.57还是要低得多，这也进一步证明，计口出丝帐所计算的是家口而非丁口。

据的三份文书中有明确纪年的是《承阳二年十一月户籍残卷》[1]，另外两件家口籍本身都无明确的纪年。出土《蔡晖等家口籍》的哈拉和卓91号墓所出文书上的纪年最晚为缘禾五年（436），出土《魏奴等家口籍》的阿斯塔那382号墓所出文书上的纪年最晚为缘禾十年（441）。由此我们可以相信关尾史郎先生所依据的三份文书的时间都在缘禾十一年（442）之前，而与计口出丝帐同出的另一组官文书的时间据考证则为承平七年（449），其间正是高昌历史上的大动荡时期。建平六年（442）阚爽为沮渠无讳、沮渠安周兄弟逼迫而奔柔然，安周率五千余人入高昌，而无讳接着率万余人入主高昌[2]，此年从河西迁来的一万五千余人使当地的人口在短时间内陡增了近一半，应当是没有问题的[3]。此次迁移的大量人口不同于一般的五口之家，北凉王族、其他西徙的凉州大族以及一些高僧大都有依附人口相随[4]。人口的大量增加直接导致了承平二年（444）开始的大饥荒[5]，影响之大，由此可见一斑。在当时的高昌，自442年开始的大动荡和人口迁移对当地造成的影响至巨，当地平均家口规模因此有所变化也在情理之中。

新出的计口出丝帐所征收的是一种常规的正税，还是临时的杂税，这是另一个需要解决的问题。

户籍与赋税的征收关系密切。《释名》中说："籍，籍也，所以籍疏人名户口也。"[6] 说明户籍是用来登录户口的。《封氏闻见记》中说："籍者所以计租赋耳。"[7]

---

[1] 关于承阳年号归属问题的考证，可参见朱雷《出土石刻及文书中北凉沮渠氏不见于史籍的年号》，原载《出土文献研究》第1辑，北京：文物出版社，1985年；收入《朱雷敦煌吐鲁番文书论丛》，第33—46页。吴震《吐鲁番文书中的若干年号及相关问题》，《文物》1983年1期，第28—29页。关尾史郎《"缘禾"と"延和"のあいだ——〈吐鲁番出土文书〉札记（五）》，《纪尾井史学》第5号，1985年，第7—8页。王素《高昌史稿·统治编》，第185—189页。

[2] 关于这一段史事的记载，见《魏书》卷九九《沮渠蒙逊传》，第2391—2392页。《宋书》卷九八《氐胡传》，北京：中华书局，2018年，第2651页。诸史于史事年代有歧异，参见唐长孺《高昌郡纪年》，《魏晋南北朝隋唐史资料》第3期，武汉：武汉大学出版社，1981年；收入《山居存稿三编》，北京：中华书局，2011年，第64—65页。

[3] 唐灭高昌国时得到的三万七千七百余人是高昌国立国近一百四十年积累的结果。公元450年前后的高昌，人口超过这个数字的可能性是很小的。

[4] 荣新江《〈且渠安周碑〉与高昌大凉政权》，作者《吐鲁番的典籍与文书》，第163页。

[5] 关于此次饥荒的情况，见汤用彤校注《高僧传》卷一二《释法进传》，北京：中华书局，1992年，第447页。相关研究可参见王素《高昌史稿·统治编》，第246—248页。又见孟宪实《北凉高昌初期内争索隐——以法进自杀事件为中心》，朱玉麒主编《西域文史》第1辑，北京：科学出版社，2006年；收入作者《出土文献与中古史研究》，第163—175页。

[6] 刘熙《释名》卷六《释书契》，《丛书集成初编》，第96页。

[7] 封演撰、赵贞信校注《封氏闻见记校注》，北京：中华书局，2005年，第19页。

这里指出了户籍最本质的用途，即编制户口以为征收赋税的依据。近年来新出的汉简、吴简保存了许多户籍材料，相关研究的推进使得我们对这一时期的户籍书式有了较为清晰的认识[①]。作为正籍的户籍应当以户为单位，注明户主和其他家庭成员的身份、性别、年龄、丁中组别、健康状况、纳口赋和服徭役的情况等等[②]。作为基层的乡里向县廷呈报的籍簿除了正式的户籍之外，还有"民宅园户籍、年细籍、田比地籍、田命籍、田租籍"[③]，很显然这些名目的"籍"都是为特定目的而编制的。

北凉时代高昌地区的户籍留存至今者为前文提及的《承阳二年十一月户籍残卷》。这件户籍自题为"籍"，残存的信息很简单，只有该户丁男、丁女、小女等的口数和该户的总口数。作为征收赋税依据，这种形式的户籍显然过于简单。同时期的北凉籍还有两份，就是上文提到的两件家口籍。其中《蔡晖等家口籍》上三个人名下有朱书的"除"字；另一件《魏奴等家口籍》上虽然没有"除"字，但关尾史郎先生认为应当属同一种性质的家口籍[④]。朱书的"除"字，在籍帐中是常见的，表示"复除"。我们可以肯定此种家口籍是为某种按口征派的赋役所造，并且不同的墓葬都有出土，说明其编造具有连续性，并非偶然所为，因此这种赋役也就不是一种临时的征派。北凉时代这种按口征派的赋役是否有可能是力役呢？笔者认为不可能。如果常规的力役按口征派，则户籍中的"小女"及其他老小都在列，便不合理，在历史上鲜有其例。不是力役，就有可能是赋税，而此点已经为最新的考古发掘所证实，

[①] 目前所见的最早的户籍简为长沙东牌楼所出，参见王素《长沙东牌楼东汉简牍选释》，《文物》2005年第12期；后收入作者《汉唐历史与出土文献》，第145—149页。关于吴简当中的户籍简的研究很多，可参看汪小烜《走马楼吴简户籍初论》，《吴简研究》第1辑，武汉：崇文书局，2004年，第143—159页。张荣强《孙吴简中的户籍文书》，《历史研究》2006年第4期；后收入作者《汉唐籍帐制度研究》，北京：商务印书馆，2010年，第89—112页。杨际平《秦汉户籍管理制度研究》，《中华文史论丛》2007年第1辑；收入作者《杨际平中国社会经济史论集（先秦秦汉魏晋南北朝卷）》，厦门：厦门大学出版社，2016年，第119—148页。余不赘举。

[②] 汪小烜《走马楼吴简户籍初论》，第154页。杨际平也认为汉代户籍登记的主要内容为吏民家口名年，不包括资产。杨际平《秦汉户籍管理制度研究》，《杨际平中国社会经济史论集（先秦秦汉魏晋南北朝卷）》，第119页。此前的研究者如池田温先生认为："田土及财产的登记统计与户口一起周密施行，是汉代的特征。"见池田温《中国古代籍帐研究》，龚泽铣译，第34页。张荣强也认为："汉代的户籍是家口籍和财产簿的结合。"见张荣强《孙吴简中的户籍文书》，《汉唐籍帐制度研究》，第99页。张荣强的观点与池田温相似，而与汪小烜、杨际平不同。

[③] 张家山二四七号汉墓竹简整理小组编《张家山汉墓竹简〔二四七号墓〕》，北京：文物出版社，2001年，第178页，简331—336。

[④] 关尾史郎《从吐鲁番带出的"五胡"时期户籍残卷两件——柏林收藏的"Ch6001v"与圣彼得堡收藏的"Дx08519v"》，《吐鲁番学研究：第二届吐鲁番国际学术研讨会论文集》，第186页。

计口出丝帐即其例。阿斯塔那59号墓为一北凉墓葬[①]，墓中所出有二文书残片，各残存二行，文书整理组分别定名为《李超等家口籍》和《昌居等家口残籍》[②]，现迻录于下。

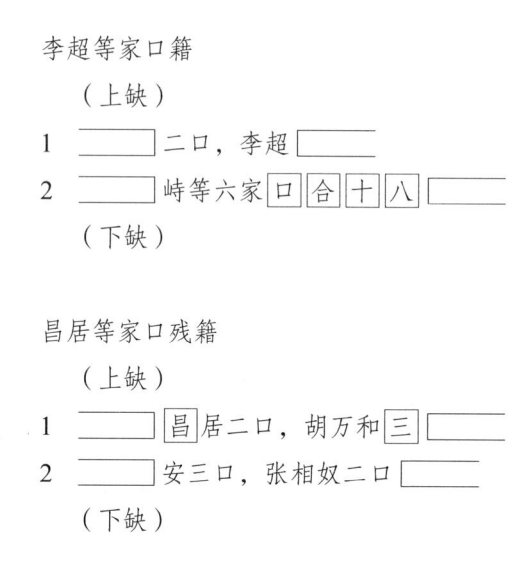

李超等家口籍
（上缺）
1 ☐☐☐二口，李超☐☐☐
2 ☐☐☐峙等六家 口 合 十 八 ☐☐
（下缺）

昌居等家口残籍
（上缺）
1 ☐☐☐ 昌 居二口，胡万和 三 ☐☐
2 ☐☐☐安三口，张相奴二口☐☐☐
（下缺）

以上两件文书都无纪年，从同墓所出文书看，应当为西凉或北凉时期物。两件文书都残损严重，从字体来看，应当并非一人所写。文书确实保存了一些家口的信息，但能否将其定为家口籍，似还需斟酌。与上文所引的两件家口籍相比，这两件的书写格式显得有点特别：其一，这两件的家口都是连写，而前文所引用的两件都是每家占一行；其二，《李超等家口籍》第二行所写是六家的合计家口数，并且从文书目前残损情况看，"十八"后面尚写有别的内容；其三，《昌居等家口残籍》的文字上还有朱笔勾画的竖线一道，这是前两件家口籍上所没有的，却是记帐上常见的。两件文书上都包含了家口的信息，在文书残损严重的情况下定名为"家口籍"也无可厚非，但如果结合新出的计口出丝帐，毋宁说这两件文书更符合计口征税帐的特点。阿斯塔那59号墓葬中同出的其他文书上可见的纪年总体比新出文书早二十年左右，由此我们似可认定，家口的统计和登录在当时的高昌是惯常的，而这种统计和登录

[①] 唐长孺主编《吐鲁番出土文书》壹，第12页。该墓所出文书起北凉神玺三年（399），止玄始十二年（423），墓葬的时间当为北凉。
[②] 唐长孺主编《吐鲁番出土文书》壹，第21页。

无疑和赋役的征派有着密切的关系,新出文书则表明这种计口征税的办法到北凉承平七年(449)时仍在实行。

前文指出,计赀出献丝对于当时的大多数百姓来说并非一种沉重的负担,60%的百姓所纳的丝都在三两以下,15%左右的百姓纳丝不足一两。相比较而言,计口出丝的赋税则给百姓造成了更大负担,60%以上的百姓须要纳丝五两以上,合粮食在一斛五斗以上,远较户调的负担为重。

北凉之前的计口征税,最重要的就是汉代的算赋和口赋。汉代的口钱征收在汉初武帝之前不分儿童、成人,不论年龄大小,统统按"人六十三钱"的标准征收;汉武帝之后,有所调整[1],"年七岁以至十四岁出口钱,人二十三","年十五以上至五十六出赋钱,人百二十"[2]。到建安九年(204),曹操颁布户调令之后,算赋和口赋就为户调所取代。北凉时代出现的此种计口出丝的口税从征收对象涉及全体百姓这一点来看,与汉初的情形类似,但征收的是丝而不是钱,又与汉代的情况不同。总体上看,此种计口出丝的口税已经不是汉代的算赋、口赋征收办法的直接延续,而应当是北凉政权的新举措。就目前的资料来看,当时的北凉又确实具备相关的条件,使得此种口税的征收成为可能。曹操颁布户调令的一个重要原因是汉末百姓脱籍严重,政府已经无法掌握具体的人口数字和百姓的年龄信息,所以改为以户为单位征收户调[3]。北魏实施均田制之后改为按丁征收丁调,也与当时政府的控制能力较强,能够掌握户口情况有很大关系。就西凉时期敦煌的情况而言,池田温先生已经指出,西凉户籍"以其全体成员看,全未出现冒荫的形迹,可见户口掌握得彻底"[4]。关尾史郎先生在研究了北凉户籍及家口籍之后指出,当时的高昌从户籍反映的信息来看,情况与河西的敦煌相似,户籍中未发现冒荫的情况。关尾先生又根据西凉户籍中女口不分"丁""中",而北凉的户籍中不仅女口有"丁""中"的区分,而且有"老"的区分,进一步推断,北凉对户口的把握比西凉更彻底[5]。从新出计口出丝帐来看,

---

[1] 黄今言《从张家山竹简看汉初的赋税征课制度》,《史学集刊》2007年第2期,第8—9页。
[2] 孙星衍等辑《汉官六种·汉旧仪》,周天游等校,北京:中华书局,1990年,第82—83页。
[3] 田余庆《秦汉魏晋南北朝人身依附关系的发展》,见其著《秦汉魏晋史探微(重订本)》,北京:中华书局,2004年,第87页。蒋福亚《魏晋南北朝社会经济史》,天津:天津古籍出版社,2005年,第135页。
[4] 池田温《中国古代籍帐研究》,龚泽铣译,第52页。西凉时期敦煌的情况与中原不同,《晋书》记载了当时南燕的情况:"百姓因秦晋之弊,迭相荫冒,或百室合户,或千丁共籍……"见卷一二七《慕容德载记》,第3170页。
[5] 关尾史郎《从吐鲁番带出的"五胡"时期户籍残卷两件——柏林收藏的"Ch6001v"与圣彼得堡收藏的"Дх08519v"》,《吐鲁番学研究:第二届吐鲁番国际学术研讨会论文集》,第184页。

北凉时期的户口把握较为彻底是基本可以确认的事实。北凉时期政府控制能力很强，不仅表现在户口方面，在土地方面更是如此。这在北凉赀簿中有非常清楚的反映，笔者前文已经详述，此不赘。客观上讲，北凉政府在能够完全掌握当时的土地、户口信息的情况下，按口征税是具备条件的。新出文书显示，阚氏高昌国时期存在一种按人头出马的役制[1]，虽然具体情况与北凉时期的计口出丝有异，但在据口征派的特点上是一样的。这就进一步说明5—6世纪的高昌按口征派赋役确实是一种具有持续性的赋税征派办法。

五、北凉时代的赋税情况

除了计赀出献丝的户调和计口出丝的口税，当时的北凉是否征收田租呢？虽然相关资料极少，但残破的文书还是给了我们一些信息。哈拉和卓91号墓出土了许多北凉文书。与《蔡晖等家口籍》同出此墓的《兵曹条次往守白芳人名文书之一》为一官文书，其第五行为：

　　　　　　　输租，各谪白芳□十日。高宁[2]

本件文书残缺较多，具体细节已经不可知，大致是百姓因为输租的问题而被罚谪白芳，我们由此得知北凉时期的百姓有输租的义务。此件文书上的输租人名中，与普通百姓同时出现的还有"道人道□"，说明寺院的道人也必须输租[3]，并且其标准很可能与普通百姓是一样的，并没有因身份特殊而得到减轻，这也与后来高昌国时期的情况相同。当时的百姓以什么形式缴纳田租呢？同墓所出《严奉租丝残文书》仅存二行六字，其中第二行四个字为"严奉租丝"[4]，严奉为人名，"租丝"应当是指充作田租的丝[5]。如果笔者的推断不误，北凉时期的高昌应有田租的征收，并且至

---

[1] 参见荣新江《吐鲁番新出送使文书与阚氏高昌王国的郡县城镇》，《敦煌吐鲁番研究》第10卷，上海：上海古籍出版社，2007年；收入作者《吐鲁番的典籍与文书》，第54—57页。
[2] 唐长孺主编《吐鲁番出土文书》壹，第72页。
[3] 林日举《高昌郡赋役制度杂考》，第20页。
[4] 唐长孺主编《吐鲁番出土文书》壹，第79页。
[5] 钱伯泉认为此处的"租丝"是指"租赁"蚕丝，恐误。见其撰《从联珠纹对马锦谈南北朝时期高昌地区的丝织业》，《新疆文物》2006年第2期，第48页。按，这一时期"租"作"租赁"的意义时，都称"夏"，如《北凉建平五年（441）张部善奴夏葡萄园券》，参王素《略谈香港新见吐鲁番契券的意义——〈高昌史稿·统治编〉续论之一》，收入作者《汉唐历史与出土文献》，第292页。这种

少有一部分田租是要求纳丝的①。中原王朝在东晋时曾将租米折而为布，至南齐时又曾将户租之布部分折而为钱②，虽然时代不同，情况是类似的。

  北凉时期的高昌，户调纳丝，口税纳丝，田租也部分纳丝，似乎不太合理。赋税的征收形式与当时的货币形态应有一定关系。中古时期吐鲁番地区的货币形态先后经历了纺织品本位阶段（367—560）、银钱本位阶段（561—680）和铜钱本位阶段（681—763）③。货币形态发生变化，必然会影响到百姓的生活。以两件人口买卖契约为例，《阚氏高昌永康十二年（477）闰月张祖买奴券》所用的是"行緤百三拾柒匹"④，"行緤"当是指棉布⑤；《高昌延寿四年（627）赵明儿买作人券》中所用的就是"银钱三百捌拾文"⑥。仅举此两例，已可见货币形态对百姓生活的影响。在以毯为本位货币的北凉时期，户调、口税和至少部分田租都纳丝，确实较为特殊，这实际上与当时丝绸之路的贸易形势及高昌当地蚕桑丝织业的发展关系更大。

  关于高昌地区蚕桑丝织业的情况，学界已经有较多的研究，共识是高昌地区至迟在高昌郡的时期已经有蚕丝业及相应的丝织生产⑦。唐长孺先生指出："在麹氏高

  情况一直延续到麹氏高昌国时期。这一时期所言"租"都是指"田租"，如《高昌重光三年（622）张意儿入租粟条记》，唐长孺主编《吐鲁番出土文书》壹，第423页；《高昌延寿二年（625）正月张意儿入租酒条记》，唐长孺主编《吐鲁番出土文书》壹，第424页。

① 田租全部纳丝，似也不太可能，北凉时期的田租应当也有一部分是以粮食形式缴纳的。如哈拉和卓91号墓所出的《田亩出麦帐》（见唐长孺主编《吐鲁番出土文书》壹，第78页）即为当时田租以麦缴纳的证明。
② 《南齐书》卷三《武帝纪》，北京：中华书局，2017年，第57页。关于折纳问题的研究，可参见唐长孺《魏晋户调制及其演变》，《魏晋南北朝史论丛》，第78—84页。
③ 郑学檬《十六国至麹氏王朝时期高昌使用银钱的情况研究》，《敦煌吐鲁番出土经济文书研究》，厦门：厦门大学出版社，1986年，第293—318页。林友华《从四世纪到七世纪中高昌货币形态初探》，《敦煌吐鲁番学研究论文集》，上海：汉语大词典出版社，1990年，第872—900页。卢向前《高昌西州四百年货币关系演变述略——敦煌吐鲁番文书经济关系综述之一》，作者《敦煌吐鲁番文书论稿》，第217—266页。
④ 柳方《吐鲁番新出的一件奴隶买卖文书》，《吐鲁番学研究》2005年第1期，第122页。荣新江、李肖、孟宪实主编《新获吐鲁番出土文献》，第125页。
⑤ 王仲荦认为"緤"是"叠"的别体字，是指棉布。参其撰《唐代西州的緤布》，《文物》1976年第1期；收入作者《蜡华山馆丛稿》，北京：中华书局，1987年，第263—273页。钱伯泉和武敏也认为"行緤"是指棉织品、棉布。钱伯泉《从〈高昌主簿张绾等传供状〉看柔然汗国在高昌地区的统治》，载敦煌吐鲁番学新疆研究资料中心《吐鲁番学研究专辑》，乌鲁木齐：乌鲁木齐县印刷厂，1990年，第97页。武敏《从出土文物看唐代以前新疆纺织业的发展》，第9页。
⑥ 唐长孺主编《吐鲁番出土文书》贰，北京：文物出版社，1994年，第241页。
⑦ 唐长孺《吐鲁番文书中所见丝织手工业技术在西域各地的传播》，《出土文献研究》第1辑，北京：文物出版社，1985年；收入作者《山居存稿》，北京：中华书局，1989年，第388—398页。陈良文《吐鲁番文书中所见的高昌唐西州的蚕桑丝织业》，《敦煌学辑刊》1987年第1期，第118—125页。武敏《从出土文书看古代高昌地区的蚕丝与纺织》，第92—100页。

昌期间绵、绢确是某种赋税的征发对象。"①新出的这批北凉文书则表明，早在北凉时期高昌当地的租调和口税就已经开始征收丝。赋税征收丝，无疑是以蚕丝业的发达为前提的。这一时期高昌丝织业的大发展与当时的中原战乱以及丝绸之路上的丝绸商品短缺有直接的关系②，高昌丝织品的外销用途也决定了政府赋税以生丝为征收形态的特点。新出文书对于我们更深入研究高昌地区蚕丝业的发展情况，具有很重要的价值。

北凉时期的高昌赋税体制当中，计赀制度是很重要的一种。编造赀簿时只计土地面积和品质而不计其他的资产，这是北凉计赀制度的特殊之处。赀簿为按赀配生马和计赀出献丝提供了依据。北凉的计赀出献丝制度从其总体特征来讲，可以归为魏晋以降的户调系统，但在具体的操作中，又不可避免地要结合地方的具体情况作一些调整和变通。北凉计赀制度只计土地，事实上也就转为以土地为依据，这与汉代的计赀制度已有很大的不同。目前我们在麹氏高昌国时期的文书中已经看不到此种计赀制度的存在，很可能与计赀制度在北凉的发展已经使其逐渐失去本来的作用有关。从文书本身来看，仍然称此种以斛斗数衡量的征收依据为"赀"，是中原汉魏制度的延续，也体现了当时人的观念，这是我们对此种赋税定性时必须充分尊重和考虑的因素。户调的征收在南朝曾经纳布又曾经折钱③，北凉的计赀出献丝帐则提供了当时高昌地区户调征收的具体情形。和计赀出献丝制度较多地继承魏晋制度不同的是，计口出丝更多地体现了地方的特色。中原自曹魏时即取消了算赋、口赋的征收，口税在北凉得到恢复是当时的特殊情形所决定的，北凉政权对土地户口的严密把握使得这种口税的征收具备了条件。史载河西的北凉政权"赋役繁重"④，从新出文书来看，沮渠氏统治的高昌地区情况也当如此。高昌地区的赋税制度的特殊性在后来的麹氏高昌国时期有着更加清楚的反映，其地方特色随着割据政权建立的时间渐久似乎也愈益显著。麹氏高昌国时期的情况由于我们目前所能见到的资料较多，在此点上有着尤其明显的反映。如当时的计田输银钱、计亩承役、租酒、远行马价钱、丁正钱等都是中原所没有的名目⑤。这是我们研究此一时期当地的赋税制度所必须注

---

① 唐长孺《吐鲁番文书中所见丝织手工业技术在西域各地的传播》，《山居存稿》，第395页。
② 乜小红《略论十六国以来高昌地区的丝织业》，《西北师大学报（社会科学版）》2003年第5期，第54—58页。
③ 唐长孺《魏晋户调制及其演变》，《魏晋南北朝史论丛》，第73—84页。
④ 《晋书》卷一二九《沮渠蒙逊载记》，第3196页。
⑤ 其中的一些制度可能在前麹氏高昌国时代就已经存在了，还有待进一步的研究。

意的。

　　北凉时期高昌地区的赋税征收制度，史籍阙载。此前的出土文书当中包含的相关资料不仅少，又多有残损，因此此次新出的两件文书弥足珍贵。在研究中，因为同期的文书少，所以借鉴此前中原的汉魏制度和此后高昌国时期的制度，以求能为揭示当时的赋税征收制度进行一些有益的探索。

第二节　吐鲁番新出阚氏高昌时期供物、差役帐

　　1997年吐鲁番文物局对鄯善县洋海1号墓进行了抢救性发掘[①]。本墓葬男女各一人，各有棺木，男里女外，男性先葬。有女性无名衣物疏，无纪年，另面为《阚氏高昌永康十二年（477）闰月十四日张祖买奴券》[②]。同墓又出日写本，据考为永康十三、十四年历日[③]。本墓北侧有一被盗掘一空的墓葬，内弃置一件木牌，文字漫漶，隐约可见"威神城主张祖"，推测为盗墓者从洋海1号墓中取出，弃置于此[④]；加之无名衣物疏写于张祖买奴券背面，因疑本墓墓主即张祖夫妇。该墓经严重盗扰，唯随葬典籍写本平整放置于墓室西南角。其他文书均拆自墓主人纸鞋，内容以帐为主。这些帐又可以分为三组：第一组为阚氏高昌永康年间（466—485）供物、差役帐，这一组数量最多，有16件；第二组为阚氏高昌时期（460—488）的绦毯帐；第三组为残文书，包括性质不明的名籍等。张祖生前或是威神城主，此墓所出文书可能多属阚氏高昌时期。本文拟对该墓所出的供物、差役帐进行整理，并作相关考释。

一、录文与排序

　　"新获吐鲁番出土文献整理小组"将该组文书定名为《阚氏高昌永康年间供物、差役帐》[⑤]。16件文书除97TSYM1:9-5背面无内容；其他15件当中97TSYM1:8-

---

[①]　发掘简报见《敦煌吐鲁番研究》第10卷，第1—9页。
[②]　荣新江、李肖、孟宪实主编《新获吐鲁番出土文献》，第125页。
[③]　陈昊《吐鲁番洋海1号墓出土文书年代考释》，《敦煌吐鲁番研究》第10卷；收入荣新江、李肖、孟宪实主编《新获吐鲁番出土文献研究论集》，第121—132页。
[④]　荣新江、李肖、孟宪实主编《新获吐鲁番出土文献》，第123页。
[⑤]　"差役"一词作为经济史用语，最早出现在唐代史籍中。唐代史籍中记载的差役基本上是直接差派百姓服劳役，与后来出现的出资雇人的雇役不同（参见张泽咸《唐五代赋役史草》，北京：中华书局，1986年，第298—301页）。"新获吐鲁番出土文献整理小组"在给本组文书定名时取"差役"最基本的含义，即差派百姓服劳役。本文对"差役"一词的使用亦取此意。

4a、97TSYM1:11-8c 两件的正面涂墨，无字可识；有内容可识的文书 29 份。编号如下：

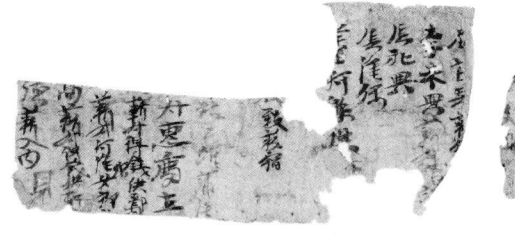

（一）97TSYM1:9-5，（二）97TSYM1:9-1（图1-3）

（三）97TSYM1:8-4a，（四）97TSYM1:8-5、97TSYM1:8-4b

（五）97TSYM1:8-2（图1-4），（六）97TSYM1:11-8e

（七）97TSYM1:11-8c

（八）97TSYM1:11-6b、97TSYM1:11-8d+97TSYM1:11-8a 背面

（九）97TSYM1:8-1，（十）97TSYM1:8-3

（十一）97TSYM1:7-2，（十二）97TSYM1:11-8a

（十三）97TSYM1:11-6a，（十四）97TSYM1:11-9

（十五）97TSYM1:11-8b+97TSYM1:11-7（图1-5）

（十六）97TSYM1:7-1（图1-6），（十七）97TSYM1:7-1 背面（图1-7）

（十八）97TSYM1:11-7 背面 +97TSYM1:11-8b 背面（图1-8）

（十九）97TSYM1:11-9 背面，（二十）97TSYM1:11-6a 背面

（二十一）97TSYM1:11-8a 背面，（二十二）97TSYM1:7-2 背面

（二十三）97TSYM1:8-3 背面（图1-9），（二十四）97TSYM1:8-1 背面

（二十五）97TSYM1:11-8d 背面、97TSYM1:11-6b 背面

（二十六）97TSYM1:11-8c 背面，（二十七）97TSYM1:11-8e 背面

（二十八）97TSYM1:8-2 背面（图1-10）

（二十九）97TSYM1:8-4b 背面、97TSYM1:8-5 背面，（三十）97TSYM1:8-4a 背面

（三十一）97TSYM1:9-1 背面（图1-11），（三十二）97TSYM1:9-5 背面。

图 1-3　97TSYM1:9-1　　　　　　图 1-4　97TSYM1:8-2

第一章 公元 5 世纪吐鲁番绿洲的经济与赋役

图 1-5　97TSYM1:11-8b+97TSYM1:11-7

图 1-6　97TSYM1:7-1

图 1-7　97TSYM1:7-1 背面

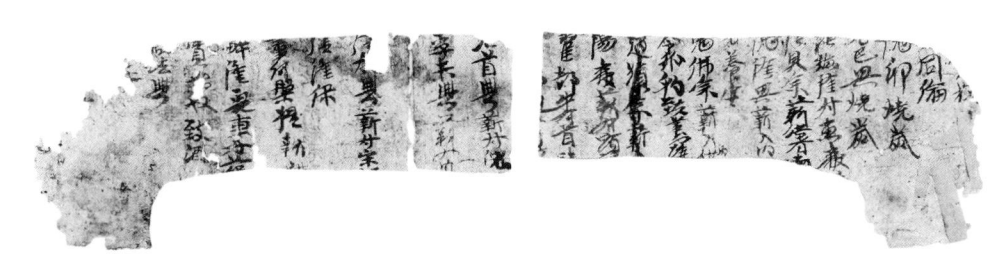

图 1-8　97TSYM1:11-7 背面 +97TSYM1:11-8b 背面　　　图 1-9　97TSYM1:8-3 背面

图 1-10　97TSYM1:8-2 背面 　　　图 1-11　97TSYM1:9-1 背面

先将文书录文迻录如下，以便后文之分析①。

（一）

（前缺）

1 □□明薪供范宗平
2 □□宝致茇（苜）宿（蓿）------------------------------
3 常媚都烧炭②
4 樊伦安薪入内
5 赵首达薪□□□□
6 郭首伦付惠□□□□
7 孙阿隆③

（后缺）

（二）

（前缺）

1 左首兴薪供□□□□
2 李未兴薪付显识□□□
3 张礼兴
4 张隆保
5 董阿槃提
6 □□
7 □□□致茇（苜）宿（蓿）
8 □□
9 □□□致土堆蒲陶
10 □□□□付惠庆土□□
11 □□□□薪付得钱供鄢□□
12 □□□□薪付阿隆供女郎□□□

---

① 荣新江、李肖、孟宪实主编《新获吐鲁番出土文献》，第129—145页。
② 此行"烧炭"与下行"薪入内"系淡墨书写。本组帐中的供物差役记录用淡墨书写者很多，以下不一一注出。
③ 本行三字为人名，书后用墨涂去。

13 ☐☐☐高薪付得钱供 轩 （？）☐☐☐
14 ☐☐☐德薪入内见①
　（后缺）

（三）
（涂墨，无字可识）

（四）
　（前缺）
1 □□☐☐☐
2 蕈子 兴 ☐☐☐
3 马 庆 ☐☐☐②
4 孙石子薪 ☐☐☐
5 □☐☐☐
　（后缺）

（五）
　（前缺）
1 宋 阿隆供□☐☐☐
2 令 狐 厚主薪 供 ☐☐☐
3 冯买奴
4 樊同伦致 菽 （首）□
5 隗卯致 酒
6 左巳兴致 菽 （首）□
7 张德隆致 ☐☐☐
8 张 兴 宗致菽（首） 蓿
9 □ 隆 兴新（薪）入内
10 □□祖新（薪）入内

---

① 本行末尾的"见"字系别笔。
② 此行内容系在原来的两行之间加写。

11　□□宗新（薪）入内
12　□□□致酒
　　（后缺）

（六）
　　（前缺）
1　□□兴薪□□□□
2　□□□①
3　□□□□致莜（苜）蓿
4　□□□薪
　　（后缺）

（七）
（涂墨，无字可识）

（八）
　　（前缺）
1　□□□□□
2　路阿奴致高宁□□□
3　王祖彊
4　李腾芝薪供粉师
5　□治取桢
6　□爱取桢
7　□□□致高宁莜（苜）宿（蓿）
8　□□□如
9　□□□阿晟取□
10　□□□兴多取桢
11　□□□兴
12　□□□□得薪供耆□□

---

① 本行涂墨，无字可识。

13 ☐☐☐致瓯
14 ☐☐☐
15 ☐未宗薪供耆鄢王
　（后缺）

（九）
　（前缺）
1 董阿☐☐ ☐
2 董轩和致鞍（苜）宿（蓿）
3 樊阿养薪供耆鄢王
4 宋酉明薪付显识烧瓯
5 ☐☐隆驴隆自乘往田地
6 ☐☐☐薪供耆鄢王
7 ☐☐
8 ☐☐住（往）田地
9 ☐☐

--（纸缝）

10 ☐☐☐至陶宕作瓯
11 ☐☐☐堆蒲陶
12 ☐☐☐
13 ☐☐
14 ☐☐☐薪供鄢耆王
15 ☐☐☐薪付王六儿
　（后缺）

（十）
　（前缺）
1 毛☐
2 张沙弥薪☐☐☐
3 王阿得奇
4 左相薪入☐☐☐

041

5　康周德

6　康元爱

7　梁仲宗

8　董轩得

9　张寅隆薪□□

10　赵僧演薪入□□

11　□孝应薪供常□

12　潘伯兴

13　□□兴

　　（后缺）

（十一）

　　（前缺）

1　张亥隆

2　张未宗新（薪）入□□

3　张惠宗新（薪）□□

4　董阿保新（薪）入□□

5　贾寅薪入□□

6　李隆护薪供□□

7　□□奴薪入□□

　　（后缺）

（十二）

　　（前缺）

1　□□□奇致高宁□

2　□□成薪供耆鄢王

3　□□酉薪供耆鄢王

4　□□□□□

　　（后缺）

(十三)

　　（前缺）

1　□□取芦训违

2　□□得薪入羌奴

3　□宗兴致菝（苜）宿（蓿）

4　□隆薪入内

5　□□□种蓝

6　　　　土堆蒲陶

7　　　　□□治□

8　　　　□多致菝（苜）宿（蓿）

9　□治兴

10　　　　儿致高宁菝（苜）　　　

　　（后缺）

(十四)

　　（前缺）

1　　　　耆鄢王

---（纸缝）

2　　　　□致菝（苜）宿（蓿）

3　□以兴致菝（苜）宿（蓿）

4　令狐卑子致①宿（蓿）②

5　□爱致土堆蒲陶

6　令狐阿渚致菝（苜）宿（蓿）

7　张阿钱陶宕致瓨

8　□□宗

9　□□□

10　　　　□薪供耆鄢王

11　　　　致土□到田地

　　（后缺）

---

① "致"字下脱"菝"字。
② "□以兴"和"令狐卑子"两行间有一小字，不识。

（十五）

  （前缺）

1　□□供耆鄢□

2　□□

3　□驹致莐（苜）宿（蓿）

4　□薪入内供耆鄢王

5　孙埒驹致土堆蒲陶

6　□匡真致土堆□

7　张保双致莐（苜）宿（蓿）

8　赵得钱

9　隗巳衍薪供耆鄢□

10　左沙弥

11　宋僧受

12　王佛

---（纸缝）

13　阎庆宗

14　左双德致土堆蒲□

15　□延酉□

  （后缺）

（十六）

  （前缺）

1　□□薪供耆鄢王

2　□媚薪供鄢耆王

3　□根

4　令狐丐奴

5　□卯祖

6　□养德驴斫木

7　左猪奴车送冯师

8　张益致莐（苜）宿（蓿）

9　乐奴奇

10　令狐成薪供耆鄢王

11　张敬兴取桢

12　□受兴

13　潘僧生薪入双保

14　□午薪供鄢耆王

15　□卯度

16　赵庆宗薪供轩□

17　□乘奴子致荍（苢）蓿

18　□仏宗

19　张酉兴致荍（苢）宿（蓿）

20　□有太薪入内

21　□阿木薪供鄢耆王

22　□未兴薪供显识

23　刘阿成

24　刘金陶宕致瓪

25　□□□薪供耆鄢王

26　□宗驴□□田地

27　□□取桢

28　□惠远柳□入金□□□□

　　（后缺）

（十七）

　　（前缺）

1　□□□□□□

2　□□致荍（苢）蓿

3　□阿奴薪□□付□□□□

4　□□薪付黄供□□□□

5　□□□薪付黄供都□□□□

6　□宗宁

7　□豹薪付波门奴供□□□□

8　□相薪入僧显

045

9　□兴兴致麦
10　□惠宗薪付僧妙供 ☐
11　□祖安薪付隗巳 ☐
12　□祖兴薪付波门奴 ☐
13　□太宗致荍（苜）蓿
14　□兴安
15　□僧达陶宕致罌
16　□卯隆薪入内供染
17　□养得新（薪）入内
18　□子宠薪付张午兴供 ☐
19　□尔综陶宕取瓱
20　□隆护薪黄保入内
21　贾 毕薪付王双保 ☐
22　赵 宾薪付张午兴供 ☐
23　□午兴薪入内入
24　□庆薪付张羌奴
25　□晋薪付黄 ☐
26　□□□□ ☐

　　（后缺）

（十八）

　　（前缺）

1　左 首兴薪付隗 ☐
2　李未兴薪入内

--（纸缝）

3　张 礼 兴薪付宋□ ☐
4　张隆保
5　董阿槃提新（薪） 供 ☐
6　解 隆儿车付 范 ☐
7　贾 始 奴致酒
8　□法兴

9 □

10 □□□

11 □□□□

（后缺）

（十九）

（前缺）

1 □□□薪付□供□□

2 □□巳新（薪）入内

3 □□□□酒

4 张奴子薪付隆奴供染

5 □巳安薪付张仵□□□

6 □习致鞁（鞘）襠

7 □□致鞁（鞘）襠

8 □□

---------------------------------（纸缝，"□"）

9 □□□宋隆供受安

（后缺）

（二十）

（前缺）

1 □□□□都薪付隆奴□□□

2 □□□□安供客付阿□□

3 □□□□

4 □□□□□薪付得钱□□□

5 □□□□

6 □□□□薪付酉儿供□□

7 □□□卢泮薪付蚕主供染□□

8 □□□弥致鞁（鞘）襠

9 □□□□□□马供染□□

（后缺）

（二十一）

（前缺）

1 ☐☐平薪付☐☐☐
2 ☐☐☐兴致莜（苜）蓿☐☐
3 ☐☐巳隆

（后缺）

（二十二）

（前缺）

1 马庆付首兴供☐☐
2 马弘达薪入☐☐
3 尃子兴付祖☐☐
4 孙石子
5 王叔良薪显☐☐
6 宋阿隆

（后缺）

（二十三）

（前缺）

1 ☐☐奴①
2 ☐同伦②
3 隗卯烧炭
4 左巳兴烧炭
5 张德隆付惠庆☐☐
6 张兴宗薪供耆鄢☐
7 隗隆兴薪入内☐☐
8 左养安③

---

① 所缺二字或为"冯买"。
② 所缺字或为"樊"。
③ "安"字上有朱笔点记。

048

9　隗佛宗薪入内供□
10　令狐豹致粪堆□
11　赵续宗薪入① □
12　阳庆薪付显□□
13　翟都牛付首□□
14　□□□□□
　　（后缺）

（二十四）
　　（前缺）
1　□宗薪入内
2　□庆致酒
3　□薪供毗拔师
4　□□

---（纸缝）

5　□□薪入内
6　□□
7　□□致罂
8　□明薪入内
9　康辛儿薪入内
10　赵阿隆
11　樊伯宗
12　毛巳隆致酒
　　（后缺）

（二十五）
　　（前缺）
1　□薪入内

---

① 本行内容上有墨笔勾画，表示抹去。

2　□□□薪入内①

3　□□□

4　□□□高车谷

5　□□□□德致酒

6　□□□□爱拔□□□

7　□□□薪入内

8　□□兴致酒

9　冯宜叔

10　左建祖新（薪）入内

11　冯阿胡

12　□□□□□

（后缺）

（二十六）

（前缺）

1　刘受子□□□

2　刘元都致靯（苜）宿（蓿）

3　马庆祖薪入内

4　□□致靯（苜）宿（蓿）

（后缺）

（二十七）

（前缺）

1　赵祀

2　车法绣致靯（苜）宿（蓿）

3　王阿酉烧炭

4　宋地得薪入内

5　□悦取桢

（后缺）

---

① 此二行上面数字贴附于 97TSYM1:11-8a 之上，文字朝内，无法释读。

（二十八）

（前缺）

1 □□□致鞁（苜）宿（蓿）
2 □□兴致鞁（苜）宿（蓿）
3 □□□薪入内供鄢耆王
4 □□□薪入内供鄢耆王
5 赵首兴薪入内供□□□
6 □宗奴薪入内供鄢□□
7 赵续宗薪入内□□□
8 孙阿受薪入内□□□
9 范秋薪供越□
10 张遂薪付隆□□□
11 赵富来薪付□□□
12 赵保薪入内供鄢□□
13 赵阿虎烧炭
14 张今来薪付西儿□□□
15 □□□薪付书□□□

（后缺）

（二十九）

（前缺）

1 □□□□□□
2 杨兴成薪作昔①
3 王阿奴薪入内供鄢耆王
4 范酉隆薪入内供鄢耆王
5 麹□□取木作锦床
6 □□□

（后缺）

---

① "昔"或为"酱"。

（三十）

（前缺）

1　严奉驯 薪 ☐

2　解伦取桢

3　张祖陶宕致巩

4　张寅虎致高宁菝（苜）宿（蓿）

5　☐☐ 致 高宁菝（苜）宿（蓿）

（后缺）

（三十一）

（前缺）

1　☐☐☐☐ ☐百廿 [①]

2　☐☐☐☐ ☐百廿

3　☐☐☐ 百廿

4　☐☐☐☐ ☐百廿

5　☐☐☐☐ 隆 百廿

6　☐☐☐ 百廿

7　☐☐☐☐ ☐廿

8　☐☐ 百 廿

9　王阿得奇百廿

10　汜德隆百廿

11　左双德百 廿

（后缺）

（三十二）

（无字）

---

① 本件数字一侧多有朱笔勾画。

二、文书的形态描述和初步整理

（一）从字体角度对文书形态进行描述

整组文书就内容而言，除第 31 件内容与众不同，第 32 件无内容之外，有内容可识的 28 件都为供物差役记录。以下先对这 28 件供物差役文书进行考察。

字体情况总体上来说是大异而小同。整组文书无统一的字体，甚至同一件文书上也出现了多种不同的字体，并且墨色深浅也有差异，据此可知文书并非同一人一次性写成。但是，也有字体一致的地方，如每两三件文书上的人名字体都是相同的。下面先对人名字体的差异进行描述。

首先，整组文书的人名字体差异非常明显。例如第 1、5、8、10、13、19、23、26、28 件的人名字体都可以确定是出自不同人的手笔。同一件文书的正背面的人名字体也没有相同者，可以确定正背面的文书并非同一人所写。虽然整组文书并无统一的字体，但仍可看出两三件一组的文书的人名字体是一致的，例如第 15、16 两件，背面文书第 17、18 两件；第 12、13、14 三件，背面文书第 19、20、21 三件；第 26、27 两件的字体相同，其正面的第 6、7 两件涂墨，原来应当也是一组；还有第 22、23 两件，背面文书第 10、11 两件[①]。需要指出的一点是第 2 件与第 18 件，第 4、5 件与第 22、23 件所书的人名相同，但字体却不同（人名重复出现的情况见表 1-6，后文具体讨论）。以上各组文书字体相同的人名应当可以肯定系同一人所写。

通过对字体情况的描述，我们发现：以每两三件为一组，每组文书的正面人名字体相同，相应地其背面的人名字体也相同，但每一件文书的正背面字体都不同。这应当不是一种巧合，它揭示了文书原初形态的一些重要信息。两三件一组的文书上的人名可以肯定为同一个人书写，每一组字体相同的文书数量不超过三件。

在同一组的两三件文书上，我们又可以很明显地看出，大多数的供物差役记录字体与人名字体并不相同。差别非常明显的如第 2 件，其供物差役记录至少有三种不同的字体；又如第 19、20 两件，人名书写得非常潦草，但是大多数差役记录却写得很工整，字体差别非常明显。

除了与人名字体不同的记录之外，个别与人名字体相同的供物差役记录也非常值得关注。以下条列每件文书上的此类供物差役记录（表 1-4）。需要说明的是，要

[①] 笔者予以勘同的还有第 4、5 两件，相应地其背面第 28、29 两件；第 10、11 两件，相应地其背面第 22、23 两件。需要说明的是，这四组文书笔迹的勘同，可以从其所书人名的固定顺序中得到有力支持，详后文。

辨别笔迹的异同并非易事，凡笔者没有确切把握者，一般不予勘同。

表 1-4　与人名字体相同的供物、差役记录表

所出文书序号	供物差役项目	所出文书序号	供物差役项目
9	致苜蓿	16	薪入内
9	薪付显识烧瓦	17	新入内
11	薪入	20	供客付阿
12	薪供耆鄢王	22	付祖骋
13	薪入羌奴	23	烧炭
14	致土堆蒲陶	23	付惠庆□
15	薪供耆鄢王	23	致粪堆□
15	致土堆蒲陶	26	薪入内
16	薪供耆鄢王	27	烧炭
16	车送冯师	27	薪入内
16	薪入双保	28	烧炭

以上表格中所列的供物差役项目很多，但与整组文书庞大的供物差役记录数量相比，则仅占很小一部分。这些记录既然与人名字体一致，墨色深浅也相同，应当是与人名同时登录上去的。与此相对应的则是大量与人名字体不同的供物差役记录，这些应当系后来添加。我们可以相信，这些与人名同时登录的供物差役活动应当是最先完成的。

大量后来添加的供物差役记录中，也有许多笔迹可以勘同。如分别在 3 件文书上出现过 6 次的"取桢"便可以勘同①。这应该可以说明某些特定的供物差役项目是同时登记的。这些书写在不同文书上的同类供物差役记录能用同一种字体书写的一个重要前提，是这些文书已经被集中在一起，这也是该组文书在被用于制作葬具之前的状况。从最初在基层各自书写人名和一部分差役记录，到后来文书被集中并添加另外一部分供物差役记录，是这批文书书写的基本过程。

---

① "取桢"在第 27 件上也有出现，但两字都仅存半边，未与其他 6 处勘同。

对不同文书上同一种供物差役记录的笔迹进行勘同并非易事，但即便是最保守的认定，我们也至少可以确认以下诸条（表1-5）。

表1-5 不同文书上笔迹相同的供物差役项目表

供物差役项目	所出文书序号	供物差役项目	所出文书序号
取桢	8、16、30	薪入内	2、16
新入内	19、25	致苜蓿	17、19、20

不同文书上出现了可以勘同的供物差役记录，进一步证明了文书在最后被集中这样一个事实。

整组文书中至少有14处将"鄢耆王"误作"耆鄢王"，这说明与此供物差役帐相关的一些人对鄢耆这个国家不熟悉。值得注意的是，"鄢耆王"和"耆鄢王"有出现在同一件文书上的情况，如第9件上，可以看到两处写作"耆鄢王"，一处写作"鄢耆王"，从笔迹和墨色判断，确非同一人所写；再如第16件，上面有三处"薪供耆鄢王"是先写上去的，后书者应是意识到了前者的错误，因此自己书写的三处都改作"鄢耆王"。"薪供鄢耆王"和"薪供耆鄢王"显然是指同一种差役，既然被分作两次登录，那么肯定在时间上是有先后的。

类似的情况还有"薪"和"新"的同时使用。文书中同时出现了"薪入内"和"新入内"[①]，可以认为两者是同一种差役。在第17、24、25三件文书上都同时有"薪入内"和"新入内"两种写法，从字体、墨色可知并非出自同一人的手笔，应当也是前后两次书写而成。

通过以上分析，可知这一组文书的字体情况比较复杂。人名的字体相对统一，可以归为一组的两三件都是同一种字体，只有个别文书上有墨色深浅的不同（如第23件，当系渴笔后蘸墨所致），这些人名的书写当是在基层完成的。与人名同时书写的一些供物差役记录，在全部的差役记录当中只占少数，这些供物差役活动应该

---

① "新"字最初即可指"柴薪"，后来作"薪"。清人王筠《说文句读·斤部》："'薪'者，'新'之累增字。"上海：上海古籍书店，1983年，第2065页。《马王堆汉墓帛书·称》："百姓斩木艾新而各取富焉。"国家文物局古文献研究室《马王堆汉墓帛书》（壹），北京：文物出版社，1980年，第81—85页。高昌当地"薪""新"通用的情况在墓志当中也有反映，如《高昌延寿十三年（636）王阇桂墓表》中有"薪除甲子"语，"薪除"即"新除"。见侯灿、吴美琳《吐鲁番出土砖志集注》，成都：巴蜀书社，2003年，第387页。

是在登录人名之前就已经完成，所以在登录人名时可以一并书于其后。这一部分记录的有"薪供耆鄢王""薪入内""烧炭""致苜蓿""致土堆蒲陶""薪入羌奴"等多种，而这些差役项目在后续添加的记录中也都有出现，只是笔迹不同。大量的供物差役记录现在看来都系后来添加，如第5、17、28三件，供物差役记录的字体大多与人名字体迥异，可知系后来补写。补写在不同文书上的差役记录有一些可以判定为同一种字体，当系同一人书写。这说明文书在初步的人名和差役登录完毕之后被集中到了一起，统一管理，并不断添加上后来的一些供物差役记录。

（二）依据重复出现的人名对文书排序

通过上文对文书字体及文书书写过程的分析，我们知道，这组文书作为当时的供物差役记录，除第31件之外，各组之间看不出逻辑上的顺序。但在具体的文书整理工作中，必然需要给出一个顺序。我们据以排序的基本原则：人名字体相同的一组文书（每组两三件不等）首先应当排列在一起。各组之间因为并无逻辑关系，所以没有确定的先后次序。在每组文书内部，一旦正面的顺序排定，背面顺序亦随之确定。我们可以做的是根据整组文书当中重复出现的三组人名排定三个单元的内部顺序。这一组文书当中重复出现的人名有20个之多，是我们复原文书原来顺序的重要依据（表1-6）。

表1-6 重复出现人名的情况表

序号	人名	第一次出现的文书序号	差役项目	第二次出现的文书序号	差役项目	备注
1	王阿得奇	10	无			31
2	左双德	15	致土堆葡萄			31
3	隆奴	19	付隆奴	20	付隆奴	
4	宋阿隆	5	供□□	22	无	
5	尊子兴	4	无	22	付祖骋□	
6	孙石子	4	薪	22	无	
7	左首兴	2	薪供□	18	薪付隗□	
8	李未兴	2	薪付□□□	18	薪入内	
9	张礼兴	2	无	18	薪付宋□	

续　表

序号	人名	第一次出现的文书序号	差役项目	第二次出现的文书序号	差役项目	备注
10	张隆保	2	无	18	无	
11	董阿槃提	2	无	18	薪供□	
12	樊同伦	5	致苜□	23	无	
13	隗卯	5	致酒	23	烧炭	
14	左巳兴	5	致苜□	23	烧炭	
15	张兴宗	5	致苜蓿	23	薪供耆鄢□	
16	惠庆	2	付惠庆土□	23	付惠庆□□	
17	张德隆	5	致薪	23	付惠庆□□	
18	赵续宗	23	薪入□	28	薪入内□	第23件抹去
19	得钱	2	付得钱	20	付得钱	第15件有"赵得钱"
20	张午兴	17	薪付张午兴供	17	薪付张午兴供	

整组文书当中有三组人名集中地重复出现：第一组是第2件上的人名左苜兴、李未兴、张礼兴、张隆保、董阿槃提五人在第18件上再次出现，两件文书上同时残存的人名只有以上五个，且两次出现都是以完全相同的顺序排列；第二组是第5件上的人名樊同伦、隗卯、左巳兴、张兴宗、张德隆、隗隆兴六人以完全相同的顺序在第23件上再次出现[1]；第三组是第4件上的蕈子兴、孙石子两人在第22件上再次出现。上举最后一例的情况需要作特别说明：第4件上的蕈子兴、孙石子两人名之间又加写了一个人名"马□"，非常明显此名是后来添上的，字也写得很小，原来确定的人名序列里当无此人，就像第22件上的情况一样。以上各组人名虽然重复出现，却没有写在同一张纸的背面，这也透露出了文书在书写过程中的一些信息。

以上三组人名重复出现的情况说明，字体相同的两三件上的差役人名确有相对固定的顺序，此顺序在这些人名两次出现时都被遵循。当需要在固定的顺序中再加进其他人时，就只能夹写在行间。从以上三组人名重复出现的情况看，在最基层的

---

[1] "隗隆兴"在第5件上，"隆兴"可见，"隗"字残缺，据第23件推补，当无误。上表暂未列入。

单位里书写这些人名时很可能是依据此前就有的户籍或某种名册。

根据人名的这种先后顺序，我们可以对一些残片的先后关系进行判定：根据第22件上"孙石子"和"宋阿隆"的前后顺序，我们应当把第5件排在第4件之后（第5件上的第一个人名是"宋阿隆"，第4件上可以看到的最后一个人名是"孙石子"）；相应的，背面的文书第28件应当在第29件之前。根据第5件上"宋阿隆"和"樊同伦"前后相连的顺序，第23件应当在第22件之后（第22件上的最后一个人名是"宋阿隆"，第23件上可以看到的第一个人名是"樊同伦"）；相应地，背面的文书第10件当置于第11件之前。

凡打破原有次序的人名，往往被注以特殊标志。"赵续宗"在第23、28两件上都有出现，但是两件文书上"赵续宗"前后的人名完全不同。如上文所指出的，在一个特定的单元里人名的排列顺序是固定的，赵续宗此人在两件文书上出现，其前后的人名也应当相同。事实上，第23件上的"赵续宗"上有墨笔的勾画，是否正好说明此人名出现的位置确实有问题？这也进一步证明了前文结论的正确。同类的情况还出现在第23件第8行的"⬚养安"上。第5件上"樊同伦"以下的人名与第23件上的基本相同，唯独第23件上多出了"⬚养安"。按照同一个单元的人名有固定的顺序的规律，不当如此。原件此名上的"安"字上有朱笔点迹，应当是就此人名的位置问题所做的特殊标示。

上文排定的第4、5两件的人名字体相同，相应地背面第28、29两件的人名字体也相同；第22、23两件的人名字体相同，相应地第10、11两件的人名字体也都相同。这种字体上的一致性也可以证明以上根据人名排定的顺序是正确的。

以上就是我们对本组文书中性质相同的30件的排序方案及其依据。除了字体之外，另一个重要依据就是每个单元里的人名有固定的顺序。我们得出这样一种认识，不仅是基于三组重复出现的人名所反映的情况，另外两个人名上出现的特殊勾画和点记同样可以支持我们的判断。此外，每组两三件文书的人名字体都与其他组不同，无一例外，而不同的笔迹应当是不同的书手所留[1]。在更高一级的行政单位，似乎没

---

① 唐代中央的门下省、秘书省等部门有专门的书手（《唐六典》，北京：中华书局，1992年，第240、294—295页）；就地方社会而言，"乡书手初设于五代"（张哲郎《乡遂遗规——村社的结构》，刘岱总主编《吾土与吾民》，北京：生活·读书·新知三联书店，1992年，第193页）；宋代的地方基层官府中也有专门的"乡书手"（《宋史》卷一七七、卷一七八，北京：中华书局，1977年，第4295、4331页）。唐宋以前的基层乡里应当也有负责书写的人员，如汉代的亭有"亭掾"，应当是主管文书一类事务者（朱绍侯《汉代乡、亭制度浅论》，《河南师范大学学报（哲学社会科学版）》1982年第1期，第14—21页）。《晋书》卷二四《职官》载："乡户不满千以下，置治书史一人；

有理由在制作一件差役帐时进行如此不合常规的操作。每件文书上的人名与人名之间的间隔疏密颇不统一,这也透露出一个信息,即文书上的人名最初是在基层分别书写的。

(三)文书涉及的供物差役类型

在本组供物差役帐中,出现频率最高的词是"供薪"。

文书中出现的有关"薪"的记载多种多样,有直接供某人,付某人供某人,付某人供鄢耆王,直接供鄢耆王,入内供鄢耆王;直接入内,直接入某人,付某人入内;直接付某人,付某人作某种用途(如"烧瓦");入内供染,付某人供染,付蚕主供染,薪作昔等情况。总共224条供物差役记录[①],与"薪"有关的就有119条,确知是供给鄢耆王的有26条(分别在第2、8、9、12、14、15、16、23、28件),明确注明"入内"的有17条。

以第16、17两件为例,第16件残存28行,有关供薪的记录有10条,其中6条薪供鄢耆王,2条薪供某人,1条薪入内,1条薪入某人;第17件残存26行,有关供薪的有16条,其中情况清楚的13条中薪付某人供某人7条,薪入内2条,直接付某人1条,薪某人1条,入内供染1条,付某人入内1条(表1-7)。

表1-7 第16、17件所见供薪方式表

差役项目	数量	
	第16件	第17件
供鄢耆王	6	
供某人	2	
入内	1	2
入某人	1	1
付某人供某人		7
付某人		1
入内供染		1

千以上置史、佐各一人,正一人。"(北京:中华书局,1974年,第746页)阚氏高昌国时期基层社会建置情况不明,但应当也有负责文案书写者,此处一般作"书手"。

① 此处的统计,只能涵盖目前所见,因文书残损而缺漏者无法计入,因为并非所有人名下都有供物差役记录。

续 表

差役项目	数量	
	第 16 件	第 17 件
付某人入内		1
合计	10	13

由这两件文书，我们看到，"供薪"方式的多样是整组文书的一个典型特征。确知是供给鄢耆王的26条记录分布在9件文书上，可以说表现出极大的分散性。另外90余条"供薪"记录也以各种形式分布在28件文书里（除因涂墨无字可识的第3、7两件，无内容的第32件，内容与众不同的第31件）。中古时期吐鲁番，由当地百姓向官府供薪是一种具有延续性的赋役形式。麹氏高昌国时期的"调薪"据丁征收[1]，阿斯塔那338号墓曾出土《唐永徽五年（654）西州高昌县武城乡范阿伯等纳莿薪抄》[2]，大谷文书的《周氏一族文书》中有唐天宝三年（744）的纳薪文书[3]，证明唐代仍有同类情形存在。本组供物差役帐中"供薪"的特殊之处在于，交纳者不仅要自备，还要按照要求运送到不同的地点或交给具体的使用者。

该组文书中出现的致苜蓿、致酒、致麦、致土堆蒲陶，是另一类重要的差役项目（第23件还有"致粪堆 ＿＿＿＿"，因后残，不得其详）。这里的"致"当作何解释呢？《说文・至部》云："致，送诣也。"[4]《汉书・文帝纪》载："赐物及当禀鬻米者，长吏阅视，丞若尉致。"颜师古注："致者，送至也。"[5]"致"在秦简及汉简中出现，作为文书的称谓，又可以指致物于人所用的文书[6]。该组文书当中出现的"致"字，应当是"送诣"的意思。这些苜蓿、酒、麦、蒲陶等是否系送诣人自己提供呢？此处需要辨明。该组文书中，除上述致苜蓿、酒、麦之外，还有"致瓨""陶宕致瓨"这样的表述。与"瓨"有关的还有"陶宕取瓨""陶宕作瓨"和"烧瓨"。"陶宕致瓨"与"陶宕取瓨"同时出现，"致"与"取"相对，说明"致"具有特定的方向性，

---

[1] 卢开万《试论麹氏高昌时期的赋役制度》，唐长孺主编《敦煌吐鲁番文书初探》，第76—78页。
[2] 唐长孺主编《吐鲁番出土文书》贰，第244页。
[3] 小田义久《大谷文书集成》第3卷，京都：法藏馆，2003年，第205页。
[4] 《说文解字注》，上海：上海古籍出版社，1981年，第585页。
[5] 《汉书》卷四《文帝纪》，北京：中华书局，1962年，第113—114页。
[6] 裘锡圭《汉简零拾》，《文史》第12辑，北京：中华书局，1981年，第23页。关于简牍中的"致"的用法，参见李均明《简牍文书"致"考述》，《新疆文物》1992年第4期，第73—75页。

字意应当是具体而明确的；"陶宕作瓨"和"烧瓨"的同时存在则说明当时"作瓨"和"烧瓨"是另种差役，即"致瓨"之人并不兼任烧造，而只是负责运输而已。由此，同一组文书中出现的"致苜蓿""致酒""致麦""致蒲陶"中的"致"字当可作相同的理解，即运送之意。

除以上提及的供薪和致物外，文书中涉及的大体清楚的差役还有以下数种：种蓝、斫木、取桢、烧炭[①]、取木作锦床、取芦训违[②]、驴隆自乘往田地、车送冯师、车付范某等。虽然目前我们尚不完全清楚每种差役的具体含义，但罗列的这些名称还是充分反映了差役种类的多样性。一些差役，如取木作锦床、车送冯师，具有明显的临时性特征。

总体上考察这组文书中包含的供物差役种类，一种是纯粹的差役，如致苜蓿、致酒、致麦、致蒲陶、种蓝、斫木、取桢、烧炭等等；另一种是要求承役者提供缴纳物的（如情况纷繁复杂的供薪类，承役者不仅要纳薪，还须运送到指定的地点或供给某个具体的人）。后一种兼具调和差役的性质。麹氏高昌国时期，有专门的"调薪"这一赋役名目，而这组文书所出的阚氏高昌国时期，"供薪"似尚未独立出来成为固定名目，因此就与其他差役混在一起，这一点是很值得重视的。

我们再来关注一下重复出现的三组人名对应的供物差役情况。为方便省览特制作表 1-8。

表 1-8 重复出现的三组人名的供物差役情况表

序号	人名	第 1 次出现的文书序号	差役项目	第 2 次出现的文书序号	差役项目	备注
1	左首兴	2	薪供□	18	薪付隗□	
2	李未兴	2	薪付□□□	18	薪入内	
3	张礼兴	2	无	18	薪付宋□□	
4	张隆保	2	无	18	无	

[①] 唐西州时期的文书《唐张惟迁等配役名籍》中有"烧炭五人"的记录，可见烧炭作为一种差役在中古时期的吐鲁番存在了很长时间。唐长孺主编《吐鲁番出土文书》肆，北京：文物出版社，1996 年，第 244 页。

[②] "违"字同"韦"，应当是指熟治的兽皮。此种写法亦见《高昌主簿张绾等传供状》，其中有"出赤违一枚"等记载。参见钱伯泉《从〈高昌主簿张绾等传供状〉看柔然汗国在高昌地区的统治》，敦煌吐鲁番学新疆研究资料中心编《吐鲁番学研究专辑》，第 98 页。

续　表

序号	人名	第1次出现的文书序号	差役项目	第2次出现的文书序号	差役项目	备注
5	董阿槃提	2	无	18	薪供□	
6	尊子兴	4	无	22	付祖骋□	
7	孙石子	4	薪□	22	无	
8	宋阿隆	5	供□	22	无	
9	樊同伦	5	致苜□	23	无	
10	隗卯	5	致酒	23	烧炭	
11	左巳兴	5	致苜□	23	烧炭	
12	张兴宗	5	致苜蓿	23	薪供耆鄢□	
13	张德隆	5	致薪	23	付惠庆□	
14	赵续宗	23	薪入□	28	薪入内□	第23件抹去

通过此件表格，我们发现，该组文书当中重复出现的人名前后两次对应的差役情况也不尽相同。如左首兴两次都是供薪，但第一次应当是直接供给了某人，第二次则是将薪交付给了某人；李未兴两次也都是供薪，但是第一次是将薪交付给某人，第二次则是直接"薪入内"；张礼兴、董阿槃提和尊子兴三人第一次都无供物差役记录，第二次虽然都供薪（尊子兴的记录中脱了"薪"字），具体的方式却不尽相同；孙石子、宋阿隆和樊同伦三人第一次的供物差役记录不相同，第二次则都无供物差役记录。这说明，即便是文书上相邻的人，在供物和差役的具体情形上也可以有很大的差别。更典型的例子是隗卯、左巳兴、张兴宗三人，两次都有差役记录，两次差役都不相同。这三人两次的差役记录计有"致酒""致苜蓿""烧炭""薪供耆鄢王"等多种，这充分说明差役方式的多样性。

通过前文罗列的第16、17两件具体方式各异的供薪情况，我们可以确信，即便是同属一个基层组织的百姓，其承担差役的具体种类也不尽相同，这使得当时派役的具体情形变得扑朔迷离，比如前文述及的此组供物差役帐当中出现的26条"薪供鄢耆王"的记录分布在9件文书上，显然官方并没有依据百姓的基层编制进行强行的分派。那么呈现在我们面前的这组笔迹墨色纷繁复杂的供物差役帐到底是如何编制而成的呢？

（四）文书的特征及其性质

在对该组文书进行总体定性之前，有两个基本问题需要作一讨论：一、文书涉及的供物承役者的身份；二、文书中所列人名仅为户主，还是包含所有的丁男。

关于供物承役者的身份：从目前所列人名看，我们找不出一例可以确认为女性者，所登录者都为男性当无问题。这些供物承役者是编户还是杂色人户[①]，文书本身没有提供直接的信息，但这是一个需要探究的基本问题。该组文书中的个别人名在其他文书中出现的情况为我们提供了可贵的间接资料。第一例可以讨论的是"张祖"。如本文开始部分对墓葬情况进行介绍时已经提到，同墓所出文书中还有纪年文书《阚氏高昌永康十二年（477）闰月十四日张祖买奴券》，附近另一墓葬又出"威神城主张祖"的木牌，很可能系因盗扰而入。张祖买奴券的背面又书女性随葬衣物疏，当为女性墓主。背面能用于书写衣物疏的契约当系墓主本人所有，则买奴券中的"张祖"应当就是"威神城主"。该组供物差役帐的第30件上有"张祖陶宕致瓦"的记录。供物差役帐中的"张祖"与木牌所书的"威神城主"是否系同一人，尚难论定[②]；若然，则与"张祖"同时被书写的供物差役承担者就都为编户民。供物差役帐中第1件上又有"樊伦安薪入内"的记录，"樊伦安"一名又见于该墓同出文书《阚氏高昌某郡緂毯等帐》"樊伦安毯六张、緂一疋"的记录中[③]。供物差役帐中有两次出现"左首兴"（第2、18件），而"左首兴"在哈拉和卓90号墓所出的《阚氏高昌仓部织物及赤违等支出帐》中也有出现[④]。该墓所出文书也为阚氏高昌永康年间物，所以两处的"左首兴"为同一人的可能性很大，那么与"左首兴"同见于一件緂毯帐的"樊

[①] 魏晋南北朝除一般民户承担的正役外，还有两种役，一种是州县编户于正役之外所承担的力役，一种是州县编户之外的其他人户所承担的各种力役。杂色人户不同于州县一般编户，身份较低，往往承担某种特定的力役，如兵户、屯户等。从本组文书所涉及的名目来看，供物承役者应当并非杂色人户。这一时期中原杂色人户名目纷繁复杂，参见朱大渭《魏晋南北朝阶级结构试析》，中国魏晋南北朝史学会编《魏晋南北朝史研究》第1辑，成都：四川省社会科学院出版社，1986年；收入作者《六朝史论》，北京：中华书局，1998年，第102—140页。

[②] 自两汉以来，官僚阶层享有免役的特权，这种身份性复除制度，中古时期一直相沿。张祖既然是"威神城主"，而"威神"当时设有县的建置，按常理推断，作为"威神城主"的张祖应当可以享受免役特权。由此来看，供物差役帐中的张祖可能是同名者。但是，身份性复除这种中原制度是否完全地被当时的高昌国所采用，目前尚无资料可以证明。从后来的情况来看，麴氏高昌国对中原制度进行改造的事例并不鲜见，如郡县制度、赋税制度、寺院僧尼制度等，都非完全照搬，因此也无法排除"威神城主"张祖也承担了差役的可能性。

[③] 荣新江、李肖、孟宪实主编《新获吐鲁番出土文献》，第147页。

[④] 唐长孺主编《吐鲁番出土文书》壹，第122页。本件原来定名为《高昌主簿张绾等传供帐》，此据本书第四章的研究重新定名。

伦安"也可以确认为编户齐民。综合该组文书人名在其他文书上出现的情况以及本组文书中出现的供物差役情况，笔者认为推测供物差役承担者为编户民，而非杂色人户，是合乎情理的。

本组供物差役帐登录在册的仅为户主，还是包含了所有丁男，是另一个基本问题。虽然各个朝代关于男子成丁年龄的规定不尽相同，但丁男都必须承担徭役，这一点自秦汉至隋唐皆然[①]。至于该组供物差役帐登录的人名是计户还是计丁，我们只能从文书透露出的有限信息来寻找答案。按照常理，如果登录的是所有丁男，则应当有一部分家户有兼丁或者多丁，父子同时被登录时，就会有两个以上的同姓人登录在一起，而目前残存的人名中也确实有此种情况（表1-9）。

表1-9 相连同姓人名情况表

文书序号	相连同姓人名	文书序号	相连同姓人名	文书序号	相连同姓人名
2	张礼兴、张隆保	11	张亥隆、张未宗、张惠宗	23	张德隆、张兴宗
5	张德隆、张兴宗	16	刘阿成、刘金	26	刘受子、刘元都
9	董阿□、董轩和	18	张礼兴、张隆保	28	赵富来、赵保、赵阿虎
10	康周德、康元爱	22	马庆、马弘达	30	张祖、张寅虎

上表所列，除重复的2组（张礼兴、张隆保，张德隆、张兴宗）之外，目前所见相连的同姓人名有8组。需要指出的是，此组文书大多残损，许多人都只存名而阙姓，人名最多的第16、17两件更是如此；而整组文书中原本同姓相连的人名当远不止以上数例。第11件相连书写的"张亥隆、张未宗、张惠宗"三人，单从姓名来看，为父子关系的可能性很大，其他相连书写的同姓人名也至少有一些是同属一户的丁

[①] 高敏《秦汉的徭役制度》，《中国经济史研究》1987年第1期，第13—31页。魏晋南北朝时期许多政权的户籍制度中役龄范围扩大，次丁男也须服役。参郑学檬主编《中国赋役制度史》，第123—137页（"魏晋南北朝"部分由杨际平执笔）。唐代自中男开始即须服杂徭。参唐耕耦《唐代前期的杂徭》，《文史哲》1981年第4期，第34—38页。张泽咸《唐五代赋役史草》，第318—320页。杨际平《唐前期的杂徭与色役》，《历史研究》1994年第3期；收入《杨际平中国社会经济史论集（唐宋卷）》，厦门：厦门大学出版社，2016年，第108—123页。

男[①]。若然，则该组文书的人名是按丁登录的。关于此点，虽然文书本身提供的证据有限，但结合汉魏以来的徭役征派情况，我们可以找到更多的历史依据（此点下文还将论及）。

如前文所述，该组文书的基本情况是每两三件文书上的人名字体都相同。该组文书目前所存的16件中，最长的一件是97TSYM1:7-1（其正反面即第16、17件）。此件的尺寸为8.3cm×48.7cm，其正面可见28行，背面可见26行[②]。按照本组文书的书写格式，其正、背面尚存的人名应为28人和26人。以留存人名较多的第16件的28人为准进行估算[③]，同一字体的这一单元的总人数约为60人。笔者认为这很可能就是当时的基层组织规模的反映[④]，即每一个基层单元有60人左右。

基于上文的分析，从整体上考察这组供物差役帐，我们可以总结出以下基本特征。

首先，本组文书登录了每个基层编制内具备服役条件的丁男。我们从上文分析

[①] 从理论上来讲，还存在另外两种可能性，即这些相连书写的同姓人名并无亲属关系；或者虽然是父子关系，但已经分家独立，因为居所接近，所以仍被相连书写。因此，我们仍然无法排除这组文书的人名是按户登录的可能性。然而在魏晋南北朝徭役普遍按丁征派的背景下，推测这组文书的人名系按丁登录，应当不失为一种较为稳妥的判断。

[②] 本件文书正面的书写明显较背面为密，所以纸长虽同，残留的人名数量却不同。从字体上分析，笔者将第15、16两面归为同一组，相应地，第17、18两面归为一组。作为正背面的第15和第18，目前残留的人名分别为15个和11个。从书写的行间距来看，其正面也明显较背面紧密得多。这两组文书书写习惯上存在的明显差异，也可以证明笔者从字体上将同一件文书的正背面判定为不同组，而分别将15和16，17和18归为同组是合理的。

[③] 与该组供物差役帐同出有《古写本易杂占》，"从文书抄写形制来看，或是一本完整的占书抄本的三叶"，其抄写年代应在永康十二年（477）或稍后。参荣新江、李肖、孟宪实主编《新获吐鲁番出土文献》，第151—157页。余欣、陈昊《吐鲁番洋海出土高昌早期写本〈易杂占〉考释》，《敦煌吐鲁番研究》第10卷，第57—58页。三叶《易杂占》中最长之一叶为97TSYM1:13-3c，尺寸为26.1cm×47.9cm，长度与供物差役帐之97TSYM1:7-1很接近。因此虽然目前所见之97TSYM1:7-1为残文书，但其长度应当与其完整形态接近。

[④] 乡里是中古时期县以下最基本的建置。从出土文书可知，十六国时期，高昌郡实行与中原相同的乡里制度（如《北凉缘禾二年（433）高昌郡高宁县赵货母子冥讼文书》载赵货为"高宁县都乡安邑里民"。见荣新江、李肖、孟宪实主编《新获吐鲁番出土文献》，第170—171页。参唐长孺《吐鲁番文书中所见高昌郡县行政制度》，《文物》1978年第6期；收入作者《山居存稿》，第356—361页）。目前所见最晚的登记乡里的文书为《北凉承平年间高昌赀簿》，年代当在443—460年间。参朱雷《吐鲁番出土北凉赀簿考释》，收入作者《朱雷敦煌吐鲁番文书论丛》，第1—25页。麴氏高昌国时期县以下不设乡里，文书中目前未见有乡里建置的记录。参见荒川正晴《麴氏高昌国における郡县制の性格をめぐって——主としてトゥルファン出土资料による》，《史学杂志》第95编第3号，1986年，第37—74页。乡里建置何时被取消目前不详，阚氏高昌时期是否有乡里建置亦不详。阚氏高昌国时期的人口应当在20000以上，按照当时三郡八县的建置规模，那么一个县至少应当有1800人。一县有这样规模的人口，即便不设乡里，也应当有其他类似的非正式建置，以便赋税之征收。关于阚氏高昌有无乡里建置的问题，目前因资料所限，尚难论定。

的文书字体差异中知道：一方面在我们目前认定的两三件一组的单元里，人名的字体都一致，并且前后顺序固定；另一方面重复出现的三组人名在第二次登录时，字体明显不同于第一次登录。虽然人名之下的差役记录或有或无，情况不尽相同，但是最初的人名登录可以肯定是普遍的。这种普遍的人名登录应当是差役具有普遍性的表现，换句话说，也就是所有丁男都具有服役的义务。

其次，整组供物差役帐在对各种供物差役项目的履行方式进行登录时都尽可能详细。如关于供薪的种种复杂情况，前文已经详述。不登记供薪的数量，可能是因为供纳标准为人所共知，在登录时可以省去不写。对于供物差役情况的详细登记，可能有其特定的原因，但是客观上来讲，这种登录有助于对其进行确认和核查，而这一点与当时的这种特殊的赋役制度无疑是有密切关系的（关于此点，下文还将涉及）。

复次，该组文书所登录的供物差役项目一个很大的特点就是临时性。无论从差役所涉及的对象还是差役的名目看，此点都非常明显。就差役所涉及的对象而言，大量的薪被供给暂居高昌国的"鄢耆王"[①]，还有相当数量的薪被交付给某些个人，另外一些差役如斫木（第 16 件）、车送冯师（第 16 件）、取木作锦床（第 29 件）等都很明显是临时性的差役。这些差役由谁来承担，只能临时派定。而这些临时性的差役一旦结束，此次负责此种差役的百姓下次会承担什么样的差役也是无法预知的。既然会有临时性的差役需要百姓来承担，那么自然就需要一些机动的预备人员。本组供物差役帐中的许多没有差役记录的百姓可能就属此类。

通过以上分析，笔者认为这组供物差役帐登录的是当时丁男服杂徭的情况，派役对象的普遍性和差役项目的临时性是此种差役的两个突出特点，这两点都符合魏晋南北朝时期杂徭征派的特征[②]。

整组文书中最特殊的是第 1、2 两件背面的第 32、31 两件。第 31 件的内容与其他件迥异。此件文书目前残存的有三个人名，其中"王阿得奇"和"左双德"又分别曾在第 10 件、第 15 件文书中出现过。由此可知第 31 件文书的内容与其他 30 件是有关系的。书写格式和内容都与其他 30 件不同的这件原本应当位于该组文书的开

---

① 参见荣新江《阚氏高昌王国与柔然、西域的关系》，《历史研究》2007 年第 2 期；收入作者《丝绸之路与东西文化交流》，北京：北京大学出版社，2015 年，第 53—55 页。
② 杂徭与正役相对，南北朝时期始见于史籍。临时性和役使很杂是杂徭的重要特点，参张泽咸《唐五代赋役史草》，第 317—325 页。李春润《北朝的杂徭——北朝徭役识微下》，《中南民族学院学报（人文社会科学版）》1988 年第 4 期，第 60—67 页。

头或结尾。此件既然书写在第2件供物差役记录的背面,很可能原来是在整组文书的结尾。就其内容而言,它很可能是该组文书的统计(第1件文书背面的第32件没有内容,很可能是因为文书内容已经写完,还未及用到这一张)。但在统计方法上只登记某某人"百廿",而不再注明具体的供物差役内容,说明在统计时忽略了具体内容。联系文书中供薪也不计具体数量的情况,可推知结尾的统计是只计人次。另外,第31件文书部分人名的下半部及接写"百廿"的一段字迹左侧或右侧画有朱笔短线。现在看到的情况是多数有,少数没有。这些朱笔短线与数字"百廿"是什么关系呢?笔者认为画红线应当是表示核准已毕。如前文所论,整组帐中,还有一部分人名下并无供物差役记录,即这部分人尚未完成此项杂徭,因此最后集合整组供物差役帐的官员对其进行核准显然是有必要的。

按照供物差役帐中所有的人名顺序固定的原则,结尾的统计似乎也应当按照固有的顺序。但事实并非如此,我们看到的两个人名"王阿得奇"和"左双德"在前面的文书中出现时并不相邻,这说明结尾的统计没有按照原来的顺序。那么,一种可能是每个人名之后所注明的"百廿",其实是一个统计单位的合计。如上文所说是按照人次统计的话,那么按照每个人都征派两次计算,"百廿"相当于60人的一个单元的统计,这与前文所述的每个基层单位的人数为60左右正好相合。对于第31件文书,由于资料所限,目前尚难以给出周到全面的解说①。这里的解释仅聊备一说②。

除了以上基于文书本身的分析之外,笔者还拟结合此前所出的同时期文书,对本组供物差役帐的性质再作一考察。

哈拉和卓90号墓是此前出土阚氏高昌时期文书最为集中的墓葬之一,所出有纪年文书为《高昌永康十七年(482)残文书》③。其中有两件文书与本文所论相关,一件为《阚氏高昌仓部织物及赤违等支出帐》,另一件为仅存4行的《高昌内直人残名籍》。以下分别摘录两件文书,再作分析。

(前略)

3　出行緤卌匹,主簿张绾传令,与道人昙训。

---

① 抑或原本第31件前后的一、二纸也是类似的统计部分,最后统计的具体情形已难确知。
② 需要指出的是,该组文书不论人名还是供物差役记录都多有残缺,我们只能依据文书上的残留信息研究,不可能全面反映文书最初的信息。
③ 唐长孺主编《吐鲁番出土文书》壹,第117页。

4 出 行缣五匹，付左首典（兴），与若愍提懃。

5 出 赤违一枚，付盉宗，与乌胡慎。

（中略）

15 _____ 张 绾传令，出 疏 勒锦一张，与处论无根。

（后略）①

该件传供帐所涉及的客使道人昙训、若愍提懃、乌胡慎、处论无根等一般认为来自柔然②。笔者此处要提示的是这几条支出记录反映了"传供"的执行过程。高昌国要接待临时来访的柔然使者，自然也只能临时安排。王国决定赐予客使纺织品之后，在执行之前，要首先经"主簿张绾"传令。传令的对象应当是具体执行此令的下级官府，可能是中央或地方的某一级。下级官府接令之后，要决定具体由哪些百姓来供给所需的纺织品，在这一过程中需要根据情况进行调配，并落实具体的交付细节。此后，须将具体指令下达给基层的百姓。百姓执行情况如何，基层官府应当登记备案，以便将来检核参考。《阚氏高昌仓部织物及赤违等支出帐》的详细登记备案中透露了第一环节的情况，即"传令"是由"主簿张绾"执行的；另一件《高昌内直人残名籍》则为我们提供了另一个环节的情况。

（前缺）

1 阿苟 _____

2 孙子受 _____

3 子兴 _____

4 右十四人内直人

5 □□□□

（后缺）③

---

① 唐长孺主编《吐鲁番出土文书》壹，第122页。文书名称依本人的研究改定，详见本章下一节内容。
② 钱伯泉认为这些客使都是柔然使者，见所撰《从〈高昌主簿张绾等传供帐〉看柔然汗国在高昌地区的统治》，敦煌吐鲁番学新疆研究资料中心编《吐鲁番学研究专辑》，第98—102页。姜伯勤则认为文书中提及的"特勤"是高车王子，见所撰《高昌麹朝与东西突厥》，北京大学中国中古史研究中心编《敦煌吐鲁番文献研究论集》第5辑，北京：北京大学出版社，1990年；收入作者《敦煌吐鲁番文书与丝绸之路》，北京：文物出版社，1994年，第85页。荣新江也认为是柔然使者，见所撰《高昌王国与中西交通》，《欧亚学刊》第2辑，北京：中华书局，2000年；收入所著《中古中国与外来文明》，北京：生活·读书·新知三联书店，2001年，第185页。
③ 唐长孺主编《吐鲁番出土文书》壹，第119页。

此件文书中出现的"内直人"一词不见于史籍记载，从其名称看，应当是到官府服役者①。"内直人"当属官府常年配备的②，具体由哪些百姓充当，需要地方政府的调配和安排③。笔者认为《高昌内直人残名籍》为我们提供了一个当时调配记录的真实范本④。

本文研究的《阚氏高昌供物差役帐》时间与以上两件文书相当，所涉及的内容亦有关。其中"薪供鄢耆王"与《阚氏高昌仓部织物及赤违等支出帐》中要求传供外国使节以纺织品，可以说性质很接近。《阚氏高昌供物差役帐》更好地保留了当时基层登记备案的情况，这是此组文书在整个流程中的地位所在。

三、文书所见的供物、差役方式

以下对文书中出现的部分供物差役项目作一些研究。

此件供物差役帐中有"致土堆蒲陶"这样的差役记录五例，分散出现在第2、9、13、14、15件中。高昌当地盛产葡萄和葡萄酒，关于此点传世典籍中多有记载。此件帐中除了"致土堆蒲陶"之外，还同时出现了"致酒"的记载，而此处的"酒"应当就是指葡萄酒。新鲜的葡萄不易久贮，因此"致土堆蒲陶"的时间应当就是葡

---

① 《南齐书》卷五《海陵王纪》载："冬十月癸巳，诏曰：'周设媒官，趣及时之制；汉务轻徭，在休息之典。所以布德弘教，宽俗阜民……又广陵年常递送千人以助淮戍，劳扰为烦，抑亦苞苴是育。今并可长停，别量所出。诸县使村长路都城直县，为剧尤深，亦宜禁断。'"（第85页）此处"直县"与"县使""村长"等并列，应当也是当时出自州县吏民的一种恒役。参郑学檬主编《中国赋役制度史》，第137页。"内直人"应当是与"直县"类似的恒役。
② 《通典》卷三六至三九记载后汉、晋、宋、周、隋官品后，都详记内外执掌员数，并略举名色。唐代的色役中就有专门为地方官府服务的"防阁""白直""士力""执衣"等名色。参见唐长孺《唐代色役管见》，作者《山居存稿》，第166—194页。
③ 唐代的配役名籍与此处所论的《高昌内直人残名籍》的格式非常接近，如吐鲁番阿斯塔那210号墓出土的《唐西州都督府诸司厅仓库等配役名籍》（唐长孺主编《吐鲁番出土文书》叁，北京：文物出版社，1996年，第45—48页）中有如下内容：

  （前缺）
 1 右件人等并门夫
 2 范智洛
 3 宁白积
  （后缺）

笔者无意用唐代的制度比附阚氏高昌国时期的情况，但是两件文书在格式方面所具有的相似性确实很值得注意。唐代的这件文书性质已明，它对我们理解《高昌内直人残名籍》无疑是有启示意义的。
④ 本件文书残损太甚，具体属于差役征派的哪个环节，难以论定。但其存在至少提示我们，在阚氏高昌国的差役征派环节中，存在这样一种形制的记录，它与本文所论的这组供物差役帐格式迥异，且属于不同环节。此处作一提示，以俟将来更多相关文书的发现，或可再作深论。

萄成熟的秋季。至于"蒲陶"之前的"土堆",笔者认为很可能是此种葡萄的产地。就"致土堆蒲陶"的句式而言,与"致高宁苜蓿"是一样的,而我们已知"高宁"是地名,那么"土堆"应当也是地名。吐鲁番当地有名的葡萄产地是"洿林"[①],"土堆"葡萄可能是当地的另一个品种。我们目前在吐鲁番文书中看到的"葡萄"二字的写法有多种,最常见的有两种,一是此组文书中出现的"蒲陶"(见于第9、13、14等件),另一是"蒲桃"。町田隆吉先生认为这两种写法的使用有时代上的先后,在北凉时期"蒲陶"这一写法较为常见,在高昌国时期则通常写作"蒲桃"[②]。至于这两个时期之间的情况如何,囿于资料,町田先生没有说明。从该组阚氏高昌时期的供物差役帐,我们看到至少在此时"蒲陶"的写法在当地仍然很普遍。需要特别指出的是,在与本组帐同时出土的另外一件文书上,出现了"蒲桃"的写法。迻录文书如下。

（前缺）[③]
1 ▢▢▢蒲桃▢▢▢▢▢▢刺使▢▢▢
2 ▢▢▢不受任▢▢▢以闻[④]
（后缺）

此件文书残甚,但是其中"蒲桃"二字非常清晰。这说明在阚氏高昌国时期,"蒲陶"和"蒲桃"这两种写法是并用的[⑤]。至于两种写法并存的情况持续到何时,还有待更多资料的发现来证明。

"种蓝"中的"蓝",应当是指"红蓝""红花"。该种植物的幼苗可食;秸秆及饼粕可做饲料;其籽榨油可做油漆、树脂的原料,也可做食用油;另外还可供药用和染用[⑥]。笔者要特别指出的是,"种蓝"这一差役的履行时间应当是春季。西晋

---

① 《太平广记》卷八一引《梁四公》:"蒲桃,洿林者皮薄味美,无半者皮厚味苦。"北京:中华书局,1961年,第519页。参见王素、李方《〈梁四公记〉所载高昌经济地理资料及其相关问题》,《中国史研究》1984年第4期,第131—135页。
② 町田隆吉《蒲陶と蒲桃》,《西北出土文献研究》第2号,2005年,第84页。
③ 前涂墨,文字不可识读。
④ 荣新江、李肖、孟宪实主编《新获吐鲁番出土文献》,第149页。
⑤ 哈拉和卓90号墓也是阚氏高昌时期的墓葬。该墓葬中出土的《高昌蒲桃四亩残文书》中也出现了"蒲桃"的写法。见唐长孺主编《吐鲁番出土文书》壹,第121页。
⑥ 参赵丰《红花在古代中国的传播、栽培和应用——中国古代染料植物研究之一》,载《中国农史》1987年第3期,第61—71页。王克孝《Дх.2168号写本初探——以"蓝"的考证为主》,《敦煌学

张华的《博物志》记载："红蓝花生梁汉及西域,一名黄蓝,张骞所得也。"① 现在多数学者都同意,"红蓝"是传入的②。虽然"红蓝"有以上四种用途,但最主要的用途还是染色与做化妆品。我们在此组阚氏高昌的供物差役帐中看到的一些供薪情况就与染色有关。此类差役目前我们看到的方式有"薪入内供染"和"薪付蚕主供染"等。至于染色的对象是什么,与此组供物差役帐同出的另一件文书为我们提供了线索。先迻录此件文书如下。

（前缺）

1　□□□一匹解弥 叁 □□□□ 缲 卅二匹,匹出□□□□
2　□□□ □合得 □□□□ □偿维□□
3　□□□ 买驼往 □□□□ 染具
4　□□□□ 三年十□月八日仓曹隗甹□□□
5　□□□□□□ 五官 □□□□□③

（后缺）

此件文书残甚,但是残存的字句还是可以给我们提供一些信息。同时出现的丝织品和染具,提示我们染色的对象可能是丝织品。"薪付蚕主供染"也证明入薪的一部分确实是用于丝织业中的印染。从同墓出土的此期的《阚氏高昌缲毯等帐》中,我们看到在当时的赋税征收中,缲毯是很重要的项目。而缲毯成为赋税征收的对象,无疑是以纺织业的发达为前提的,与此同时必然促进印染的发展。在此之前出土的阚氏高昌时期的文书中,我们也曾看到以毯为赋税征收对象的情况;将该组文书提供的以缲毯为内容的赋税征收,"种蓝""染具"等信息综合起来考虑,已可概见当时的高昌丝织业和毛纺织业发达的情况。

辑刊》1993 年第 2 期,第 24—30 页。苏金花《唐五代敦煌绿洲农业研究》,中国社会科学院研究生院博士论文,2002 年；刘进宝《唐五代敦煌种植"红蓝"研究》,《中华文史论丛》第 3 期,上海：上海古籍出版社,2006 年；收入所著《唐宋之际归义军经济史研究》,北京：中国社会科学出版社,2007 年,第 267—284 页。

① 张华撰,范宁校证《博物志校证》,北京：中华书局,1980 年,第 137 页。
② 劳费尔《中国伊朗编》,林筠因译,北京：商务印书馆,1964 年,第 150 页。童丕《据敦煌写本谈红蓝花——植物的使用》,胡素馨编《佛教物质文化：寺院财富与世俗供养国际学术研讨会论文集》,上海：上海书画出版社,2003 年,第 261 页。刘进宝《唐五代敦煌种植"红蓝"研究》,《唐宋之际归义军经济史研究》,第 267 页。
③ 荣新江、李肖、孟宪实主编《新获吐鲁番出土文献》,第 148 页。

另一类值得重视的差役项目多与"瓨"有关。以下将该组文书中与此有关的差役记录列表（表 1-10）。

表 1-10 与"瓨"有关的差役记录表

文书序号	差役记录	文书序号	差役记录
8	致瓨	17	陶宕致甖
9	薪付显识烧瓨	17	陶宕取瓨
9	陶宕作瓨	24	致甖
14	陶宕致瓨	30	陶宕致瓨
16	陶宕致瓨		

"瓨"字从"瓦"，是一种容器。《说文解字》："瓨，似罂，长颈，受十升。""罂"通"甖"，也是一种烧制的容器。吐鲁番 20 世纪 60 年代曾出土过一件十六国时期陶瓮，瓮上有墨书文字"黄米一甖""白米一甖"[①]，这就说明当时吐鲁番一带确实在使用这种陶器。"宋酉明薪付显识烧瓨"为当时存在的与"瓨"有关的差役项目记录（见文书第 9 件第 4 行），我们由此可知"瓨"确为当时烧制的一种陶器。同时烧制的还有与"瓨"器形相似的"甖"。除了"烧瓨""致瓨""致甖"之外，还有"作瓨""取瓨"，这说明当时高昌存在专门的陶器烧造和加工的窑场。百姓不仅要为这种窑场提供燃料，还要被差遣去运送陶器。和此类差役同时出现的一个词是"陶宕"，笔者认为这很可能就是当时窑场的名字。考虑到周边百姓应此种差役的可能性，窑场应当就位于威神城的周边。

以上是笔者对新出阚氏高昌时期的供物差役帐所作的一些整理和研究。从文书书写来看，这组帐的一个显著特点是笔迹的复杂多样和墨色的浓淡不一，这是这组帐复杂性的一个突出表现，同时也是我们对其进行研究的一个可行的切入点。应当说，复杂的笔迹和墨色就是文书形成过程的一种反映，这为我们从文书学的角度整理和研究这组文书提供了可能。笔者所做的正是这样一种尝试，但因于此组文书的复杂，

---

① 新疆维吾尔自治区博物馆《吐鲁番县阿斯塔那—哈拉和卓古墓群发掘简报（1963—1965）》，《文物》1973 年 10 期；收入新疆社会科学院考古研究所编《新疆考古三十年》，乌鲁木齐：新疆人民出版社，1983 年，第 80—81 页。

而此前出土的同一时期文书又少，要对该组供物差役帐做出圆满的解释，尚有不少困难，所论容有不当，还请方家教正。

附记：对黄楼《阚氏高昌杂差科帐研究》的意见

黄楼先生在本文（即本章第二节）发表后又重新研究该组文书，发表《阚氏高昌杂差科帐研究——吐鲁番洋海一号墓所出〈阚氏高昌永康年间供物、差役帐〉的再考察》[1]。黄楼先生论文的一个最重要的观点就是将这组《供物、差役帐》的性质定为杂差科，而笔者原本认为是杂徭。黄楼先生定本件文书性质为杂差科，但并未进行充分论证，只是引用《王梵志诗》作为旁证，但王梵志诗时代晚得多，用于论证南北朝时期的高昌国制度似乎不妥。另外，如果文书性质确为差科，当系按户征收。笔者文中曾分析认为此件供物差役帐是丁男服役，黄楼先生对之未予置评就认定文书性质是杂差科，似亦欠周延。

在具体观点上，笔者在文章当中对文书第30件中的"张祖陶宕致瓨"和墓主人威神城主张祖是否为同一人的问题持存疑态度，说"尚难以论定"，并且用一个很长的注释对两种情况都作了说明："自两汉以来，官僚阶层享有免役的特权，这种身份性复除制度，中古时期一直相延不改。'张祖'既然是'威神城主'，而'威神'当时设有县的建置，按常理推断，作为'威神城主'的'张祖'应当可以享受免役特权。由此来看，供物差役帐中的'张祖'可能是当时同名之另一人；但是，身份性复除这种中原制度是否完全地被当时的高昌国所采用，目前尚无资料可以证明。从后来的情况来看，麹氏高昌国对中原制度进行改造的事例并不鲜见，如郡县制度、赋税制度、寺院僧尼制度等，因此也无法排除作为'威神城主'的张祖也承担了差役的可能性。"笔者的表述非常清楚。黄楼先生没有准确转述笔者的观点，说笔者推测"张祖陶宕致瓨"的"张祖"可能即是墓主人"威神城主"张祖[2]。他接着发表自己的观点说张祖作为一城之主，不可能承担杂役，认为两个张祖可能为同名同姓者，也可能为双名单称，未必与墓主有关。可以说没有正确引述笔者的观点。至于麹氏高昌国时期官员至少侍郎以下要承担赋役，関尾史郎先生已经论证过[3]，阚氏高昌时

---

[1] 《敦煌学辑刊》2015年第2期；收入黄楼《吐鲁番出土官府帐簿文书研究》，第51—94页。
[2] 黄楼《吐鲁番出土官府帐簿文书研究》，第70页。
[3] 関尾史郎《トゥルファン出土高昌国税制关系文书的基础的研究——条记文书的古文书学的分析を中心として》（五），《新潟大学人文科学研究》第83号，1993年，第56—57页。

期城主是否免役，目前不清楚，所以笔者也谨慎存疑。

黄楼先生另外一个观点是认为该组文书并非阚氏高昌通常情况下的赋役，主要是焉耆王到来前后临时加派的杂差科①。文章中他把许多差役都和焉耆王联系起来，如29号文书"取木作锦床"，如"致苜蓿"是为焉耆王一行人骑乘马匹供应，"取桢"很可能是为迎接焉耆王一行修整城墙或扩建房屋，作瓨是因为焉耆王一行人员规模庞大，安顿焉耆王需要大量的容器，另外还有"取违"也可能与焉耆王有关，我们不能完全否定这些可能性的存在；但这样理解我们就要承认另外一种假设，即高昌国平时连接待一个邻国国王的准备都没有，这可能低估了阚氏高昌国的客使接待能力。此件文书中涉及最多的是供薪，有119条，供给焉耆王的都会明确写明，有26条。这其实已经很清楚了，绝大多数都和焉耆王没有关系，所以把这组供物差役帐理解为专门供应焉耆王，实际上与文书本身反映的信息不符。

黄楼先生另外一个新见解是文书中的"致苜蓿""致酒"之类的"致"是交纳的意思，这些条目属于"供物"②；而笔者的原文认为是"运送"的意思，属于"差役"。笔者之所以这样理解依据的是文书自身用词的逻辑，该组文书中出现的致苜蓿、致酒、致麦、致土堆蒲陶，是另一类重要的差役项目。笔者的论证如下：这里的"致"当作何种解释呢？《说文·至部》："致，送诣也。"《汉书·文帝纪》载："赐物及当禀鬻米者，长史阅视，丞若尉致。"颜师古注："致者，送至也。""致"在秦简及汉简中出现，作为文书的称谓，又可以指致物于人所用的文书。该组文书当中出现的"致"字，应当是"送诣"的意思。这些送诣的苜蓿、酒、麦、蒲陶等是否系自己提供呢？此处需要辨明。该组文书中，所致之物，除上述苜蓿、酒、麦之外，还有"致瓨""陶宕致瓨"这样的形式。与"瓨"有关的还有"陶宕取瓨""陶宕作瓨"和"烧瓨"。"陶宕致瓨"与"陶宕取瓨"同时出现，"致"与"取"相对，说明"致"的方向性非常明确，这个字的意义应当是具体而明确的；"陶宕作瓨"和"烧瓨"的同时存在则说明当时"作瓨"和"烧瓨"是另一种独立的差役，即"致瓨"之人并不兼任烧造者，而只是负责运输而已。由此，同一组文书中出现的"致苜蓿""致酒""致麦""致蒲陶"中的"致"应当也可作相同的理解，即"致"也为运送之意。

笔者对"致"字的理解，是分析文书本身的用语逻辑得出来的认识。黄楼先生

---

① 黄楼《吐鲁番出土官府帐簿文书研究》，第76—77页。
② 黄楼《吐鲁番出土官府帐簿文书研究》，第80页。

主张"致"就是"交纳",如果他的理解要成立,就必须承认这组文书中同一个"致"字在不同的场合含义不同,笔者想这是很难论证的。

第三节　高昌货币史上的毯本位时代

中古时期吐鲁番盆地的货币形态经历了毯、叠布、银钱、铜钱诸阶段。银钱和铜钱都是金属货币,在吐鲁番盆地的流通情况此前研究亦较多。本节拟对毯本位时代作一研究。

吐鲁番文书是我们研究的基本史料,此处先对相关成果进行综述。武敏先生在《5世纪前后吐鲁番地区的货币经济》一文中指出:自十六国时期的高昌郡至阚氏高昌国,毯是主要支付手段。毯是以较粗经纬织成的厚重织物,其原料可以是毛,也可以是棉,吐鲁番文书涉及的大概主要是毛毯,这反映出当时高昌畜牧业比较发达,可以提供相当的毛毯原料。从阚氏高昌永康年间的《张绾等传供帐》等材料可知当时用作交换、流通手段的商品就有毯、床、大绢、行縢和赤违等,当时本地的商品交易尚未达到使用单一实物货币的阶段[①]。卢向前先生在《高昌西州四百年货币关系演变述略》中划分了一个纺织品本位阶段(367—560),其中第一个时期是以毯为主要一般等价物的时期(367—482),主要依据是当时所见时间最早和最晚的文书的年代。毯当时作为一般等价物,发挥交换手段、支付手段、价值尺度等功能,也具备贮藏手段的功能。根据《道人法安举锦券》中锦的规格,可推测一张毯的规格为长八尺至九尺五寸之间,宽四尺至四尺五寸之间[②]。韩森(Valerie Hansen)和荣新江先生《高昌居民如何把织物当作货币》认为550年以前高昌居民当作货币使用的毯是以赋税的形式从地方居民那里收取上来的[③]。

因为资料总体较少,我们还有很多情况不清楚。比如毯本位的时代,毯和其他

[①] 武敏《5世纪前后吐鲁番地区的货币经济》,殷晴主编《新疆经济开发史研究》,乌鲁木齐:新疆人民出版社,1992年,第219—222页。
[②] 卢向前《高昌西州四百年货币关系演变述略——敦煌吐鲁番文书经济关系综述之一》,作者《敦煌吐鲁番文书论稿》,第218—222页。
[③] Valerie Hansen and Xinjiang Rong, "How the Residents of Turfan used Textiles as Money, 273-796 CE", *Journal of the Royal Asiatic Society*, series 3, 23/2(2013);此据中译本韩森、荣新江《高昌居民如何把织物当作货币》,孟宪实、朱玉麒主编《探索西域文明:王炳华先生八十华诞祝寿论文集》,上海:中西书局,2017年,第219页。

实物货币的关系怎样？在粮食、绢帛等实物货币一并流通的背景下，毯为何会成为主要货币？毯作为货币何时以及因何被取代？本节试借助新资料作一探讨。

关于高昌毯本位时代货币流通情况的重要新资料有五件契约，其中两件是徐俊先生从俄藏敦煌文献中找出来的[1]，即《前秦建元十三年（377）赵伯郎买婢券》（编号：Дx.11414v）、《前秦建元十四年（378）赵迁妻买田券》（编号：Дx.02947v）。另外来自香港克利斯蒂（佳士得）拍卖行自行印制的拍卖品图录中的三件文书照片，文书出土的时间和地点不详。王素先生对这三件契约文书进行了研究，张传玺先生则对三件契约的定名、定性及释读断句等问题提出了一些不同意见[2]。在两位先生的研究基础之上，笔者将三件契约定名为《北凉玄始十年（421）康黄头母子赁舍券》《北凉建平四年（440）支生贵卖田券》《北凉建平五年（441）张鄯善奴夏葡萄园券》。先将五件契约分别迻录如下。

《前秦建元十三年赵伯郎买婢券》（以下简称《赵伯郎买婢券》）

1　□元十三年十月廿五日，赵伯郎从王□买小

2　幼婢一人，年八，愿贾（价）中行赤毯七张，毯即

3　□（毕），婢即过，二主先相可，乃为券□（约）。

4　□券后，有人仍（认）名及返悔者，罚□（赤）

5　毯十四张入不悔者。民有私约，约当

6　□□（二主）。□书券侯□奴共知本约。□□

《前秦建元十四年赵迁妻买田券》（以下简称《赵迁妻买田券》）

1　□元十四年七月八日，赵迁妻随□

2　□苏息黑奴，买常田十七亩，贾（价）交

3　□张，贾（价）既毕，田即蹑，□□

4　□□开□□，西共王泄分畔

5　□□□更□

---

[1] 徐俊《俄藏 Дx.11414 + Дx.02947 前秦拟古诗残本研究——兼论背面券契文书的地域和时代》，《敦煌吐鲁番研究》第6卷，北京：北京大学出版社，2002年，第205—220页。

[2] 王素《略谈香港新见吐鲁番契券的意义——〈高昌史稿·统治编〉续论之一》，收入作者《汉唐历史与出土文献》，第289—294页。张传玺《关于香港新见吐鲁番契券的一些问题》，《国学研究》第13卷，第361—367页。王素先生对张传玺先生意见的回应参见《汉唐历史与出土文献》所收此文的"后记"。

《北凉玄始十年康黄头母子赁舍券》（以下简称《康黄头母子赁舍券》）

　　　　　　　　口子　　母子

1　玄始十年五月四日，康黄头、受恩三〔人〕

　　　　　　与马雏赁参（叁）年，

2　以城东舍参（叁）内，交与贾（价）毯拾件（伍）

　　　　　　付。

3　张。贾即毕，舍即二主先和后可，

4　乃为券书。券成之后，各不得

5　反悔，悔者罚毯卅张，入不悔者。

6　时人张先，书季芳，共知言要。

7　沽各半。

《北凉建平四年支生贵卖田券》（以下简称《支生贵卖田券》）

1　建平四年十二月十六日，支生贵田地南部干田

　　　并床麦

2　五口与道人佛敬，交贾（价）毯十张。田即付，

3　毯即毕。各供先相和可，后成券。

4　各不得返悔，悔部（倍）罚毯廿张。二主

5　各自署名。倩道人佛敬为治渠。杨

6　毅时见。

《北凉建平五年道人佛敬夏葡萄园券》（以下简称《佛敬夏葡萄园券》）

1　建平五年正月十一日，道人佛敬以毯贰拾张，□

2　张鄯善奴蒲陶一年。贾（价）既毕，蒲陶并绳

3　索即蹑畔相付。二主先相和可，不相逼强，

4　乃为券书。券成之后，各不得反悔，悔者

5　倍罚毯肆拾张，入不悔者。民有私要，律

6　所不断。官租酒仰敬。时人张奴子，

7　书券弘通，共知言要。沽各半。

以上五件契约除《赵迁妻买田券》残缺较多之外，其他四件都完整。从《赵迁妻买田券》的残存部分可见的"张"字，知其所使用的货币很可能也是"毯"。另外洋海1号台地4号墓所出的《北凉某年二月十五日残文书》中有"牛贾毯廿张"[①]。从4世纪末叶到5世纪中叶，时间跨度六十余年，六件契约和文书涉及田地、牛和奴婢买卖，以及房舍和葡萄园的租赁，当事人也跨僧俗两界，共同点是都是民间契约，都使用"毯"为货币，可见当时毯在民间的流通相当普及，这是新资料带给我们的重要认识。

这一时期有无其他形式的货币呢？迻录《北凉玄始十二年（423）翟定辞为雇人耕床事》（编号：66TAM59:4/1）如下。

1　玄始十二年□月廿二日，翟定辞：昨廿一日
2　顾（雇）王里安儿、坚强耕床到申时，得
3　大绢□匹□□□□今为□与□安、坚二口□□□□□
4　□□□□□□□□□□等□可□□□□
5　□□□□□□□□□□状如前。[②]

这件文书虽然也有残缺，但主要内容明确，翟定雇两人耕床，支付的价格是大绢若干匹。这件文书说明，民间的一些雇佣活动也有以大绢作为货币支付的情况。相较于以毯为货币的情况，使用绢者似为仅见。如果我们考虑到当时高昌郡发达的蚕丝业，赋税征收"租丝"，并且还征收户调和口税形式的丝[③]，就可以知道当地完全具备以丝绸为流通货币的条件。选择毯而不是丝绸为主要流通货币，其原因后文再作分析。

除少量的民间经济活动用丝绸为货币，官方的经济活动中还有以粮食支付酬劳的，《某人条呈为取床及买毯事》（编号：63TAM1:24）即反映了这种情况。文书内容如下。

1　杨矞从刘普取官床四斛，为丝十三两。

---

① 荣新江、李肖、孟宪实主编《新获吐鲁番出土文献》，第216页。
② 唐长孺主编《吐鲁番出土文书》壹，第16页。
③ 参见裴成国《吐鲁番新出北凉计赀、计口出丝帐研究》，《中华文史论丛》2007年第4期，第65—103页。收入本书第一章第一节。

2　□□得床十一斛，作丝二斤三两半。阎儿前买毯贾（价）
3　　　　　　　　　　　　　　　　　　］条呈[1]

这件文书此前有学者做过研究，武敏和卢向前两位先生对其中"为丝"和"作丝"的理解不同：武敏先生认为"为丝"和"作丝"都是指缣丝，四斛和十一斛分别是缣丝十三两和二斤三两半的酬值[2]。而卢向前先生认为应当是借取官床四斛和十一斛分别以丝十三两和二斤三两半偿付，但他们都要从阎儿处买得毯作价交纳[3]。将"为丝"和"作丝"理解为偿付官床的价格从文字上看不如武敏先生"缣丝"的理解贴切；另外，将第2行的后半句"阎儿前买毯贾（价）"也合并理解，确实不合情理。当时将毯作为货币使用具有普遍性，举借官床可以直接以毯偿付。似乎没有必要先以丝绸作价，最后再以毯偿付。并且"阎儿前买毯贾（价）"的"贾（价）"字按照卢向前先生的理解完全是多余的，直接记作"阎儿前买毯若干偿付"即可。以上这些矛盾已经使卢向前先生的解释无法成立，"为丝"和"作丝"还是按武敏先生的说法解释为"缣丝"更为妥帖。"阎儿前买毯贾（价）"后面内容残缺，则是应当单独理解的另一事项。

重新审视这件"条呈"，其上行官府文书的性质首先应当明确。第1行和第2行前半段都是官府为雇人缣丝支付粮食的记录，按照这一逻辑，"阎儿前买毯贾（价）"后面应当是官府从阎儿处买毯而支付粮食的记录。通过以上分析，我们可以得出两个认识：其一，当时粮食也可以用于支付雇佣价格，是丝绸之外的另一种实物货币类型。其二，与民间普遍采用毯作为支付货币不同，官府的毯的来源似乎不足，仍需要以粮食从民间购买。从北凉时期的《相辞为共公乘芟与杜庆毯事》[4]来看，当时官府至少征收"枣值毯"，这说明毯也是百姓给官府缴纳赋税时可选择的货币之一。在粮食和丝绸也充当实物货币的情况下，官府仍需要以粮食购入毯，这说明毯对官方而言是更为通行的基础货币，官府需要保证存有一定数量的毯以供日常的开支。由此可知，高昌郡时期毯作为基础货币的地位也是官方认可和推行的结果，在蚕桑丝织业已经很发达的时期，毯的基础货币地位并没有受到冲击。

---

[1] 唐长孺主编《吐鲁番出土文书》壹，第6页。
[2] 武敏《从出土文书看古代高昌地区的蚕丝与纺织》，《新疆社会科学》1987年第5期，第94页。
[3] 卢向前《高昌西州四百年货币关系演变述略——敦煌吐鲁番文书经济关系综述之一》，作者《敦煌吐鲁番文书论稿》，第221页。
[4] 唐长孺主编《吐鲁番出土文书》壹，第105页。

毯是文书所见吐鲁番地区的第一种重要货币类型，在4—5世纪长期被使用。毯的织造本身是畜牧业发展的结果，作为典型绿洲农业社会的高昌郡为何选择毯作为主要货币，这一问题迄今未见有人探讨。

　　我们对吐鲁番地区4—5世纪的绿洲农业了解不多，从现存的文书中可以看到当时的高昌郡存在许多土地类型，与高昌国时代之后土地类型减少为部田、常田两种的情况相比，高昌郡时期土地类型名称繁多反映的很可能是当时土地垦辟、生产发展的情形。从洋海1号台地4号墓所出《前秦（？）田亩簿》中我们看到小麦、桑、蒲陶等作物集中出现[1]，反映出当时粮食作物和经济作物可能都有不小规模。此时的高昌地区除了粮食作物的种植以外，有发达的蚕桑丝织业，还征收租酒。至于毛毯织造需要依赖的发达的畜牧经济目前未见相关资料。高昌郡时期毯能够作为主要货币长期流通，除本地生产之外可能还有其他来源。

　　自西汉设置戊己校尉至公元450年，吐鲁番盆地一直存在两个政治中心，一个是以高昌城为中心的，以高昌壁、高昌郡、大凉政权为发展序列的东部；另一个是以交河城为首都的车师前国政权。关于车师前国的情况，《汉书·西域传》《后汉书·西域传》《晋书·西戎传》《魏书·西域传》等均有记载，但内容都较为简略，对于车师与东部高昌的关系，除了在沮渠氏入据高昌到车师亡国之间有较多记载之外，其余时段我们所知甚少。

　　嶋崎昌认为，游牧族群姑师分裂后产生的车师前国与其他山北诸国，都属于阿尔泰人种。到东汉时，车师诸国仍然被称为"车师六国"，这可能意味着这些国家仍然保持了姑师（车师）人的语言和习俗，而与焉耆西南的雅利安人不同。车师山北诸国应当是游牧或以游牧为主的，位于吐鲁番盆地的车师前国则逐步农耕化[2]。余太山认为车师前国王治虽以"城"名，但其生产方式很可能也是以畜牧为主。余太山又举《后汉书·耿恭传》所载建初元年（76）正月，汉军击车师于交河城，获"驼驴马牛羊三万七千头"[3]为证据。《魏书·西域传》所载车师诸国仅余车师前国和山北的且弥国[4]。车师前国汉代以后的经济情况我们所知甚少，但其畜牧业应当仍然

---

[1] 荣新江、李肖、孟宪实主编《新获吐鲁番出土文献》，第185页。
[2] 嶋崎昌《姑师と车师前·后王国》，《隋唐時代の東トゥルキスタン研究——高昌国史研究を中心として》，东京：东京大学出版会，1977年，第29—47页。
[3] 余太山《两汉魏晋南北朝正史"西域传"所见西域诸国的农牧业、手工业和商业》，《两汉魏晋南北朝正史西域传研究》，北京：中华书局，2003年，第348—349页。
[4] 余太山指出此且弥国应即《汉书·西域传》所载的西且弥国，见作者《两汉魏晋南北朝正史西域传要注》，北京：中华书局，2005年，第444页。

发达。

出土文书显示，高昌郡时期和高昌国早期以毬为主要货币，毬在当时为民众生活日常行用，并且数量相当不少。魏氏高昌国时期的文书中可见以羊供祀、雇人放羊等情况；高昌郡时期和高昌国早期的文书中常见马，亦见骆驼，但未见涉及羊者，估计当时也有羊的饲养，但数量不多[①]。织造毬的主要原料为羊毛，此外还有骆驼毛和牦牛毛[②]。高昌郡及高昌国早期即便存在较为发达的羊群饲养业，是否就有发达的毛纺织业，这也是一个值得质疑的问题。因为就纺织业情况而言，目前的研究成果显示当时的纺织业主体无疑是蚕桑丝织业和棉纺织业。与这一时期文书中大量出现作为货币的毬不同，衣物疏中完全看不到毬以及其他毛织品[③]。这一时期的墓葬中尽管出土了毛织物，但数量很少。哈拉和卓3号墓曾出土一驼色毛织物残片，同墓出土建兴三十六年（348）柩铭[④]；哈拉和卓90号墓曾出土罽一片，同墓出土永康十七年（482）文书[⑤]；阿斯塔那68号墓的两具尸体分别用破毡、柴草裹捆入葬，衣着情况不明，年代在3世纪中到6世纪初[⑥]。墓葬出土文献反映出当时衣着用料与纺织业发展情况有很大关系，这些现象表明毬在当时主要是作为货币流通。这就进一步让我们推测，4—5世纪高昌使用毬作为货币很可能与同在吐鲁番盆地的车师国有密切的关系。

高昌与车师前国的交往，我们能找到的资料很少，所知最多的是450年前后沮渠安周率众攻破交河城，车伊洛率余部逃亡焉耆[⑦]。前凉329年在高昌建郡之后，一百多年的时间里，车师前国和高昌郡之间没有见于史籍的交往和战争记录。笔者认为以绿洲农业为主的高昌郡和以畜牧业为主的车师前国之间经济互补性很强，既然在吐鲁番盆地能和平共处一百多年，在史籍中没有记载的背后应当是两地之间日

---

① 吐鲁番的绿洲生态自身应无力承载较大规模的畜牧业。
② 武敏《从出土文物看唐代以前新疆纺织业的发展》，第5—14页。贾应逸《浅论新疆古代毛纺织业的发展》，《新疆文物》2005年第4期，第42—47页。
③ 孔祥星《从吐鲁番出土的衣物疏看十六国和魏氏高昌国时期的纺织品》，《中国历史博物馆馆刊》1984年第6期，第52—60页。能够在墓中埋纳衣物疏的多为社会上层，只能反映一部分社会成员的情况，这是必须说明的。
④ 新疆维吾尔自治区博物馆《吐鲁番县阿斯塔那—哈拉和卓古墓群发掘简报（1963—1965）》，《文物》1973年第10期，第19页。
⑤ 新疆博物馆考古队《吐鲁番哈拉和卓古墓群发掘简报》，《文物》1978年第6期，第9页。
⑥ 新疆维吾尔自治区博物馆《吐鲁番县阿斯塔那—哈拉和卓古墓群清理简报》，《文物》1972年第1期，第9页。
⑦ 王素《高昌史稿·统治编》，第253页。相关讨论参见孟宪实《吐鲁番新出一组北凉文书的初步研究》，收入孟宪实《出土文献与中古史研究》，第176—192页。

常的密切经济交往。前文分析的《某人条呈为取床及买毯事》显示当时的高昌官府确实会用粮食购买毯,其最可能的卖方应当即为毗邻的车师,而普通百姓间既可以互通有无,便使得毯在高昌长期作为主要货币流通成为可能。

柔然的首领社仑在402年自建可汗尊号,此后势力不仅向南渗入中原地区,而且还向西扩张至西域各地。约在太延元年(435)二月,焉耆、车师等国遣使入贡于魏。北魏则于同年五月派遣以王恩生、许纲为首的二十人出使西域,但遭到柔然的竭力阻挠,王恩生等也被柔然拘禁。不论是柔然还是北魏,他们的势力进入西域都应该在5世纪之后,高昌郡地区在4世纪后半即开始使用毯为货币,显然应该排除柔然和鲜卑的影响。尽管目前资料缺乏,但我们可以推测毯很可能从高昌建郡的4世纪上半叶就是当地的主要流通货币,其重要背景就是盆地西半部车师前国的存在。从当地的货币形态来看,高昌自建郡时期开始,当地百姓的生活中最重要的日常交易,就是与以交河城为王治的车师前国进行的。

车师前国在450年被沮渠安周所灭,车伊洛的儿子歇召集遗散一千余家归焉耆镇[1],车师前国的人口可能大部分被带到焉耆,这很大程度上影响了吐鲁番盆地西部原车师前国境内的畜牧业生产和毛毯织造。我们推测,东部地区由高昌郡发展而来的高昌国不再拥有此前高昌郡时代的稳定的毯的来源,货币结构也因此发生变化。我们看到阚氏高昌时期主要货币形态确实发生了变化。

卢向前先生把以毯作为一般等价物的时代的下限定在482年,是因为出土了《阚氏高昌仓部织物及赤违等支出帐》的哈拉和卓90号墓出土了一件纪年文书,年代正是482年。随着资料的增加,我们的认识也需要更新。洋海1号墓出土的《阚氏高昌永康十二年(477)十二月十四日张祖买奴券》记载:"永康十二年润(闰)十四日,张祖从康阿丑买胡奴益富一人,年卅,交与贾行缭百叁拾柒匹。"[2]这件契约表明477年时行缭已经成为流通货币,是目前所见行缭作为货币使用的最早记录。由于阚氏高昌时期的文书目前所见仍然非常有限,以叠布作为货币的起始时间,随着新资料的出土将来完全有可能再提前。前文所录建平四、五年(440、441)《支生贵卖田券》和《佛敬夏葡萄园券》中都使用毯作为货币,而到阚氏高昌永康年间叠布已经成为货币,说明其间确实发生了货币形态的更替。这期间的重大政治形势变化就是车师前国的灭亡和依附柔然的阚氏高昌取代沮渠氏大凉政权。那么到底是哪

---

[1] 《魏书》卷三〇《车伊洛传》,第805页。
[2] 荣新江、李肖、孟宪实主编《新获吐鲁番出土文献》,第125页。

一种因素发挥了主导作用呢？柔然是游牧帝国，畜牧毛纺织业是其基本产业，柔然统治高昌之后当地的货币形态反而变为叠布，这种变化应当与柔然无关。在当地的经济形态没有发生重大变化的情况下，车师前国的灭亡仍然是最重要的因素。显然，宗主国柔然生产的毯当时没有进入高昌国经济体系的稳定渠道，所以主要货币形态才会发生变化。

阚氏高昌的永康年间是一个典型的货币形态交替时期，叠布和毯都发挥着货币功能。为分析方便，迻录《阚氏高昌仓部织物及赤违等支出帐》再作分析。

（前缺）

1 ☐☐匹，毯六张半，付索寅义，买厚绢，供涞☐。
2 ☐☐半斤，付双袁（爱），供☐涞。
3 出行緤卅匹，主簿张绾传令，与道人昙训。
4 出行緤五匹，付左首典（兴），与若憨提懃。
5 出赤违一枚，付袁（爱）宗，与乌胡慎。
6 王阿钱条用毯六张，买沽缵。
7 ☐☐匹，付得钱，与吴儿折胡真。
--（纸缝）
8 ☐☐赤违一枚，付得钱，与作都施摩何勒
9 ☐☐緤一匹，赤违一枚，与秃地提懃无根。
10 ☐月廿五日，出緤二匹，付☐富买宾（肉）供☐☐。
11 出毯一张☐☐
12 出行緤☐☐
13 ☐☐行緤☐
14 ☐☐行緤三匹，赤违三枚，付隗巳隆，与阿祝至火下。
15 ☐☐张绾传令，出疏勒锦一张，与处论无根。
16 ☐☐☐☐☐摩何丘☐
17 ☐☐緤一匹，毯五张，赤违☐枚，各付巳隆，供输头☐☐。[1]

---

[1] 唐长孺主编《吐鲁番出土文书》壹，第122—123页。

笔者认为此件文书的性质应该是阚氏高昌中央官府仓部的织物及赤违等支出账[1]。仓部支出的以行䌹为最多，织物类型较为明确的 16 条中有 10 条都有行䌹（以"匹"为单位者），可以确定有毯的有 4 条。其中确定只有行䌹一种织物的有 4 条，行䌹加毯的 2 条（其中 1 条又另加赤违），行䌹加赤违的 2 条，只用毯的 2 条（第 11 行有缺，或许后面又另加赤违），只用赤违的 2 条，只用绵的 1 条。织物登录的顺序非常固定，有行䌹时一定首先登录，其次是毯、赤违，丝毫不乱。织物支出的用途，绝大多数是供给外来使者，他们主要来自宗主国柔然[2]；还有一部分织物用于购买商品，所见共有 3 例，即第 1 行用行䌹和毯购买厚绢，第 10 行用行䌹购买肉，第 6 条用毯购买沽䊈。整件文书涉及的织物类型很多，行䌹、毯、疏勒锦、绵以及赤违都有出现。从文书反映的情况来看，当时的高昌国有以行䌹为货币的情况，是毋庸置疑的，并且行䌹还在逐渐发展成主要货币，尽管也有单独用毯或以毯与行䌹配合充当货币的情况，但与 5 世纪前后吐鲁番盆地的情况已经有明显的差别。从整件仓部支出帐来看，尽管织物类型很多，行䌹的支出量却明显占最大比重，反映作为国家财富的货币已经向行䌹集中。

从文书中的 3 条交易情况来看，阚氏高昌时期行䌹和毯似乎并无明显的区分，甚至第 1 行中买厚绢都是行䌹和毯共用。那么为何在数量并不太大的支付中，有时候使用行䌹，有时候使用毯，有时候又两者兼用呢？纺织品作为货币的明显缺陷就是分割之后会影响使用价值。我们看到第 1 行用行䌹和毯一起购买厚绢的交易中，毯的数量是 6 张半，另又搭配行䌹若干匹，笔者认为这可能是因为毯的最小单位即"半匹"，为了凑成与商品相当的价值，将毯和行䌹配合起来使用才完成了交易。

在货币的毯本位逐渐终结的 5 世纪末叶，丝织品一度成为重要货币，毯本位时代偶尔会使用的丝织品开始发挥更大的作用。在《阚氏高昌仓部织物及赤违等支出帐》中我们已经看到疏勒锦，在西域丝织业发展的背景下，锦也成为货币的备选。

锦作为货币被使用的例子，最为典型的是《高昌承平八年（509）翟绍远买婢券》（以下简称《翟绍远买婢券》）。

---

[1] 参见裴成国《〈高昌主簿张绾等传供帐〉再研究——兼论阚氏高昌国时期的客使接待制度》，《西域研究》2013 年第 4 期，第 67—71 页。文中所引此件文书录文依笔者研究有所改订。
[2] 罗新《高昌文书中的柔然政治名号》，《吐鲁番学研究》2008 年第 1 期；收入作者《中古北族名号研究》，北京：北京大学出版社，2009 年，第 155—165 页。

1　承平八年岁次己丑九月廿二日，翟绍远从石阿奴

2　买婢壹人，字绍女，年廿五，交与丘慈锦三张半，

3　贾（价）则毕，人即付。若后有何（呵）盗仞（认）名，仰本

4　主了；不了，部（倍）还本贾（价）。二主先和后券，券成

5　之后，各不得返悔，悔者罚丘慈锦七张，入不

6　悔者。民有私要，要行二主，各自署名为信。

7　券唯一支，在绍远边。倩书道护。①

这件麹氏高昌国初年的契约中，翟绍远从石阿奴处买婢一人使用的是龟兹锦三张半，结合延寿年间（624—640）的《高昌延寿四年（627）赵明儿买作人券》②和粟特文《高昌延寿十六年（639）张因嵩买婢券》③都使用了萨珊波斯银币的情况来看，《翟绍远买婢券》的特殊性就显得尤为突出。和《翟绍远买婢券》同时的还有两件契约，即《高昌承平五年（506）道人法安弟阿奴举锦券》④和《高昌义熙五年（514）道人弘度举锦券》⑤。两件契约中阿奴和道人弘度都是向翟绍远举锦，约定如何偿还。锦是高等级的丝织品，平民不太可能自己穿着，之所以要举锦，很可能是用于购买商品时的支付。通观4—8世纪五百年间吐鲁番地区的货币史，尽管4世纪和7世纪都曾以绢为辅助货币，但使用锦为流通货币仅仅出现在6世纪初叶。之所以如此，一个重要原因就是当时西域丝织业发展进步，其标志就是龟兹锦、疏勒锦等有地域特色的织锦纷纷出现。从这个角度来说，6世纪初叶高昌行用的锦其实也是一种区域性的货币，应当不局限在高昌一地。锦到高昌和平元年（551）仍然出现在借贷契约中，但到6世纪中叶之后就完全不见，萨珊波斯银币强势占领了流通领域。锦退出流通领域，一方面是萨珊银币冲击所致，另一方面也是市场选择的结果。锦作为高等级的丝织品，被当作货币使用时，具有币值高、不宜分割、不便携带等缺陷，所以在萨珊银币这种真正意义上的国际通货大量流入之时，锦、行缣和毯就彻底退出流通领域。

---

① 唐长孺主编《吐鲁番出土文书》壹，第92—93页。
② 唐长孺主编《吐鲁番出土文书》贰，第241页。
③ 吉田豊、森安孝夫、新疆ウイグル自治区博物馆《麹氏高昌国时代ソグド文女奴隷売买文书》，《内陆アジア言语の研究》第4号，1989年；柳洪亮译文载《新疆文物》1993年第4期，第108—115页。
④ 唐长孺主编《吐鲁番出土文书》壹，第88—89页。
⑤ 唐长孺主编《吐鲁番出土文书》壹，第94—95页。

高昌故城出土的窖藏萨珊银币铸造于 4 世纪，显示这种银币很早就已经流入中国，学界认为这与当时前秦经营西域有关。在当时欧亚大陆交通不畅、贸易受阻的背景下，流入吐鲁番的萨珊银币数量必定有限，因而这部分银钱也无法成为流通货币[①]，尽管银钱与当时的流通货币毯相比具有突出的优点。到 6 世纪中叶突厥统一中亚，交易成本降低，跨地区的贸易迅速发展，萨珊银币得以大量流入吐鲁番，这才成为当地的流通货币。

如果再往前追溯，吐鲁番地区的货币史早在史前就已经开始。洋海墓葬中发现的货贝证明，早在公元前 10 世纪，吐鲁番地区就已经在使用中原地区广泛流通的货贝，并且吐鲁番地区的货贝与甘青地区相同，都来自太平洋沿岸[②]。洋海货贝的发现证明当时吐鲁番盆地使用的就是一种国际通行货币。

从公元前的货贝，到 4—5 世纪的毯，再到 6—7 世纪的萨珊波斯银币，吐鲁番盆地货币史的变迁，既与区域经济的发展密不可分，也和当时欧亚大陆的国际形势息息相关，而哪种货币能够长期充当主要流通货币则又与货币自身的特点密切相关。4—5 世纪高昌地区长期使用毯为主要流通货币，既以车师前国与高昌间存在长期稳定交流为前提，也因为毯当时本身也是西域及河西地区的通行货币。5 世纪中叶以后行缣逐渐取代毯的主要货币地位，但无论是行缣还是锦都没有长久充当货币，最终让位于更为通行的萨珊波斯银币。

第四节　《高昌主簿张绾等传供帐》的性质
——兼论阚氏高昌国时期的客使接待制度

高昌国作为丝绸之路上的一个绿洲王国，盛衰系于丝绸之路的通绝[③]。高昌国有完善的客使接待制度，麴氏高昌国时代作为田租征收的葡萄酒中的一部分直接用于客使供应，田租所出的小麦或粟米一般都由百姓加工成方便食用的面或麨供应给客

---

① 裴成国《麴氏高昌国流通银钱辨正》，《北京大学学报（哲学社会科学版）》2016 年第 1 期，第 132 页注释 1。
② 吕恩国《洋海货贝的历程》，《吐鲁番学研究》2016 年第 1 期，第 14 页。
③ 荣新江《高昌王国与中西交通》，作者《中古中国与外来文明》，第 183—203 页。

使，而肉类、干果、蔬菜等的消费则需要客使自购①。哈拉和卓90号墓出土文书《高昌主簿张绾等传供帐》②使我们了解到客使接待制度早在阚氏高昌时期就已存在③。

本节将利用《高昌主簿张绾等传供帐》（以下简称《张绾等传供帐》）提供的信息，在对文书性质进行重新研究的基础上，结合阚氏高昌时期其他相关文书，探索当时存在的客使供应制度及其运作情况。

所谓《张绾等传供帐》出土于哈拉和卓90号墓，墓中还出土有永康十七年（482）文书，据此可知墓葬的年代为阚氏高昌时期④。该墓葬所出文书大多被剪成长宽皆6.67厘米的14双纸靴。从纸靴边缘残存的墨线来看，剪制纸靴者曾经在平展的废弃文书上用笔勾勒出14双纸靴的形状，之后再折叠剪制纸张。尽管墨线勾勒的纸靴形状大小不尽相同，但纸张折叠之后一次性剪成的纸靴却有统一的尺寸，这些统一大小的纸靴应当是作为明器随葬的。该墓葬所出未被剪制成纸靴的主要是《高昌阿苟母随葬衣物疏》和本文研究的《张绾等传供帐》。

《张绾等传供帐》的文书号为75TKM90:20(a)、20(b)，原本由两纸粘接而成，正面未写完，接写在背面，文书在埋入墓葬之前进行了剪裁。粘接的两纸中第一纸被剪成鞋底形状，第二纸被剪成鞋面形状，两纸的尺寸分别为25.43cm×12.39cm和25.43cm×14.35cm（图1-12）。结合阚氏高昌时期的其他文书，我们知道两纸的长度约为这一时期完整纸张的一半⑤。先将文书内容迻录如下，以便讨论。

（前缺）

1 　　　匹，毯六张半，付索 寅 义，买厚绢，供 涞 □。
2 　　　半斤，付双 袁（爱），供□涞。
3 出 行缣卅匹，主簿张绾传令，与道人昙训。

---

① 裴成国《高昌国社会经济文化新论》之第二章《丝绸之路与高昌经济——以高昌国的银钱使用与流通为中心》，北京大学历史学系2011年博士学位论文，第84—99页；本章内容后来以同名发表在朱玉麒主编《西域文史》第10辑，北京：科学出版社，2015年；改题收入本书第三章。
② 唐长孺主编《吐鲁番出土文书》壹，第122—123页。
③ 钱伯泉《从〈高昌主簿张绾等传供状〉看柔然汗国在高昌地区的统治》，敦煌吐鲁番学新疆研究资料中心编《吐鲁番学研究专辑》，第96—111页。荣新江《高昌王国与中西交通》，作者《中古中国与外来文明》，第185页。
④ 唐长孺主编《吐鲁番出土文书》壹，第116页。
⑤ 可以参考的文书有《新获吐鲁番出土文献》中洋海1号墓所出的《阚氏高昌永康年间供物、差役帐》和古写本《易杂占》，相关讨论参见裴成国《吐鲁番新出一组阚氏高昌时期供物、差役帐》，沈卫荣主编《西域历史语言研究集刊》第2辑，北京：科学出版社，2009年，第103页。

4 ⬚出⬚行缥五匹，付左首典（兴），与若憨提懃。

5 ⬚出⬚赤违一枚，付⬚袁⬚（爱）宗，与乌胡慎。

6 ⬚王⬚阿钱条用毯六张，买沽缵。

7 ⬚　　　⬚匹，付得钱，与吴儿折胡真。

--（纸缝）

8 ⬚　　　⬚赤违一枚，付得钱，与作都施摩何勃

9 ⬚　　　⬚缥一匹，赤违一枚，与秃地提懃无根。

10 ⬚□月廿五日，出⬚缥⬚二⬚匹，付⬚□富买宗（肉）供⬚□□⬚。

11 ⬚出毯一张⬚　　　

12 ⬚出行缥□⬚　　　

13 ⬚　　　行缥⬚　　　

14 ⬚　　　⬚行⬚缥三匹，赤违三枚，付隗巳隆，与阿祝至火下。

15 ⬚　　　⬚张⬚缩传令，⬚出⬚疏勒锦一张，与处论无根。

16 ⬚　　　　　　　　⬚摩何丘□⬚

17 ⬚　　　⬚缥一匹，毯五张，赤⬚违⬚□枚，各付巳隆，供镒头⬚　　　⬚

75TKM90:20(a)　　　　　　　75TKM90:20(b)

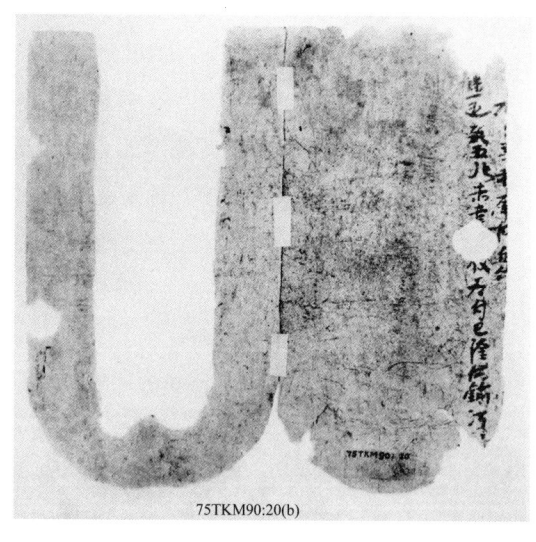

图 1-12　阚氏高昌仓部织物及赤违等支出帐

吐鲁番出土文书整理小组未在文书首行之前标注"前缺",但观察首行所书内容,有多个文字被剪去了部分笔迹,首行之前原本应当还有内容,故此处的录文在首行之前添加了"前缺"。另外在录文格式上也有重要修订,即删除了第3、4、5、6、11、12行最前面的上缺符号,原因将在下文分析。

关于此件文书的性质,吐鲁番出土文书整理小组将其定为"传供帐"。钱伯泉先生在《从〈高昌主簿张绾等传供状〉看柔然汗国在高昌地区的统治》一文较早地对此件文书做了细致研究。钱先生在文章中全文引用了此件文书,但将文书的名称由"传供帐"改为了"传供状"。他在引用文书之后说,此件文书"应是高昌人供应外国使者的物品名数帐目单"。由此可知他也认为文书的性质是"帐",而并非"状",文章中将文书性质由"传供帐"改为"传供状",当为手民之误。文书内容本身包含的信息应当是吐鲁番出土文书整理小组据以定名的依据,最明显的信息是第3行和第15行出现的"(主簿)张绾传令"。我们能否依据这两条传令记录就将整件文书定性为"传供帐"呢?本文将重新进行研究。

本件文书上出现的物品中,行縢以"匹"计,毯及疏勒锦以"张"计,赤违以"枚"计,此外还有厚绢、沾缵等。其中,行縢为棉布,赤违即鞣制后的红色兽皮[①]。第7行涉及物品种类不详,仅存单位"匹"字,据此推断,所出织物应当也是行縢。第2行涉及物品也不详,可见数量和单位是"半斤",根据同墓所出文书《高昌永康(?)十年(475)用绵作锦绦残文书》[②]中"绵三斤半作锦绦"的内容,第2行所涉及的或许也是绵。绵是纺织原料,却不能算作纺织品,赤违则并非纺织品。本件文书除残损太甚的第16行情况不明外,其余16行都涉及纺织品或赤违。可以说本件文书最核心的内容就是有关这些纺织品及赤违的情况。

本件文书涉及的物品登录方式有四种:"(出)某物若干付某人买某物供某人"(第1行、第10行),"(出)某物若干付某人供某人"(第2行、第17行),"(出)某物若干付某人与某人"(第4行、第5行、第7行、第8行、第14行),"(出)某物若干与某人"(第9行)。目前可见的记录中,第11、12、13行残缺内容较多,留存的内容为"出毯一张""出行縢""行縢",可以认为与其他行具有类似的结构,也都是登录织物的支出情况。此外的14行在当行的记录书写完毕之后都留存有多少

[①] 钱伯泉《从〈高昌主簿张绾等传供状〉看柔然汗国在高昌地区的统治》,敦煌吐鲁番学新疆研究资料中心编《吐鲁番学研究专辑》,第97—98页。
[②] 唐长孺主编《吐鲁番出土文书》壹,第118页。

不等的空白，由此可知，每一行的内容都是完整且相互独立的。我们注意到，第 2、17 两行使用了"供"字，而第 4、5、7、8、9、14 诸行使用了"与"字，考虑到第 17 行所供的对象"输头〔发〕"[1]，第 4、5、7、8、9、14 行交付的对象"若慇提慇""乌胡慎""吴儿折胡真""作都施摩何勃""秃地提慇无根""阿祝至火下"诸人都是高昌的外来使节，那么可以认为后三种登录方式涉及的织物供给方式具有类似的性质[2]。

较为特殊的两行是第 3 行和第 15 行，如前文已经提及的，这两行出现了"（主簿）张缩传令"。第 3 行的登录方式是"▢出行缋册匹，主簿张缩传令，与道人昙训"，第 15 行的登录方式是"▢张缩传令，出疏勒锦一张，与处论无根"。两行登录方式的差别可以说仅仅是颠倒了前两项的顺序而已，可以认为这两条记录具有相同的性质。这两条记录中出现了织物供出的传令者"主簿张缩"，与其他的十余条记录相比稍显特殊。之所以也被列在同一件帐簿中，是因为同样涉及织物的支出，只是具体方式有差别。而未出现"（主簿）张缩传令"的十余条既然未注明[3]，应当也就不存在传供的程序。要特别指出的是，第 6 条"王阿钱条用毯六张，买沽缵"，其中完全没有出现供应客使的情况。由此可知，用"传供帐"为本件文书定名，无法反映文书的真实性质[4]。

16 条织物及赤违记录中第 10 条的内容有一特殊之处，即此条记录的前面登录了时间"▢月廿五日"，这是其他十几条记录中所未见的。这一时间之后，登录的内容是"出缣二匹，付▢富买肉供▢▢"。17 条记录中的另外 16 条因为文书的最上部有残缺，所以不清楚每条起始部分登录的内容，或者说目前所见内容之前还有多少文字，因为文书裁剪而缺失。稍显特殊的第 10 条记录则证明，本件

---

[1] 钱伯泉《从〈高昌主簿张缩等传供状〉看柔然汗国在高昌地区的统治》，敦煌吐鲁番学新疆研究资料中心编《吐鲁番学研究专辑》，第 98—99 页。罗新《高昌文书中的柔然政治名号》，收入作者《中古北族名号研究》，第 164 页。

[2] 文书第 1 行、第 2 行的供应对象"涞▢"和"▢涞"，吐鲁番文书整理小组没有划专名线，结合其他行的情况，这两处应当也是外来客使。

[3] 第 11、12、13 行残缺较多，无法排除这三行残缺的部分中原本有"主簿张缩传令"之类的记录。另，与《张缩等传供帐》同出哈拉和卓 90 号墓的一件小残片（编为 75TKM90:37/1—37/5 中左边三件的中间一件，唐长孺主编《吐鲁番出土文书》壹，第 127 页）上可见"缩"字，"缩"之上的残字当为"张"。此件文书也涉及主簿张缩。

[4] 黄楼指出："传供本身即为支取性质，部分支取没有记载详细用途，属于记录者的省略，该件文书被定性为传供帐并无疑义。"见黄楼《阚氏高昌某郡綵毯帐研究》，作者《吐鲁番出土官府簿文书研究》，第 112 页注释 1。"省略"之说属于推测，并无根据。帐簿类文书一般都会事后复核查验，传供或交付的具体情形是其最主要依据，当不会随意省略。

文书在登录格式上，很可能多是以"出"字起始，后面写明当条记录涉及的织物或赤遗数量及支出情况[①]。因为第10行特别标明了时间，所以"出"字以下的内容就较其他行低了三四个字符；而其他行残存部分多数都还可推补出最上面一个"出"字。由此可知，本件文书留存内容最多的几行的最上部缺失的应当仅为一两个字符。前文已经提及，这两件文书原本的纸幅尺寸应当就是当时标准纸幅的一半，目前见到的文书，虽然经过剪裁，但纸幅大体保存完整。我们也因此知道，这件文书原本的完整登录格式很可能是以"出"字起始，详细登记织物及赤遗的支出情况及去向。为什么仅仅第10条登录了织物支出的时间？结合麹氏高昌国时代传供帐的登录格式，如果前一条记录中已记时间，则后面的记录可省去[②]，我们认为这里第10条之后的记录不记时间应当是承前省略，也就是说第10条后的几条也是当月廿五日的。据此还可推测第10条之前的记录未登录时间也是承前省略。《张绾等传供帐》目前所见的内容应当是两天的织物及赤遗支出记录。

目前所见的第6条记录内容为"□阿钱条用毯六张，买沾缯"，因为其中涉及毯的支出，所以也被记录在簿。"阿钱"人名之上尚存半个字，观其残存笔画，或为"王"字，应即"阿钱"的姓氏。观纸幅高度，"王阿钱"这一人名之前应当无其他内容，无法像其他记录一样推补"出"字。此条记录中出现的"条用"也显示这条织物支出记录的特殊性。"条用"的"条"字应当作何解释，是我们必须探讨的问题。十六国时期的吐鲁番文书中有"条呈"文书[③]，关尾史郎先生认为这是县的下级官员逐条列举饮食物资或织物的出纳情况并统计总数以向上级进行报告的文书，要经上级部门仓曹官员签署方可执行[④]。此件文书的"条用"应当表示王阿钱用毯六

[①] 第15条可能例外，直接以"主簿张绾传令"起始，后书"出疏勒锦一张"，顺序有颠倒。如后文所论，第6条应当也没有以"出"字起始。
[②] 如《高昌众保等传供粮食帐》（唐长孺主编《吐鲁番出土文书》壹，第238—240页）、《高昌竺佛图等传供食帐》（唐长孺主编《吐鲁番出土文书》壹，第412—414页）。参见王素对相关文书记帐格式的归纳，王素《高昌史稿·交通编》，北京：文物出版社，2000年，第555—560页。
[③] 如《某人条呈为取床及买毯事》《刘普条呈为得麦事》《刘普条呈为绵丝事》《北凉玄始十一年（422）马受条呈为出酒事》《祠史翟某呈为食麦事》，唐长孺主编《吐鲁番出土文书》壹，第6、7、61、77页。
[④] 关尾史郎《条呈——トゥルファン出土五胡文书分类试论（Ⅰ）》，《东アジア——历史と文化》第10号，2001年，第1—13页。关尾史郎认为从十六国时代到麹氏高昌国时代公文书的样式存在延续和继承，阚氏高昌国作为承上启下的时代，亦必有相近的文书类型行用及传存。

张买沽缏的此笔支出曾经报请部门负责官员审核批准[1]，与此条之外的织物支出在程序上有不同之处。

根据以上分析，我们知道这件文书中的绝大多数记录中并不包含传供情况，文书登录的重点其实是织物及赤违的支出情况。可以说这件文书的性质并非传供帐，而是织物及赤违的支出簿。阚氏高昌时期负责管理织物及赤违出纳的是哪个部门呢？对于阚氏高昌时期的中央行政建制情况我们所知甚少，麴氏高昌《永平二年（550）十二月卅日祀部班示为知祀人上名及谪罚事》中出现的"仓部"为目前所见时代最早的一例[2]。章和七年（537）入葬的张文智墓表中出现了"吏部""民部"[3]，说明在此之前中央各部已经设置。新获吐鲁番文书中鄯善县洋海1号墓所出的《阚氏高昌某郡绨毯等帐》中第5件残存的最后2行内容为"三年十□月八日仓曹隗奇□□□□""五官□□□□□"[4]，因"五官"为郡三纲之一，可知当时高昌的郡府设有"仓曹"。阚氏高昌时代有高昌、田地两郡[5]，如两郡皆设"仓曹"，则当时的中央官府应当已经设置了"仓部"[6]。本文研究的此件织物及赤违支出帐中涉及的外来客使级别颇高，应当是阚氏高昌中央官府负责接待，具体职能部门则为仓部[7]。基于以上对文书性质的分析，本件文书的标题宜改为《阚氏高昌仓部织物及赤违等支出帐》。

以上从文书学的角度对所谓《张绾等传供帐》重新进行了研究，认为应当改题作《阚氏高昌仓部织物及赤违等支出帐》（以下简称《仓部支出帐》）。下面结合相关信息对阚氏高昌时期的客使接待制度做一探讨。

---

[1] 同墓所出被剪成纸靴的两件文书《高昌永康（？）十年用绵作锦缘残文书》（75TKM90:34，唐长孺主编《吐鲁番出土文书》壹，第118页）和《高昌永康（？）十年残帐》（75TKM90:35/1<a>，唐长孺主编《吐鲁番出土文书》壹，第118页）都涉及织物出纳，正文内容之后见年月日等内容，又可见明显为异笔书写的"凯"字押署。前者的正文内容可见"须绵叁斤半作锦缘"，似令呈请批准之意。这两件文书或许为阚氏高昌国时期的"条呈"一类文书。另，同墓所出编为75TKM90:22（a）的残片亦存"凯"的左半部，王素认为当属同一件文书。见王素《〈吐鲁番出土文书〉（壹）附录残片考释》，《出土文献研究》第3辑，北京：中华书局，1998年，第158—159页。

[2] 唐长孺主编《吐鲁番出土文书》壹，第136页。文书第3行首字的"仓"系根据残存笔画推补，此推补当可信从。

[3] 侯灿、吴美琳《吐鲁番出土砖志集注》，第17—18页。

[4] 荣新江、李肖、孟宪实主编《新获吐鲁番出土文献》，第148页。

[5] 荣新江《吐鲁番新出送使文书与阚氏高昌王国的郡县城镇》，《敦煌吐鲁番研究》第10卷；收入作者《吐鲁番的典籍与文书》，第59—71页。

[6] 王素推测麴氏高昌的诸部有可能是麴氏之前诸王国的建制。见王素《麴氏高昌中央行政体制考论》，《文物》1989年第11期，第49页。

[7] 孟宪实讨论麴氏高昌中央诸曹的仓部时，也提及本件织物及赤违等支出帐，认为应与仓部相关。见孟宪实、宣红《论麴氏高昌中央诸曹职掌》，《西域研究》1995年第2期；收入孟宪实《汉唐文化与高昌历史》，济南：齐鲁书社，2004年，第120页。

本件《仓部支出帐》中涉及的北族名号，学界已经多有研究，其中出现的人物多来自柔然政权[1]。如"若愍提懃"和"秃地提懃无根"中的"提懃"，也即"提勤"，与其他北族名号"直勤""特勤"十分接近[2]，这里出现的两位"提懃"应当都系柔然宗室成员。另外一位"吴儿折胡真"应当是柔然可汗派驻高昌，负责接待江左使节的官员。此外，还有"输头〔发〕"[3]。《仓部支出帐》中出现了"道人昙训"，受供行縢多达四十匹，钱伯泉认为此人级别很高，"必为柔然汗国因政事或佛事出使高昌的僧官，甚至很可能属于'国师'一类的人物"[4]。织物支出帐中出现的柔然客使级别较高，因为不详这些客使出使和居留高昌的具体目的，故无法确定他们在高昌的活动与丝路贸易有无关联[5]，客使接待制度与商团的接待应当存在类似之处[6]。

关于阚氏高昌国时期的外来客使接待情况，近年新获的一组文书《阚氏高昌永康年间供物、差役帐》也提供了重要信息[7]。此供物差役帐的年代与本文所论的《仓部支出帐》正当同时，相关信息可以相互补充发明。供物差役帐中涉及的外来人员是焉耆王，内容是"薪供焉耆王"或"薪入内供焉耆王"。因为此供物差役帐的书写出于众手，故而同一种差役在不同人书写时可能表述稍有差别，"薪供焉耆王"与"薪入内供焉耆王"应当是同一种差役。焉耆王在高昌国的居所应当是王宫[8]或官府客馆，《仓部支出帐》涉及的外来客使的居所可能亦为同一地点。《仓部支出帐》中月份缺失，如果使节到高昌的季节也是深秋或隆冬，那么应当也会有薪柴的供应以方便取暖。

包括焉耆王和柔然使节在内的外来客使在当时是如何被供应的呢？以下试作

---

[1] 关于文书中名号的研究，参见罗新《高昌文书中的柔然政治名号》，《中古北族名号研究》，第155—165页。
[2] 罗新《高昌文书中的柔然政治名号》，《中古北族名号研究》，第157—158页。《北魏直勤考》，《历史研究》2004年第5期；收入作者《中古北族名号研究》，第90—93页。
[3] 罗新《高昌文书中的柔然政治名号》，《中古北族名号研究》，第160、164页。
[4] 钱伯泉《从〈高昌主簿张绾等传供状〉看柔然汗国在高昌地区的统治》，敦煌吐鲁番学新疆研究资料中心编《吐鲁番学研究专辑》，第101页。
[5] 荣新江注意到同墓所出文书中有《高昌□归等买输石等物残帐》，推测可能是织物支出帐中的柔然客使将这些商品带到了高昌。荣新江《高昌王国与中西交通》，作者《中古中国与外来文明》，第186页。
[6] 许多名义上的官方使节其实是假借身份以求贸易的普通商旅。
[7] 荣新江、李肖、孟宪实主编《新获吐鲁番出土文献》，第129—145页。参见裴成国《吐鲁番新出一组阚氏高昌时期供物、差役帐》，沈卫荣主编《西域历史语言研究集刊》，第79—110页。
[8] 荣新江《阚氏高昌王国与柔然、西域的关系》，《历史研究》2007年第2期；收入作者《丝绸之路与东西文化交流》，第54页。

探讨。

居留高昌国的焉耆王既然可以获得薪的供应，饮食所需的粮食、酒、肉类等应当也有供给，阚氏高昌的《仓部支出帐》就为我们提供了相关信息。

文书第10行显示，当月的廿五日，仓部曾支出行缲两匹交给□富，由他买肉供给某人。所供之人为谁？因为文书此处被裁剪已经不得而知。文书第17行有"供鍮头〔发〕"的例子，可推测第10行出行缲两匹买肉所供之人应当也为某外来客使。既然买肉所用行缲是由仓部所出，可以肯定外来客使的此项供应是由官方负责的。外来客使在高昌的消费一定不仅仅限于肉类，粮食和酒应当也是必需之物。麹氏高昌时期，粮食和酒由官府安排百姓将田租所出直接供给客使，这种制度阚氏高昌时期是否已经存在，目前尚不清楚。近年吐鲁番洋海1号墓出土的文书中有一件《阚氏高昌永康九年、十年（474、475）送使出人、出马条记文书》，记录了两年内高昌的各县、城出人出马护送外国使节出境的情况[①]。荣新江先生结合同时代的《仓部支出帐》中的传供信息指出："在阚氏高昌王国时期，柔然派出许多使臣往来于高昌与柔然汗廷之间，有的甚至住在高昌，他们受到高昌王国的种种款待。若这些柔然使者返回或者向其他地方出使，高昌国还要派人、出马送使出境。"[②]可以肯定的是，阚氏高昌时期已经建立完善的客使接待制度。

目前所见麹氏高昌时期的传供帐数量不少，供给外来使节的主要为粮食、酒和肉类。《仓部支出帐》证明以肉类供应客使在阚氏高昌时期既已开始。值得注意的是，《仓部支出帐》的第15条显示，当时的阚氏高昌还将一张疏勒锦供给柔然使节处论无根。此处的疏勒锦都系取其纹样在高昌本地织作[③]，《仓部支出帐》中的这条记录表明柔然是高昌丝织品的流向之一。实际上，整件《仓部支出帐》中除了第15条中"疏勒锦一张"之外，仅有第1条提及以毯和行缲买厚绢若干供给涞□，第2行可能是以绵半斤供给另一客使□涞，其他十余条记录似乎都未涉及丝织品。相反，供给外来使节最主要的纺织品是行缲和毯，而非丝织品。行缲为当时的高昌国特产，用于市场流通；毯在阚氏高昌时期不仅是赋税征收物，也作为货币流通[④]。柔然有发达的

---

① 荣新江、李肖、孟宪实主编《新获吐鲁番出土文献》，第162—163页。参见荣新江《吐鲁番新出送使文书与阚氏高昌王国的郡县城镇》，作者《吐鲁番的典籍与文书》，第49—75页；荣新江《阚氏高昌王国与柔然、西域的关系》，作者《丝绸之路与东西文化交流》，第42—58页。
② 荣新江《阚氏高昌王国与柔然、西域的关系》，作者《丝绸之路与东西文化交流》，第47页。
③ 武敏《从出土文书看古代高昌地区的蚕丝与纺织》，《新疆社会科学》1987年第5期，第99页。钱伯泉《从〈高昌主簿张绾等传供状〉看柔然汗国在高昌地区的统治》，敦煌吐鲁番学新疆研究资料中心编《吐鲁番学研究专辑》，第98页。
④ 详见本书第三节之分析。

畜牧经济[1]，毯应当是柔然大量生产的重要产品，作为柔然上层社会成员的这些使者为何在高昌国需要被供以毯呢？支出帐中的第1条和第10条提示我们，用行縑和毯在当时的高昌国可以买到厚绢和肉。如果这些柔然客使滞留高昌，就会有在当地市场购物的需求，高昌官府供给客使行縑和毯可能正是为了满足他们这一特殊需求。第5、8、14、17诸条都涉及赤违，兽皮本来是柔然大量生产的物品，但滞留高昌的客使如果需要牛皮，也不能不依赖仓部供给。《仓部支出帐》的一部分条目反映了柔然客使居留期间，高昌为满足客使的特殊需求而供应织物及赤违的情况。

笔者曾指出，麴氏高昌国时期的田租纳入帐簿与传供帐的内容有交叉重合部分，田租纳入帐簿和传供帐有时候分别书写在同件文书的正背两面，在文书流程中有前后衔接关系[2]。阚氏高昌国时期的这件《仓部支出帐》中也包含了几条传供记录，这让我们隐约看到阚氏高昌时期传供帐的影子，这也是此前学者将此件文书判定为传供帐的原因所在。阚氏高昌时期是否已经存在麴氏高昌时期那种专门的传供帐，这一问题尚待新资料的发现来帮助判断。

麴氏高昌国时期传供记录的书写方式，我们可以举出两条为例：一是《高昌建文等传供粮食帐》中有"起十二月一日……主簿永受传，一斛五斗供公主十五日食"[3]的记载，二是《高昌众保等传供粮食帐》中有"五日将天奴传，面三斛供何国王儿使奚□□□□"[4]的记载。与本文研究的阚氏高昌时期《仓部支出帐》中出现的"主簿张绾"的传供记录相比，最明显的变化之一是阚氏高昌时期称"传令"，到麴氏高昌时期仅称"传"，这应当是高昌国传供记录书写方式的一个后期变化。

关于阚氏高昌时期的客使供应制度，我们由《仓部支出帐》已经确知当时是由仓部出资买肉供应；此外，粮食、酒，以及秋冬季节取暖所需薪柴应当也在供应之列。如果客使还有其他种类的需求（如蔬菜、干果等），则可用仓部供给的行縑、毯等织物在市场上购得。等级颇高的柔然客使不仅可得饮食供应，还可经相关部门官员传令获得高昌当地生产的高档丝织品的供应。高昌国完善的客使接待制度，是吸引客使和商旅前来的重要原因。在纺织品货币本位的阚氏高昌时代，客使和商旅的到来带给这个绿洲国家的，除了鍮石等奢侈品之外，对当地经济有着怎样的影响，仍是今后需要探讨的课题。

---

[1] 周伟洲《敕勒与柔然》，桂林：广西师范大学出版社，2006年，第122—126页。
[2] 裴成国《丝绸之路与高昌经济——以高昌国的银钱使用与流通为中心》，朱玉麒主编《西域文史》第10辑，第148—153页。
[3] 唐长孺主编《吐鲁番出土文书》壹，第203页。
[4] 唐长孺主编《吐鲁番出土文书》壹，第238页。

第二章　麴氏高昌国流通货币

地处吐鲁番盆地的高昌国是南北朝到唐初的一个绿洲王国，因为地当丝绸之路的枢纽，经济、文化等方面都受到外部因素的影响。就经济领域而言，高昌国的经济与丝绸之路贸易密切相关，并长期使用银币作为日常通货。吐鲁番文书中的"银钱"具体是指哪种银钱？当地考古出土的银币只有一种面值，币值很高，那么在日常的小额交易中，实物货币[①]是如何被使用的？这是本文研究的两个主要问题。

第一节　文书和考古所见的"银钱"

关于高昌国时代使用货币的情况，学者们已经利用出土文献做了一些研究。卢向前将十六国至唐初吐鲁番地区使用货币的情况划分为纺织品本位阶段（367—560）、银钱本位阶段（561—680）和铜钱本位阶段（681—763）。麴氏高昌国（502—640）时期由纺织品本位过渡到了银钱本位阶段[②]。6世纪中叶以后，突厥崛起并建立了横跨中亚的庞大帝国，便利了当时东罗马、波斯、印度和中国之间的商贸往来。突厥成为国际贸易的中介[③]，依附于突厥的粟特队商贸易因而获得了强有力的保护。粟特商人将萨珊银币携往中国，北朝末期，河西地区和吐鲁番盆地都曾出现过使用金、

[①] 中国实物货币的概念由彭信威先生首先提出。见作者《中国货币史》第一章《货币的发生》，上海：上海人民出版社，1958年；上海：上海人民出版社，2007年，第6页。
[②] 卢向前《高昌西州四百年货币关系演变述略——敦煌吐鲁番文书经济关系综述之一》，作者《敦煌吐鲁番文书论稿》，南昌：江西人民出版社，1992年，第217—266页。
[③] 沙畹《西突厥史料》，冯承钧译，北京：中华书局，2004年，第277—278页。

银币为通货的情况①。我们在吐鲁番文书中看到，6世纪中叶以后，平民在买卖、租赁、借贷、雇佣、赋税缴纳等社会经济生活的诸多场合都使用银钱，官府也在赋税征收、有偿征调、对外贸易等方面广泛使用银钱，数量众多且有相当经济势力的寺院也大量使用银钱。这是6世纪中叶以后吐鲁番盆地使用银币的历史背景和一般情形②。

麴氏高昌国时期使用银钱，既是史籍所载③，也为近代以来的考古资料所证实④，多数学者认为这里的银钱就是指萨珊波斯银币⑤。最早对吐鲁番出土萨珊银币进行深入细致研究的是夏鼐先生，在论及这些萨珊银币的功能时，他指出："（萨珊银币）在西北某些地区（例如高昌），是曾流通使用的。"⑥姜伯勤认为，高昌及唐西州的银钱一般以波斯银币为标准货币，但也有粟特银币和克什米尔等地的西域银币⑦。斯加夫（Jonathan K. Skaff）认为："因为在吐鲁番发现的银币只有萨珊和阿拉伯—萨珊银币类型，因此设想这些文书中提到的银币绝大多数（如不是全部）也是这两个类型是很可靠的。"⑧但也有学者如李明伟认为，波斯银币并不具备通货的性质，波斯银币或阿拉伯银币从来就没有在中国的丝路贸易里流通过⑨。近年杨洁发表了多篇论文又重新研究吐鲁番的银钱问题，认为萨珊银币并非吐鲁番文书中反映

---

① 《隋书》卷二四《食货志》，北京：中华书局，2019年，第765—766页。参见池田温《敦煌の流通経済》，池田温编《讲座敦煌3：敦煌の社会》，东京：大东出版社，1980年，第297—343页。
② 参见郭媛《试论隋唐之际吐鲁番地区的银钱》，《中国史研究》1990年第4期，第19—28页。姜伯勤《敦煌吐鲁番文书与丝绸之路》，北京：文物出版社，第31—34页。
③ "赋税则计输银钱，无者输麻布"。《周书》卷五〇《高昌传》，北京：中华书局，2022年，第993页。
④ 吐鲁番出土的高昌国及唐西州前期文书都显示当时使用银钱。考古出土的银币情况参见夏鼐《新疆吐鲁番最近出土的波斯萨珊朝银币》，《考古》1966年第4期；收入《夏鼐文集》（下），北京：社会科学文献出版社，2000年，第39—45页。又参李肖、张永兵、丁兰兰《吐鲁番近年来出土的古代钱币》，《吐鲁番学研究》2008年第1期，第27—34页。
⑤ 宋杰《吐鲁番文书所反映的高昌物价与货币问题》，《北京师范学院学报（社会科学版）》1990年第2期，第68页。郭媛《试论隋唐之际吐鲁番地区的银钱》，第28—30页。卢向前《高昌西州四百年货币关系演变述略——敦煌吐鲁番文书经济关系综述之一》，作者《敦煌吐鲁番文书论稿》，第238页。
⑥ 夏鼐《综述中国出土的波斯萨珊朝银币》，《考古学报》1974年第1期；收入《夏鼐文集》下，第70页。
⑦ 姜伯勤《敦煌吐鲁番文书与丝绸之路》，第30页。姜先生在大著的第199页针对《隋书·食货志》中关于河西诸郡或用西域金银之钱的记载指出："虽可能有本地铸造的钱币流通，但是，萨珊波斯银币和一部分西域银币仍起着国际通货的作用。"在当页姜先生又提及"高昌吉利"银钱，怀疑可能存在本地银钱。
⑧ J. K. Skaff, "Sasanian and Arab-Sasanian Silver Coins from Turfan: Their Relationship to International Trade and the Local Economy", *Asia Major* 11/2, 3rd Ser., 1998, pp. 67-115；此据斯加夫《吐鲁番发现的萨珊银币和阿拉伯—萨珊银币——它们与国际贸易和地方经济的关系》，孙莉译，《敦煌吐鲁番研究》第4卷，北京：北京大学出版社，1999年，第430页。
⑨ 李明伟《丝路贸易与西亚线币文化初探》，李明伟主编《丝绸之路贸易史研究》，兰州：甘肃人民出版社，1991年，第249—258页。

的当地流通的"银钱",更多地是发挥宝物、装饰物等功能[1]。她认为吐鲁番文书中的"银钱"是高昌国自行铸造的,推测是对萨珊银币的模仿,价值则较低[2]。杨洁讨论了阿斯塔那135号墓中出土的延寿十六年(639)粟特文买婢契约,认为契约中特别声明要求买方以萨珊朝卑路斯制高纯度120德拉克麦钱支付,说明高昌国同时存在着纯正的波斯银币和质量差的其他银币。杨洁认为质量差的银币就是高昌国仿制的波斯银币[3]。杨洁质疑吐鲁番文书中的"银钱"并非吐鲁番考古所出的萨珊波斯银币的主要依据有如下三条:第一,萨珊波斯银币制作精良,重量多为4克,而吐鲁番墓葬所出的46枚萨珊银币重量大多不足4克。第二,高昌国掌握铸币技术,出土的"高昌吉利"钱就是证据。第三,《大慈恩寺三藏法师传》中记载玄奘进入焉耆国后经过银山,云:"山甚高广,皆是银矿,西国银钱所从出也。"[4]杨洁重新讨论高昌国的银钱问题,综合了前人的一些意见,提出了新见解,但我们认为她的理解存在偏颇,所提出的新观点是不能成立的。以下作一讨论。

目前新疆考古资料中所见的银钱只有萨珊银币、阿拉伯—萨珊银币及个别仿制币,差别只在于一部分保存较好的重量约为4克,而另一些因为纯度较低、剪边、磨损、残缺等原因重量较轻。新疆发现的萨珊银币绝大多数保存在新疆维吾尔自治区博物馆(简称新疆博物馆),有980余枚,其中947枚是出自乌恰,1枚出自库车苏巴什佛寺遗址,其余出自吐鲁番[5]。吐鲁番发现的萨珊银币中时代最早的130余枚出自高昌故城,主要是三个窖藏,银币的时代有沙普尔二世(Shāpūr II,309—379)、阿尔达希尔二世(Ardashīr II,379—383)和沙普尔三世(Shāpūr III,383—388)时期。研究者认为这三批窖藏银币保存相当完好,没有太大磨损,表明银币可能还未使用就已被埋藏了[6]。需要指出的是,这三批窖藏银币虽然保存状况很好,但其中也有三枚存在破损和剪边的情况,其中有一枚保存良好的银币重约3.3克[7]。这反映出

---

[1] 杨洁《论流入中国的波斯萨珊银币的功能——以吐鲁番出土银币为例》,《中国社会经济史研究》2010年第2期,第7—11页。
[2] 杨洁《丝路绿洲国家的货币:本地铸造,抑或外部流入?》,《中国经济史研究》2011年第3期,第134页。
[3] 杨洁《从粟特文文书看入华粟特人的货币问题》,《史林》2012年第2期,第156—158页。
[4] 杨洁《丝路绿洲国家的货币——本地铸造,抑或外部流入?》,第134页。
[5] 伊斯拉菲尔·玉苏甫、安尼瓦尔·哈斯木《新疆博物馆馆藏波斯萨珊朝银币》,《中国钱币》2006年第3期,第80—85页。
[6] 孙莉《萨珊银币在中国的分布及其功能》,《考古学报》2004年第1期,第36—37页。
[7] 斯加夫亲自检查了这些银币,参见《吐鲁番发现的萨珊银币和阿拉伯—萨珊银币——它们与国际贸易和地方经济的关系》,第422页(表一)。

银币作为贵金属货币很容易人为致残的特点，而这个过程应当在它们传入中国之前就已经开始了[①]。统计显示，截至2006年底吐鲁番共发现萨珊银币184枚，除窖藏132枚之外，墓葬出土46枚，其他零散收藏的有6枚[②]。墓葬出土银币的情况较为清楚的有斯加夫亲自检查过的17枚和近年所出的13枚。前者有重量数据的为15枚，其中重量在3.6—4克之间的有7枚，3.6克以下的有8枚，最轻的是1.8克[③]。4枚重量为4克的银币中有2枚表面镀金。银币的纯度不易检测，比较容易的办法是依据其重量和颜色来判定。斯加夫检查过的8枚3.6克以下的银币无一例外地都有剪边、磨损、磨面、腐蚀等情况，这些应当是银币重量较小的一个重要原因。质量最轻的仅1.8克的银币纯度应当较低。吐鲁番近年考古发现的13枚银币都有比较详细的资料和照片[④]，分别出自木纳尔墓地（4枚）、巴达木墓地（5枚）、交河沟西墓地（3枚）、阿斯塔那墓地（1枚）。13枚银币中保存较好的有5枚，其余8枚都有不同程度的缺损，其中5枚残缺较为严重。这批银币中有几枚值得关注：第一，交河沟西墓地14号墓出土的一枚库思老二世（Khusrau II，591—628）残币，重3克，直径为4.3厘米，与目前所见萨珊银币一般3厘米左右的尺寸相差较多[⑤]。这枚库思老二世银币[⑥]，从图版看两面系由不同印模压印而成，与一般银币的压制方法相同。第二，木纳尔墓地306号墓所出的银币直径2.71厘米，未见残缺，重量却仅为2.2克，远远低于萨珊银币的一般重量，从照片看颜色似也与众不同，可能和银币的纯度较低有关。该枚银币被判定为库思老二世银币。第三，阿斯塔那5号墓所出的一枚库思老二世银币，正反面的图像都很清晰，银币也保存完好，直径3.2厘米，重量却仅为2.48克，也应当与银币的纯度较低有关。第四，巴达木墓地225号墓和244号墓所出的两枚银币都未见明显缺损，重量却较轻，分别仅为1.9克和2.95克，应当也与纯度较低有关。

[①] 观察《剑桥伊朗史》第三卷第一册第九章《萨珊银币》中所附萨珊银币图版，也可看到一些银币存在明显的剪边痕迹，如图版26中的第1、2、3、8等。E. Yarshater ed., *The Cambridge History of Iran*, Vol. 3 (1), Cambridge: Cambridge University Press, 1983, plate 26.
[②] 杨洁《论流入中国的波斯萨珊银币的功能——以吐鲁番出土银币为例》，第8页。
[③] 质量仅1.8克的这枚银币出自麴氏高昌国时期的阿斯塔那319号墓。银币尺寸和完残情况不详，检查过实物的斯加夫标注"磨损、腐蚀"。斯加夫所列表二（第424—425页）中8枚质量最轻的银币多有腐蚀和磨损，但质量2克以下者，仅此一枚。翁米亚王朝的太伯里斯坦在711—761年间曾发行"半德拉克麦钱"，阿斯塔那319号墓所出的银币时代显然更早。银币质量轻与银的纯度低有关。
[④] 李肖、张永兵、丁兰兰《吐鲁番近年来出土的古代钱币》，第27—34页。
[⑤] 冈崎敬指出，萨珊波斯银币从库思老一世开始变薄变大，到库思老二世时变得更大。他认为玄奘《大唐西域记》记波斯"货用大银钱"，就是因此之故。冈崎敬《东西交涉の考古学》（增补），东京：平凡社，1980年，第251页。
[⑥] 李肖、张永兵、丁兰兰《吐鲁番近年来出土的古代钱币》，第32页。

225号墓所出银币不仅重量仅为标准萨珊银币的一半左右，并且正反面图案皆锈蚀不清，因而被李肖等人定为仿波斯银币。244号墓所出被判定为库思老一世（Khusrau Ⅰ，531—579）银币。另外两枚出自216号墓和301号墓的银币重量分别为2.15克和1.3克，都有较多残缺。根据残币重量判断，银币的纯度应当也较低。301号墓所出银币有较大残缺，重量仅为1.3克，是13枚银币中最轻的，正反面图案也较为模糊。第五，这13枚银币总体上重量都偏轻，即便是完整的也与萨珊银币重量有较大差距。但其中沟西墓地1号墓所出银币重3.52克，木纳尔墓地203号墓所出银币重3.75克，都大体在萨珊银币的通常重量范围之内。这13枚银币所出的墓葬年代大体都在麴氏高昌国到唐西州时代[①]，能够辨认出的11枚中3枚属于库思老一世，7枚属于库思老二世，1枚属于布伦女王（Borandukht，630—631）。银币大多有不同程度的残损，这些残损无疑是银币在埋入墓葬之前就已经形成的，正如李肖所判断的，"随葬的银币则均为流通用"[②]。结合斯加夫检查过的17枚墓葬所出银币的情况，综合考察30枚墓葬所出银币，我们认为，墓葬中所出银币有相当一部分（30枚中有9枚）重量在3.5克以上，与萨珊银币相当，应当即粟特文买婢契约中所谓的"高纯度的"德拉克麦钱，约占总数的30%；另外有一部分银币纯度较低，但也与德拉克麦钱同样流通。两类银币在流通过程中，因为磨损或者人为剪边等原因，重量有了不同程度的降低。这种情况应当普遍存在[③]，因此吐鲁番墓葬所出银币的重量大多有不同程度的减轻，而原本纯度就低的银币则重量更轻。

吐鲁番汉文文书反映出的情况是当时流通的银钱以"文"计，不管是在对外贸易场合，如向突厥买马[④]，向外来商胡征收"称价钱"，还是普通百姓间的日常流通，使用的都是"银钱"，不作特别说明，可默认为同一种银币，但这与墓葬所出银币的情况显然存在差别。近年所出的13枚银币中，8枚都有残缺，其中5枚残缺严重，残损比例很高，但我们在吐鲁番文书中未见提及银币残缺的情况。我们认为墓葬所出的银钱并不反映当时高昌国流通银钱的一般情况，高昌国的市场上流通的银币不可能以残币为主。墓葬中所出的残钱，正是因为纯度低和破损而退出流通领域的。

---

① 阿斯塔那5号墓的发掘报告至今未见发表，除所出银币1枚之外，其他情况不明，墓葬年代不详。
② 李肖、张永兵、丁兰兰《吐鲁番近年来出土的古代钱币》，第32页。
③ 可作参考的是1959年乌恰发现的947枚银币中有63枚银币已经残碎，参李遇春《新疆乌恰县发现金条和大批波斯银币》，《考古》1959年第9期，第482—483页。这批银币被认为是商人携带的钱币，如果残币是不能流通的，那么商人们应当不会将他们和其他完好的银币一起随身携带。
④ 阿斯塔那48号墓出土延昌二十七年（587）高昌兵部买马文书8件，见唐长孺主编《吐鲁番出土文书》壹，北京：文物出版社，1992年，第338—345页。

当时高昌国流通的，绝大多数应当都是纯度较高的完整的银钱。纯度低的银钱因为数量少，也混迹在纯度高的银钱中流通，但因为成色差，更加易于破损，之后即被埋入墓葬，充当冥界财富。而墓葬中也确有相当数量的高纯度银钱出土。我们认为在高昌国的当地市场上，不管是高纯度的德拉克麦钱，还是少量低纯度银钱，因为本身都为贵金属，所以可以同时流通，购买力也相同。大多外来胡商在高昌消费，以及缴纳交易税"称价钱"时都无需区分两类银钱。一部分胡商在高昌市场上出售商品时，可能出于远距离贸易的考虑，会对交易中所支付银币的纯度提出特别的要求，但这并不能证明两类银币有不同的使用范围。至于吐鲁番的萨珊银币主要充当宝物、装饰品的观点，显然是不能成立的[①]。埋入墓葬的银币多有残损，证明它们之前也是流通货币，只是在埋入墓葬时可能充当了装饰品或冥界财富。正如唐西州时代的墓葬中也有随葬的"开元通宝"[②]，我们不能据此认为"开元通宝"是装饰品而非流通货币。

近年吐鲁番墓葬所出 13 枚银币中 8 枚都有不同程度的缺损，并且大多重量偏轻，但这并不能反映当时市场上流通银币的一般情况。实际上，高昌故城所出 4 世纪制造的萨珊银币绝大多数保存完好，重量都在 4 克以上。尽管这些银币在当时的吐鲁番并非流通货币，而是被当作宝物收藏，但这正好反映了那个时代流入吐鲁番盆地的萨珊银币的一般情况，也更接近后来市场上流通银币的一般情形。银币在 6 世纪后半叶成为流通货币，我们在大量的相关文书中看不到残损银币被提及，实际上这正好反映出市场上流通的绝大多数是完整银币的事实。

杨洁用阿斯塔那 338 号墓所出的《高昌延寿四年（627）赵明儿买作人券》[③]来证明当时市场上流通残币。该契约也属麴氏高昌国晚期，与阿斯塔那 135 号墓所出粟特文买婢契约相差十二年，契约记载赵明儿向主簿赵怀憙买作人一名。先将契约迻录如下，再作讨论。

[①] 斯加夫指出："与早期的储存不同（引者按，指高昌故城窖藏出土的 4 世纪制造的银币），墓中钱币显示出大量的磨损痕迹，这一定是在商业交易中不停地转手而造成的。尽管在少数情况下，晚期的银币有穿孔和镀金的现象，这很显然是当作珠宝和储存之用的，但这一定是它们的次要功能。"《吐鲁番发现的萨珊银币和阿拉伯—萨珊银币——它们与国际贸易和地方经济的关系》，第 448 页。

[②] 如新疆博物馆 1969 年发掘的阿斯塔那 117 号墓就出土"开元钱"一枚，同墓出《唐永淳二年（683）张欢夫人麴连墓志铭》。见新疆维吾尔自治区博物馆《吐鲁番县阿斯塔那—哈拉和卓古墓群清理简报》，《文物》1972 年第 1 期，第 14、22 页。永淳时期的唐西州已经进入铜钱本位阶段，"开元通宝"自然是流通货币。

[③] 唐长孺主编《吐鲁番出土文书》贰，北京：文物出版社，1994 年，第 241 页。

1　延寿四年丁亥岁□□十八日，赵明儿从主簿赵怀憙
2　□买作人胳奴，年贰拾□□□价银钱叁佰捌拾文。即日交
3　□□贰佰捌拾文，残钱壹佰□，到子岁正月贰日偿钱使毕。
4　□□□壹月拾钱上生壹□，□后□人何（呵）道（盗）忍（认）名者，仰本
5　□承了。二主和同立　　后，各不得返悔，悔者壹罚
6　贰入不悔者。民有私要，要行二主，各自署 名 为 信 。
7　　　　　倩书赵愿伯
8　　　　　时见刘尸𧞫
9　　　　　临坐范养祐

契约双方约定价格是"银钱叁佰捌拾文"，当天交付"贰佰捌拾文"，其余部分到来年（子岁）正月贰日偿付。文书中将延后支付的一百文，称作"残钱"。查看文书图版，"残钱"的"钱"字系小字夹写在行间，应当是后来所补，文书最初所写应是"残壹佰文到子岁正月贰日偿钱使毕"，指买价分两次付清，延后支付的部分被称作"残钱"，含义清楚明白，并无歧义①。杨洁在讨论本件文书时仅摘录"即日交银钱贰佰捌拾文，残钱壹佰文"部分，并认为"残钱"指"残缺、受损、重量或质量不达标的钱币"②，显然有违契约原意。契约的背面书写了两行付钱记录，也并未对所谓"残钱"作出区分③。同墓所出的另外两件契约《高昌延寿二年（625）田婆吉夏树券》和《高昌延寿六年（629）赵明儿夏田券》中都涉及赵明儿，前件中赵明儿是树的主人，后件中则是夏田人。两件中夏价都要求用银钱偿付，并未言及"残钱"，实际上在其他的契约中也未曾出现过杨洁所谓的"残钱"。杨洁推测："买主能够接受残钱，肯定是残钱的价值等同于完好的银钱，因此，残钱本身应当是一

---

① 阿斯塔那153号墓出土的《高昌延昌三十七年（597）赁舍券》（唐长孺主编《吐鲁番出土文书》壹，第280页）第3行记"残钱二文，到三月中　　与钱贰文；残钱壹文　　"中也出现了"残钱"；阿斯塔那40号墓出土《唐康辰花残契一》（唐长孺主编《吐鲁番出土文书》叁，北京：文物出版社，1996年，第300页）第4行内容为"　　文，残三文，到令满头上钱使毕"，都是同类条款，将下欠延后支付的部分称作"残"或"残钱"。
② 杨洁《丝路绿洲国家的货币：本地铸造，抑或外部流入？》，第133页。
③ 付钱记录的内容是" 十 八赵明儿上钱 壹 □ 捌 拾文；次十八，上钱壹佰文；□ 上 钱贰拾文，次拾捌日，上钱捌拾壹文。见唐长孺主编《吐鲁番出土文书》贰，第241页。其中首字应当是"十"，而非文书整理组所补的"廿"字。

种价值较高的银币，符合这一条件的正是含银纯度高的波斯萨珊银币。"作者的意思是残损的银钱应当是纯度高的萨珊银币，而文书中的"银钱贰佰捌拾文"则是高昌国的仿制萨珊银币，两者在市场上并存，而完整的高纯度的萨珊银币则退出了流通领域。这是令人无法理解的。实际上我们在所有汉文文书中看到的"银钱"只有一种，书写人并不特别区分和强调它们的成色、完残等情况。

粟特语的买婢契约中确实提到卖方要求用波斯制造的高纯度的德拉克麦钱支付[①]。吉田豊在解读此件契约时，将买方的身份认定为张氏沙门[②]。林梅村对吉田豊的解读提出异议，他认为契约的买方应当是祖籍石国的高昌沙门乘军[③]。吉田豊在他对该件契约作的最新修订中也仍然坚持自己最初的观点，即买方是张氏沙门[④]。即便是对文书理解有不同意见的林梅村也认为买方应当是著籍的粟特人[⑤]。这件契约首先证明高纯度的萨珊银币确实是高昌国市场上的流通货币，并且著籍的高昌人手中也有相当数量的积累，可以用于日常交易；而吐鲁番出土的银币也有相当数量保存良

---

① 吉田豊、森安孝夫、新疆ウイグル自治区博物馆《麴氏高昌国时代ソグド文女奴隶卖买文书》，《内陆アジア言语の研究》第 4 号，1989 年，第 15 页；柳洪亮译文载《新疆文物》1993 年第 4 期，第 108—115 页。关于该买婢契约的研究参见荒川正晴《トゥルファン出土〈麴氏高昌国时代ソグド文女奴隶卖买文书〉の理解をめぐって》，《内陆アジア言语の研究》第 5 号，1990 年，第 137—153 页。吉田豊在 2003 年发表的该件文书的英译本中修正了 1989 年文章中的一些错误，Y. Yoshida, "Translation of the Contract for the Purchase of a Slave Girl Found at Turfan and Dated 639" (Appendix to V. Hansen, "New Work on the Sogdians, the Most Important Traders on the Silk Road: Review of Étienne de la Vaissière, *Histoire des marchands sogdiens*, and Rong Xinjiang, *Zhonggu Zhongguo yu Wailai Wenming*"), *T'oung Pao* 89/1-3, 2003, pp. 159-161. 森安孝夫 2007 年发表的该契约的日译本中，吸收了吉田豊 2003 年英译本的大部分修订成果，将 1989 年日译本中原本用拉丁字母表示的专名都改用片假名拼写。见森安孝夫《シルクロードと唐帝国》，东京：讲谈社，2007 年，第 224—226 页。吉田豊 2011 年发表的该契约的最新日译本与 2003 年英译本相比个别地方又有调整，并且吉田豊许多专名的片假名拼写都与森安孝夫的有差异，见吉田豊《ソグド人の言语》，曾布川宽、吉田豊编《ソグド人の美术と言语》，京都：临川书店，2011 年，第 94—95 页。

② 该件粟特文买婢契约和《高昌延寿五年（628）赵善众买舍地券》出土时折叠放置在一起，吉田豊推测文书中的"张"有可能为"赵"之误，则沙门可能原本姓赵。荒川正晴进一步分析认为契约所出的阿斯塔那 135 号墓处在赵氏茔院，而旁边则存在张氏家族成员的坟墓，如果买婢契约的买主确为张氏，那也应该与墓主赵氏存在密切的关系。见荒川正晴《トゥルファン出土〈麴氏高昌国时代ソグド文女奴隶卖买文书〉の理解をめぐって》，第 138—140 页。

③ 林梅村《粟特文买婢契与丝绸之路上的女奴贸易》，《文物》1992 年第 9 期，第 49—54 页。荒川正晴对林梅村文章观点的评介，参见吐鲁番出土文物研究会《吐鲁番出土文物研究会会报》第 100 号，1994 年，第 6—8 页。

④ 吉田豊《ソグド人の言语》，第 94 页。另外，俄罗斯伊朗学家 Pavel B. Lurje 的《粟特文献中的人名》一书也同意吉田豊的解读，P. B. Lurje, *Personal Names in Sogdian Texts (Iranisches Personennamenbuch band 2)*, Wein: Austrian Academy of Sciences, 2010, p.159, no. 359, p.454, no. 1497.

⑤ 林梅村《粟特文买婢契与丝绸之路上的女奴贸易》，第 51—52 页。

好,重量在4克左右者,两者可以匹配勘同。之所以这件粟特文契约与一般的汉文契约不同,特别注明要求用高纯度萨珊银币偿付,可能因为卖方是粟特兴胡,需要长途往来贩易,成色不足或残损的银钱在异地使用时可能受阻。我们不能设想高昌人在一些场合使用高纯度的萨珊波斯银币,而在另外一些场合使用品质低劣的本地仿制银币,因为在其他的市场交易中从不谈及银钱的种类和品质[①]。另外的例证,我们应该提到反映高昌国向过境贸易征收商税的"称价钱"文书,在这件文书中买卖双方绝大多数都是外来的昭武九姓粟特胡人,他们缴纳的"称价钱"也是"银钱",与所有的汉文文书中的情况相同。这里的"银钱"不可能是高昌国自己仿制的萨珊银币[②]。

仔细考察吐鲁番墓葬所出银币的情况,我们也确实看到当时的高昌国存在一部分纯度较低、重量较轻的银币,这些银币的来源是我们必须关注的问题。

萨珊波斯的德拉克麦钱发行了四百多年,重量一直保持在4克左右,银的纯度也很高。半德拉克麦钱曾有发行,但旋即废止。用含银纯度很低的合金制作的四德拉克麦钱自阿尔达希尔一世时期(Ardashīr I,224—241)开始铸造,到巴赫拉姆二世(Bahrām II,276—293)时期停止。虽然也一度发行过铜币,但影响不大,城市生活中的小额交易继续使用帕提亚时代的铜币。尽管萨珊银币的制造长期保持稳定,并且纯度较高,但纯度低的银币也曾出现过。比如沙普尔一世(Shāpūr I,241—272)曾将得自罗马的战利品制作成含银约50%的低纯度德拉克麦钱;卑路斯一世(Pērōz I,459—484)抗击嚈哒而被俘,使得萨珊波斯不得不向嚈哒支付大量赔款,经济几至崩溃;霍尔木兹四世(Hormizd IV,579—590)统治后期向突厥发起攻势,都可能导致低纯度德拉克麦钱的出现[③]。

萨珊银币影响很大,在贵霜[④]、嚈哒、粟特地区和西突厥都曾仿制。

嚈哒在355年控制了萨珊波斯的重要铸币地点巴尔赫之后开始利用沙普尔二世的钱范制作嚈哒最早的钱币,用巴克特里亚文取代婆罗钵文的沙普尔的名字,有的

---

① 荒川正晴结合粟特文买婢契约和汉文文书中的情况,认为有一定质量保障的仿制银币和真正的萨珊银币在当时的高昌国是同时使用的。荒川正晴《トゥルファン出土〈麹氏高昌国時代ソグド文女奴隷売買文書〉の理解をめぐって》,第146—147页。
② 斯加夫《吐鲁番发现的萨珊银币和阿拉伯—萨珊银币——它们与国际贸易和地方经济的关系》,第441页。
③ R. Göbl, "Sasanian Coins", E. Yarshater (ed.), *The Cambridge History of Iran*, Vol. 3 (1), pp. 329-334.
④ B. A. 李特文斯基主编《中亚文明史》第3卷第4章《贵霜—萨珊王国》,北京:中国对外翻译出版公司,2003年,第80—81页。

钱币上压有嚈哒族徽。后来发行的钱币也仿制萨珊波斯银币，但有明显的不同，除了压印嚈哒族徽之外，对国王的形象也作了改动①。465—484 年之间，萨珊王朝卑路斯两次被嚈哒打败，被迫支付大量赔款，嚈哒人又在卑路斯钱币上打上了嚈哒戳记。卑路斯之子居和多（Kavād）又帮助嚈哒制造了使用婆罗钵文的牛头冠钱②。嚈哒仿制萨珊银币在中国境内也有发现③，但吐鲁番似未见有出土。

在粟特地区，布哈拉自 5 世纪开始以木鹿发行的巴赫拉姆五世（Bahrām Ⅴ，420—438）晚期银币为原型仿制萨珊银币，压印有特别的布哈拉图案。至 7 世纪，布哈拉制作的萨珊银币中银的含量减少了 20% 到 30%，纯度大为降低，后来甚至更低。从 7 世纪中叶开始到 8 世纪初，这种低纯度的布哈拉银币的制造范围扩展到中亚其他地区，特别是撒马尔罕。此外，布哈拉还在一部印有婆罗钵文铭文的巴赫拉姆五世银币上压印了本地的图案。撒马尔罕出土了大量考古信息明确的钱币，当地早期的银币中有一种背面是弓箭手图案的重量仅 0.2—0.3 克的低劣的德拉克麦钱。6 世纪的撒马尔罕，卑路斯德拉克麦钱及其仿制品占主导，进入 7 世纪之后布哈拉银币又取而代之。北吐火罗斯坦（指塔吉克斯坦和乌兹别克斯坦两国南部）发现的萨珊银币以卑路斯银币及其仿制品为最多，这与卑路斯被嚈哒俘虏因此向嚈哒缴纳赎金有直接关系。北吐火罗斯坦制造的仿萨珊德拉克麦钱银的纯度也很高，大多压印有特殊的铭文。6 至 7 世纪萨珊银币继续流入北吐火罗斯坦，但当地仿制品则仅以卑路斯和库思老一世为仿制原型。该地区的察加泥延（Chaghaniyan）和瓦克什（Vakhsh）制造的仿卑路斯银币中绝大多数重 1.7—2.1 克，仿制的库思老一世银币重 2.4—2.5 克。这些低纯度的仿制萨珊银币在发行区域内的购买力和兑换率是由政府决定的，

---

① M. Mitchiner, "Some Late Kushano-Sassanian and Early Hephthalite Silver Coins," *East and West*, Vol 25, No.1/2, 1975, pp. 157-165.

② 关于嚈哒钱币的研究，参见 R. Göbl, *Documente zur Geschichte der Iranischen Hunnen in Baktrien und Indien*, I-IV, Wiesbaden, 1967. 马小鹤《温那沙（αλχονο þανο）考》和《馨孽（Khingila）与那色波王（nspk MLK'）考》，作者《摩尼教与古代西域史研究》，北京：中国人民大学出版社，2008 年，第 408—428、480—537 页。不同意见可参看余太山《Aλχονο 钱币和嚈哒的族属》，《中国史研究》2011 年 1 期，收入作者《嚈哒史研究》，北京：商务印书馆，2012 年，第 255—276 页。

③ 1964 年河北定县（今定州）发现北魏太和五年（481）埋入塔基舍利函中的 41 枚萨珊银币，其中有一枚是压印有嚈哒文字的嚈哒银币。见夏鼐《河北定县塔基舍利函中波斯萨珊朝银币》，《考古》1966 年第 5 期；收入《夏鼐文集》（下），第 46—50 页。1988 年山西天镇长城洞内发现的 49 枚萨珊银币中也有一枚铸造于巴尔赫的嚈哒仿制的卑路斯样式的银币。见张庆捷《北魏平城波斯银币与丝绸之路的几个问题》，收入作者《民族汇聚与文明互动：北朝社会的考古学观察》，北京：商务印书馆，2010 年，第 228—241 页。

超出这一区域其购买力和兑换率必然降低①。

　　至于吐鲁番墓葬中所出重量较轻、纯度较低的银币的来源，现在还难以确定。如果这些银币也是萨珊波斯所造，它们就不能算作仿制品；如果是萨珊波斯之外的地区所造，就应当归入仿制品的范畴。反观嚈哒和粟特地区仿制的萨珊银币，一般都压印有特别的图案，北吐火罗斯坦仿制的低纯度萨珊银币之所以要压印特别的标识，主要就是为了保障这种低纯度的银币在它发行的范围内可以作为足值的货币流通。当这种德拉克麦钱流入其他地区，它的价值就只能由其银含量决定。吐鲁番汉文文书中不对"银钱"的纯度进行说明，证明绝大多数银钱的纯度是受普遍认可的，个别纯度低的银钱亦可作足值货币使用。目前所见的吐鲁番墓葬所出的纯度较低的银币未见压印特殊的标识，那么它们是什么地方制造的银币？从上文的梳理来看，萨珊波斯和粟特地区都存在制造低纯度银币的情况。虽然粟特本土仿制的银币多有特殊标识，但结合当时粟特人多为丝绸之路职业商人的特点，他们在粟特本土制造低纯度的仿制币掺杂在萨珊银币中用于贸易支付的可能性显然无法排除。这应当就是包括吐鲁番在内的西域地区低纯度萨珊银币的来源。至于高昌本地制造流通银币的问题，迄今没有直接的资料可以证明。

　　考察萨珊本土和粟特地区的货币使用情况可知，这些地区在采用德拉克麦钱和仿德拉克麦钱作为主要流通货币的同时，都会发行铜币以便利小额交易。但吐鲁番出土文书和考古资料显示，当地的银币只有一种面值②，并且没有广泛流通的铜币③。如果当地流通的银钱确为本地制造，政府似乎也应该铸造铜钱以便小额市场交易④，这也可以反证银钱并非本地制造。另外，如果高昌国流通的银钱为本地铸造，

---

① E. V. Zeĭmal', "The Circulation of Coins in Central Asia during the Early Medieval Period (Fifth–Eighth Centuries A.D.)", *Bulletin of the Asia Institute,* New Series, Volume 8, 1994, pp. 245-267.
② 姜伯勤推测当地可能制造了"高昌吉利"银钱与波斯银币一起流通，见姜伯勤《敦煌吐鲁番文书与丝绸之路》，第201页。见诸记载和报道的所谓"高昌吉利"银钱，没有一例是考古所出，不足凭信。
③ 高昌国晚期的个别文书中出现了"铜钱"流通的情况，但远未普遍流通。
④ "高昌吉利"铜钱的发行时间应当在628年以后，目前发现数量稀少，只有50枚左右，且绝大多数没有流通磨损痕迹。盛观熙全面梳理了考古所出的"高昌吉利"钱，认为并非流通货币。见盛观熙《再论"高昌吉利"钱》，《新疆钱币》2004年第3期，137—151页。王永生认为"高昌吉利"钱应属纪念币性质的吉语钱，用于赏赐或馈赠，并非流通货币。见王永生《"高昌吉利"钱币考——兼论隋唐之际高昌地区的文化融合》，《西域研究》2007年第1期；收入作者《钱币与西域历史研究》，北京：中华书局，2011年，第11—13页。

无法解释为什么6世纪中叶以后高昌国开始流通银钱①，也无法解释银钱为何会在高昌国灭亡之后又继续流通了六十余年。相反，8世纪以后银钱退出唐西州的流通市场，则与此时阿拉伯停止制造阿拉伯—萨珊银币，而以新的阿拉伯银币取而代之，在时间上正相契合②。

　　杨洁还举了另外两个证据来说明高昌国自己铸造了纯度较低、重量较轻的银币。第一是以高昌国铸造了"高昌吉利"钱证明高昌国有铸币技术。然萨珊银币是用模具打制而成，"高昌吉利"钱则是圆形方孔钱，系铸造而成，技术不同是显而易见的。这条证据不具有说服力。第二条证据是《大慈恩寺三藏法师传》中记载的"山甚高广，皆是银矿，西国银钱所从出也"③。这其实很可能也是有问题的。一、其中所谓"西国"指的是哪些国家很不清楚。如果是泛指西域国家，那么萨珊波斯也应包括在内，萨珊波斯的银钱自然不可能出自这座银山；如果仅指高昌、焉耆、龟兹这些国家，那么这些国家当时流通的银钱中也至少有相当一部分来自萨珊波斯。这种论断显然是不符合史实的。虽然"银山"所指的库米什山确有银矿，但试想如果当时这里的银矿确实可以铸造银币，盘踞在高昌北山的宗主国突厥和铁勒连商税都要瓜分，自然不可能将银山铸币的权利放手与人。二、如果玄奘所言"西国银钱所从出也"属实，银山开采铸币应当会有相当的规模，当会有遗址留存，但目前的考古资料中未见此类报道。亲自考察过库米什山的王炳华先生也对此条记载持怀疑态度，他认为《大慈恩寺三藏法师传》中的这条记载保留了唐人传说痕迹，与我们今天对库米什山的认识相去甚远。库米什山并不高峻，有银矿，但不丰富，更不能说满山"皆是银矿"，西域大地的白银也并不都产自这里④。玄奘离开高昌时，高昌王麹文泰以银钱三万相

---

① 有学者指出，高昌故城出土的窖藏萨珊银币铸造于4世纪，显示这种银币很早就已经流入中国，但吐鲁番文书显示当地到6世纪中叶以后才开始流通"银钱"，由此可推测吐鲁番文书中的银钱并非萨珊波斯银币。见杨洁《论流入中国的波斯萨珊银币的功能——以吐鲁番出土银币为例》，第9页。实际上，萨珊波斯银币3世纪初既已开始制造，吐鲁番出现窖藏4世纪的银币，夏鼐、斯加夫等人都认为与当时前秦经营西域有关。见夏鼐《新疆吐鲁番最近出土的波斯萨珊朝银币》，《夏鼐文集》（下），第40页；斯加夫《吐鲁番发现的萨珊银币和阿拉伯—萨珊银币——它们与国际贸易和地方经济的关系》，第433—434页。在当时欧亚大陆交通不畅，贸易受阻的背景下，流入吐鲁番的萨珊银币数量必定有限；到6世纪中叶突厥统一中亚，交易成本降低，跨地区的贸易迅速发展，萨珊银币随之大量流入吐鲁番，成为当地的流通货币。
② R. Göbl, "Sasanian Coins", p. 323. 在塔巴里斯坦萨珊银币的制造则延续至8世纪末。
③ 慧立、彦悰《大慈恩寺三藏法师传》，孙毓棠、谢方点校，北京：中华书局，2000年，第24页。
④ 王炳华《近年新疆考古中所见唐代重要史迹》，荣新江主编《唐研究》第1卷，北京：北京大学出版社，1995年；收入作者《西域考古历史论集》，北京：中国人民大学出版社，2008年，第129页。

赠，这批银钱只能是当时的国际通用货币——萨珊波斯银币[1]。如果以每枚4克计，三万银钱有120千克之重，应当是非常重的一笔财富。玄奘对银币应当有了解，但不一定真正清楚高昌国银钱的来源。《大慈恩寺三藏法师传》虽非玄奘亲自撰写，但信息应当来自玄奘本人。我们不清楚这则信息的来源，但玄奘所记也有不准确甚至错误的地方，这一点已经有学者指出[2]，所以即便是玄奘所述也不可尽信，而应作具体分析。此条明显有误的记载不能证明高昌国仿制了萨珊波斯银币[3]。

综合研究文书和考古资料中的"银钱"，我们认为，从吐鲁番出土高昌国时期汉文文书可知，人们对当时流通的银钱的产地和成色都不做特别说明，这证明银钱只有一种，绝大多数银钱的成色都是受普遍认可的。延寿十六年（639）的粟特文买婢契约证明当时高昌国流通的银钱就是萨珊波斯银币。高昌故城和国内其他地区出土银币的情况表明，流入中国的银币绝大多数都是完整的萨珊波斯制造的银币。吐鲁番墓葬中所出银币显示高昌国确实存在一些低纯度的银币，这些银币搀杂在高纯度的银币中间流通，因为它们质量很差而易破损，所以逐渐被筛选排挤出流通领域，被埋入墓葬充当了冥界财富，在考古发掘中有较为集中的出土。高昌国低纯度银币可能系萨珊波斯或粟特地区制造，由商旅带来。至于高昌国自己制造低纯度银币的观点，则是缺乏依据的。

第二节 "半文"银钱

目前考古出土的萨珊银币只有一种面值。尽管萨珊波斯曾经一度铸造过"半德拉克麦钱"，但时间很短，在中国境内至今也未曾发现。在一些吐鲁番文书中，我们看到有"半文"银钱的情况，以下列表摘录出相关记载。

---

[1] 冈崎敬《东西交渉の考古学》（增补），第258—259页。
[2] 许序雅《〈大唐西域记〉所记中亚里程辨析》，《中国边疆史地研究》1998年第4期；收入作者《唐代丝绸之路与中亚史地丛考：以唐代文献为研究中心》，北京：商务印书馆，2015年，第21—42页。
[3] 吐鲁番的墓葬考古中出土过一些可能具有装饰性或象征财富的银钱，如斯坦因在阿斯塔那1区3号墓除了获得萨珊银币之外，还发现3枚仿中国铜钱的小的方孔银钱片和7枚薄银片，见 M. A. Stein, *Innermost Asia: Detailed Report of Explorations in Central Asia, Kan-su and Eastern Īrān*, 4 vols, Oxford: Clarendon Press, 1928, p.647. 新疆维吾尔自治区博物馆1966年发掘的阿斯塔那48号墓中除了出土铜钱之外，还出土了铜钱片，见新疆维吾尔自治区博物馆《吐鲁番县阿斯塔那—哈拉和卓古墓群清理简报》，12页。这些银钱片和铜钱片应当都是本地制造，但性质可能是冥币。

表 2-1　文书中出现"半文"钱的情况表

序号	文书标题	文书中相关内容	出处
1	高昌赵阿头六举钱券	（前缺）钱柒文半使毕	文书壹 284
2	高昌上钱帐历	合用钱二百六十四文半	文书壹 419
3	高昌买羊供祀文书	□□文半，买羊一口，平估肉九十九斤	文书壹 420
4	高昌内藏奏得称价钱帐	（前缺）买丝五十斤、金十两，与康莫毗多，二人边得钱七文半	文书壹 450
5	高昌某年永安等地剂僧俗逋绢钱条记	永安五月剂俗逋绢钱七十一文半	文书壹 458
6	高昌条列出臧钱文数残奏	张阿苟出臧钱五十半	文书贰 2
7	高昌都官残奏二	（前缺）更半文（后缺）	文书贰 4
8	高昌将显守等田亩得银钱帐	□嵩师叁拾步，得银钱半文	文书贰 42
9	高昌延寿十二至十五年（635—638）康保谦入驿马粟及诸色钱麦条记	（前缺）匹，平钱肆文半	文书贰 21
10	高昌延和八年（609）七月至延和九年（610）六月钱粮帐	案除对额在民逋钱柒千陆佰柒拾陆文半，中半，麦肆斛伍斗□升	文书贰 86
11	唐西州高昌县赵某雇人契	壹日四钱上生钱半文入范	文书贰 84
12	唐张隆伯雇□悦子上烽契	若不，钱一日滴钱半文	文书贰 200
13	唐张洛丰等纳钱帐	赵欢亮二文半，张椹秃半文	文书叁 88
14	唐乾封元年（666）郑海石举银钱契	月别生利钱壹文半	文书叁 216
15	唐仪凤二年（677）十月至十二月西州都督府案卷为北馆厨于坊市得莿柴、酱等请酬价直事	莿柴壹车准次估直银钱壹文伍分	大谷 4905＋流沙遗珍 13＋大谷 4921

说明："文书"指《吐鲁番出土文书》，后标汉字为册数，阿拉伯数字为页码；"大谷"指《大谷文书集成》第三卷，法藏馆，2003 年。

表格所列 15 条，前 10 条是麹氏高昌国时代的情况，后 5 条是唐西州时代的情况，大体反映了出现"半文"银钱的诸种情况，以下作一分析。麹氏高昌国时代的 10 条中，第 1 条涉及民间的银钱举借，后 9 条基本可纳入官府文书的范畴。举借一般都有利息，我们在第 1 条中看到的"钱柒文半使毕"，按照契约的书写格式，是对债务人须按照约定的期限向债权人偿付本息的规定，其中的"半文"钱应当即利息或利息的一部分。第 2、3 条同出阿斯塔那 307 号墓，内容亦相关，涉及当时高昌国官府为供奉客使或祭祀由百姓供应肉类或向民间买肉的情况[①]。我们在第 2 条资料所出的同组文书的另一件上可以看到当时肉的价格是 2 斤 7 文银钱，可知 1 斤肉为 3.5 文银钱，第 2 条资料中出现的半文钱可能系根据肉的实际重量计算而得。第 3 条资料中羊 99 斤，可知值银钱 346.5 文，文书中所缺的数字也可以补出。第 4 条涉及官府征收的交易税"称价钱"[②]，朱雷先生推算黄金 4 两须缴纳称价钱 1 文，那么 10 两则应缴 2.5 文，半文银钱也应当是计算所得。则第 5 条资料所出的文书内容仅 3 行，具体情况不详，根据第 9 条条记文书所提供的相关信息，我们看到康保谦所纳的银钱是由某种以"匹"为单位的织物折算而来，第 5 条资料中遢绢钱中的"半文"应当也是计算所得。第 6 条中所出的臧钱应当是"五十文半"，根据所引资料之前的一句"（前缺）匹，平钱五十一文"，可知也是折算所得；而"五十文半"和"五十一文"之间仅差"半文"，可知折算执行的标准非常具体。第 7 条资料所出的文书残甚，具体情况不详。第 8 条资料出自据田亩面积折算银钱的帐簿，60 步折银钱 1 文，30 步则为半文。第 10 条中的半文钱应当也是计算所得。统观 10 条出现"半文"银钱的情况，除第 7 条情况不详之外，第 1 条是民间借贷中利息折算的需要，其余 8 条都是计量的需要。从《高昌乙酉、丙戌岁某寺条列月用斛斗帐历》来看，延寿二、三年（625、626）高昌国的市场上 1 文银钱可以买到 1 斛小麦，而当时成年人一天的食粮用量是 1 斗，也就是说，1 文银钱购买的 1 斛粮食在当时是一个成年人 10 天的食粮用量，由此可见银钱 1 文的币值之高。在经济领域只用"文"为计量单位，显然是不够的。以上表格中出现的"半文"正是适应这种需要产生的。表格中涉及的《高昌内藏奏得称价钱帐》中黄金交易的征收标准是 4 两黄金征收称价钱 1 文。帐簿中还有两次黄金交易，分别涉及黄金 8 两半和 9 两，因为没有"半文"以下的计量单位，就都按"两文"征收了称价钱。显然高昌国的官府在这其中蒙受了一定的损失。应当指出，即便是"半文"银钱，仍然是一个较大的单位，许多情况下仍然存在无法精确计量的问题。然而，我们在高昌国的经济文书中找不到"半文"以下的单位。可以说，高昌国的金属货币单位仅有"文"和"半文"，不敷使用，这是一个基本事实[③]。

[①] 裴成国《丝绸之路与高昌经济——以高昌国的银钱使用与流通为中心》，朱玉麒主编《西域文史》第 10 辑，北京：科学出版社，2015 年，第 159—161 页。
[②] 朱雷《麴氏高昌王国的"称价钱"——麴朝税制零拾》，《魏晋南北朝隋唐史资料》第 4 期，1980 年内部交流；收入《朱雷敦煌吐鲁番文书论丛》，上海：上海古籍出版社，2012 年，第 74—87 页。
[③] 高昌国后期流通经济中出现了"铜钱"，但仅是个别情况。

第二章 麹氏高昌国流通货币

需要指出的是，这些文书中出现的有关"半文"钱的资料本身并不能证明当时社会上有面值"半文"的银钱流通。之所以出现"半文"钱，大多是出于计量的需要。因为银钱币值很高，"文"的价值很大，在实际生活中需要有次一级的辅助单位，"半文"就是因此产生的。但在实际支付的场合，银钱"半文"是如何体现的，或者说，是不是真的有银制的半文银钱，则另当别论。考古资料显示，目前所见的银钱面值都是"一文"，没有"半文"。我们认为，麹氏高昌国存在"半文"银钱的单位，但并不存在"半文"的通货，"半文"银钱是由其他实物货币与银钱间的比价折算体现的。表2-1中的第10条涉及的《高昌延和八年（609）七月至延和九年（610）六月钱粮帐》（以下简称《钱粮帐》）为我们提供了直接的证据。先逐录文书再作分析。

1 ☐☐☐☐☐☐☐☐☐☐☐☐☐☐☐☐午岁六月廿九日，得臧☐☐
2 ☐陆拾捌文☐☐☐☐钱究（九）拾肆文半。次得前剂☐
3 逋钱柒迁（千）柒☐☐☐☐☐中半，麦伍酐（斛）捌昇（升），苟面①壹
4 兜（斗），床粟贰酐（斛）究（九）☐☐☐☐☐
5 并合额得臧钱壹万☐☐☐☐☐文半，中半，麦伍酐（斛）贰兜（斗）捌
6 昇（升），床粟贰酐（斛）究（九）兜（斗），苟☐☐☐☐次依案，从己巳岁七月一日
7 至庚午岁六月廿九日☐☐☐☐☐伍佰肆文半，麦陆兜（斗）半。
8 次依案除钱贰迁（千）究（九）拾伍文☐，☐半，麦壹兜（斗），粟贰兜（斗）半，
9 在藏。政钱贰拾伍文半，中半，以案在藏，案除对额在民
10 逋钱柒迁（千）陆佰柒拾陆文半，中半，麦肆酐（斛）伍兜（斗）
11 ☐昇（升）。床粟贰酐（斛）陆兜（斗）半，苟面壹兜（斗）。

该件文书出自阿斯塔那151号墓，该墓还出有一件《高昌安乐等城负臧钱人入

---

① 此处的"面"字，文书中为异体字，《吐鲁番出土文书》的录文中照描，卢向前认为当是"面"之避讳字，本文亦录作简体字"面"。

111

钱帐》（以下简称《负臧钱人入钱帐》）①，也是涉及"臧钱"的官府帐簿②。《钱粮帐》文书中部被裁剪，但大部仍存。据文书第6、7两行内容可知，其时间跨度恰好为一年。同墓所出文书《负臧钱人入钱帐》中出现的"作人秋富"又见于阿斯塔那84号墓所出《高昌条列出臧钱文数残奏》，两墓所出文书都涉及"臧钱"，是"臧钱"缴纳的不同环节的文案。卢向前对《钱粮帐》做了细致的分析，指出文书可分成三个部分：第一部分为一年中应得钱粮分类（第1—4行），第二部分为一年应得总额（第5—6行），第三部分为已收（第6—7行）、免收（第8—9行）、未收钱粮分类（第10—11行）③。第5行明确记录"并合额得臧钱"，这是关键信息，显示整件文书涉及的是臧钱征收。文书中出现的钱数多有"半文"，后面并记"中半"和一些粮食数量。既然是臧钱征收，与粮食有何关系呢？此前的研究者都未讨论这一问题④。"中半"前面的银钱数和之后的粮食数量是什么关系，我们试作讨论。

首先，银钱数与之后的粮食数量没有对应关系，粮食数量仅为几斛或几斗，折算为银钱之后与"中半"之前的银钱数悬殊，所以"中半"不能理解为"银钱数中的一半"。其次，"中半"与少量的粮食都是接写在末尾以"半文"结尾的银钱数之后的⑤，这自然让我们想到"中半"的"半"即"半文"银钱之"半"。笔者认为，因为当时高昌国没有"半文"面值的银钱，所以在征收臧钱和其他赋税涉及"半文"银钱时，需要折算为粮食纳入。《钱粮帐》每一笔银钱数额之后少量的粮食正是百姓以粮食纳入的"半文"银钱，粮食种类涉及"麦""粟""床粟""苟面"等多种，正是由不同百姓多次纳入，且种类各不相同的表现。本件文书说明百姓在"臧钱"缴纳的场合也是将银钱和粮食配合使用的。

表格中的第11—15条所列是唐西州前期的情况，因为武周以前当地也仍然以银钱为通货，故而可与高昌国时期的情况相比较。其中第11、12条都是契约中的违约罚条款；第14条是举借银钱的利息计算办法，与高昌国时期的情形类似；第13条

---

① 唐长孺主编《吐鲁番出土文书》贰，第87页。
② 对高昌国的臧钱的性质，学界意见尚不统一，卢向前认为是"麹氏高昌中后期科罪征赃的罚金"，已获多数学者赞同。见卢向前《论麹氏高昌臧钱——67TAM84:20号文书解读》，《北京大学学报（哲学社会科学版）》1991年第5期；作者《敦煌吐鲁番文书论稿》，第201—216页。
③ 卢向前《论麹氏高昌臧钱——67TAM84:20号文书解读》，作者《敦煌吐鲁番文书论稿》，第210—213页。
④ 卢向前的表述是银钱的数额"其中还伴有"粮食若干。见卢向前《论麹氏高昌臧钱——67TAM84:20号文书解读》，作者《敦煌吐鲁番文书论稿》，第211页。
⑤ 文书第8行中间空缺的两个字可以补为"半中"，本文的录文据此推补。第9行的"中半"之后没有粮食数据，因为本行登录的是免收的情况。

涉及的文书本身信息较少，只是在人名之后著录了银钱的文数。当时的西州银钱和铜钱并用，阿斯塔那4号墓所出的《唐支用钱练帐一》《唐支用钱练帐二》中就并列所用银钱和铜钱的数字[①]。所以《唐张洛丰等纳钱帐》中诸人缴纳"半文"银钱时很可能是折算成铜钱纳入的。值得特别关注的是第15条，文书中记录北馆厨在坊市购买薪柴的价格是"莉柴壹车准次估直银钱壹文伍分"。我们此前未曾见过"壹文伍分"这样的表述，但不难想到这应该与"壹文半"等同。银钱在"文"之下是否有更小的"分"的单位，从考古资料来看，答案是否定的；至于文献依据，此件也是孤证。我们认为当时并不存在"分"这样的银币单位，"伍分"只是"半文"的另外一种表记方式。"分"既不存在，"半文"也是虚拟，故而可以通用。高昌国到唐西州前期应当都是如此。

第三节　作为流通手段的粮食

萨珊银币因为币值较高，在高昌国的经济生活中不敷使用，这一事实在赋税征收中有具体反映。我们先引用阿斯塔那99号墓所出的《高昌延寿八年（631）辇质等田亩出银钱帐》[②]的部分内容如下再作分析。

1　□辇质田四，史阿种田四亩半六十步，和梅颉（愿）田六十步，高延敷
2　□□，朱海忠田二，氾元海田三亩四十步，冯方武田五亩六十步，
3　□怀儒田二半，张元悦田三半，李善守田三半，黄奴奴
4　田二半伯（百）步，樊庆延田二半，贾善来田二半六十步，康
5　延隆田七，系保悦田二半，延寿八年辛卯岁六月七日，出银
6　钱二文。
　　（后略）

关于这件文书的性质，学界已无异议。文书反映的应当是高昌国基于田亩征收

---

① 唐长孺主编《吐鲁番出土文书》叁，第225—227页。
② 唐长孺主编《吐鲁番出土文书》壹，第434页。

的一种附加税，征收的标准是总计占有土地约五十亩的人户缴纳银钱两文[1]。这一银钱数额并不大，问题是平均只有三四亩土地的人户怎么缴纳自己应出的份额呢？五十亩纳银钱两文，那么一亩应出银钱 0.04 文，拥有四亩的人户应出银钱 0.16 文。我们在高昌国的经济文书中看到的银钱单位只有"文"和"半文"，而实际上流通银钱的面值则只有"一文"这一种。如果各户要以银钱缴纳自己应出的份额，显然是行不通的。我们不清楚当时的高昌国人是如何纳入这种税收的，可以想到的一种办法是折算成粮食纳入。当时高昌国的量制有斛、斗、升三级单位，各级之间是十进制[2]。按照延寿二、三年市场上一斛小麦值钱一文的价格，0.04 文银钱当四升小麦。对当时的百姓来说，缴纳这种小额的赋税时折算成粮食是一种比较便利的方式。实际上，粮食在当时确实是一种实物货币。

我们可以列举一些材料来具体考察粮食作为实物货币在当时被使用的情况。土地的租佃是高昌国很常见的一种经济活动，在这一活动中，银钱和粮食都可以用来表示租佃价格。如《高昌延寿六年赵明儿夏田券》反映的情形是，当年的三月十二日，赵明儿从赵伯怀处夏常田三亩，租种一年，当即交付夏价银钱贰拾文，契约即告成立。《高昌延寿六年郑海侍夏田券》[3]则记同年稍早的正月十日，郑海侍从贾某处夏常田四亩，也是租种一年，约定的价格是郑海侍到五月给对方交付大麦五斛，当年稍晚再付麦秋五斛。对比这两件契约，我们看到粮食和银钱在支付土地租佃价格时具有相同的功能。在另外一些场合，粮食还配合银钱一起完成支付功能。如高昌国末期的《高昌康保谦雇刘祀海券》[4]中，康保谦雇刘祀海劳作，价格是银钱柒文、粮食一斛四斗。作为实物货币，粮食承担流通手段功能时异于银钱，在小额交易的场合，银钱不方便进行的支付常常是由粮食来代劳的。

集中反映粮食充当货币情况的史料是阿斯塔那 337 号墓所出的《高昌乙酉、丙戌岁某寺条列月用斛斗帐历》[5]。文书虽经裁剪，但大部分内容被保存下来，为逐月

---

[1] 早期的研究者认为此系每户各出银钱两文，杨际平最早指出应当是合计约五十亩的一组共出银钱两文，这一观点已被普遍接受。见杨际平《麴氏高昌土地制度试探》（下），《新疆社会科学》1987 年第 4 期；收入《杨际平中国社会经济史论集（出土文书研究卷）》，厦门：厦门大学出版社，2016 年，第 155 页。又，杨际平《麴氏高昌赋役制度管见》，《中国社会经济史研究》1989 年第 2 期；收入《杨际平中国社会经济史论集（出土文书研究卷）》，第 387 页。

[2] 具体研究参见裴成国《从高昌国到唐西州量制的变迁》，《敦煌吐鲁番研究》第 10 卷，上海：上海古籍出版社，2007 年，第 95—114 页。

[3] 唐长孺主编《吐鲁番出土文书》壹，第 426 页。

[4] 唐长孺主编《吐鲁番出土文书》贰，第 24 页。

[5] 唐长孺主编《吐鲁番出土文书》壹，第 400—405 页。

登记的延寿二年（625）十月到延寿三年（626）九月正好一年间某寺院的粮食支用记录。吴震先生对这件文书做了专门研究，认为其中绝大部分信息都可复原[①]。我们将帐历记录的粮食交易情况列表摘录如下。

表 2-2　月用斛斗帐历中的粮食出售情况表

序号	时间	粮食数量	得银钱数	用途
1	延寿二年十月	麦 10 斛	10 文	买□
2	延寿二年十月	麦 38 斛	38 文	供寺充作冬衣
3	延寿二年十月	麦 30 斛	30 文	买□□□
4	延寿二年十一月	粟 4.5 斛	3 文	供冬至日用
5	延寿二年十一月	麦 5 斗、粟 15 斛	10 文	买胡麻子五斛
6	延寿二年十二月	粟 7 斛	5 文	供腊日用
7	延寿二年十二月	粟 1.4 斛	1 文	买麻子供腊日用
8	延寿二年十二月	粟 16 斛	10 文	上长生马后钱
9	延寿三年正月	粟 6 斗、床 2.9 斛	3 文	供元日用
10	延寿三年正月	粟 30 斛、床 5 斛	25 文	买粪
11	延寿三年正月	粟 26 斛，麦 10.5 斛	30 文	买□□□斛九斗
12	延寿三年三月	粟 3.9 斛	3 文	买物供三月三日食
13	延寿三年四月	床 69 斛	69 文	上三月剂道俗官绢
14	延寿三年五月	床 3 斛	3 文	买物供五月五日食
15	延寿三年六月	麦 5.4 斛	6 文	买□浑上桃中
16	延寿三年七月	麦 2.7 斛	3 文	买物供七月七日食
17	延寿三年八月	麦 12 斛	12 文	上□月剂远行马
18	延寿三年八月	麦 4 斛	4 文	买桥切木两根
19	延寿三年八月	麦 8 斛	5 文	买车辆一具
20	延寿三年九月	麦 1 斛	1 文	买肉用迎枣

---

① 吴震《吐鲁番出土高昌某寺月用斛斗帐历浅说》，《文物》1989 年第 11 期；收入作者《吴震敦煌吐鲁番文书研究论集》，上海：上海古籍出版社，2009 年，第 568—582 页。

观上件表格中的信息，我们发现一年间除延寿三年二月没有出售粮食以换回银钱的交易之外，其他 11 个月都有此类交易。需要指出的是，在这些交易中粮食是被用来出售以获得银钱的商品，而非实物货币。粮食需要先出售以换回银钱，然后才能应官府的征敛纳入或者购买其他商品。这说明粮食在当时虽然是实物货币，但适用的范围远较银钱狭窄，银钱是当时的基础货币。具体分析出售粮食换回的银钱的用途，我们可以总结出以下几点：第一，10 斛以上（包括 10 斛）的粮食交易共有 9 笔，其中有 3 笔交易所得的银钱用于缴纳剂道俗官绢、剂远行马钱和长生马后钱，应对官府征敛是寺院出售粮食的重要原因；另外 6 笔交易所得银钱用于购买一些商品，如充作冬衣的纺织品、胡麻子、粪等，其中 3 笔交易所得银钱购入的商品不详。第二，10 斛以下的 11 笔粮食交易中，有 7 笔是在节庆购买一些小额商品和食品；另外 4 笔中的 3 笔被用来购买车辋、桥切木、囗浑上桃中，都与生产有关；还有用麦 1 斛换得银钱 1 文以买肉用迎枣的情况。第三，一些特定的商品，如肉、桥切木，还有节庆用品，虽然价值不大，但也要用粮食换回银钱之后才能成交。第四，粮食的一般价格，麦 1 斛在 1 文银钱左右；床也基本相同；粟的价格稍低，在 1 斛 0.7 文银钱左右。值得特别关注的是，虽然一年间的粮食交易多达 20 笔，最小额的交易有出售麦 1 斛或者粟 1.4 斛，粮食价格也有波动，但每次交易中获得的银钱都是整数，没有"半文"的情况。这就是说，在寺院出售粮食换回银钱的交易中，没有获得"半文"银钱的记录。这应当不是偶然，而是因为市面上根本就不存在"半文"银钱的流通。出售粮食时要准备正好可以换回整数文银钱的分量，因为买家没有"半文"银钱可以付给卖家。如第 5 条以粟 15 斛另加麦 5 斗换回银钱 10 文，第 9 条以床 2.9 斛另加粟 6 斗换回银钱 3 文，应当都是这种情况。

以下再来列表揭示粮食直接作为实物货币使用的情况。

表 2-3　月用斛斗帐历中粮食充当货币的情况表

序号	时间	粮食数量	用途
1	延寿二年十月	麦 6 斗	买囗
2	延寿二年十一月	麦 3 斗	买麻子
3	延寿二年十二月	粟 4.5 斛	买驮被毡一领
4	延寿三年正月	麦 6 斗	买麻子供元日用

续 表

序号	时间	粮食数量	用途
5	延寿三年二月	粟 4.2 斛	雇外作人十人种麦
6	延寿三年二月	粟 4.8 斛	买芳二车供整□□渠
7	延寿三年二月	麦 2 斛	买粪□车
8	延寿三年二月	粟 3 斛	买老壹洛举三
9	延寿三年三月	粟 8.4 斛	雇外作人掘沟种□
10	延寿三年四月	粟 2.5 斛 2 升	雇外作人六人整渠
11	延寿三年四月	粟 5 斗	买瓶
12	延寿三年五月	麦 5 斛，床 1.2 斛	雇外作人十人刈麦并食粮
13	延寿三年六月	麦 3 斛、床 7.2 斗	雇六人种秋并食粮
14	延寿三年六月	麦 4 斛	赁牛耕
15	延寿三年七月	麦 1 斗	买落
16	延寿三年七月	麦 2.8 斛、床粟 4 斗	供雇小儿十人薅穈并食粮
17	延寿三年七月	麦 5 斗	买油
18	延寿三年七月	麦 5 斗	买驴调索两具
19	延寿三年八月	麦 5 斗	买胶
20	延寿三年八月	麦 4 斛	雇人整车并食粮

通观上件表格可知，一年间只有延寿三年九月没有粮食充当实物货币的情况。二月没有出售粮食以换回银钱的情况，却有 4 笔以粮食充当货币的交易。20 笔以粮食作为实物货币进行的交易和支付中，一个最突出的特点是都为 10 斛以下的交易，并且除 1 例 8.4 斛用于支付雇佣价钱之外，其余的 19 笔全都在 5 斛以下，其中 8 笔在 1 斛以下，其他 11 笔在 1 至 5 斛之间。我们看到有一些交易在表 2-2 和表 2-3 中都有出现，比如表 2-2 第 5 条，延寿二年十一月以麦 5 斗、粟 15 斛换得银钱 10 文，买回胡麻子 5 斛；而表 2-3 的第 2、4 条分别在同年同月和次年正月以麦 3 斗和 6 斗买麻子。我们不清楚表 2-3 的两条买麻子的交易为什么可以直接以粮食交易成功，就卖方而言，可能在多数情况下都更加愿意以银钱交易，因为银钱作为金属货币具有粮食无法比拟的优越性，在高昌的市场上也更加通用。但在这里，麦 3 斗和 6 斗无

法按照市场价格售出以获得银钱，因为我们看到的银钱只有"一文"和"半文"两种计量单位，并且实际上只有"一文"这一种面值，这应当是卖方接受以粮食为实物货币交易的最重要原因。另外一种在两件表格中都有出现的交易是买粪，表2-2第10条是正月时寺院出售粮食换回25文银钱买粪，表2-3第7条则显示二月里寺院又以麦2斛直接购回粪若干车。这里可推测，正月是按照计划而买，因为数量大，卖方要求以银钱交易；在二月施肥过程中发现粪肥不够，所以又追加购买，因为数量较小，所以卖方接受以实物交易。在表2-3中，我们还注意到12笔1斛以上的支出中，有7次是用于支付劳动力的雇佣价格。这些靠出卖劳动力为生的人（其中大多是依附人口"作人"）得到的报酬主要用于糊口，所以应当能够接受以粮食支付佣价，而寺院也更愿以粮食支付以图省事。另外几次1斛以上用粮食购入商品的交易，原则上也可要求用银钱成交，但如果双方合意，也可用粮食直接成交，具体以何种形式，取决于双方的意愿，具有偶然性。我们再来关注一下1斛以下的交易。表2-3中有3次以5斗麦成交的交易，另有2次以6斗麦成交的交易，按照市场价格，这些粮食都可换得"半文"银钱，但帐历中没有出现这一数值。我们认为这不是偶然的，而是因为不存在"半文"面值的银钱。

约一个世纪以后出自于阗国境内的《唐开元九年（721）十月至十年（722）正月于阗某寺支出簿》登录了一个寺院4个月的支出情况[1]。虽然支出簿没有登录寺院的食、衣、住等基本项，但其用钱情况仍然给人以深刻印象，具有与高昌国延寿二、三年寺院帐历比较的价值。开元年间阗的该所寺院凡涉及商品购入，无论巨细，都用铜钱交易，细碎者如"籴豉贰胜，胜别十文""出钱叁拾文，买涝篱两个，供厨用""柘留壹颗十五文"等亦不例外。于阗该寺所用的是"开元通宝"铜钱，如果按照武周如意元年（692）唐西州银钱1文准铜钱32文的比价，前行所列细碎交易的价格都在1文银钱以下，然在唐代的于阗都可以铜钱实现交易。该支出簿中有"买胶贰斤，斤别一百五十文"这样的记录，而在上文讨论的高昌国寺院帐历中也有延寿三年八月以麦5斗买胶的记录（表2-3第19条）。高昌国时期寺院经济与唐代于阗寺院经济之间可以比较的地方还很多，但就日常交易的情况来说，唐代于阗使用"开元通宝"铜钱，因为币值较低，比高昌国以银钱为基础货币而以粮食为辅助货币的做法便利得多。

---

[1] 池田温《麻札塔格出土盛唐寺院支出簿小考》，敦煌研究院编《段文杰敦煌研究五十年纪念文集》，北京：世界图书出版公司，1996年，第207—224页。

高昌国采用萨珊银币为日常通货，适应了当时丝绸之路贸易的需求[1]，是绿洲小国融入丝绸之路经济圈，以分享繁荣的必然选择；但萨珊银币的单一面值，又是高昌国必须克服的缺陷。自十六国时期以来，吐鲁番当地的实物货币经历了从毯到缣布再到粮食的变化[2]，粮食作为辅助性的实物货币被固定下来，我们认为是有必然性的。一方面，粮食可以任意分为很细小的单位以适应任何数额的商品流通和货币支付，而不必担心有损毁、贬值的风险[3]；而毯和缣布虽然可以分割，但分割后的使用价值常常会受到影响。高昌国的量制采用斛、斗、升三级单位，以粮食为实物货币可以很容易地根据需要实现价值不同的交易，而使用价值不会受到影响。另一方面，就有用性和实现交易的便利程度而言，粮食也优于毯和缣布。6世纪中叶以后陆上丝绸之路迎来稳定的繁荣期，大量的胡商和行旅到达绿洲国家之后首先需要考虑的就是粮食问题，当时的高昌国以粮食为辅助性的实物货币，可以说正是市场的选择。

卢向前先生将高昌的银钱本位阶段（561—680）又分为两个时期，一为纯粹以银钱为通货的时期（561—640），一为绢帛介入时期（640—680）。卢先生在论述所谓"纯粹以银钱为通货"的时期时，没有注意到粮食作为实物货币被使用的情况。从萨珊银币币值较高的角度来说，次一级的辅助货币的使用其实是不可避免的，所以卢先生划分的"纯粹以银钱为通货"的时期其实是不准确的。高昌国没有像萨珊波斯和粟特地区一样铸造小额的铜币以便流通[4]，粮食作为实物货币被使用，这些都反映出高昌国的经济虽与丝绸之路贸易紧密相连并一度繁荣兴盛，但绿洲小国的基本国情仍然制约着其经济的形态和格局。

---

[1] 姜伯勤《敦煌吐鲁番文书与丝绸之路》，第36页。
[2] 卢向前《高昌西州四百年货币关系演变述略——敦煌吐鲁番文书经济关系综述之一》，作者《敦煌吐鲁番文书论稿》，第218—226页。
[3] 张友直《中国实物货币通论》，北京：中国财政经济出版社，2009年，第501页。
[4] 高昌国晚期铸造的"高昌吉利"铜钱并非流通货币已见前述，这证明高昌国有铸造铜钱的能力，但没有用之铸造流通货币，这应当是统治者的主动选择。

第三章　丝绸之路与高昌国的银钱流通

高昌国作为5世纪中期开始存在于丝绸之路上的绿洲王国，国之兴衰与当时中原以及中亚的国际形势密切相关。就高昌的经济而言，它的性质应当如何把握，它在多大程度上受到丝绸之路贸易的影响，这些基本问题，学界虽然进行了有益的探讨，但迄今尚无定论。高昌国经济形态的一个值得瞩目的现象是其长期以外来银钱充当本地的流通货币。本章试图通过对高昌国银钱的使用及流通情况的具体考察，来揭示高昌国经济实态的某些侧面，进而加深对高昌国经济性质的理解。

第一节　先行成果

一、吐鲁番出土银钱相关研究概况

吐鲁番地区出土银币的地点主要是高昌故城及其周边的阿斯塔那和哈拉和卓墓地，自20世纪初叶至今有持续出土。夏鼐在20世纪发表的《新疆吐鲁番最近出土的波斯萨珊朝银币》[1]和《综述中国出土的波斯萨珊朝银币》[2]，对于这些萨珊银币的发现概况、出土地点的分布、铸造年代、历史背景、埋藏年代、铸造地点的分布、用途等重要问题都做了研究。夏鼐在《咸阳底张湾隋墓出土的东罗马金币》一文中指出，北周时在河西诸郡所流通的"西域金银之钱"，大概是东罗马的金币和波斯

---

[1] 夏鼐《新疆吐鲁番最近出土的波斯萨珊朝银币》，《考古》1966年第4期；收入《夏鼐文集》（下），北京：社会科学文献出版社，2000年，第39—45页。
[2] 夏鼐《综述中国出土的波斯萨珊朝银币》，《考古学报》1974年第1期；收入《夏鼐文集》（下），第51—70页。

萨珊朝的银币，当然其中可能也有西域他国的金银币[1]。

荒川正晴考察了衣物疏中的钱财著录情况，指出540年开始衣物疏中出现了"金钱""银钱"的表述，单位仍然是"枚"；550年之后，"文"这一货币单位固定下来，作为流通货币的银钱进一步发挥其机能[2]。

郭媛综合考察了吐鲁番各种文书（衣物疏、上奏文书、各种契券等）中所见的银钱记载，认为6、7世纪吐鲁番地域的基本通货是银钱；高昌的银钱虽不能排除本地出产的可能性（因周边地区有"银山"存在），但应当是以外部流入的萨珊银币为主，流入的媒介当是在东西交易活动中居核心地位的粟特商人；6世纪中叶随葬衣物疏中银钱的单位由"枚"变为"文"，与"文"成为"金钱""银钱"的基本面额单位相对，"枚""个"成了当地对货币的一种习惯性称呼单位[3]。

林友华研究了4—7世纪吐鲁番的货币流通情况，认为6世纪中叶之后，钱币广泛运用于各种经济活动，文书中最常见的是银钱；但他认为银钱的基本来源并非萨珊银币，而是高昌国自铸的"高昌吉利"银钱；文书中的银钱单位有"枚""文"两种，用"枚"者系萨珊银币，而用"文"者系"高昌吉利"银钱[4]。

宋杰研究了从高昌国到唐西州的物价变动情况，指出麴氏高昌国时期价格以银钱为基准，进入唐西州之后，7世纪中期开始采取银钱和铜钱两种价格标准，8世纪之后开始采用铜钱基准；高昌国灭亡之后，在唐统治下，除马价外，谷物、织物、雇佣等价格都有上涨，其中上涨幅度最大的应该是谷物价格，马价之所以平稳且较中原低廉，应当是因为西州地近游牧地区，较易进行马匹交易[5]。

卢向前将中古时期吐鲁番的货币形态演变分作了如下几个阶段：毯本位（367—482）、叠布本位（482—560）、银钱本位（561—680）、铜钱本位（680以后）。银钱本位阶段又可细分为纯粹以银钱为通货的时期（561—640）和绢帛介入时期

---

[1] 夏鼐《咸阳底张湾隋墓出土的东罗马金币》，《考古学报》1959年第3期；收入《夏鼐文集》（下），第87页。
[2] 荒川正晴《トルファン出土〈麴氏高昌国时代ソグド文女奴隷卖买文书〉の理解をめぐって》，《内陆アジア言语の研究》第5号，1990年，第150—151页。
[3] 郭媛《试论隋唐之际吐鲁番地区的银钱》，《中国史研究》1990年第4期，第19—33页。
[4] 林友华《从四世纪到七世纪中高昌货币形态初探》，《敦煌吐鲁番学研究论文集》，上海：汉语大词典出版社，1990年，第872—900页。
[5] 宋杰《吐鲁番文书所反映的高昌物价与货币问题》，《北京师范学院学报（社会科学版）》1990年第2期，第67—76页。

（640—680）[1]。

姜伯勤在《敦煌吐鲁番文书与丝绸之路》一书中，对敦煌和吐鲁番文书中反映的著籍粟特人和商胡做了研究。关于银钱问题，他论述道："5至8世纪前半，粟特人使用波斯银币及本地制造的银钱，这些银币应该被带到敦煌和吐鲁番地区。""敦煌、吐鲁番地区受波斯及粟特影响流通银币，是有其内在原因的。"他举出的两个原因，一是河西地区丝的出口换回了白银或银钱，二是当时国际上的货币流通与贵重品交易有关[2]。姜先生将敦煌和吐鲁番合并论述，具体观点尚有待检验。

此后对吐鲁番出土银币的出土情况、铸造时间、物理特征、埋藏情况等问题作进一步探讨的是斯加夫《吐鲁番发现的萨珊银币和阿拉伯—萨珊银币——它们与国际贸易和地方经济的关系》一文[3]。斯加夫也讨论了吐鲁番文书中提及银钱的情况，探讨了萨珊银币进入吐鲁番地区并成为当地流通货币的原因。斯加夫指出："有三件全球性的政治和经济事件，潜藏在6世纪晚期吐鲁番地区的银币输入复兴的现象背后。首先是突厥在6世纪中期吞并了内亚；第二是中国在长期的分裂之后重新统一；第三是萨珊波斯银币生产量的增长。这些事件好的影响就是给吐鲁番带来了繁荣。"

值得重视的是，斯加夫指出："7世纪20至30年代，银币的埋葬和提到银币的文书都有一个高涨期。高昌似乎已经从他对贸易的控制中获得了极大的利益。更全面地来讲，高昌可能在唐618年统一中国后的7世纪20至30年代中获利，其结果是贸易的增长。"关于高昌国中转贸易的性质及其与银币流通的关系，斯加夫在分析了称价钱文书之后指出："高昌国时期的早期称价钱文书却显示出，银币进入当地经济的主要方式是通过向粟特人征收的税。高昌政府用银币支付他们的开销。"关于高昌国银钱的来源，作者还作了如下推论："尽管没有实证性材料，商人们也有可能用银币买货，支付交通和住宿费。因此，通过政府向商人征税，和可能进行的私人贸易，萨珊银币就这样运行着进入当地的经济之中。"

此外，斯加夫还对进入唐西州时代之后银币流通在吐鲁番的衰落及其原因进行

---

[1] 卢向前《高昌西州四百年货币关系演变述略——敦煌吐鲁番文书经济关系综述之一》，《敦煌吐鲁番文书论稿》，南昌：江西人民出版社，1992年，第217—266页。
[2] 姜伯勤《敦煌吐鲁番文书与丝绸之路》，北京：文物出版社，1994年，第201—202页。
[3] 斯加夫《吐鲁番发现的萨珊银币和阿拉伯—萨珊银币——它们与国际贸易和地方经济的关系》，孙莉译，《敦煌吐鲁番研究》第4卷，北京：北京大学出版社，1999年，419—463页；英文本见 Jonathan Karam Skaff, "Sasanian and Arab-Sansanian Coins from Turfan: Their Relationship to International Trade and the Local Economy", *Asia Major*, Vol. 11, No. 2, 1998, pp. 67-115。

了分析，指出阿拉伯在 8 世纪开始停止制造银币、吐蕃人在 7 世纪后期一度占领西域、唐朝的财政政策、8 世纪之后丝路商人携带银条而非银币进入中国等几个因素可能都产生了影响。应当说，斯加夫将吐鲁番出土银币及其在历史上的使用流通情况的研究大大向前推进了一步。但是，由于他对学术界有关高昌国经济制度的研究成果没有全面把握，对吐鲁番文书中蕴含的历史信息也发掘得不够，所以他的研究，尤其是关于银币进入高昌国途径的部分，尚有进一步探讨的必要[1]。汪海岚（Helen Wang）指出：吐鲁番发现的银币与中原发现的银币时代差异明显。吐鲁番发现的银币主要为 4 世纪以及 6 世纪末 7 世纪初之物，中原发现的银币则 80% 系 5 世纪后期制品。这种差异也反映出萨珊银币的三个制币高峰期：Shapur Ⅱ（309—379）、Piruz（459—484）、Khusrau Ⅱ（591—628）[2]。

关于 7 世纪末期银币本位向铜钱本位的转换，荒川正晴认为 8 世纪西域绿洲诸国脱离西亚货币流通经济圈，完全转向中国的货币流通经济圈，其背景是每年定期从唐内地大规模军需物资的流入[3]。虽然西州当时并非西域绿洲王国，但银钱与铜钱货币体系的交替无疑也发生在上述背景之中。

2003 年，日本丝绸之路学研究中心与新疆维吾尔自治区博物馆合作出版了《新疆出土的萨珊式银币——新疆维吾尔自治区博物馆所藏的萨珊银币》[4]一书，书中刊布了新疆博物馆所藏萨珊式银币的照片，并附有详细的信息著录。这些银币中吐鲁番所出者有 35 枚，其余为乌恰县所出。

有一个基本问题需要再作说明，即高昌国银钱的来源地，或者说吐鲁番文书中反映的大量使用的银钱是否就是考古发掘所见的萨珊银币[5]。中国发现的萨珊银币中

---

[1] 森安孝夫指出，与远隔地交易的繁荣和队商频繁往来相伴随，商人们以通行税、宿泊费、食费、物品购入费和修理费等各种各样的形式将财货留在当地，一定程度上促进了当地经济的活跃和发展。虽然作者未能举出具体的例证，也未提及高昌国，但其观点仍然值得注意。参见森安孝夫《シルクロードと唐帝国》，东京：讲谈社，2007 年，第 104 页。
[2] Helen Wang, *Money on the Silk Road: the Evidence from Eastern Central Asia to c. AD 800*, London: the British Museum Press, 2004, Introduction, p.xiii.
[3] 荒川正晴《オアシス国家とキャラヴァン交易》，东京：山川出版社，2003 年，第 69—70 页。
[4] シルクロード学研究センター《新疆出土のサーサーン式银货——新疆ウイグル自治区博物馆藏のサーサーン式银货》，《シルクロード学研究》第 19 卷，2003 年。
[5] 卢向前认为，高昌国流通之银币即萨珊银币。见《高昌西州四百年货币关系演变述略——敦煌吐鲁番文书经济关系综述之一》，《敦煌吐鲁番文书论稿》，第 230 页。斯加夫《吐鲁番发现的萨珊银币和阿拉伯—萨珊银币——它们与国际贸易和地方经济的关系》（第 419—464 页）、殷晴《丝绸之路与西域经济：十二世纪前新疆开发史稿》（北京：中华书局，2007 年，第 192—193 页）也持此种观点。对此持不同意见的有李明伟、林友华等。李明伟认为萨珊银币从未在中国流通过。见李明伟《丝路贸

有仿制品①，但其仿制的地点不详。桑山正进认为，吐鲁番出土的萨珊银币中是否有所谓的仿制品尚无法确定②，荒川正晴、郭媛、姜伯勤都认为无法排除高昌国自铸银币的可能性。近年在吐鲁番地区巴达木墓地的考古发掘中出土了仿制的波斯银币③，亦不详其铸造地点。就目前的考古发掘情况来看，仿制波斯银币在已经出土的银币中所占比重很小。关于这一问题，笔者认为粟特文买奴契约已经提供了直接的证据。契约是阿斯塔那135号墓出土，内容为延寿十六年（639）俗姓张法名因嵩的沙门以波斯制造高纯度的120枚德拉克麦银币向撒马尔罕来的商人购买女奴一人。这里买方为高昌国人，卖方为粟特商人，货币则明确声明为波斯德拉克麦钱，即萨珊银币④。又，虽然墓葬中也发现了个别仿制波斯银币，但到目前为止，除萨珊银币之外的其他银币即便有，数量应当也很少⑤。吐鲁番文书中的银钱是指萨珊银币，应当是

易与西亚钱币文化初探》，《丝绸之路贸易史研究》，兰州：甘肃人民出版社，1991年，第253—256页；林友华《从四世纪到七世纪中高昌货币形态初探》，《敦煌吐鲁番学研究论文集》，第872—900页。姜伯勤、郑学檬认为高昌国所使用的银币可能系自制或仿制。见郑学檬《十六国至麴氏王朝时期高昌使用银钱的情况研究》，《敦煌吐鲁番出土经济文书研究》，厦门：厦门大学出版社，1985年，第296页；姜伯勤《敦煌吐鲁番文书与丝绸之路》，第35页。近年杨洁又专门讨论了这个问题，认为吐鲁番文书中的"银钱"不是萨珊银币。见杨洁《论流入中国的波斯萨珊银币的功能——以吐鲁番出土银币为例》，《中国社会经济史研究》2010年第2期，第7—11页；杨洁《丝路绿洲国家的货币：本地铸造，抑或外部流入？》，《中国经济史研究》2011年第3期，第132—134页；杨洁《从粟特文文书看入华粟特人的货币问题》，《史林》2012年第2期，第152—158页。

① 夏鼐指出，1955年11月在西安市近郊55.007隋唐墓地中的第30号墓室内发现的两枚银币中，有一枚是模仿萨珊朝后期银币的仿制品。参见夏鼐《中国最近发现的波斯萨珊朝银币》，《考古学报》1957年第2期；收入《夏鼐文集》（下），第26页。

② 桑山正进《东方におけるサーサーン式银货の再检讨》，《东方学报》第54册，1982年，第101—172页。

③ 2004年吐鲁番地区文物局在对巴达木墓地的清理中获得6枚银币，"其中1枚残损不全，钱面鎏金。其余均为仿波斯银币，揲压制作，呈不规则圆形，正面为人头像，背面锈蚀模糊"。见吐鲁番地区文物局《新疆吐鲁番地区巴达木墓地发掘简报》，《考古》2006年第12期，第62页。

④ 吉田豊、森安孝夫、新疆ウイグル自治区博物馆《麴氏高昌国时代ソグド文女奴隶卖买文书》，《内陆アジア言语の研究》第4号，1989年，第15页。该买奴券近年的日语翻译参见森安孝夫《シルクロードと唐帝国》，第224—226页；又吉田豊《ソグド人の言语》，曾布川宽、吉田豊编《ソグド人の美术と言语》，京都：临川书店，2011年，第94—95页。英文翻译见Y. Yoshida, "Translation of the Contract for the Purchase of a Slave Girl Found at Turfan and Dated 639" (Appendix to V. Hansen, "New Work on the Sogdians, the Most Important Traders on the Silk Road: Review of Étienne de la Vaissière, *Histoire des marchands sogdiens*, and Rong Xinjiang, *Zhonggu Zhongguo yu Wailai Wenming*"), *T'oung Pao*, vol.89, no.1/3, 2003, pp. 159-161. 相关研究参见 Richard N. Frye, "Sasanian-Central Asian Trade Relations", *Bulletin of the Asia Institute*, New Series, Vol. 7, 1993, pp. 73-77.

⑤ 丁福保编《古钱大辞典》中"高昌吉利"条记作者在无锡曾见"高昌吉利"银钱一枚（北京：中华书局，1982年，第1776—1777页）。盛观熙又留言及周昆宁1988年、1989年曾见到的两枚"高昌吉利"银钱，其中1988年在无锡所见的一枚为"银质'高昌吉利'光背钱"。见盛观熙《再论"高昌吉利"钱》，《新疆钱币》2004年第3期，第150页。关于"高昌吉利"钱的出土和刊布情况的调

没有疑问的[1]。

二、银钱与高昌国的赋役制度

关于高昌国的赋役制度，传世典籍只有"赋税则计田输银钱，无则输麻布"[2]这样简单的记载。学界对吐鲁番出土文书中包含的社会经济资料的研究，大大深化了我们对高昌国的赋役制度的认识。唐长孺[3]、卢开万[4]、関尾史郎[5]、程喜霖[6]、郑学

查研究，参见片山章雄《高昌吉利钱について》，《小田义久博士还历纪念东洋史论集》，京都：真阳社，1995年，第77—92页。又见盛观熙《再论"高昌吉利"钱》，第137—151页。片山章雄在《高昌吉利钱について》开篇即称"'高昌吉利'铜钱"，对丁福保《古钱大辞典》中"银铸"高昌吉利钱的记载，他也认为仍是残留的问题，见片山章雄《高昌吉利钱について》，第87页注释9。钱伯泉称，"高昌吉利"钱绝大多数为铜制，也有个别为银制，并称储怀贞2008年曾在当地购得银制"高昌吉利"钱一枚。见钱伯泉《"高昌吉利"钱研究》，《新疆文物》2008年第3、4期，第71—72页。王永生称"'高昌吉利'为圆形方孔铜钱，系浇铸而成"。见王永生《"高昌吉利"钱币考——兼论隋唐之际高昌地区的文化融合》，《西域研究》2007年第1期，第57页。又王永生《新疆历史货币：东西方货币文化交融的历史考察》中专门讨论了"高昌吉利"钱，未言有银铸者（北京：中华书局，2007年，第37—39页）。林友华所论"高昌吉利"银钱应当也是源于丁福保的记载。按，有关"高昌吉利"银钱的记载目前所见都非出自考古报告，无法确证这些银钱系高昌国时代所铸造；而见诸记载者又极少，不可能是文书中反映的当时大量使用的银钱。

[1] 裴成国《麴氏高昌国流通银钱辨正》，《北京大学学报（哲学社会科学版）》2016年第1期，第125—133页。
[2] 《周书》卷五〇《高昌传》，"无者输麻布"的"无"字之后当脱一"田"字。北京：中华书局，2022年，第993页。参见池田温《中国における吐鲁番文书整理研究的进展——唐长孺教授讲演的介绍を中心に》，《史学杂志》第91编第3号，1982年；関尾史郎《トゥルファン出土高昌国税制关系文书の基础的研究——条记文书的古文书学的分析を中心として》（一），《新潟大学人文科学研究》第74号，1988年，96页注释6。
[3] 唐长孺《新出吐鲁番文书简介》，《东方学报》第54期，1982年；收入作者《山居存稿》，北京：中华书局，1989年，第310—332页。
[4] 卢开万《试论麴氏高昌国时期的赋役制度》，唐长孺主编《敦煌吐鲁番文书初探》，武汉：武汉大学出版社，1983年，第66—99页。
[5] 関尾史郎《高昌国における田土をめぐる觉书——〈吐鲁番出土文书〉札记（三）》，《中国水利史研究》第14号，1984年，1—18页；《トゥルファン出土高昌国税制关系文书の基础的研究——条记文书的古文书学的分析を中心として》（一—九），《新潟大学人文科学研究》第74、75、78、81、83、84、86、98、99号，1988、1989、1990、1992、1993、1993、1994、1998、1999年，第47—109、39—93、149—177、25—63、21—70、101—138、1—26、93—117、33—58页；《高昌文书中的"剂"字について——〈吐鲁番出土文书〉札记（八）》（上、下、补遗、再补），《吐鲁番出土文物研究会会报》第16、17、39、49号，1989—1990年，第4—6、1—4、3—6、1—4页；《高昌田亩（得、出）银钱帐——〈吐鲁番出土文书〉札记（一〇）》（上、中、下），《吐鲁番出土文物研究会会报》第64、65、71号，1991年，第1—6、4—8、4—8页。
[6] 程喜霖《吐鲁番文书中所见的麴氏高昌的计田输租与计田承役》，《出土文献研究》第1辑，北京：文物出版社，1985年，第159—174页。

檬[1]、陈国灿[2]、杨际平[3]、谢重光[4]、陈仲安[5]、冻国栋[6]等先生都在这方面做出了贡献。関尾史郎先生对以条记文书为首的有关高昌国赋役制度文书的系列研究，在综合前人研究成果的基础上，多有创见，纠正了之前学界对一些文书的理解偏差，大大推进了我们对高昌国赋役制度的认识[7]。关于高昌国的赋税征收，综合学界的研究成果，可作如下概括：从条记文书反映的情况来看[8]，高昌国的田租征收对象是土地的出产物及其加工品，如租粟、租麦、租床、租酒等；曾被认为是田租征收的《高昌延寿八年（631）镫质等田亩出银钱帐》，其中田地面积总和约五十亩的若干户共缴纳银钱二文，应当并非恒常的赋课，而是一种附加税；而《高昌将显守等田亩得银钱帐》系耕种官田或屯田的官员、寺院、百姓依据所耕种面积应当向政府缴纳的代役钱[9]或者菜园的赋课[10]；田租是每年定期的赋课，缴纳时间一般在年初和年末，具体时间似无一定的规律。耕作地出产物的田租缴纳是根据各户保有的土地情况，如土地类型、面积、肥沃程度等而征收的，但不考虑征收对象的人口构成、经济和社会地位等因素；租酒的征收标准是亩纳三斛，《高昌和婆居罗等田租簿》《高昌

---

[1] 郑学檬《高昌实物田租问题探讨——〈吐鲁番出土文书〉读后札记》，《敦煌吐鲁番出土社会经济文书研究》，第113—128页；《十六国至麹氏高昌国时期高昌使用银钱的情况研究》，《敦煌吐鲁番出土社会经济文书研究》，第293—318页。
[2] 陈国灿《对高昌某寺全年月用帐的计量分析——兼论高昌国租税制度》，《魏晋南北朝隋唐史资料》第9、10期，武汉：武汉大学学报编辑部，1988年；收入《陈国灿吐鲁番敦煌出土文献史事论集》，上海：上海古籍出版社，2012年，第109—123页。
[3] 杨际平《麹氏高昌赋役制度管见》，《中国社会经济史研究》1989年第2期；收入《杨际平中国社会经济史论集（出土文书研究卷）》，厦门：厦门大学出版社，2016年，第376—396页。
[4] 谢重光《麹氏高昌赋役制度考辨》，《北京师范大学学报》1989年第1期，第80—88页。
[5] 陈仲安《试释高昌王国文书中之"剂"字——麹朝税制管窥》，唐长孺主编《敦煌吐鲁番文书初探二编》，武汉：武汉大学出版社，1990年，第1—28页。
[6] 冻国栋《麹氏高昌役制研究》，《敦煌学辑刊》1990年第1期；收入作者《中国中古经济与社会史论稿》，武汉：湖北教育出版社，2005年，第64—100页。
[7] 相关研究除本书第123页注释5所列之外，还有関尾史郎《〈田亩作人文书〉小考——トゥルファン出土高昌国身份制关系文书研究序说》（上、下），《新潟大学》第26、27号，1991年，第61—74、65—83页；要旨载《吐鲁番出土文物研究会会报》第22号，1989年，第3—4页。又関尾史郎《〈田亩作人文书〉の周边——アスターナー五四号墓出土作人关系文书の分析》，《东アジア——历史と文化》（创刊号），1992年，第100—84页。
[8] 目前所见条记文书年代最早的是义和五年（618），似无证据可将其追溯到6世纪。参见関尾史郎《トゥルファン出土高昌国税制关系文书的基础研究——条记文书的古文书学的分析を中心として》（一），第66页。
[9] 参见関尾史郎《高昌田租试论》，《史学杂志》第100编第12号，1991年，第102页。
[10] 杨际平《麹氏高昌赋役制度再探》，中国魏晋南北朝史学会编《魏晋南北朝史研究》，武汉：湖北人民出版社，1996年；收入《杨际平中国社会经济史论集（出土文书研究卷）》，第402—406页。

张众养等按亩入供斛斗帐》《高昌五塔等寺计亩入斛斗簿》《高昌高乾秀等按亩入供帐》等文书的缴纳标准都是等额的亩纳三斛，所以都当系租酒帐；至于征收对象，高昌国至少侍郎以下的官员都要像普通百姓一样缴纳田租和丁税等；关于租税的僧俗差别，虽然在名称上总是予以特别标明，但在缴纳的数额上应与普通百姓相同；丁税，除了丁正钱之外，百姓还有缴纳纺织品如绢，或将其折为银钱缴纳的义务，并且是和丁正钱同样交到民部；远行马都是官马，由官衙饲养，远行马钱和长行马钱就是官府作为购入长行马和运营长行坊的经费而向百姓征收的银钱；各郡县有向国都高昌上纳木薪的义务，按丁计征，落实此种木薪搬用义务的役使，就是所谓的"丁输"。

关于银钱与高昌国国家财政及王室财政的关系，前引斯加夫先生的研究指出："高昌国时期的早期称价钱文书却显示出，银币进入当地经济的主要方式是通过向粟特人征收的税。高昌政府用银币支付他们的开销。"然而，通过对称价钱文书以及其他经济文书的分析，关尾史郎先生指出，高昌国通过称价钱所获银钱一年不满五百文，并且还要向突厥及铁勒上缴，因而称价钱不可能是其王室财政的主要来源，正如池田温先生指出的，官田或屯田所出才是高昌国恒常的、有力的财源[①]。综合以上斯加夫和关尾史郎两位的研究，我们还可提出以下疑问：除了向粟特人征收商业税之外，银钱进入当地经济还有哪些方式？作为使用银钱的最重要主体，普通百姓的银钱从何而来？这些都是笔者要着力研究的问题。

为探究上述问题的答案，本文将分别对百姓、寺院、国家的银钱来源及使用情况作具体分析，以期揭示高昌国银钱使用及流通的实态，进而阐明高昌国经济的特点以及高昌经济与丝绸之路间的关系。

第二节　高昌国银钱的使用及流通的实态

萨珊银币在高昌国作为流通货币使用，平民、寺院、官府这些不同层级的经济主体都存在银钱的收支，在高昌国内部形成了银钱的流通循环系统。然而这种循环

[①] 池田温《中国古代买田・买园券の一考察——大谷文书三点の绍介を中心として》，《西嶋定生博士还历记念：东アジア史における国家と农民》，东京：山川出版社，1984年，第288页。关尾史郎《トゥルファン出土高昌国税制关系文书の基础的研究——条记文书の古文书学的分析を中心として》（七），第6页。

并非封闭,当时以客使和商旅为代表的外来人口稳定地光顾高昌国,也拓宽了银钱流入的渠道。本节主体部分的研究先分析平民、寺院、国家的银钱来源和收支情况。外来人口的消费供应实际上是在国家主导下的一项国家事业,平民、寺院、官府都参与其中,这是本节研究的重点,也是分析高昌国经济性质的切入点。

一、平民的银钱使用及其来源分析

翻检 6 世纪中叶以后的高昌国经济文书,可以看到,银钱被使用在与百姓生活密切相关的生产、生活领域。生产领域有夏田、夏菜园、夏果园、夏枣树、夏葡萄园、买园、雇人岁作、举钱作酱、取银钱作孤易[1] 等,生活领域有举钱、买舍、买作人、缴纳租酒银钱、缴纳远行马价钱、缴纳官田代役钱等方方面面。可以说,银钱虽系外来的货币,并且本身是贵金属,但在高昌国当地的使用中,其特殊性并未被给予特别强调,使用的场合也没有特殊之处。在这些经济活动中,普通百姓既有银钱的支出,也有银钱的收入,如延寿二年(625)田婆吉向赵明儿夏树若干株,赵明儿因而获得银钱"捌文"[2];延寿四年(627)赵明儿买作人支出银钱"叁佰捌拾文"[3];延寿六年(629)赵明儿又从赵伯怀处夏常田"叁亩",支出银钱"贰拾文"[4]。银钱在当地百姓之间流通无碍。

就单个的百姓而言,不可否认百姓之间的周转也是获得银钱的一个重要途径,但是这种纯粹的百姓之间的周转流通并不增加银钱的流通总量。当百姓用银钱缴纳赋税之后,流通中的银钱就会减少。所以这种百姓之间的本地流通并不足以维持周转的长期运行,银钱必须有其他外部来源。

具体分析平民的银钱来源时,文书资料提示的途径有以下数端:生产领域、应接商旅、为官府提供有偿差役获得补偿。需要说明的是,笔者在本小节提示的银钱来源,都是平民以个体身份即能获得的。平民还可依赖官府的组织通过其他途径获得银钱。比如官府将平民生产的葡萄酒有偿征购之后外销,关于这点笔者将在后文

---

[1] 王素《吐鲁番所出高昌取银钱作孤易券试释》,《文物》1990 年第 9 期,第 91—94、73 页。王素《〈吐鲁番所出高昌取银钱作孤易券试释〉补说》,《文物》1993 年第 8 期,第 66—67 页。
[2] 唐长孺主编《吐鲁番出土文书》贰,北京:文物出版社,1994 年,第 240 页。
[3] 唐长孺主编《吐鲁番出土文书》贰,第 241 页。
[4] 唐长孺主编《吐鲁番出土文书》贰,第 242 页。

分析①。平民参与官府组织的外来人口消费供应，亦可获得银钱补偿，这是本节研究的重点，将在第五部分具体论述。

（一）生产领域

吐鲁番地区自十六国时代开始已有发达的蚕桑丝织业②。西晋末年，八王之乱后五胡内迁，中原战乱不断，生产受到破坏。因动乱而流向河西的移民也部分涌入高昌，同时带来了蚕桑丝织的技艺。在中原地区无法满足丝绸之路上丝织品贸易需求的情况下，高昌的蚕桑丝织业获得了极好的发展机遇③。到北凉时期，高昌赋税征收中出现了租丝、计赀出献丝、计口出丝等名目④；阚氏高昌时期，存在丝织业的印染⑤；到麴氏高昌国时代，仍然有官绢的征收⑥。武敏先生考察这一时期的高昌丝织业时研究了阿斯塔那1号墓所出的《某人条呈为取床及买毯事》《刘普条呈为绵丝事》等文书，她指出："如果这个推断不误，则这是高昌官府得茧（或买或征，虽不排除营蚕，但可能性不大）后，交缲丝工匠缲治，而后据其完成丝的产量多少给予相当数量的床。"⑦ 由此可以看出：一、当时高昌的丝织生产已经有了一定的规模；二、这里的工匠虽然身份不明，但是他们从这种政府主导的生产中获得了收入，形式是床。武敏先生分析了麴氏高昌国后期的《高昌内藏奏得称价钱帐》中的买丝交易情况后指出，白迦门胀"三次售丝合170斤，需茧2720斤。很难设想这是他一家自产自销。这表明随着高昌蚕丝业的发展，出现了一些贩卖蚕丝的商人。他们从直接生产者那里买到丝，再转卖给外来胡商"⑧。这些商人在向当地百姓收购蚕丝时，应该都系一次性现货交易，无须订立契约，所以不易留下文书记载。在当时的高昌，经营桑蚕丝织

---

① 裴成国《〈高昌张武顺等葡萄亩数及租酒帐〉再研究——兼论高昌国葡萄酒的外销》，吐鲁番学研究院、吐鲁番博物馆编《吐鲁番与丝绸之路经济带高峰论坛暨第五届吐鲁番学国际学术研讨会论文集》，上海：上海古籍出版社，2016年，第56—65页；收入本书本章第二节。
② 武敏《从出土文书看古代高昌地区的蚕丝与纺织》，《新疆社会科学》1987年第5期，第92—100页。
③ 参见吴震《吐鲁番出土文书中的丝织品考辨》，《シルクロード学研究》Vol.8《トゥルファン地域と出土绢织物》，2000年；收入《吴震敦煌吐鲁番文书研究论集》，上海：上海古籍出版社，2009年，第651—653页。
④ 荣新江、李肖、孟宪实主编《新获吐鲁番出土文献》，北京：中华书局，2008年，第278—284页；参见裴成国《吐鲁番新出北凉计赀、计口出丝帐研究》，《中华文史论丛》2007年第4期，第65—103页。
⑤ 裴成国《吐鲁番新出一组阚氏高昌时期供物、差役帐》，沈卫荣主编《西域历史语言研究集刊》第2辑，北京：科学出版社，2009年，第108—109页。
⑥ 唐长孺主编《吐鲁番出土文书》贰，第261—262页。
⑦ 武敏《从出土文书看古代高昌地区的蚕丝与纺织》，第94页。
⑧ 武敏《从出土文书看古代高昌地区的蚕丝与纺织》，第95页。

业的百姓就近将自己的产品投入市场出售，即可获得银钱收入。高昌国有东来西往的商人，有发达的市场，有丝绸之路上通行无碍的银钱，而高昌当地就有蚕丝生产，百姓由此取得收益，获得银钱，应当是无可质疑的。这也是银钱进入高昌国的途径之一。

（二）作为银钱来源的商人

在前引斯加夫先生的文章中，他还指出："尽管没有实证性材料，商人们也有可能用银币买货，支付交通和住宿费。"[1] 吐鲁番文书中留存了许多传供粮食帐等文书，都是接待外来客使的直接材料，但并无反映客使费用结算环节的资料。王素先生认为："高昌的客馆设施，就该地区在丝路的交通地位而言，自应十分发达。不仅官府应有接待外国使者的客馆，民间也应有接待外国商旅的客店，寺院也应有接待外国僧尼的客房。然而，由于资料的局限，我们仅知高昌寺院有客房，兵部有客馆，政府也有客馆。高昌民间是否也有客店，至少目前还不太清楚。"[2] 数量庞大的官方客使会给政府和兵部客馆带来巨大压力[3]，私人客商应当会有入住民间客店者。关于民间客店的情况，虽无直接资料，但并非无迹可循，笔者认为契约文书中的"买舍券"应当包含与民间客店相关的信息。以下试作探析。

目前所见的高昌国时期的"买舍券"有四件，另外尚有一件高昌国时期的"买舍地券"。首先将较为完整的《高昌延寿八年（631）孙阿父师买舍券》迻录如下（图3-1）：

1　□□ 八 年辛卯岁十一月十八日，孙阿父师从 氾 显 □□
2　 买 东北坊中城里舍壹坵（区），即交与舍价银钱三佰文。钱即毕，舍
3　付。舍东共郭相惠舍分垣；舍南诣道，道南郭养养舍分垣；
4　＿＿＿＿＿＿＿＿＿＿＿＿＿＿＿＿ 分 垣 ； 北 共 翟左海舍分垣。舍肆在之内，
5　＿＿＿＿＿＿＿＿＿＿＿＿＿＿＿＿＿＿＿＿□若后有人何（呵）盗怨（认）
　佲（名）

---

[1] 斯加夫《吐鲁番发现的萨珊银币和阿拉伯—萨珊银币——它们与国际贸易和地方经济的关系》，第444页。
[2] 王素《高昌史稿·交通编》，北京：文物出版社，2000年，第540页。
[3] 吴玉贵先生估算，高昌每年接待的官方客使可达720批，9300人，占总人口的四分之一。见吴玉贵《试论两件高昌供食文书》，《中国史研究》1990年第1期；收入作者《西暨流沙：隋唐突厥西域历史研究》，上海：上海古籍出版社，2020年，第151—172页。

6　_____□舍中有皇（黄）金伏藏，行舍

7　_____□舍行上薪草、出粪处尽依

8　旧。若后有人河（呵）盗恡（认）佫（名）者，仰本主了。贰主和同立卷（券），券成之后各不

9　得返悔①，者壹罚贰入不悔者。民有私要，要行贰各自署名为信。

10　□中阿耆女舍中得两涧（间）舍用盖宅　情　书贾□□

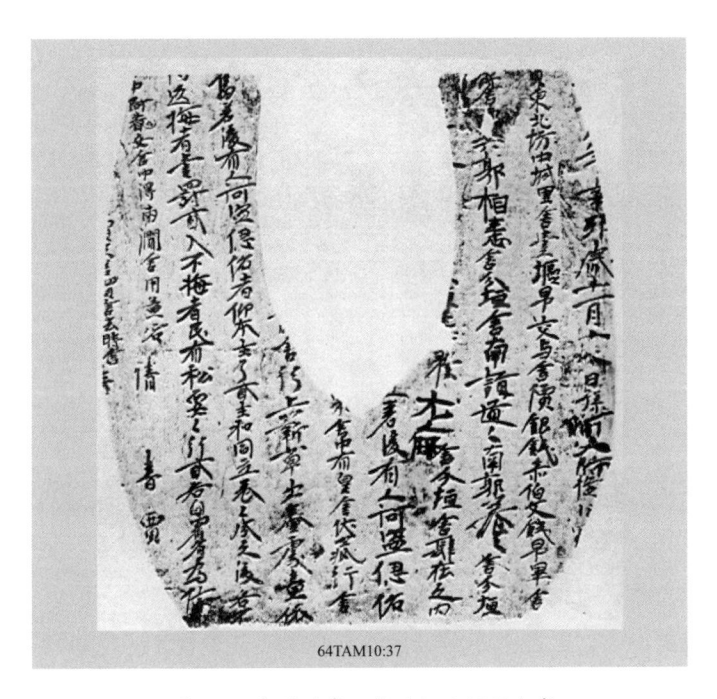

11　_____买□□买舍去时舍 时　　□□□□②

图 3-1　高昌延寿八年孙阿父师买舍券

为进行比较，将其他几件买舍契约和买舍地契约的信息列表揭示如下。

---

① 据《吐鲁番出土文书》原注，此处"悔"字之后漏写一重文符号。
② 唐长孺主编《吐鲁番出土文书》贰，第206页。

131

表 3-1　高昌国买舍、买舍地契约信息表

序号	时间	双方	类型	价格	方位	特殊说明
1	584	张阿赵，道人愿惠	买舍两间	银钱伍文	舍东诣张阿成，南□道，西诣张赵养，北诣张阿成	
2	7 世纪①	赵怀愿，田刘通息阿丰	买舍贰坯（区）	拾文	东南坊，舍东共张□举寺分垣，南共赵怀满分垣，西诣道，北诣道	舍中伏藏、役使，即日尽随舍行
3	7 世纪②	范阿伯，竺阿卢	买舍	不详	不详	□伏舍□
4	631	孙阿父师，氾显□	买中城里舍壹坯（区）	银钱叁佰文	东北坊，舍东共郭相悥舍分垣；舍南诣道，道南郭养养舍分垣（中缺）分垣；北共翟左海舍分垣	舍中有皇（黄）金伏藏，行舍（后缺）舍行上薪草、出粪处尽依旧
5	628	赵善众，孙回伯、范庆悦二人	买舍地贰拾步	银钱捌文	武城辛场地中舍地，东诣张客奴分垣，南诣善众场地分垣，西共赵海相坞舍分垣，北共张延守坞舍分垣	

细审上文所引的《高昌延寿八年（631）孙阿父师买舍券》和表 3-1，我们发现几件买舍契有几个共同特征。首先，所买房舍都在交通便利之处。如孙阿父师所买舍在东北坊，舍南诣道；赵怀愿所买舍在东南坊，西、北两面诣道；张阿赵所买舍两间所在坊里虽不详，但舍南亦诣道。三人所买之舍都有与房舍周围的寺院和广场等中心区域紧邻的一边诣道③，从房舍到中心区域较为便利。其次，四件买舍券除张

---

① 唐长孺主编《吐鲁番出土文书》贰，第 84 页。本件契约出自阿斯塔那 301 号墓，墓中所出文书兼有麹氏高昌和唐代者，此件原被定为唐代，实际应当为麹氏高昌国时代。参见吴震《吐鲁番出土券契文书的表层考察》，《敦煌吐鲁番研究》第 1 卷，北京：北京大学出版社，1996 年；收入《吴震敦煌吐鲁番文书研究论集》，第 419 页。

② 该契约所出之阿斯塔那 338 号墓中还出有范阿伯墓志一方，同出文书兼有高昌国和唐西州时期者，时间跨度近一百年。墓志载范阿伯卒于唐显庆二年（657），年七十三，知其生于 584 年。订立契约之时，范阿伯当已成年，故该契约之年代应在 7 世纪。

③ 高昌故城的形制可参见阎文儒《吐鲁番的高昌故城》，《文物》1962 年第 7、8 期合刊，第 28—32 页；侯灿《高昌故城址》，《新疆文物》1989 年第 3 期，第 1—10 页。现存外城的西南部尚存一面积很

阿赵契约有残，具体情况不明之外，其余三件中似都有关于"舍中有黄金伏藏"的特别说明。当时的高昌通行银钱，能将黄金伏藏者，可能系当地人，也有可能系外来商人[①]。如果交易的房屋之前长期固定为本地人所居住的话，此项条款的特别注明似无必要；只有在房屋频繁易主的情况下，这样的条款才显得有的放矢。所以这些房舍之前可能也有外来的流动人口居住过。当地的买舍契券普遍添加这样的条款，说明此类房舍的买卖应当很频繁，考虑到当时的高昌国有大量的流动人口，这一点也在情理之中。如果考察房舍买卖的双方，除了《范阿伯买舍券》中的卖方竺阿卢应当非汉族之外，其他人都看不出系流动人口。但是这四件契约还有值得特别注意的两处。第一，赵怀愿一次性买入舍贰区，并无外来流动人口特征的他此前在当地应当是有房舍的，此次又买入位置很好的房舍两区，不排除是拟将之用于某种经营。第二，将赵怀愿购舍两区的价钱拾文与孙阿父师购舍一区的价钱相比较，可以发现孙阿父师的购舍价钱高出很多。实际上，赵怀愿购舍两区的价钱与表格中所列的第5条赵善众买舍地贰拾步的价钱相近，这大概是因为赵怀愿所购舍两区面积狭小，房屋构造设备简单。尤其值得注意的是孙阿父师所买房舍不仅价钱昂贵，契约中还有一项特殊条款，即"舍行上薪草、出粪处尽依旧"。这项条款说明孙阿父师所购入的这一区价格高昂的房舍有专为入住者随行的骆驼、马等大型驮畜设置的装备，这所房舍设施齐全，这也部分解释了其价格高昂的原因。如果笔者的推断不误，则孙阿父师所购入的这一区设施齐备的房舍原来应当是民营的客店，并且将会继续从事这种经营。用驮畜运载货物来到高昌的丝路商人应当是客店最主要的客人，而商人一般都结队而至，此间民营客店价格昂贵的另外一个原因很可能就是其房间数量众多[②]。这些外来的商人入住民间客店，进行饮食等消费，并用银钱支付。所以商人的消费是银钱进入当地经济的一个重要途径[③]。

　　大的寺院遗址，周围可见东南坊和东北坊的遗迹。大寺周围有广场，可能是陈列商品，供购买者选择，以达成交易的场所。
① 值得一提的是，斯加夫指出，吐鲁番出土的银币中，出自高昌故城者数目最多，已发现的大约130枚银币，主要来自三座窖藏。见斯加夫《吐鲁番发现的萨珊银币和阿拉伯—萨珊银币——它们与国际贸易和地方经济的关系》，第420页。这些原本窖藏的银币或许就与契约中所谓"黄金伏藏"有关。
② 严耀中注意到此"舍一区"价格昂贵，进而推测其应当有较多的房间。见严耀中《魏氏高昌王国寺院研究》，《文史》第34辑，北京：中华书局，1992年，第132页。
③ 研究者指出7—8世纪的粟特地区"店主和工匠生活在有几个房间的二层楼的房子里，但是主要在比较富裕的地区租借铺子和作坊来做生意和工作。在这些铺子里常常会发现钱币"。这说明以经营为目的的房屋租借在7—8世纪的粟特地区也存在。李特文斯基主编《中亚文明史》第3卷第10章《索格底亚那》，北京：中国对外翻译出版公司，2003年，第203—204页。至今为止的粟特地区考古未

（三）从王国政府获得的银钱

平民的银钱来源中，王国政府这一途径很值得注意。《高昌某年传始昌等县车牛子名及给价文书》[1]反映了这方面的情况。先将文书部分迻录如下。

1　□□□ 银 钱陆文。□□保牛得银钱拾壹 文 。□□□□
2　□□牛贰具。次始昌孙 延 □ 牛 得银钱拾 壹 □□□
3　安足牛得银钱拾壹人[2]。□□□□
4　拾具，乘牛壹头，得近道价，□□□□往河畔中取帐木。次 十 □
5　传始昌 远 行车牛子名：董安伯牛，得银钱贰拾陆文，□□□
6　叁文。参军师祐牛，得银钱贰拾陆文。　刘延明 车 □□□ 延车 牛
7　壹具，得银钱叁拾玖（玖）文。张延叙牛，得银钱贰 拾 □□□钱拾叁文。
8　罗寺道明车牛壹具，得银钱叁拾玖（玖）文。张伯儿车牛壹具，得银钱叁拾玖（玖）

9　文。张伯臭牛得银钱贰拾陆文。唐怀愿车 得 □□□ 文 。田来得牛，得银钱贰 拾 □
10　□海惠车，得银钱拾叁文。合车牛捌具，供侍郎史欢太驮往坞耆得远道价。

（后略）

从文书内容可知，官府征用百姓牛、车、车牛按照距离分近道价和远道价付给车牛马银钱。支付标准为远道价车 13 文，牛 26 文，车牛 39 文；近道价车 6 文，牛 11 文，车牛 17 文。荒川正晴先生对此件文书进行了专门研究[3]，指出此件文书虽无

发现前伊斯兰时代的旅馆信息，研究者认为粟特贵族城堡的庭院具有接待队商的功能。见 Étienne de la Vaissière, *Sogdian Traders: A History*, Leiden & Boston: Brill, 2005, pp. 191-193。
[1]　唐长孺主编《吐鲁番出土文书》壹，北京：文物出版社，1992 年，第 428 页。
[2]　"人"字为"文"字之误，见整理小组注释。
[3]　荒川正晴《麴氏高昌国的远行车牛について——〈高昌某年传始昌等县车牛子名及给价文书〉の检讨を中心にして》，《吐鲁番出土文物研究会会报》第 16、17 号，1989 年，第 1—4、4—6 页。

纪年，但根据文书中出现的官员又见于其他纪年文书以及同墓伴出纪年文书的情况，认为其为延寿年间文书的可能性很高。对于远行车牛的供出者，无论官民僧俗，一律按规定支付银钱，因而将供出远行车牛单纯地视为重役是不太合适的。重光年间远行马价钱的征收开始实施[1]，延寿年间的这件车牛子给价文书也反映出这样一种趋势，原来交通用马的义务性供出开始向远行车牛的雇佣化和供出者的固定化方向发展[2]。这种改革使得银钱在赋税征收中的比重又有增加。应当说，由提供车、牛而获得的远道价、近道价银钱数额不小。

另外一件反映王国官府给国民支付银钱的文书是阿斯塔那388号墓所出的《高昌付张团儿等银钱帐》（以下简称《张团儿银钱帐》）[3]。此件文书残无纪年，同墓所出有延和十二年（613）年呈刺薪奏尾，《张团儿银钱帐》年代可能与此接近。文书登录的基本格式是"银钱若干文，付某人"或者某几个人。涉及的银钱数额不等，少者壹、贰文，多者叁拾文。交付对象有官员如"侍郎""常侍""通事""参军"等，有未注明官职而似为平民的"张团儿""马沙弥子"等，还有如"道人法□""麹郎欢武""麹郎财欢"等，除具体人外，还出现了"永安张令寺""涝林窟寺"等寺院。交付银钱数额与交付对象之间看不出明显的对应关系。从文书透露出的信息来看，这些银钱应当也是对官员及平民、寺院等供物或者差役的某种补偿。与车牛子给价文书相似，《张团儿银钱帐》反映的也是国民从王国政府处获得银钱的情况。

普通平民的银钱来源，并非仅限以上所述诸条途径，他们还可以通过葡萄酒的生产和上缴等方式获取银钱，因文书本身没有提供直接的证据，具体论证详后文。

二、寺院的情况

高昌国的寺院和僧尼也要像俗人一样缴纳赋税，承担徭役，参与经济活动。高昌国寺院的银钱使用情况，如前文表3-1所列，与在家俗人并无不同。但由于寺院经济在高昌社会中的特殊重要地位，此处拟再作考察。吴震先生通过对《高昌乙酉、

---

[1] 関尾史郎《〈高昌延寿元年（624）六月勾远行马价钱敕符〉をめぐる諸問題》（上），《东洋史苑》第42、43合并号，1994年，第62—82页；黄正建译文《有关高昌国"远行马价钱"的一条史料——大谷一四六四、二四〇号文书及其意义》，《出土文献研究》第3辑，北京：中华书局，1998年，第189—197页。
[2] 荒川正晴《麹氏高昌国の远行车牛について——〈高昌某年传始昌等县车牛子名及给价文书〉の检讨を中心にして》，《吐鲁番出土文物研究会会报》第17号，第5页。
[3] 柳洪亮《新出吐鲁番文书及其研究》，乌鲁木齐：新疆人民出版社，1997年，第73—75页。

丙戌岁某寺条列月用斛斗帐历》①细致入微的分析，说明了高昌国的寺院通过规模化、集约化经营，提高了生产效率，并向当地社会提供粮食等农产品，对高昌社会的稳定和经济发展，对丝路畅通，都发挥了积极作用②。吴震先生计算，该寺一年间出售粮食，除以物易物者外，合计得银钱279文。具体情形列表如下：

表3-2 当寺出售粮食得银钱情况表③

序号	时间	情况
1	十月	麦十斛得钱十文用买□
2	十月	麦三十八斛得钱三十八文，供寺充作冬衣
3	十月	麦三十斛得钱三十文，用买□□□五斛一斗
4	十一月	粟四斛五斗得钱三文，供冬至日用
5	十一月	麦五斗、粟十五斛得钱十文，买胡麻子五斛，供佛明
6	十二月	粟七斛得钱五文，粟一斛四斗得钱一文买麻子
7	十二月	粟十六斛得钱十文，用上长生马后钱
8	正月	粟六斗、床二斛九斗得钱三文，供元日用
9	正月	粟三十斛、床五斛得钱二十五文，用买粪
10	正月	粟二十六斛、麦十斛五斗得钱三十文，用买□□□斛九斗
11	三月	粟三斛九斗得钱三文
12	四月	床六十九斛得钱六十九文，用上三月剂道俗官绢
13	五月	床三斛得钱三文
14	六月	麦五斛四斗得钱六文，用买□涸上桃中

---

① 唐长孺主编《吐鲁番出土文书》壹，第400页。关于该件文书的研究，可参见上引陈国灿《对高昌某寺全年月用帐的计量分析——兼析高昌国的租税制度》。

② 吴震《吐鲁番出土高昌某寺月用斛斗帐历浅说》，《文物》1989年第11期；《寺院经济在高昌社会中的地位》，《新疆文物》1990年第4期；《七世纪前后吐鲁番地区农业生产的特色——高昌寺院经济管窥》，《新疆经济开发史研究》（上册），乌鲁木齐：新疆人民出版社，1992年；收入《吴震敦煌吐鲁番文书研究论集》，第568—582、556—567、526—555页。

③ 文书多有缺损，吴震先生据残存部分做了比勘复原，此表格根据吴震先生的复原成果编制。参见《七世纪前后吐鲁番地区农业生产的特色——高昌寺院经济管窥》，《吴震敦煌吐鲁番文书研究论集》，第528—533页。

续　表

序号	时间	情况
15	七月	麦二斛七斗得钱三文
16	八月	麦十二斛得钱十二文，用上□月剂远行马
17	八月	麦四斛得钱四文，用买桥切木两根
18	八月	麦八斛得钱八文，用买车□
19	八月	麦五斛得钱五文，用买车辆一具
20	九月	麦一斛得钱一文买肉

从上件表格可以看出，在该寺院出售粮食所获得的银钱中，长生马后钱、剂道俗官绢、某月剂远行马三项共计91文是用于缴纳王国政府的征科，其余的大部分被用于寺院的生产投入和基本生活消费。值得注意的是，从上件表格可以看出，粮食的出卖也有明显的季节差异，二、三、四、五、六、七这6个月的粮食出售明显少于其他月份，其中二月没有粮食出售[1]，其他5个月也分别只有一次而已。这应当与当地的粮食作物生产周期有关，二月至七月是主要的作物生长期，之后进入收获期即可有新粮入库[2]。除表格中所列的粮食支出外，未列入表格的部分除供寺院人众及狗的基本消费外，如吴震先生指出的，都是小额的实物交易。上件表格中阙如的二月，就有"粟四斛八斗，用买芳二车供整□□渠""麦二斛用买粪□车，上□东渠田""粟三斛，用买老壹洛罍三"等三笔实物交易。相比较而言，所用粮食数量确实比较少，但与此数量相当的交易，在别的月份也有易作银钱者，如八月"麦四斛得钱四文，用买桥切木两根"（上表17），九月"麦一斛得钱一文买肉"（上表20）等。为什么在特定的几个月，实物交易的情况有了明显的增加呢？这一问题很值得注意，但限于资料，目前尚无法作出圆满的解释。笔者推测这与不同月份市场上外来人口的多寡有关系。商胡往来，长途贩易，应当会尽量选择天气暖和的季节，避开天寒地冻的季节。二月天气还很寒冷，市场上外来人口少，所以以物易物的情况就多；相反，

---

[1] 原文书虽有残损，但二月的部分基本完整，可以确认信息无误。这种差异是如此明显，应当可以排除是偶然因素导致。
[2] 二月至七月正是高昌国大麦、小麦从播种到收获的季节。参见町田隆吉《六—八世纪トゥルファン盆地の谷物生产》，《堀敏一先生古稀记念：中国古代の国家と民众》，东京：汲古书院，1995年，第633—648页。

八、九月份商胡到来者众，粮食交易就易于成交。关于寺院出售粮食获得银钱的情况，这件帐历本身没有提供具体信息。从上件表格来看，一年中交易的频率并不低，并且数量不大的几斛粮食也经常可以顺利成交，换回银钱。我们认为，这种交易只能是在正规的市场上发生的。在市场上出售粮食，是寺院重要的银钱来源之一。

此外，前文所引用的《高昌某年传始昌等县车牛子名及给价文书》中，也有"罗寺道明车牛一具，得银钱叁拾玖文"的记载，本文未引用的部分还有"永安东寺"等。这说明和普通平民一样，寺院也有提供车、牛或者车牛的义务，所以也可以获得远道或近道价银钱的补偿。王国政府也是寺院的银钱来源之一。

三、国家的银钱来源及其支出

如本节开始部分业已提及的，《周书》中对高昌国赋税制度有"赋税则计田输银钱，无则输麻布"这样简单的记载。学界通过对吐鲁番文书的研究，目前对高昌国赋税征收的情况已经有了更为具体深入的了解。以下根据学界已有研究成果对高昌国的赋税征收情况做一整理并对相关问题作一探讨。

（一）田租

1. 关于所谓"计田输银钱"

高昌国时期的赋税是否真的施行"计田输银钱"，因为出土文书中有《高昌延寿八年（631）辖质等田亩出银钱帐》和《高昌将显守等田亩得银钱帐》，学界的认识经历了从肯定到否定的转变。先将《高昌延寿八年辖质等田亩出银钱帐》（下文简称作《辖质帐》）[①]中的相关信息迻录如下。

1　□辖质田四，史阿种田四亩半六十步，和梅愿田六十步，高延数
2　□□，朱海忠田二，氾元海田三亩四十步，冯方武田五亩六十步，
3　□怀儒田二半，张元悦田三半，李善守田三半，黄奴奴
4　田二半伯（百）步，樊庆延田二半，贾善来田二半六十步，康
5　延崔田七，系保悦田二半，延寿八年辛卯岁六月七日，出银
6　钱二文。
7　广昌寺田四，孟又□田五，左武相田三，白牧犊田二，秃发伯

---

① 唐长孺主编《吐鲁番出土文书》壹，第434页。

8 □田四，曹□□□四，员延伯田二亩六十步，赵众养田四半，

9 ○○○○○周庆怀田六，夏永顺田三半，贾辉女

10 田四，樊庆隆田二半，良朋悔田三半，

11 延寿八年辛卯岁六月七日，出银钱二文。

关于对本件文书的理解，比如是每户各出银钱二文还是一个单元共出银钱二文，所纳是田租还是别种类型的赋税等问题，学界的观点经历了一个变化过程①。早期的研究者多认为系每户各出银钱二文②，杨际平最早指出应当是合计约五十亩的一组共出银钱二文；早期的研究者认为征收的是田租③，杨际平认为所征收的应当是一种附加税④，関尾史郎也赞同此说⑤。荒川正晴认为每组合计的田亩数与供出车牛一具的田亩数接近，纳银钱二文可能是为免除远行役负担⑥。

《高昌将显守等田亩得银钱帐》（下文简称作《显守帐》）⑦，文书有残损，年代不详。阿斯塔那78号墓为夫妇合葬墓，出土有唐贞观十六年（642）严怀保妻左氏墓志一方。《显守帐》文书系由多件拼合而成，其中28号拆自女尸纸鞋，文书上盖有"奏闻奉信"印文四处。同出文书有延寿十一年（634）者，本件《显守帐》年代亦当约略同时。现将文书迻录如下：

1 ＿＿＿＿＿＿＿＿＿＿＿＿＿＿＿＿＿＿＿师究（玖）拾步＿＿＿

2 ＿＿＿＿＿＿＿＿＿＿＿＿＿＿银钱贰文，将显守＿＿＿

---

① 涉及该文书的研究还有吴震《麴氏高昌国土地所有制形态试探》，《新疆文物》1986年第1期；收入《吴震敦煌吐鲁番文书研究论集》，第486—525页。杨际平《麴氏高昌土地制度试探》（下），《新疆社会科学》1987年第4期；收入《杨际平中国社会经济史论集（出土文书研究卷）》，第155—170页。

② 参唐长孺《新出吐鲁番文书简介》，《山居存稿》，第319页。卢开万《试论麴氏高昌国时期的赋役制度》、程喜霖《吐鲁番文书中所见的麴氏高昌的计田输租与计田承役》、吴震《麴氏高昌国土地所有制形态试探》、郑学檬《十六国至麴氏高昌国时期高昌使用银钱的情况研究》、谢重光《麴氏高昌赋役制度考辨》皆认为是每户缴纳银钱2文。

③ 唐长孺《新出吐鲁番文书简介》，《山居存稿》，第319页。卢开万《试论麴氏高昌国时期的赋役制度》，第71页。程喜霖《吐鲁番文书中所见的麴氏高昌的计田输租与计田承役》，第170页。

④ 杨际平《麴氏高昌土地制度试探》（下）、《麴氏高昌赋役制度管见》，《杨际平中国社会经济史论集（出土文书研究卷）》，第155—156页、第388页。

⑤ 関尾史郎《高昌田亩（得、出）银钱帐——〈吐鲁番出土文书〉札记（一○）》（中），《吐鲁番出土文物研究会会报》第65号，第45页。

⑥ 荒川正晴《ユーラシアの交通・交易と唐帝国》，名古屋：名古屋大学出版会，2010年，第137—138页。

⑦ 唐长孺主编《吐鲁番出土文书》贰，第42页。

3　▯▯▯▯▯▯▯▯▯▯▯▯▯▯▯▯▯▯▯▯▯▯▯▯▯□究（玖）拾步，得银钱叁文，▯▯▯

4　银钱壹文半；将显祐半亩叁□□得银钱叁文；道法师半亩，得银钱
　　▯

5　半亩拾伍步，得银钱叁文；冯伯相究（玖）拾步，得银钱叁文；▯▯

6　相半亩，得银钱贰文；王明憙肆拾步，得银▯▯▯

7　文；麹郎文玉陆拾步，得银钱贰文；康犊▯▯▯

8　得银钱壹文；赵贤儿陆拾步，得银钱壹▯▯

--（纸缝）

9　翟憙儿叁拾步，得银钱壹文；赵信惠▯▯▯

10　得银钱壹文；令狐欢相陆拾步，得▯▯

11　赵洛愿陆拾步，得银钱贰文；海惠师半亩叁拾步，得银▯▯▯究居

12　陆拾步，得银钱壹文；索僧伯陆拾步，得银钱壹文；思戡□寺柒拾步，
　　得

13　银钱贰文；道铠师肆拾步，得银钱▯▯▯▯▯拾步，得银钱壹文；

14　昙勖师半亩叁拾步，得银钱叁文；▯▯▯▯得银钱肆文半；郎

15　中寺壹亩，得银钱肆文半；将来▯▯▯▯海相师陆拾步，

16　□银钱壹文；鄙臭儿陆拾步，得银钱壹文；▯▯▯拾步，得银钱壹

17　□；叁军善海陆拾步，得银钱壹文，参军客儿▯▯▯钱肆文；赵贤

18　□□□步，得银钱贰文；官人何祝子叁拾步，得银□文；安僧迦梨
　　半亩，

19　□□钱贰文；作人憙相陆拾▯▯▯▯▯▯祐陆拾步，得

20　▯▯▯▯壹；镇家壹亩，得银钱▯▯▯

21　□文；典录庆峻陆拾步，得银钱壹文；▯▯▯

22　□嵩师叁拾步，得银钱半文；丁绍祐

23　叁拾步，得银钱半文；▯▯▯

24　半文；海法师陆拾步，得银钱▯▯▯▯银钱壹文；刘▯▯▯

25　□得银钱壹文；作人寅奈陆拾步，得银钱壹文；作人众儿陆拾步，得
　　▯▯▯

26　▯▯▯步，得银钱半文；翟怀相陆拾步，得银钱壹文；申保▯▯▯

27　▯▯▯▯拾步，得银钱壹文。次主簿大憙夏□▯▯▯

《显守帐》的缴纳标准较为明确，经计算，多为亩纳4文或8文银钱，个别有亩纳4.5文、4.8文、5.3文、6.9文的情况。但是对于赋税的性质和田地的性质，学界的意见多有不同。早期的研究者认定这是高昌国"赋税则计田输银钱"的证明，标准不同是因为田地肥瘠美恶有差别[①]。谢重光也认为系计田输银钱的田租，至于缴纳标准存在巨大差异，他认为系私租与屯田租额的差别所致，即《显守帐》上的土地可能属于屯田上的葡萄园等经济作物地[②]。杨际平也认为《显守帐》所征收租额过高，进而同意了谢重光的土地当系葡萄园的观点[③]。但是関尾史郎在1988年的一篇文章中认为，《显守帐》与田租征收无关，至少没有根据可以断定其内容为田租的征收[④]。北凉时代的高昌存在计赀制度，不同类型的土地计赀标准也有差别[⑤]，所计赀额进而成为户调征收[⑥]和配养马匹[⑦]的依据，从这一角度来说，可以确认北凉时代不同类型的土地的赋税承担量的确存在差别。高昌国时期的田地种类名称较北凉时期大为减少，但田地租佃契约中仍然会说明所涉及的田地是部田、常田、菜园还是葡萄园等。同一类型的田地租佃，因为市场行情等原因，价格也会有差别[⑧]。但依杨际平和谢重光的理解，《显守帐》所涉的是葡萄园（或者屯田上的葡萄园），但缴纳标准却存在亩纳4文和8文的差别，这是很难理解的。此外，关于《显守帐》还存在一个难以理解的问题，即如果其中所登载的土地是土地保有额，为什么此件帐目的土地平均数仅为83步，不足《辇质帐》中每人平均847步的十分之一；为什么帐目中官员的面积很小，与作人的面积相当，甚至有低于作人者[⑨]。関尾史郎认为，《显守帐》所

[①] 唐长孺《新出吐鲁番文书简介》，《山居存稿》，第319页；卢开万《试论麹氏高昌国时期的赋役制度》，第69页；郑学檬《十六国至麹氏高昌国时期高昌使用银钱的情况研究》，《敦煌吐鲁番出土社会经济文书研究》，第306页。另外宫崎纯一也作如是解，参见宫崎纯一《八世纪以前のトゥルファン地方の农业生产について》，《佛教大学大学院研究纪要》第13号，1985年，第85页。
[②] 谢重光《麹氏高昌赋役制度考辨》，第82—83页。
[③] 杨际平《麹氏高昌赋役制度管见》，《杨际平中国社会经济史论集（出土文书研究卷）》，第386页。
[④] 関尾史郎《"文书"と"正史"の高昌国》，《东洋史研究》第47卷第3号，1988年，第125—126页。
[⑤] 朱雷《吐鲁番出土北凉赀簿考释》，《武汉大学学报》1980年第4期；收入作者《朱雷敦煌吐鲁番文书论丛》，上海：上海古籍出版社，2012年，第9—14页。
[⑥] 裴成国《吐鲁番新出北凉计赀、计口出丝帐研究》，第65—104页。
[⑦] 朱雷《吐鲁番出土文书中所见的北凉"按赀配生马"制度》，《文物》1983年第1期；收入作者《朱雷敦煌吐鲁番文书论丛》，第26—32页。
[⑧] 《高昌延昌二十四年（584）道人智贾夏田券》（唐长孺主编《吐鲁番出土文书》贰，第250页）中显示夏常田1亩价格为银钱5文；《高昌延寿六年（629）赵明儿夏田券》（唐长孺主编《吐鲁番出土文书》贰，第242页）中显示，夏常田3亩支付银钱20文，平均每亩6.5文以上，价格较前例高出不少。
[⑨] 関尾史郎《高昌田亩（得、出）银钱帐——〈吐鲁番出土文书〉札记（一〇）》（中），第5页。

登录的并非土地的保有额，而是土地的耕种面积，即耕种官田或屯田的面积。因为官员有特权，作人地位低下，所以耕作面积总体都较小，而所缴纳的银钱则是为免除在这些官田或屯田上劳作的代役钱[①]。至此，学界对于《铧质帐》和《显守帐》的理解都取得了突破。

《铧质帐》和《显守帐》曾屡屡被早期的研究者引用以为高昌国的田租施行"计田输银钱"的证据，现在看来并非如此。高昌国的田租征收对象为田地的产出物及加工品，如麦、粟、酒、丝绵等，到高昌国的末期又出现了部分类型的田租以银钱代纳的情况，所以在当时的高昌国，田租确实是王国政府的赋税收入和银钱来源之一。作为外部记载的《周书》称高昌国"赋税则计田输银钱"，虽不尽符合史实，但其中亦不乏接近史实的成分。

以下对高昌国的田租征纳物分别进行考察。

2. 租麦、租粟、租床

北凉时代的高昌存在田租的征收[②]，高昌国时代也仍在继续。目前所见明确记载田租征收情况的是高昌国晚期出现的条记文书，其中有记载缴纳租麦、租粟、租床的情况[③]。条记文书中虽然记载了所纳入的粮食种类及数量，但由于不记田亩数量，我们无从知道租麦、租粟、租床的缴纳标准。从条记文书中记载的缴纳数量来看，有纳租粟 8 斗者[④]，又有纳租床 4 斗者[⑤]，而高昌国市场上粟、床的价格相当[⑥]，由此可知高昌国的田租并非等额租，很可能是计土地面积而征。《高昌和婆居罗等田租簿》《高昌张众养等按亩入供斛斗帐》《高昌五塔等寺计亩入斛斗簿》《高昌高乾秀等按亩入供帐》等文书都同时登载了田亩数额以及历次的纳入数量，据此可以计算出

---

① 関尾史郎《高昌田亩（得、出）银钱帐——〈吐鲁番出土文书〉札记（一〇）》（中），第 5—7 页；関尾史郎《高昌田租试论》，第 102 页。
② 林日举《高昌郡赋役制度杂考》，《中国社会经济史研究》1993 年第 2 期，第 19—21 页。
③ 目前已发表的条记文书总共 75 件。《吐鲁番出土文书》中所收的条记文书计 64 件，柳洪亮《新出吐鲁番文书及其研究》中收条记文书 9 件，合计 73 件。参见関尾史郎《高昌国条记文书一览表》，《トゥルファン出土高昌国税制関系文书の基础的研究——条记文书の古文书学的分析を中心として》（九），第 36—37 页。另外，近年新获吐鲁番文书中也有两件条记文书，其中之一为《麹氏高昌租床条记》（文书号 2006TZJI:148），载荣新江、李肖、孟宪实主编《新获吐鲁番出土文献》，第 297 页。另外一件载于同页的《麹氏高昌残券》（文书号 2006TZJI:146），也是一件租麦条记，此点已为関尾史郎先生指出，参见関尾史郎《トゥルファン出土、"五胡"时代文书の定名をめぐって——〈新获吐鲁番出土文献〉の成果によせて》，《西北出土文献研究》第 7 号，2009 年，第 74—75 页。
④ 《张意儿入俗租粟条记》，唐长孺主编《吐鲁番出土文书》壹，第 423—424 页。
⑤ 荣新江、李肖、孟宪实主编《新获吐鲁番出土文献》，第 297 页。
⑥ 《高昌乙酉、丙戌岁某寺条列月用斛斗帐历》中的价格都为 1 斛 1 文银钱，见唐长孺主编《吐鲁番出土文书》壹，第 400 页。

缴纳标准都是亩纳 3 斛。早期的研究者认为这就是麦、粟等作为田租的缴纳标准[1]。谢重光较早指出《高昌和婆居罗等田租簿》中亩纳 3 斛的应该是屯田土地上葡萄园的租酒[2]，此后的研究者如関尾史郎亦表示同意[3]。关于租麦、租粟的每亩缴纳额，文书中没有明确的信息留存，研究者通过相关数据作过推算。杨际平利用《高昌乙酉、丙戌岁某寺条列月用斛斗帐历》中保留的该寺院输租所用粮食斛斗数，又估算该寺的土地数量，认为当时的田租应在每亩 1 斗左右[4]；吴震的推算方法与杨际平稍有不同，讨论更为具体周全，测算结果是赀租什一计征[5]，如所周知，高昌常田计赀亩当 3 斛，那么按照什一计征，每亩应当缴纳 3 斗。两者的估算差距不小，何者更准确，需要进一步的资料佐证。从条记文书中的信息来看，每亩 3 斗应当更接近当时的田租缴纳标准[6]。

哈拉和卓 91 号墓出土有 2 残片，整理小组根据字迹定为 1 件，定名为《田亩出麦帐》[7]。该墓所出有纪年文书起西凉建初四年（408），至缘禾五年（436）。兹将文书迻录如下。

（一）75TKM91:10/1

1 ☐一半，亩出麦三斗七升。

2 ☐升半

---

[1] 如程喜霖《吐鲁番文书中所见的麹氏高昌的计田输租与计田承役》，第 170—171 页；郑学檬《高昌实物田租问题探讨——〈吐鲁番出土文书〉读后札记》，《敦煌吐鲁番出土社会经济文书研究》，第 123—125 页；陈国灿《对高昌某寺月用帐的计量分析——兼析高昌国的租税制度》，《陈国灿吐鲁番敦煌出土文献史事论集》，第 117—118 页；陈国灿《斯坦因所获吐鲁番文书研究》，武汉：武汉大学出版社，1994 年，第 58—59 页；関尾史郎《トゥルファン出土高昌国税制関系文书の基础的研究——条记文书の古文书学的分析を中心として》（七），第 19 页。関尾史郎引用并分析了《高昌高乾秀等按亩入供帐》，认为其所纳是民户耕种屯田作为田租纳入的谷物。

[2] 谢重光《麹氏高昌赋役制度考辨》，第 82—83 页。

[3] 関尾史郎《トゥルファン出土高昌国税制関系文书の基础的研究——条记文书の古文书学的分析を中心として》（五），第 38 页。

[4] 杨际平《麹氏高昌土地制度试探》（上），《新疆社会科学》1987 年第 3 期，第 90 页；收入《杨际平中国社会经济史论集（出土文书研究卷）》，第 150—152 页。

[5] 吴震《七世纪前后吐鲁番地区农业生产的特色》，《吴震敦煌吐鲁番文书研究论集》，第 541—542 页。

[6] 荣新江、李肖、孟宪实主编《新获吐鲁番出土文献》第 297 页的《麹氏高昌租床条记》中记翟莹珍所纳租床为 4 斗。唐长孺主编《吐鲁番出土文书》壹第 423—424 页所载张意儿 620 年、624 年所纳租粟都为 8 斗。如果田租征收标准为每亩 1 斗，则两人的田亩数分别为 4 亩和 8 亩，结合其他文书反映的情况，似嫌过多；如果亩收 3 斗，则两人的田亩数分别为 1、2 亩左右，应当更接近当时的平均水平。所以田租亩收 3 斗应当更接近实情。

[7] 唐长孺主编《吐鲁番出土文书》壹，第 78 页。

3 ☐☐☐☐☐☐☐☐☐☐☐麦

（二）75TKM91:10/2

1 ☐☐☐一亩☐☐
2 ☐☐☐五斛一斗六升。☐☐
3 ☐☐廿七斛二斗八升半。合☐☐
（后缺）

整理小组注释称，第2残片第3行"二斗"二字上盖有墨迹，除此之外，看不出太多外部特征。整理小组的定名已经初步揭示了此件文书的性质，根据第1残片首行所存"一半，亩出麦三斗七升"以及第2残片末行所存最后一个字"合"断定此件文书为《田亩出麦帐》，当无疑义。值得注意的是其缴纳标准"亩出麦三斗七升"，这很可能是当时田租的征收标准[①]。本件文书属于北凉时代的可能性很大，如前文所言，北凉时代的高昌既已存在输租制度，从此件文书来看，其输租标准与高昌国很接近，似乎有很大的延续性。

租麦、租粟、租床的征收一直存在到高昌国灭亡之年[②]，未见有以银钱缴纳者。对于高昌国政府来说，田租收入中始终确保有相当数量的租麦、租粟、租床，不仅是必要的，也是必须的。

3. 租酒

高昌当地自北凉时代似即有租酒的征收[③]，高昌国时代这一制度相沿不辍。高昌国时代的文书中，《高昌和婆居罗等田租簿》《高昌张众养等按亩入供斛斗帐》《高昌五塔等寺计亩入斛斗簿》《高昌高乾秀等按亩入供帐》诸件帐簿虽然文书本身未明言，但根据其亩纳3斛的统一标准，可以认为应当都是租酒缴纳的帐簿。此外，阿斯塔那389号墓所出《高昌德集等计亩入斛斗帐》[④]纳入标准也为亩收3斛，可以

---

① 郑学檬也认为此件文书可能为田租帐，但未作具体分析。见郑学檬《十六国至麴氏高昌国时期高昌使用银钱的情况研究》，《敦煌吐鲁番出土社会经济文书研究》，第303页。但在该文中他又根据夏田契约中的条款，认为高昌国的租额"一般小麦每亩2.7至3.25斛，床3斛、大麦7斛5斗"。按，夏田契约中所记的斛斗数为租佃价格，与交给国家的田租无关。
② 条记中有《高昌延寿十七年（640）张阿欢入己亥岁俗租小麦条记》，见唐长孺主编《吐鲁番出土文书》贰，第290页。
③ 林日举《高昌郡赋役制度杂考》，第20—21页。
④ 柳洪亮《新出吐鲁番文书及其研究》，第77—78页。

确定也是租酒纳入帐簿。高昌国晚期的条记文书中也有多件系入纳租酒者,入纳数额留存者有3斛2斗的两例①,入纳者都是赵寺法嵩,可知其葡萄园面积当为1亩16步。明确记载以银钱缴纳租酒者仅有一例,即《高昌延寿十四年(637)康保谦入租酒银钱条记》②,所纳为银钱2文。

康保谦入租酒银钱是很值得注意的情况。首先,高昌国的租酒纳入应当是以保有葡萄园为前提的,也就是说,有葡萄园才须缴纳租酒。缴纳租麦、租粟的田亩不必缴纳租酒③,这从《高昌和婆居罗等田租簿》等帐簿中可以看到。每个人户的入供记录之前都会登录其葡萄园的亩数。另外《高昌张武顺等葡萄亩数及得酒帐》④中存在一些人户登录了葡萄园亩数,但是"无租"的情况⑤,吴震先生对此的解释是"因故蠲免"⑥。既然康保谦有葡萄园,又有缴纳租酒的义务⑦,为什么没有与其他人一样以租酒上缴,而以银钱代纳呢? 而就在补纳前年所欠租酒银钱的同一年,康保谦又花20余文银钱买下另外一处葡萄园;同墓所出文书中,还有康保谦花7文银钱和粮食1斛4斗雇刘祀海的契约⑧;此外,条记文书中还有康保谦入驿羊钱、入绢钱的记载,可见此人颇富银钱。从名字来看,康保谦应当是著籍的粟特人,他在可能原已有葡萄园的情况下再次买入葡萄园,拖欠租酒不纳而缴以银钱,并且其他赋税也多以银钱代纳,从以上迹象来看,他应当是很善于经营的。如果猜测不误,康保谦很可能将自己葡萄园产出的葡萄酒出卖牟利了⑨,故而才会延纳酒租,且以银钱代缴。

---

① 唐长孺主编《吐鲁番出土文书》壹,第445页。
② 唐长孺主编《吐鲁番出土文书》贰,第22页。
③ 杨际平《麴氏高昌赋役制度管见》指出:"麴氏高昌时期的官方田亩帐,葡萄园经常单列,由此推论,应交租酒的葡萄园很可能不必交租麦粟,反之亦然。"《杨际平中国社会经济史论集(出土文书研究卷)》,第386页。
④ 本件文书《吐鲁番出土文书》原定名为《高昌张武顺等葡萄亩数及租酒帐》,据本书这一章的研究改订,特此说明。
⑤ 唐长孺主编《吐鲁番出土文书》壹,第324—328页。其中有葡萄园而无租的人户如第3断片的"阿狯"有葡萄园贰亩,但注明无租。
⑥ 吴震《麴氏高昌国土地所有制形态试探》,《吴震敦煌吐鲁番文书研究论集》,第510页。
⑦ 康保谦所纳实为延寿十五年的租酒银钱,迟至十七年正月才补交完毕。
⑧ 《高昌延寿十四年(637)康保谦买园券》,唐长孺主编《吐鲁番出土文书》贰,第23页,按,此件买园券有残损,但为买葡萄园券的可能性很大。《高昌康保谦雇刘祀海券》,唐长孺主编《吐鲁番出土文书》贰,第24页。
⑨ 康保谦作为著籍的粟特人,具有其他人所不具备的经商优势,当时活跃在丝绸之路上的"兴胡"应当是他交接贸易的重要对象。参见荒川正晴《オアシス国家とキャラヴァン交易》,第36页。这种情况到唐代也仍然存在。荒川正晴指出,唐代可以完全脱离本贯的行客中可以确认有粟特人的存在,作为聚落民的著籍粟特人与"兴胡"之间应当存在交易活动。见荒川正晴《ソグド人の移住聚落と东方交易活动》,岩波讲座《世界历史》15《商人と市场:ネットワークの中の国家》,东京:岩波书店,1999年,第99页。

租酒以银钱代纳,所见仅康保谦一例,应当是高昌国末期才开始施行的举措,并且租酒银钱数额亦少,在王国政府的银钱来源中应当不占重要地位。

(二)国家的其他银钱来源:称价钱与臧钱

阿斯塔那514号墓所出的《高昌内藏奏得称价钱帐》[1]因为包含的高昌商业贸易税收情况等信息而备受瞩目[2]。文书中涉及的商品有贵金属如金、银、铜,以及鍮石、香料、郁金根、硇沙、药、丝绸等。商品交易涉及的双方除个别龟兹人、高车人、车师人、汉人之外,绝大多数都是粟特胡人。王国政府称量货物的重量并据以征收银钱,但不同种类的商品税率有差别。就数量而言,高昌国一年从称价钱中所获银钱不满五百文,并非王国政府的主要财源。朱雷认为称价钱仅为商人(主要是商胡)交给高昌国的诸种商税中的一种,并认为臧钱也是商税的一种。

目前所见与臧钱相关的文书主要是阿斯塔那84号墓所出《高昌条列出臧钱文数残奏》和《高昌条列入官臧钱文数残奏》[3]。姜伯勤指出,称价钱是作为王室收入的进出口贸易管理附加税,征收对象不是日常进行的一般交易。关于臧钱,姜伯勤同意朱雷的意见,认为不仅商胡,其他居民在参加交易时也须缴纳[4]。卢向前的《论麴氏高昌臧钱》一文不同意朱雷关于"臧钱"的解释,认为"臧钱"即"赃钱",系为赎罪缴纳的银钱[5]。関尾史郎同意此观点[6]。宋晓梅也同意这种观点,并进而认为,臧钱是商胡因私藏织物以逃避税收而被都官处罚缴纳的[7]。将臧钱直接看作一种商税的观点,恐怕难以成立[8]。荒川正晴指出称价钱并非向粟特人征收的唯一商税,很可能还有通行税一类的税。称价钱和臧钱都入"内臧",或曰"官臧",是王室财政

---

[1] 唐长孺主编《吐鲁番出土文书》壹,第450—452页。
[2] 关于称价钱文书,唐长孺最早作了讨论,认为其所纳银钱很少,似还不是正式的商税。见唐长孺《新出吐鲁番文书简介》,320—321页。详细的研究参见朱雷《麴氏高昌王国的"称价钱"——麴朝税制零拾》,《魏晋南北朝隋唐史资料》第4期,1980年内部交流;收入作者《朱雷敦煌吐鲁番文书论丛》,第74—87页。
[3] 唐长孺主编《吐鲁番出土文书》贰,第2—3页。
[4] 姜伯勤《敦煌、吐鲁番とシルクロード上のソグド人》(2),《季刊东西涉》第5卷第2号,1986年;中译本收入作者《敦煌吐鲁番文书与丝绸之路》,第180—182页。
[5] 卢向前《论麴氏高昌臧钱——67TAM84:20号文书解读》,《北京大学学报(哲学社会科学版)》1991年第5期;收入作者《敦煌吐鲁番文书论稿》,第201—216页。
[6] 関尾史郎《论"作人"》,第52页。
[7] 宋晓梅《都官文书中的臧钱与高昌对外贸易中的几个问题》,《西域研究》2001年第4期;收入作者《高昌国:公元五至七世纪丝绸之路上的一个移民小社会》,北京:中国社会科学出版社,2003年,第372—395页。
[8] 关于这件文书,尚需再作研究。相比较而言,主张"臧钱"非商税的学者指出的一些问题,如文书中"臧""藏"二字并不混用,其中出现"作从"等名词,都是持"商税说"者难以给予合理解释的。

的一部分[①]，也是国家的银钱来源之一。

（三）国家的银钱支出

高昌国的银钱支出中，向周边游牧部族买马应当是一个重要的方面。阿斯塔那48号墓出土了延昌二十七年（587）高昌兵部买马文书7件[②]，虽然多有残缺，但关键信息大多留存，为我们考察高昌国时期钱马交易情况提供了可信的史料。王新民对其中6件买马文书所记买马数和用钱数进行了统计，其结论是该年四月至八月间，兵部共买马122匹，花费银钱4154文，排除推算可能导致的误差，仍可将用钱数估计为4000文左右[③]。作者未统计在内的第7件也系同一年的文书，内容较完整，但月份残缺，涉及的是用67文银钱买马2匹。如果将残损严重的第8件也计算在内，则延昌二十七年半年左右时间内高昌国就有8笔马匹交易，用钱4000文以上。限于资料，本年度另外半年的马匹交易情况不得而知，但高昌国时期马匹购入的大致规模却不难想见。在这种马匹交易中，高昌国以银钱支付马价，并且数量很大，这应当是当时高昌国银钱支出的一个重要方面。

高昌国长期以邻近的游牧民族为宗主，国家的银钱支出中，当有一部分用于供奉周边的游牧民族如突厥、铁勒等。史载西突厥统叶护可汗统治时期，"西域诸国王悉授颉利发，并遣吐屯一人监统之，督其征赋"[④]，高昌国的银钱收入可能亦须向突厥供奉一部分。铁勒控制高昌的方式是"恒遣重臣在高昌国，有商胡往来者，则税之送于铁勒"[⑤]。吴玉贵先生认为，西域诸国多位于丝绸之路沿途要冲，商业税收是西域诸国的一项重要的税收来源，同时也是历代游牧政权向西域诸国征敛的一项重要内容。虽然尚未见突厥政权直接向高昌收取商税的记载，但从铁勒的情况来看，突厥应当不会例外[⑥]。

高昌国的银钱支出中应当有一部分被用于王室开销及其他临时用途。玄奘过高

[①] 荒川正晴认为"内臧"和官文书中所见"官臧"都是王室府库的意思，见其著《オアシス国家とキャラヴァン交易》，第36—37页。
[②] 唐长孺主编《吐鲁番出土文书》壹，第338—344页。同墓所出文书中还有一件，文书整理小组命名为《高昌延昌年间兵部条列买马用钱头数奏行文书》，见唐长孺主编《吐鲁番出土文书》壹，第345页。该文书残甚，纪年不详，但据残存文字可知其为买马奏行文书。
[③] 王新民《麴氏高昌与铁勒突厥的商业贸易》，《新疆大学学报（哲学人文社会科学版）》1993年第3期，第60—61页。
[④] 《旧唐书》卷一九四下《突厥传下》，北京：中华书局，1975年，第5181页。
[⑤] 《隋书》卷八三《高昌传》，北京：中华书局，2019年，第2078页。
[⑥] 吴玉贵《突厥汗国及其对西域的统治》，余太山主编《西域通史》第四编，郑州：中州古籍出版社，2003年，第130页。

昌时，受到麹文泰的礼遇。玄奘离开高昌时，麹文泰赠给他"黄金一百两、银钱三万，绫及绢等五百匹，充法师往返二十年所用之资。给马三十匹，手力二十五人"[①]。黄金、绫绢、马匹等项折合银钱，数额应当非常巨大[②]。麹文泰能够慷慨奉送，当然是以高昌国的银钱收入有稳定的来源为前提的。

四、市场与葡萄酒生产

如《高昌高乾秀等按亩入供帐》[③]等帐簿所显示，高昌国的租酒征收零碎而分散，并不集中收支，租酒有明确的征收标准，即亩纳3斛[④]。在这一类租酒簿之外，还有一件与葡萄酒征收有关的特殊帐簿，即《高昌张武顺等葡萄亩数及租酒帐》（以下简称《张武顺帐》）[⑤]，此件文书是本节研究的重点。

《张武顺帐》出自阿斯塔那320号墓，共由4件残片组成，不详纪年。同墓出土有义和五年（618）赵善庆墓志和延和十年（611）举麦券，《张武顺帐》的年代不会晚于义和五年。文书第2残片的背缝有"延明""延意"押署。同墓又出《高昌苻养等葡萄园得酒帐》文书2片，字体、格式均与《张武顺帐》不同。关于《张武顺帐》学界已经有多篇专论文章，唐长孺[⑥]、吴震[⑦]、孙振玉[⑧]、关尾史郎[⑨]、卢向

---

① 慧立、彦悰《大慈恩寺三藏法师传》，孙毓棠、谢方点校，北京：中华书局，2000年，第21页。
② 参见孟宪实《麹文泰与唐玄奘》，《敦煌吐鲁番研究》第4卷，北京：北京大学出版社，1999年；收入作者《汉唐文化与高昌历史》，济南：齐鲁书社，2004年，第256—272页。
③ 唐长孺主编《吐鲁番出土文书》壹，第199—200页。
④ 同类的租酒征收帐簿还有《高昌和婆居罗等田租簿》（唐长孺主编《吐鲁番出土文书》壹，第275—278页）、《高昌张众养等按亩入供斛斗帐》（唐长孺主编《吐鲁番出土文书》壹，第202页）、《高昌五塔等寺计亩入斛斗簿》（唐长孺主编《吐鲁番出土文书》壹，第298—299页）。吐鲁番文书整理小组及早期的研究者多认为这些文书涉及的是粮食作物的田租征收，谢重光最早指出这些亩纳3斛的征收物应该是租酒。见谢重光《麹氏高昌赋役制度考辨》，第82—83页。
⑤ 唐长孺主编《吐鲁番出土文书》壹，第324—328页。
⑥ 唐长孺首先指出此件文书涉及的是葡萄园租酒。见唐长孺《新出吐鲁番文书简介》，《东方学报》第54期，1982年；收入作者《山居存稿》，第319—320页。
⑦ 吴震《麹氏高昌国土地所有制形态试探》，《新疆文物》1986年第1期；收入《吴震敦煌吐鲁番文书研究论集》，第509—510页。吴震《吐鲁番出土"租酒帐"中"姓"字名实辨》，《文物》1988年第3期；收入《吴震敦煌吐鲁番文书研究论集》，第583—589页。
⑧ 孙振玉《试析麹氏高昌王国对葡萄种植经济以及租酒的经营管理》，敦煌吐鲁番学新疆研究资料中心编《吐鲁番学研究专辑》，乌鲁木齐：乌鲁木齐县印刷厂，1990年，第218—239页。
⑨ 关尾史郎《高昌田亩（得、出）银钱帐——〈吐鲁番出土文书〉札记（一〇）》（下），第4—6页。

前[1]、卫斯[2]、宋晓梅[3]等先生都进行过研究，但都未能揭示此件文书的性质。原文书为4断片（图3-2、图3-3、图3-4、图3-5），兹迻录文书如下以便分析。

（一）60TAM320:01/8

（前缺）

1 ＿＿＿＿＿＿＿＿＿＿＿＿亩，无租。张武顺桃（萄）贰亩陆□

2 ＿＿＿＿＿＿＿＿亩，租了。法贞师桃（萄）叁亩陆拾步，储酒伍酐（斛），

3 ＿＿＿贰酐（斛）。康寺僧幼桃（萄）半亩，租了。康安得桃（萄）陆拾步，

4 ＿＿＿桃（萄）半亩，无租。 索祐相桃（萄）陆拾步，租了。康崇相桃（萄）贰

5 ＿＿＿储酒伍酐（斛），得酒壹姓有拾酐（斛）。康众憙桃（萄）壹亩□□

6 ＿＿＿＿＿＿＿酒贰酐（斛）＿＿＿＿＿＿＿

（后缺）

（二）60TAM320:01/1

（前缺）

1 ＿＿＿＿＿＿＿＿＿＿＿＿拾步，租＿＿＿＿

2 ＿＿＿＿＿＿＿＿＿＿＿酐（斛）。任阿悦＿＿

3 ＿＿＿＿＿＿＿＿＿＿伍酐（斛），得酒两姓＿＿

4 ＿＿＿＿＿＿＿＿＿＿伍酐（斛）。出提憨寺桃（萄）壹＿＿＿

5 ＿＿＿＿＿＿＿＿＿＿亩半，储酒肆酐（斛），有酒捌＿＿＿

6 ＿＿＿＿＿＿＿＿＿酐（斛）。焦庆伯桃（萄）半亩，租了。

王＿＿＿＿

---

[1] 卢向前《麴氏高昌和唐代西州的葡萄、葡萄酒及葡萄酒税》，《中国经济史研究》2002年第4期；收入作者《唐代政治经济史综论：甘露之变研究及其他》，北京：商务印书馆，2012年，第422—431页。

[2] 卫斯《关于吐鲁番出土文书〈租酒帐〉之解读与"姓"字考》，《西域研究》2003年第2期，第44—52页；又刊《西域研究》2005年专刊，第98—106页。

[3] 宋晓梅《高昌国：公元五至七世纪丝绸之路上的一个移民小社会》，第160—162页。

银币东来：五至七世纪吐鲁番绿洲经济与丝绸之路

7 ☐租了。史寺☐叁亩半陆拾步，储酒伍酙（斛）

8 ☐捌酙（斛）。解特☐亩陆拾步，有酒陆酙（斛）。王阇☐

9 ☐壹☐陆拾步，有酒陆酙（斛）。☐桃（萄）壹亩陆拾步，租了。

10 ☐桃（萄）壹亩，租了。苏子悦桃（萄）☐租。焦文崇桃（萄）壹亩，租了。

11 ☐桃贰亩陆拾步，租了。☐☐☐桃（萄）壹亩陆拾步，有酒叁

12 ☐庆则桃（萄）贰亩半，储酒伍☐，☐酒两姓有贰拾陆酙（斛）。将崇☐

13 ☐半亩陆拾步，有酒伍酙（斛）。崇☐师桃（萄）半亩玖拾步，租了。王

---（纸缝）

14 ☐壹亩半，有酒伍酙（斛）。宋增儿桃（萄）壹亩半，租了。白赤头桃壹亩半，有

15 ☐桃（萄）贰亩，储酒捌酙（斛），得酒两姓有叁拾酙（斛）。康欢☐

16 ☐桃壹亩陆拾步，无租。韩延☐☐
（后缺）

（三）60TAM320:01/2

（前缺）

1 ☐☐酒陆姓有捌拾酙（斛）。王子相桃壹亩半，租了。龙☐

2 ☐步，得酒陆酙（斛）。索寺德嵩桃贰亩，储酒捌酙（斛），得酒壹姓☐

3 ☐寺桃（萄）壹亩半，储酒拾伍酙（斛），得酒叁姓半有伍拾酙（斛）。张仲祐桃（萄）壹☐

4 ☐步，无租。毛保谦桃贰亩半，储酒☐酙（斛），无酒。显真师桃

150

（萄）壹亩半陆拾☐☐☐☐

5 ☐☐壹姓有拾伍酨（斛）。袁保祐桃（萄）贰☐☐☐无租。麴寺尼愿崇桃（萄）贰亩，得酒☐☐☐

6 ☐拾肆酨（斛）。将众庆桃（萄）壹亩得酒☐☐阿狝桃（萄）贰亩，无租。张延嵩桃（萄）☐☐☐

7 ☐☐拾步，无租。张愿伯桃（萄）壹亩半☐☐欢桃（萄）壹亩，租了。汜延受桃（萄）☐☐☐

8 ☐☐酒伍☐，得酒壹姓有拾贰酨（斛）。☐☐桃（萄）壹亩半，得酒伍酨（斛），☐☐

9 ☐☐☐☐租。王祐儿桃（萄）☐☐酒壹姓有拾肆酨（斛）。辛阿元☐☐☐

10 ☐☐☐☐☐延伯桃（萄）☐☐柒酨（斛）。白寺真净桃（萄）壹亩陆☐☐

11 ☐☐☐☐☐☐寺桃（萄）贰亩陆拾步，☐酒柒☐☐

12 ☐☐☐☐☐寺桃（萄）贰亩半陆拾☐，储☐

13 ☐☐☐☐☐☐☐有酒两姓得贰拾☐[①]

14 ☐☐☐☐☐☐善愿无桃（萄），得酒☐☐☐

15 ☐☐☐☐☐☐奴子贰☐☐☐

16 ☐☐☐☐☐僧保桃（萄）☐☐☐

（后缺）

（四）60TAM320:01/3

（前缺）

1 ☐☐☐人抚军寺桃（萄）伍亩六十步，储酒叁拾酨（斛），得酒拾壹姓有壹佰肆拾贰☐☐

2 ☐☐☐☐无桃（萄），得酒两姓有贰拾柒酨（斛）。史伯悦桃（萄）壹亩陆拾步，无租。吕马☐☐☐

3 ☐☐☐租了。主簿尸罗桃（萄）壹亩半，得酒肆酨（斛）伍兜（斗）。

---

① 本行首字"有"系笔者据文书图版所补。"有酒"数量中出现"姓"，仅见于此例。"姓"后的"得"字或为"有"之误。

151

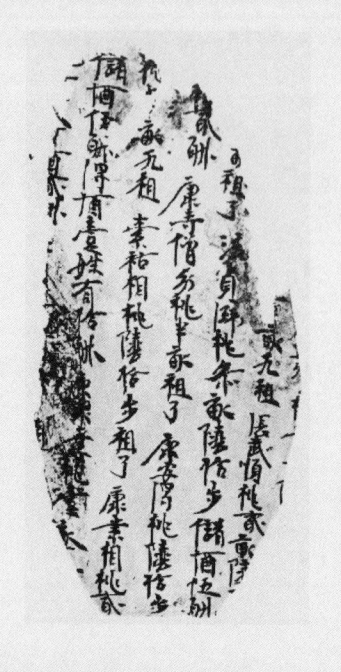

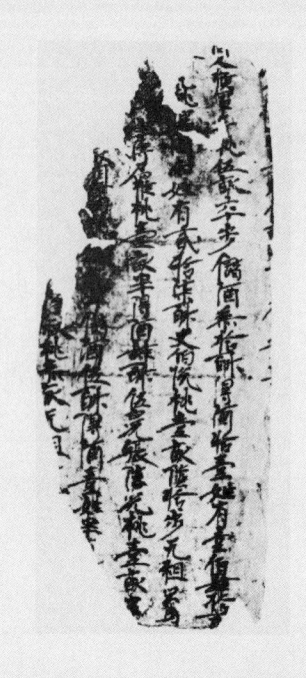

图 3-2	图 3-5
图 3-3	
	图 3-4

图 3-2　60TAM320:01/8
图 3-3　60TAM320:01/1(a)、60TAM320:01/1(b)
图 3-4　60TAM320:01/2
图 3-5　60TAM320:01/3

　　　　张法儿桃（萄）壹亩半□□□□
4　□□□□相嵩桃（萄）壹亩半，储酒伍觥（斛），得酒壹姓半□□
5　□□□□□□□□隆叙桃（萄）参亩，无租。□□
（后缺）

　　本件文书的基本登录格式是先记某户有葡萄园若干亩，再登记该户酒的情况。酒的情况，可以整理出如下几种：1. 租了。2. 无租。3. 得酒若干斛。4. 有酒若干斛。5. 储酒若干斛，得酒若干斛。6. 储酒若干斛，有酒若干斛。7. 储酒若干斛，无酒。此外还有一例是某户无葡萄园，得酒若干斛。要理解此件文书，关键是要弄清其中的名词如"储酒""得酒""有酒""有桃无酒""无桃得酒"等的含义。文书中出现了表示酒的数量的"姓"字。此"姓"吴震先生认为是一种容器，可容10至15斛[1]，笔者认为此观点可以成立。吴震先生认为"无租"是租"因故蠲除"，"租了"是"租已纳讫"，"储酒"指原有贮酒，"得酒"指"新酿得酒"，"有酒"指"现实存有的酒数"，"有桃无酒"的原因为"园是新辟尚未收获"，"无桃得酒"或是指自己无葡萄园（非园主）而从他人夏来经营者[2]。对于其中的"得酒"，一些研究者的观点有相似之处，如関尾史郎认为是官府可以得到的酒[3]，卫斯认为是必须上交的酒[4]。两者表述的差异，其实反映了对文书性质的不同理解。如何理解"得酒"的含义对厘清此件文书的性质至关重要[5]。相比较而言，関尾史郎的观点更可取。对于这件文书的性质，吴震先生认为："从'无租''租了'看，这无疑是官府收租酒的簿帐，租额多少，似非（至少不仅仅是）据葡萄园亩数而定，而以产酒多少为据。否则无需记明得（有）酒若干，更不必将'无桃'而得酒者列入。因此，这租酒的性质与其说是地租，毋宁说是酒税。"[6]吴震先生对此件文书的理解亦有许多未安之处，以下作一申说。

---

[1] 吴震《吐鲁番出土"租酒帐"中"姓"字名实辨》，第585—587页。卫斯认为"姓"是"罂"或"瓮"的通假字，见其《关于吐鲁番出土文书〈租酒帐〉之解读与"姓"字考》，第51—52页。
[2] 吴震《麹氏高昌国土地所有制形态试探》，《吴震敦煌吐鲁番文书研究论集》，第510页。吴震先生的解释不无可商榷之处（详后文）。卫斯对吴震的解释多有异议，但其说多有未安，见卫斯《关于吐鲁番出土文书〈租酒帐〉之解读与"姓"字考》，第48页。
[3] 関尾史郎《高昌田亩（得、出）银钱帐——〈吐鲁番出土文书〉札记（一○）》（下），第6页。
[4] 卫斯《关于吐鲁番出土文书〈租酒帐〉之解读与"姓"字考》，第48页。
[5] 卢向前认为"得酒为得浆造酒之意，亦含有从他人处得新酿酒之意"。见《麹氏高昌和唐代西州的葡萄、葡萄酒及葡萄酒税》，作者《唐代政治经济史综论：甘露之变研究及其他》，第428页。
[6] 吴震《麹氏高昌国土地所有制形态试探》，《吴震敦煌吐鲁番文书研究论集》，第510页。

笔者同意吴震先生对"无租""租了""储酒"的解释，但他认为"得酒"指"新酿得酒"，"有酒"指"现实存有的酒数"，笔者难以赞同。我们注意到许多葡萄园主并未登录"有酒"的信息，如果"有酒"是"现实存有的酒数"，那么"得酒"应当也是"有酒"的一部分；但实际上，我们看到的"得酒"数字绝大多数都在10斛以上，而"有酒"的数字绝大多数都少于10斛，并且存在园主有"储酒""得酒"而无"有酒"的情况，这些都证明吴震先生对"得酒"和"有酒"的解释难以成立。吴震先生对"得酒"的解释无助于正确理解这件文书的性质，我们仍需要从总体上重新研究这件文书。

首先，通览这件文书，凡葡萄园面积之后注"无租"或"租了"的人户都无关于酒的信息登录；而有"储酒""有酒""得酒"记录的人户，全都不载其"无租"或"租了"的情况，无一例外[①]。"无租"正如吴震先生指出的系"因故蠲除"，吐鲁番春季多大风，夏田券和夏葡萄园券中多会对此类自然灾害的可能性予以特别说明[②]。如果遭遇风灾等灾害，葡萄园减产或绝收，蠲除田租是合乎情理的。没有"无租"标注的应当都系需要缴纳租酒的人户，那么为何除了标注"租了"者之外，其他人户的情况都未注明？笔者认为，凡是未注明的都系租酒已纳入者，默认此点，所以不再标注[③]。这组文书虽然标明了若干人户"无租""租了"的情况，但租酒纳入者的具体信息则完全不载，与《高昌高乾秀等按亩入供帐》等租酒文书很不同。所以此组文书登录的重点并非租酒，而是租酒缴纳完毕之后各人户的葡萄酒保有情况[④]。注明"租了"的人户，没有关于酒的信息著录，说明他们纳入租酒之后没有剩余，既无"储酒"（历年所贮藏的酒），也无"有酒"（当年新酿的酒）；而只标注"无租"的人，说明他们没有"储酒"，也不会有"有酒"的情况。租酒纳入既然已经在此之前完成，本组文书中的"得酒"当与租酒无关。

[①] 此组文书有残缺，凡可辨识的部分，于此确无例外。需要提示的是，文书中有"无桃得酒"的情况，没有葡萄园，自然没有租酒的问题，不在这里讨论的范围之内。
[②] 带有类似条款的契约很多，如《高昌义和三年（616）氾马儿夏田券》（《吐鲁番出土文书》贰，第101页）中注明"风虫贼破，随大比列"。此外，时代稍早的《翟疆辞为共治葡萄园事一》（《吐鲁番出土文书》壹，第51页）中载有"今年风虫，蒲陶三分枯花"。
[③] 无葡萄园者，无须缴纳租酒，故不在此限。
[④] 卢向前指出："对于此件文书，编者认为是《葡萄亩数与租酒帐》，一些学者也有同样的观点。但依笔者看来，它既与酒租有关，又是一份葡萄种植和葡萄酒储藏、酿造的调查记录。"这个观点在对文书性质的理解上有进步，但由于作者没有正确理解"得酒"的含义，没有揭示租酒与"得酒"的关系，也就没能彻底揭示此组文书的性质。卢向前《魏氏高昌和唐代西州的葡萄、葡萄酒及葡萄酒税》，作者《唐代政治经济史综论：甘露之变研究及其他》，第427页。

其次，我们来考察有酒人户的情况。吴震先生解释"有桃无酒"的原因为"园是新辟尚未收获"，此说似有未安。这例"有桃无酒"的人户，文书中记作"毛保谦桃贰亩半，储酒口斛（斛），无酒"。既然有储酒，说明此"桃贰亩半"很可能往年已有产出，将"无酒"解释为"新辟尚未收获"，恐难成立。卢向前先生指出，"无酒"是"无新酿之酒"意，"有酒"是"新酿之酒"意[①]。"有桃无酒"的毛保谦应当是在租酒纳讫之后当年新酿的酒全部用尽，没有剩余。至于"无桃得酒"，吴震先生解释为"或是自己无葡萄园（非园主）但从他人夏来经营者"，笔者认为这个解释有合理的地方。但有个问题需要指出，高昌国的葡萄园租佃，都会注明"赀租百役，仰田主了"，即经营权转让，但田租仍由田主缴纳[②]，经营者没有缴租的义务。该组文书中有"无桃得酒"的登录[③]，也反证其并非租酒帐。根据前文所述，租酒有固定的缴纳标准，按照文书中人户保有的葡萄园面积即可计算出应当纳入的租酒数量，显然与"得酒"数额不符，并且相去甚远[④]，这就进一步说明其并非租酒帐。

文书中登录了葡萄园主"得酒""储酒""有酒"情况，但重点其实是"得酒"的情况，理由如次：首先，"储酒"和"有酒"的数量都比较小，绝大多数都是10斛以下。"有酒"有一例数量是"两姓"，当在20斛以上，包含此例在内，10斛以上者仅有三例。"得酒"的数量绝大多数都在"一姓"，即10斛以上。其次，"储酒"的数量有二例分别为15斛和30斛，都不记其"姓"数；而"得酒"数量在10斛以上者，则必记其"姓"数，形成鲜明对比。显然这件帐簿中对"得酒"的登录包含了更多信息。如上文分析，此件文书并非租酒帐，故而标题宜改作《高昌张武顺等葡萄亩数及得酒帐》。

既然非租酒帐，这组文书是什么性质呢？其"得酒"数量该如何理解呢？没有缴纳租酒义务的葡萄园经营者也登录在这个帐簿中，其意义何在呢？我们注意到，该组文书中除"无租""租了"之外，其他有酒著录的人户，并非都有"得

---

① 卢向前《麴氏高昌和唐代西州的葡萄、葡萄酒及葡萄酒税》，《唐代政治经济史综论：甘露之变研究及其他》，第427页。
② 如《高昌二人合夏葡萄园券》，唐长孺主编《吐鲁番出土文书》壹，第390页。
③ 关于"无桃得酒"的解释，似乎也还有另外一种可能，即该户主既无葡萄园也没有经营葡萄园，但通过其他途径获得了葡萄酒。如后文所论《高昌延寿九年（632）范阿僚举钱作酱券》中，范阿僚所举借的20文银钱即以葡萄酒偿付，作为债主，即便自己本身并无葡萄园，也可以通过这种途径获得葡萄酒。
④ 關尾史郎也认为葡萄园面积与纳入额并无对应关系，进而认为此件文书并非租酒帐。见關尾史郎《高昌田亩（得、出）银钱帐——〈吐鲁番出土文书〉札记（一〇）》（下），第6页。

酒"的记录。如第3断片的"毛保谦桃贰亩半，储酒□酐（斛），无酒"，"觧特 ▢ 亩陆拾步，有酒陆酐（斛）"，都不言"得酒"。可以看出，官府制作这件帐簿的目的之一是掌握租酒纳入之后的民众有酒的情况。其中的"得酒"部分，数量最大，是登录的重点。関尾史郎先生认为"得酒"是"官府可以得到的酒"。既然并非租酒，也就没有强制性，官府要想得到，自然不能无偿，而是否交给官府，决定权应当在民众。如果笔者推测不错的话，官府只能采取收购的办法，而不能采取强制措施。以上所举两户，一户有"储酒"，另一户"有酒"，但数额都不过几斛，可能因自己所剩不多，拟留作自用，而没有卖给官府。因而就出现了上述有"储酒""有酒"但无"得酒"记录的情况①。"无桃得酒"的人户也登录在案，因为官府也收购了他们的酒。笔者认为《张武顺帐》登录的是高昌国官府在百姓租酒纳入之后调查及收购百姓存酒的情况。

对于保有葡萄酒数额巨大的民户来说，出售给政府是他们生产葡萄酒以获取收益的实现途径之一，对于本无葡萄园而租佃经营者亦是如此。兹迻录《高昌延寿九年（632）范阿僚举钱作酱券》如下②：

1　延寿九年壬辰岁四月一日，范阿僚从道人元□□□
2　取银钱贰拾文，到十月曹（槽）头与甜酱拾陆酐（斛）伍
3　兜（斗），与诈（酢）叁酐（斛），与糟壹酐（斛）。甜酱曲梅（霉），瓮子中取。到十月
4　曹头甜酱不毕，酱壹兜（斗）转为苦酒壹兜（斗）。贰 主 □
5　同立卷（券），券城（成）之后，各不得返悔，悔者壹□□□□
6　悔者。民有私要，要行贰主，各自署名为□。
7　　　　　倩书赵善得
8　　　　　时见张善祐
9　　　　　临坐康冬冬

---

① "得酒"这种说法，在其他文书中也有出现，如阿斯塔那154号墓所出《高昌供酒食帐》中有外来使节"得酒"的记录（如"大官得酒三升"，见《吐鲁番出土文书》壹，第368页），彼处"得酒"的含义与本件文书中的显然不同，应另当别论。按，"得酒"一语在当时应当并非专门术语，并非只在特定的场合使用，这应当也是本件文书之所以难解的原因之一。与《张武顺帐》同出阿斯塔那320号墓的《高昌苻养等葡萄园得酒帐》与《张武顺帐》有重出人名，但文书中涉及的"得酒"似指租酒。文书残缺，难以详论。
② 唐长孺主编《吐鲁番出土文书》贰，第197页。

第三章　丝绸之路与高昌国的银钱流通

如果转换角度，这件契约也可以看作是道人元某向范阿僚买甜酱①，只是甜酱并非即时交付，而是葡萄成熟、甜酱做成之后。这件契约中的道人元某可能自己没有葡萄园，所以提前订立了这样的契约，得到甜酱之后也不能排除用于经营出售的可能。《张武顺帐》中就出现了寺院和寺院的僧侣。道人元某可能在范阿僚急需用钱之时贷钱与彼，但要求其用甜酱偿付，加工之后卖出酒②，其中当有收益③。如果自己保有葡萄园，再如道人元某这样通过其他途径买入，那么就会出现一些保有葡萄酒数额相当可观的人户或寺院，并且数额与他们自己的葡萄园亩数没有对应关系。这可能就是我们看到的这件张武顺葡萄园亩数帐簿上反映出的现象的成因。

王国官府收购葡萄酒之后不排除部分用于个人消费，但更大量的应当是贩卖取利。关于这一点，目前尚未能在吐鲁番文书中发现可以证明的资料。但同为绿洲王国而时代稍早的鄯善王国的佉卢文书中留存了此类资料，对我们的研究亦有参考价值。

对于鄯善王国的研究，凭借的主要资料除遗址的考古学研究之外，还有相当数量的佉卢文和汉文出土文献④。就数量而言，佉卢文文献是塔里木盆地考古发现数量

---

① 甜酱是葡萄酒制作过程中"踏浆"工艺的制成品。甜酱经不完全发酵成为"酢"，发酵较完全者则为"苦酒"。发酵所用酒母即契约中提及的甜酱曲霉。关于对此件契约的理解和葡萄酒的酿造工艺，参见卢向前《麹氏高昌和唐代西州的葡萄、葡萄酒及葡萄酒税》，作者《唐代政治经济史综论：甘露之变研究及其他》，第420—421页。陈习刚认为，"酢"是一种干型红葡萄酒，"苦酒"是一种干型白葡萄酒或桃红葡萄酒。见陈习刚《吐鲁番文书中的"酢"、"苦酒"与葡萄酒的种类》，《西域研究》2010年第3期，第75页。
② 契约中元某要求范阿僚提供"甜酱曲霉"，很可能就是用于酿酒。见卢向前《麹氏高昌和唐代西州的葡萄、葡萄酒及葡萄酒税》，作者《唐代政治经济史综论：甘露之变研究及其他》，第419—420页。
③ 武敏先生在研究高昌私人作坊时也注意到了这件契约，认为范阿僚是酿造业的作坊主，向道人举钱20文，可能是用来扩大生产，定期以生产实物偿付，范阿僚所造的酱、酢并非为自家食用，而是为市场提供商品。参见武敏《5世纪前后吐鲁番地区的货币经济》，殷晴主编《新疆经济开发史研究》（上册），第235页。武敏先生与笔者的视角不同，但也强调酒的销售和收益功能。实际上，范阿僚用近20斛甜酱和酢，另加1斛糟抵偿20文银钱，每斛甜酱仅抵银钱1文，与其他文书，如《高昌□污子从麹鼠儿边夏田、鼠儿从污子边举粟合券》（唐长孺主编《吐鲁番出土文书》贰，第251页）中以租酒4斛5斗抵充银钱24文相比，价格非常低（虽然前者仅是作为初级加工品的甜酱，但价格也仍然偏低），说明此件契约对范阿僚不利，而道人元某很有利。
④ 集中收录、释译早期出土佉卢文文献的著作有，*Kharoṣṭhī Inscriptions: discovered by Sir Aurel Stein in Chinese Turkestan*, Part Ⅰ-Ⅲ, transcribed and edited by A. M. Boyer, E. J. Rapson, E. Senart and P. S. Noble, Oxford: Clarendon Press, 1920, 1927, 1929。这三部于1997年被合并重印，New Delhi: Cosmo Publications, 1997。此书只有转写，没有英文翻译。T. Burrow, *A Translation of Kharoṣṭhī Documents from Chinese Turkestan*, London: The Royal Asiatic Society, 1940; T. Burrow, "Further Kharoṣṭhī Documents from Niya", *Bulletin of the School of Oriental Studies, University of London*, Vol.9, No.1, 1937, pp. 111-123（此文的中文译本参见刘文锁《沙海古卷释稿》书后附录，北京：中华书局，2007年，第368—388页）。

157

较大的一种非汉文文献，总数在1103件以上[①]。其中有许多涉及葡萄酒的征收、支用等情况，第329号文书就是一例。关于此件文书，巴罗（T. Burrow）和林梅村的释译有不同之处，先分别迻录二人的释译再作分析判定。

巴罗的释译：

> His Majesty, etc……And now the business of the wine has come up at Calmadana. When this letter of command shall arrive there, forthwith wine (capable of being carried) by five camels is to be sent here in the hand of this Caulǵeya. The load of one camel is 1 milima 1 khi, so that he can measure out 1 milima complete in Calmadana. From there [……] together the wine is to be taken. This wine should be taken to Calmadana on the fifth day of the fourth month. By no means let there be any [……] of the wine.[②]

林梅村的释译：

（皮革文书正面）

1　威德宏大、伟大之国王陛下敕谕州长索阇伽，汝应知悉朕之谕令。
2　朕处理国事之时，汝应日夜关心国事，小心戒备。若打弥和于阗有什么消息，汝要向朕，伟大之国王陛下
3　禀报。现在且末酿酒业盛行。当此谕令到达汝处时，务必即刻将
4　五头橐驼（所能驮载）之酒交左尔格耶，日夜兼程送来。每头橐驼可驮载一弥里码一硒，所以，彼在且末即可将一弥里码计量出来。从汝处
5　……和酒一起运来。此酒务必于4月5日运至且末。绝不允许任何酒……
6　……
　　唯3月25日

林梅村《沙海古卷：中国所出佉卢文书（初集）》，北京：文物出版社，1988年；后期出土佉卢文的释译、研究情况参见刘文锁《沙海古卷释稿》的介绍，第9—12页。尼雅遗址早期出土汉文文献的情况参见林梅村《楼兰尼雅出土文书》，北京：文物出版社，1985年；后期出土汉文文献情况参见中日共同尼雅遗迹学术考察队编著《中日共同尼雅遗迹学术调查报告书》第二卷"本文编"，1999年。

① 刘文锁《沙海古卷释稿》，第1—2页。
② T. Burrow, *A Translation of Kharoṣṭhī Documents from Chinese Turkestan*, p. 62.

（皮革文书背面）

致州长索阇伽[①]

两件释译的不同点之一是巴罗的版本中按照其对国王敕谕释译的一般原则，凡敕谕开始部分的涉及国王头衔和敕谕对象官员的部分都予以省略；林梅村的版本则将这个开头部分也一并译出。巴罗的版本还省略了随后的一句话："朕处理国事之时，汝应日夜关心国事，小心戒备。若扜弥和于阗有什么消息，汝要向朕，伟大之国王陛下禀报。"这句话频繁地出现在当时的很多敕谕之中（如272号、289号、291号、333号、341号、349号等文书中也有同样内容），巴罗因为这些内容雷同，未予释译。此外，还有一个重要不同，就是巴罗释作现在且末"葡萄酒生意盛行"的地方，林梅村释作"酿酒业盛行"。我们无法去核实佉卢文的原文来判定两种译法孰是孰非，但根据文书内容我们也不难裁定，不管哪个译本，此件敕谕的内容都大致清楚，即国王要求立刻用5匹骆驼驮载葡萄酒交由左尔格耶于4月5日之前运抵且末。且末的"葡萄酒生意盛行"才是其更符合逻辑的原因。虽然许多相关细节我们不得而知，但是国王紧急发出敕谕调发葡萄酒到酒生意盛行的且末，应当是为将酒出售取利[②]。

鄯善王国葡萄酒的外销功能在431号文书中也有反映。先迻录该件文书译文如下：

此文件系有关耶吠村之酒事。

耶吠村人三年之 suki 酒应分别计量出来。apsu 舍凯之人及耶吠村之全村人原有之 suki 酒各为19希。酒现已征收二年。第三年，vasu suvesta 摩里伽曾来一信说，此酒应全部出卖，以购衣服和被褥（astaramna vastaramnea）。关于此酒，啰苏将价款带来，为五岁之马一匹，彼以该马换得酒5希及 agisdha 2。另有第

---

① 林梅村《沙海古卷：中国所出佉卢文书（初集）》，第93—94页。
② 卫斯研究了329号文书，并指出："国家通过酒局将税酒收归国家，再通过商运销售到周边的且末、楼兰、于阗等国家。""透过此件简牍我们也可以看出，酒的商业收入对精绝国经济所起的支撑作用，否则，王廷不会如此重视葡萄酒的外销。"卫斯《从佉卢文简牍看精绝国的葡萄种植业——兼论精绝国葡萄园土地所有制与酒业管理之形式》，《新疆大学学报》2006年第6期，第70页。按，佉卢文文书的整体年代应当在3世纪中期到4世纪中期（孟凡人《楼兰鄯善简牍年代学研究》，乌鲁木齐：新疆人民出版社，1995年，第383页；刘文锁《沙海古卷释稿》，第12—14页），精绝国则在东汉时已经为鄯善国所灭。尼雅出土的佉卢文文书中虽然也有很多精绝的地名（Cad'ota），但所指应当是鄯善王国的精绝州，也即凯度多州，与精绝王国是前后继承关系。所以卫斯利用佉卢文简牍研究的只能是鄯善王国的情况，而非精绝国的情况。

二匹马由 ageta 色钵伽从此处带至汝处，由 suvesta 摩里伽收取。[1]（后略）

反映葡萄酒交易最核心的一句话是"此酒应全部出卖，以购衣服和被褥"，其中提及的葡萄酒系两年间在耶呋村所征收者。至于是为谁购入衣服和被褥，文书没有明言，但应当不是为王室，也不是为耶呋村的当地居民，可能性之一是为刚到的外来人口，比如佉卢文文书中常常提到的难民[2]。至于葡萄酒交易的对象，文书中也没有提及，周边其他国家和政权应当是最有可能的[3]。关于此项交易的过程，文书中透露的信息不太明确，但似乎是要先将葡萄酒出卖以购入马匹，才可以购入想要的衣服和被褥，似乎要以马为货币。但在其他文书中也不乏直接以酒类为货币直接进行交易的例子，如307号文书中称"若谷物须用酒类购买，就请购买"[4]，又如574号文书所涉及的土地买卖是用酒和马匹偿付[5]。

西域诸国多盛产葡萄及葡萄酒，史书多有记载[6]。高昌国立国较周边诸国晚，自《魏书》始有传，也记载其"多蒲萄酒"[7]，并曾向梁武帝进献过冻酒[8]。研究者认为，"冻酒"是一种优质葡萄酒的酿造工艺，源于南北朝时期的吐鲁番[9]。由此可见当时

---

[1] T. Burrow, *A Translation of Kharoṣṭhī Documents from Chinese Turkestan*, pp. 87-88. 此件文书林梅村《沙海古卷：中国所出佉卢文书（初集）》未予收录。这里的译文参考王广智所译，略有改订。见王广智译巴罗《新疆出土佉卢文残卷译文集》，韩翔、王炳华、张华主编《尼雅考古资料》，乌鲁木齐，1988年，第425页。
[2] 在其他许多文书中我们可以看到政府安置难民的措施。
[3] 佉卢文文书中出现了许多当时鄯善国周边的地名，如于阗、扜弥、龟兹、焉耆等，鄯善王国是否存在蚕桑丝织业目前还难下定论（学术界的意见尚未统一，参见殷晴《丝绸之路与西域经济：十二世纪新疆开发史稿》，第168页；刘文锁《沙海古卷释稿》，第72—73页）。尽管如此，佉卢文文书中存在许多关于丝绸使用情况的信息，如660号文书系丝绸的交付、支用帐（林梅村《沙海古卷：中国所出佉卢文书（初集）》，第247—248页），489号文书显示寺院僧人违反戒律要罚数额不等的丝绸（T. Burrow, *A Translation of Kharoṣṭhī Documents from Chinese Turkestan*, p. 95），35号文书显示鄯善国的丝绸来源之一应当是"汉地"的商人（林梅村《沙海古卷：中国所出佉卢文书（初集）》，第50页；参见刘文锁《沙海古卷释稿》，第81页）。由以上信息，我们可以概见当时的鄯善王国与周边地区贸易的相关情况，而葡萄酒应当也是这种贸易的商品之一。
[4] 林梅村《沙海古卷：中国所出佉卢文书（初集）》，第295页。
[5] T. Burrow, *A Translation of Kharoṣṭhī Documents from Chinese Turkestan*, pp. 115-116.
[6] 参见余太山《两汉魏晋南北朝正史"西域传"所见西域诸国的物产》，作者《两汉魏晋南北朝正史西域传研究》，北京：中华书局，2003年，第285—286页。
[7] 《魏书》卷一〇一《高昌传》，北京：中华书局，2017年，第2429页。
[8] 参见王素、李方《〈梁四公记〉所载高昌经济地理资料及其相关问题》，《中国史研究》1984年第4期，第131—135页。
[9] 陈习刚《高昌冻酒与冰酒起源》，《农业考古》2008年第4期，第247—257页。

高昌国葡萄酒酿造技术的高超。唐代西州土贡中就有"蒲萄五物",包括"酒""浆"等①。吐鲁番当地葡萄种植历史悠久,因为得天独厚的地理和气候条件,出产高质量的葡萄和葡萄酒,至今仍是闻名世界的葡萄和葡萄酒产地。中古时期高昌国大规模的葡萄酒生产,正如时代稍早的鄯善王国一样,除了供本地消费,还有大量供应于市场。高昌国的葡萄酒生产在一定程度上是商品化生产,官府从民户手中购得大量葡萄酒,转而投入市场销售,周边政权如突厥等应当是高昌国葡萄酒外销的重要对象②。玄奘西行经西突厥统叶护可汗衙时受到招待,饮食中就有葡萄浆、葡萄、刺蜜③。刺蜜是高昌国的特产④,葡萄和葡萄浆也可能来自高昌国。统叶护可汗消费之葡萄和葡萄浆可能来自高昌国奉赠,其他突厥部落很可能与高昌国存在葡萄酒交易。葡萄酒的商品化生产和销售应当是高昌国银钱的重要来源,也是高昌国从丝路贸易中获利的重要方式。

五、外来人口的消费供应

高昌国存在大量的外来人口,如使节、商旅、僧侣等。吴玉贵先生根据相关文

---

① 《新唐书》卷四〇《地理志》,北京:中华书局,1975年,第1046页。
② 西域周边其他绿洲国家如龟兹、焉耆等都产葡萄及葡萄酒(参看上引余太山《两汉魏晋南北朝正史"西域传"所见西域诸国的物产》一文),即便进口葡萄酒,数量亦应很小;但作为与高昌国关系密切的北方游牧族群,人口众多并且作为丝绸贸易的中继者积累了大量财富,应当是高昌葡萄酒的重要外销对象。关于游牧国家作为丝绸贸易中继者的研究,参见松田寿男《アジアの歴史:東西交渉からみた前近代の世界像》,东京:岩波书店,1992年,第171页;关于游牧国家积累的大量财富及其消费情况,参看森安孝夫《シルクロードと唐帝国》,第340—342页。《高昌高乾秀按亩入供帐》中"玄领寺"的入供记录中有"九月七日,二□□供作希瑾信"(《吐鲁番出土文书》壹,第200页。按,"希瑾"应当即"纥希瑾",也就是"俟斤""颉斤"。参见姜伯勤《高昌文书中所见的铁勒人》,《文物》1986年第12期,第55页;收入作者《敦煌吐鲁番文书与丝绸之路》,北京:文物出版社,1994年,第107页)。大谷文书1040背《高昌年次未详(6世纪后期或7世纪前期)头六拙等书信信物入历》(池田温《中国古代籍帐研究》,东京:东京大学出版会,1979年,第311页;龚泽铣译《中国古代籍帐研究》,北京:中华书局,2007年,第167页。《大谷文书集成》第1卷,东京:法藏馆,1984年,第9页,图版一)记"迦毗贪旱大官,作珂顿信金钱一文。作王信青马一匹,书一酺,绫二叠三酒一駞"。按,此件文书中的"作珂顿信""作王信"与"作希瑾信"的结构相同,即高昌致"珂顿"和"王"的信物(此处承关尾史郎先生教示),其他礼物如金钱、马、酒等也是随附之物,这证明突厥是当时高昌国葡萄酒的流向之一。姜伯勤先生认为金钱是由西突厥汗庭携往高昌,方向正好相反,恐误。见姜伯勤《敦煌吐鲁番文书与丝绸之路》,第9—10页。荒川正晴先生也指出其方向是从高昌输入西突厥。见荒川正晴《ユーラシアの交通・交易と唐帝国》,名古屋:名古屋大学出版会,2011年,第94—96页。
③ 慧立、彦悰《大慈恩寺三藏法师传》,第28页。
④ 《魏书》《周书》《隋书》《北史》诸书《高昌传》皆有记载。

书推算高昌国仅每年接待的官方使节就达 9300 人，如果再加上客商、僧侣及其他人员，高昌国外来人口数字应当非常可观。大量的外来人口在高昌的饮食供应是如何解决的，此处再作探讨。要了解高昌国外来人口的消费供应问题，需要考察其传供制度。在高昌国，传供制度与田租的缴纳关系密切[①]。以下先对租酒的纳入和传供情况作一考察。

（一）租酒的纳入与传供

如前所述，《高昌高乾秀等按亩入供帐》《高昌张众养等按亩入供斛斗帐》《高昌五塔等寺计亩入斛斗簿》《高昌和婆居罗等田租簿》等文书系租酒纳入的帐簿。首先考察阿斯塔那 88 号墓所出《高昌高乾秀等按亩入供帐》（以下简称《高乾秀帐》）。该墓同出的有延昌七年（567）墓表和随葬衣物疏各一。《高乾秀帐》共 8 残片，其中较大的为第 1、第 2 残片。细审两件文书的字体，其实很不相同。第 1 件登录人名和葡萄亩数的部分字体大，入供记录的部分字体小，但是从笔迹判断，应当系同一人所书，入供记录合计部分用朱书。第 2 残片的人名、葡萄亩数部分字体也较大，与第 1 件并非同一人的笔迹，入供部分字体很小且笔迹甚为潦草，合计部分为朱书，字体又较入供部分大。这两片文书显然并非同一人同时书写而成。另外，本件文书见朱笔勾勒，也是作为帐簿勾检的证据。文书所登录葡萄园所有者，除了普通平民之外，还有"将罗子""史通事""玄领寺"，登录葡萄亩数多为一二亩，计量单位见"六十步"。此件文书在最初登录葡萄园所有者及其亩数之后，具有田亩簿的性质[②]，葡萄酒纳入之后再著录相关信息。《高乾秀帐》所著录的入供信息很完整，

[①] 郑学檬、陈国灿曾指出，高昌田租征收制度中，租课并不都入库藏，而是部分地改为直接指定民（寺）户供纳官府杂用和特殊需要的开支，以省去总征总支的麻烦。参见郑学檬《高昌实物田租问题探讨——〈吐鲁番出土文书〉读后札记》，《敦煌吐鲁番出土社会经济文书研究》，第 127 页。又，陈国灿《高昌国负麦、粟帐的年代与性质问题》，作者《斯坦因所获吐鲁番文书研究》，第 58 页；该文又载《出土文献研究》第 3 辑，北京：中华书局，1998 年，论述见第 186 页。本间宽之在研究高昌国的人民支配问题时也涉及了传供帐，并绘有《〈传供食帐〉概念图》，其中将粮食的来源记为"国库"。见本间宽之《魏氏高昌国における人民把握の一側面》，《史滴》第 28 号，2006 年，第 75 页。如本节分析所示，传供的粮食、酒、肉应当并非直接来自国库。

[②] 这可能可以部分解释为何魏氏高昌时代的经济文书中很少看到专门的田亩簿，而前秦时代、阚氏高昌国时代尽管目前出土文书总体较少，但已经发现了专门的田亩簿。如《前秦（？）田亩簿》，见《新获吐鲁番出土文献》，第 184—185 页。因此件文书残无纪年，新获吐鲁番文献整理小组出于谨慎，在对文书断代后加问号以示存疑。考察文书书风，参考同墓所出纪年文书，本件文书为前秦时物的可能性为大。阚氏高昌国时代的有《石垂渠诸地现种青苗历残卷》，见上海古籍出版社、俄罗斯科学院东方研究所圣彼得堡分所、俄罗斯科学出版社东方文学部编《俄罗斯科学院东方研究所圣彼得堡分所藏敦煌文献》第 9 卷，上海：上海古籍出版社、俄罗斯科学出版社东方文学部，1998 年，第 332 页。关于此件文书的断代参见関尾史郎《サンクトペテルブルグ藏、Дx02683v＋Дx 11074v 初探——卜

并且每一次入供都标注了时间（如果前面已有，可以省略）。以下对入供情况进行分类分析。

第一类：供杂用及入藏。供杂用4例，其中1例标明是由他人纳入，1例标明"自入"，另外2例没有说明方式，应当系"自入"。"入藏"者1例，没有标明方式，应当也是"自入"。供杂用和入藏的数额没有统一的标准。

第二类：应传供。这一类的记帐格式：（1）供入时间（如前面已有，可以省略），（2）供入酒的斛斗额，（3）经办人（付某人），（4）用途（供某人、某处或做某事）。完全符合这种格式的有8例。这8例中交付的经办人都没有标明官职或身份，其用途有供田地公、供令尹役人、供厢上（2例）、供鹿门、供北厅、供祀胡天、贷参军（此条省略了"供"字）。此外，不符合这种记帐格式，没有记录经办人但也是应传供的有4例，分别为供作希瑾信、贷弘志师、供作都施、供内用，这种情况的经办人应该是当事人自己。

第三类：交给某人或由某人代入，都不注明用途。交给某人2例，分别为付主簿胜安、付田孝，由某人代入者3例，分别为成献入、田阿之居入、文孝入。其中主簿胜安是本件入供帐的交付经办人中唯一注明官职者。

第四类：仅有入供斛斗额，没有其他信息者2例，分别为5升和1斛4斗半。虽然没有标明，但这2例的供入方式应当也是"自入"，用途则不得而知。

目前所见的残片中几乎每户（有所属为寺院和官员的情况）的入供记录之后都有朱笔的会计信息，注明该户的入供总额和复除数额。需要指出的是，第1残片第4、第5行之间夹写了一行朱书"合实入六十九斛七斗半，次帐下除卅四斛五斗"，应当是对以上所记若干户进行的总计。"张文德"一户之后的朱笔会计信息为"合三斛七斗半，文孝入，其一亩六十步巷中除"，其中的"文孝入"是补记入供的细节信息。

其次考察阿斯塔那90号墓所出的《高昌张众养等按亩入供斛斗帐》（以下简称《张众养帐》）。该墓出延昌八年（568）墓表一方，同出有纪年的文书为《高昌延昌四年（558）条列用酒斛斗数残奏》。《张众养帐》由4残片组成，其中最大的一片编号为67TAM90:34(b)，正面书写的是《高昌建文等传供粮食帐》（以下简称《建

ウルファン盆地の水利に関する一史料》，《中国水利史研究》第30号，2002年，第20页。虽然也有文书登录了田亩信息如《高昌延昌西岁屯田条列得横截等城葡萄园顷亩数奏行文书》（唐长孺主编《吐鲁番出土文书》贰，第168—169页）、《高昌诸寺田亩帐》（唐长孺主编《吐鲁番出土文书》贰，第255页），但前者当为田地异动记录，后者则为寺院田亩，都不能算作正式的田亩簿。

文帐》）。考察《张众养帐》的登录格式可知：人名及葡萄园亩数首先登录，一户一列，田亩数额多为二三亩，计量单位出现"步"；该文书虽残损严重，但仍可看出许多人户的亩数之后空白，没有入供斛斗的记录；有入供斛斗记录者，斛斗数额部分字体较小，可能系后来添加，所存部分内容未见标注供入斛斗的担当者，亦无传供记录。背面文书《建文帐》年代亦残缺。首行标注月份为"起十二月一日"，随后书写传供负责官员及指示。第 1 行出现的"建文传"之前二字残缺，根据首字残存笔划，当为"主簿"，与第 2 行出现的"（主）簿永受"官职相同。记帐格式可归纳为：（1）传供时间（前面已有，后面可以省略），（2）传供官员及指示，（3）传供数额，（4）供应对象及食用时间。第 2 行的传供记录较为完整，为"（主）簿永受传，一斛五斗，供公主十五日食"。公主的日消费量正好是 1 斗，这与高昌国时期的普通成人的粮食日食量正好相同[1]。但是，粮食是每日必须的，试想如果公主每天的粮食供应也得靠传供的方式，不传供则不得食，这显然是不合情理的。结合该墓所出文书都与酒有关，《建文帐》供应的应当也是酒，而并非粮食。公主每天酒的消费量是 1 斗，与普通成人的粮食日消费量相同，这应该只是巧合而已。此件文书中所见还有"〔供〕崇庆十五日食"和"供府门左右十五日食"，可见此时高昌国也施行以半个月为单位的财经结算制度[2]。需要特别指出的是，关于传供数额的登录，除了前述的方式之外，还有一种方式，即合计数人的斛斗以供给某人，如第 3 行所见的"法聪一斗，□□□□，孙得一斗，白忠文六斗，合□□□"，第 7 行存"□□□合三斛，供上现□□□□"。从文书残存部分内容来看，以这种合计斛斗以供给某人的情况占多数。如此一来，《建文帐》实际上兼具了传供帐和租酒纳入簿双重功能。《张众养帐》的 3 件残片中，从第 2、3 片来看，可以确认存在的 9 户当中，只有 2 户登录了入供情况。第 3 片之第 3 行的入供记录为"□□□□五斗，次二斗，次一斛，次三斗"，入供斛斗分作多次，每次数斗而已，也与《建文帐》中反映的情况相同。第 2 片之第 5 行内容完整，记作"吴阿义二半次七斛五斗"。根据租酒亩纳 3 斛的标准可知，"七斛五斗"是两亩半葡萄园所应缴纳的全部租酒数额，吴阿义是一次缴清的，为何会在"七斛五斗"之前着一"次"字？所谓"次"是对应于"先"的，吴阿义个人的租酒纳入虽然系一次性完成，但在当时的租酒纳入系统中，他并不是

---

[1] 吴震《近年出土高昌租佃契约研究》，《新疆历史论文续集》，乌鲁木齐：新疆人民出版社，1982 年；收入作者《吴震敦煌吐鲁番文书研究论集》，第 456 页。
[2] 王素《高昌史稿·交通编》，第 561 页。

独立存在的，纳入的租酒要直接以传供的方式供应给其他个人或者群体，并且很可能是与其他人拼合累计成所需的数目。在这个过程中，负责传供者需要择取数家以完成一次传供，而吴阿义正是一次传供中被择取的供应者之一。对于负责传供者来说，吴阿义是多户中的一户，所以用了"次"字。另外，目前所见2件残片中的9户当中，登录了入供情况的只有2户，其他7户的空白是不是意味着全都欠负了呢？如果此件入供斛斗帐没有完成所有入供情况的登录，为什么会被废弃埋纳于墓中呢？结合其他几件租酒纳入帐簿的情况来看，笔者认为这么大比例的欠负应当不太可能。其中原因当与其正面的《建文帐》一类文书有关系。正背面文书虽然都是与酒的供入有关的帐簿，但现存部分没有互见人名。在当时的文书行政系统中，同时存在《张众养帐》和《建文帐》两种类型，但如前所述，《建文帐》实际上兼具了传供帐和租酒纳入簿双重功能，所以《张众养帐》中未予登录的租酒纳入记录当会在《建文帐》中留下相关记录。在这种情况下，对按亩入供帐格式的文书如《张众养帐》的登录不太重视，也就是情理之中的了。

为准确起见，《张众养帐》和《建文帐》应分别改称作《高昌张众养等按亩入供租酒斛斗帐》和《高昌建文等传供租酒帐》。对比上文分析的《高乾秀帐》，我们可以发现《高乾秀帐》详细登录了入供信息，实际上与《建文帐》有功能重合的部分。

其次分析阿斯塔那365号墓所出的《高昌五塔等寺计亩入斛斗簿》（以下简称《五塔等寺斛斗簿》）。《五塔等寺斛斗簿》纪年未详，由4残片组成，背面书写的是《高昌延昌四十年（600）供诸门及碑堂等处粮食帐》。又，正背面文书中的人名有互见情况，年代亦应当相近。《五塔等寺斛斗簿》中所涉及的目前所见都为寺院，前文所论的《高乾秀帐》中也有一项为寺院，和其他平民、官员登录于同件帐簿中。《五塔等寺斛斗簿》中记录的寺院葡萄园亩数也多为数亩，多者有五亩半六十步、六亩者，较前文所论帐簿中平民的数额为多，每笔纳入数额通常为五、六斛及以上，多者有二三十斛者。《五塔等寺斛斗簿》的内容较为单一，记帐格式较为简单，可分为三类。第一类：（1）时间，（2）纳入行为及斛斗数。第二类：（1）时间，（2）斛斗数，（3）交付办法及经办者。第三类：（1）时间，（2）斛斗数，（3）入藏。第三类所见仅有一例，第二类所见的交付办法有"某某"入、付"某某"，其中"付阿胡"出现两次（"阿胡"亦见于背面文书《高昌延昌四十年供诸门及碑堂等处粮食帐》，当系同一人），还有一例注明"自入"①。对比《五塔等寺斛斗簿》和前文论及的《高乾秀帐》，我们发现，《高乾秀帐》的纳入时间多集中在十二月、正月；而《五塔等寺斛斗簿》的纳入时间则相对分散，比较集中的月份是四月至七月。

以下再分析《高昌延昌四十年供诸门及碑堂等处粮食帐》。既如前论，《五塔等寺斛斗簿》所入为租酒，其中人名又见于《高昌延昌四十年供诸门及碑堂等处粮食帐》，此帐虽不言所供为何物，也可以肯定是酒，因而此件文书宜改称作《高昌延昌四十年供诸门及碑堂等处酒帐》（以下简称《诸门等处酒帐》）。《诸门等处酒帐》所存4残片中，第1片的第7行之后留有较宽空白，书"庚申岁正月十六日"，之前与之后都是供酒记录。根据相隔距离的远近，所署日期应当归属之前的供酒单元。同样，在第2、3、4片上都可以看到类似的空白间隔，虽然目前不能看到日期，但可推测原来的帐簿上应当也记了时间。《诸门等处酒帐》目前所见的记帐格式可归纳为：（1）斛斗数，（2）付某人，（3）供某处。从入供的数额来看，多为一二斗，最多者也不过一斛二斗。交付的对象，除了"阿胡"之外，未见注官职者，似都为平民。供应的场所也很集中，绝大多数为诸门等处，个别亦见碑堂、巷中、厢上等将官。《五塔等寺斛斗簿》虽然与《诸门等处酒帐》正背书写，文书中人名亦有互见，但就每笔的纳入或入供数额来看，相差很大，无法直接对应。《五塔等寺斛斗簿》所登录的租酒纳入之后，应当还需分割以供于诸门等处。

最后分析哈拉和卓5号墓所出《高昌和婆居罗等田租簿》（以下简称《和婆居罗等田租簿》）。该墓未出土有纪年的文物。文书解题称，根据文书中出现的"闰正月"，此件文书的年代可能为延昌三十二年（592）。《和婆居罗等田租簿》所登录的除个别僧尼之外，多为平民，未见官员和寺院；登录的葡萄园亩数多为一二亩，计量单位也使用了"步"。文书书写方面，除个别人户之后有朱笔的"除"或"辞除合"之外，其他都有纳入记录。纳入记录整体上字体较小，墨色较淡，明显是后来添加的。纳入日期旁边都有朱笔"了"字形勾画，应该是缴纳完毕之后的核准符号。记帐格式确知的有两种，为前7件残片上所见。第一种：（1）日期，（2）斛斗数。第二种：（1）日期，（2）斛斗数，（3）某人入。这两种类型的租酒纳入，就目前所见都是一次性纳入完毕。第8、9两件残片较为特殊，目前所见都仅存一户，纳入记录之前未注明日期，并且没有一次性缴纳完毕，详情不得而知。

---

① 该例标明"自入"的情况出现在第2行，同行紧随其后的记录是"次三斛振忠入"，前例标明"自入"可能是为与紧随其后的"振忠入"相区别。其他多数未予标明者，应当也都是"自入"。

通过对《高乾秀帐》《张众养帐》《建文帐》《五塔等寺斛斗簿》《诸门等处酒帐》《和婆居罗等田租簿》等与租酒有关的帐簿的分析[①]，我们可知高昌国租酒纳入和传供的基本程序[②]。租酒的纳入与传供并不集中收支，一户的租酒一般也是分作数次应传供或交到某个部门。就传供对象而言，除《高乾秀帐》的"玄领寺"入供记录中有"供作希瑾信"，应当是流向国外，其他用途明确，都是供国内消费。王族如"田地公"[③]、公主等人的消费情况也有反映，也有供于都城诸门、碑堂、厢上等职役人员者，但未见供外来客使消费的情况[④]。此外的用途还见于供政府的祭祀、都施、入藏，以及没有特别说明的"供杂用"。以上这些应当可以较全面地反映了当时高昌国租酒缴纳和供入的几个基本方面。值得特别指出的是，与高昌国的租酒纳入和传供程序形成明显对比，以上几件租酒帐并未按照统一的格式书写，其中的《张众养帐》甚至大多数记录空缺。

关于传供情况的登录方式，也很有必要再次加以说明。上文论及的6件帐簿中，最规范的传供登录格式应当是《建文帐》中者，如其第2行所记"起十二月一日……主簿永受传，一斛五斗，供公主十五日食"，明确地出现了传供官员及其指示。较为接近的格式出现在《高乾秀帐》中，如前文分析的其第二种中的一例，"十二月十一日，文孝入五斗，付谦仁，供田地公"，这里的格式与《建文帐》稍有不同，但判定其记录的是同一种类型的传供，应当没有问题，其传供指令的发出者应当就是租酒交付的对象"谦仁"。在获得了这一认识之后，再来看同帐簿和其他帐簿中的记录。《高乾秀帐》中"和仲仁一"之后的传供记录中有"次二斗，付主簿胜安"，这里的交付对象"主簿胜安"与《建文帐》中的传供指令发出者的官职相同，所以"胜安"应当也是传供指令的发出者。而同帐簿中其他没有"主簿"职衔的交付对象应

[①] 除以上数件之外，阿斯塔那389号墓所出的《高昌德集等计亩入斛斗帐》《高昌僧寔等计亩入斛斗帐》（柳洪亮《新出吐鲁番文书及其研究》，第77—80页）两件的格式也与租酒帐簿相近，缴纳标准也应当是亩入3斛，所以这2件应当也是租酒帐簿。
[②] 前文论及的《高昌张武顺等葡萄亩数及得酒帐》的年代与以上租酒入供帐的年代大致同时，了解了租酒纳入的情况之后，再来反观这件得酒帐，可以看出其特殊性，进而说明《高昌张武顺等葡萄亩数及得酒帐》与当时的租酒纳入没有关系。
[③] 《北史》卷九七《高昌传》载："〔其国〕次有公二人，皆王子也，一为交河公，一为田地公。"《北史》，北京：中华书局，1974年，第3214页。
[④] 这可能与这几件租酒帐簿的时间总体偏早有关系。如前分析，6件帐簿的时间应当都不晚于延昌四十年（600），而其他供外来客使的传供帐多为延寿年间的记录。从目前所见文书的情况来看，高昌国晚期的外来客使传供帐数量最多，这也应当反映了当时外来客使数量巨大，较之前明显增多的史实。

当也是传供指令的发出者①，此帐簿中除"胜安"之外，所见其他人皆未署职衔，似皆为平民。其他帐簿如《五塔等寺斛斗簿》与《诸门等处酒帐》也可以提供有力证据。如前文所述，这两件文书正背书写，"阿胡"为互见的人名。《五塔等寺斛斗簿》第5行有"十一月七日，六斛七斗半，付阿胡"的记录，而《诸门等处酒帐》第2片第7行有"次二斗，付阿胡，供小门"的记录。《诸门等处酒帐》因为是专门的传供帐，所以信息较为完整，由此，我们可以确认《五塔等寺斛斗簿》中仅记斛斗若干"付阿胡"，本身就是一条传供记录，而"阿胡"就是传供者。

以下对高昌国的租酒纳入及传供系统作一概括：高昌国不论平民、官员、僧尼、寺院，凡保有葡萄园者都须缴纳租酒；租酒纳入簿一般是先登录葡萄园保有者的名称及亩数，待纳入租酒之后再添加纳入记录，记录完整的斛斗簿还可看到许多朱笔的勾画和会计、复除信息；寺院、僧尼、官员因为与普通平民的缴纳标准相同，所以一般不单独登录造簿，偶尔亦见专门的寺院租酒纳入簿；租酒纳入时多将租额分成多次纳入；纳入方式有应所传交与传供者，也有入藏或供杂用者；有他人代入者，也有自入者；租酒纳入之后的用途有供王族食用者，也有供于都城诸门、碑堂、厢上等职役人员者，还有供政府的祭祀、都施等特殊用途者；供应国内王族成员的租酒传供也遵循十五日为单位的财经制度。目前所见的租酒斛斗簿，有两件背面书写了《传供帐》，其中一组正背文书中有人名互见情况，由此可见租酒斛斗簿与传供帐在文书流程中的前后衔接关系，也证明了这一类传供帐中酒的供应是直接来源于租酒。

（二）外来客使的供应问题

高昌国时期外来人口的消费供应情况集中地反映在供食文书中，如阿斯塔那307号墓所出《高昌竺佛图等传供粮食帐》②《高昌虎牙都子等传供食帐》③《高昌□善等传供食帐》④《高昌令狐等传供食帐》⑤，阿斯塔那517号墓所出《高昌都子等传

---

① 需要提示的是《高昌主簿张绾等传供帐》（75TKM90:20<a><b>，唐长孺主编《吐鲁番出土文书》壹，第122—123页），其中出现了"张绾传令"，但所传织物是交与其他人，两者是有区分的。但《高昌主簿张绾等传供帐》是阚氏高昌时期的文书，传供帐中的用语与后来麹氏高昌国时期不同（如引用所示的"传令"，为麹氏高昌国时期所不见），传供的具体操作办法有区别亦属正常。
② 唐长孺主编《吐鲁番出土文书》壹，第412—414页。
③ 唐长孺主编《吐鲁番出土文书》壹，第414页。
④ 唐长孺主编《吐鲁番出土文书》壹，第415—417页。
⑤ 唐长孺主编《吐鲁番出土文书》壹，第418—419页。

供食帐》①《高昌曹石子等传供食帐》②《高昌元礼等传供食帐》③，阿斯塔那329号墓所出《高昌虎牙元治等传供食帐》④，阿斯塔那154号墓所出的《高昌传供酒食帐》⑤，哈拉和卓33号墓所出的《高昌众保等传供粮食帐》⑥等文书都有相关记录。以下逐一分析。

阿斯塔那307号墓供粮食帐文书残缺无纪年，墓葬中亦无墓表及随葬衣物疏，仅《高昌□善等传供食帐》（以下简称《□善供食帐》，图3-6）中的一片背面书有《高昌延寿九年调薪车残文书》。吴玉贵先生根据文书中出现的可汗名号将文书年代定在开皇三年（583）至开皇七年（587）之间⑦，当高昌国延昌廿三年（583）至廿七年⑧。该墓所出的供食文书中，《高昌竺佛图等传供粮食帐》（以下简称《竺佛图供粮帐》）、《□善供食帐》两件格式相同，时间前后相接，为一个半月的供食帐；供食内容主要为面、粟、床米等；供食对象绝大多数都是外来游牧部族的首领和客使⑨；记帐格式为（1）住进日期（前面已有，后面可以省略），（2）接待人姓名（有的省略）及指示，（3）日供食物品种数量，（4）所供客人姓名及类别数目，（5）住至日期，（6）前后供食总数⑩。为方便叙述，将此种记帐格式编作"第一

---

① 唐长孺主编《吐鲁番出土文书》壹，第263页。
② 唐长孺主编《吐鲁番出土文书》壹，第263—264页。
③ 唐长孺主编《吐鲁番出土文书》壹，第264—266页。
④ 唐长孺主编《吐鲁番出土文书》壹，第461页。
⑤ 唐长孺主编《吐鲁番出土文书》壹，第368页。
⑥ 唐长孺主编《吐鲁番出土文书》壹，第238—240页。
⑦ 吴玉贵《试论两件高昌供食文书》，作者《西暨流沙：隋唐突厥西域历史研究》，第152页。吴玉贵《高昌供食文书中的突厥》，《西北民族研究》1991年第1期；收入作者《西暨流沙：隋唐突厥西域历史研究》，第78—102页。姜伯勤《高昌麴朝与东西突厥——吐鲁番所出客馆文书研究》，北京大学中国中古史研究中心编《敦煌吐鲁番文献研究论集》第5辑，北京：北京大学出版社，1990年，第33—51页；参见所著《敦煌吐鲁番文书与丝绸之路》，第92页。荒川正晴认为，这2件文书的年代在584年以后的可能性很大。见荒川正晴《游牧国家とオアシス国家の共生関系——西突厥と麴氏高昌国のケースから》，《东洋史研究》第67卷第2号，2008年，第45页。
⑧ 对此文书王素有不同观点，他根据背面文书《高昌延寿九年（632）调薪车残文书》的纪年，将《高昌□善等传供食帐》的年代定为"延寿九年闰八月初至十月初前"，而将其他几件同出供食文书定为"延寿九年前后"。见王素《吐鲁番出土高昌文献编年》，台北：新文丰出版公司，1997年，第291—293页。
⑨ 关于文书中涉及的部族名号及部落首领的研究，参见姜伯勤《高昌麴朝与东西突厥——吐鲁番所出客馆文书研究》，第33—51页。吴玉贵《高昌供食文书中的突厥》，作者《西暨流沙：隋唐突厥西域历史研究》，第81—102页。王素《高昌史稿·交通编》，第491—500页。荣新江《高昌王国与中西交通》，《欧亚学刊》第2辑，北京：中华书局，2000年；收入作者《中古中国与外来文明》，北京：生活·读书·新知三联书店，2001年，第184—192页。荒川正晴《游牧国家とオアシス国家の共生関系——西突厥と麴氏高昌国のケースから》，第40—44页。
⑩ 以上关于供食帐的概括，综合了吴玉贵《试论两件高昌供食文书》和王素《高昌史稿·交通编》第551—563页的研究，不一一出注。

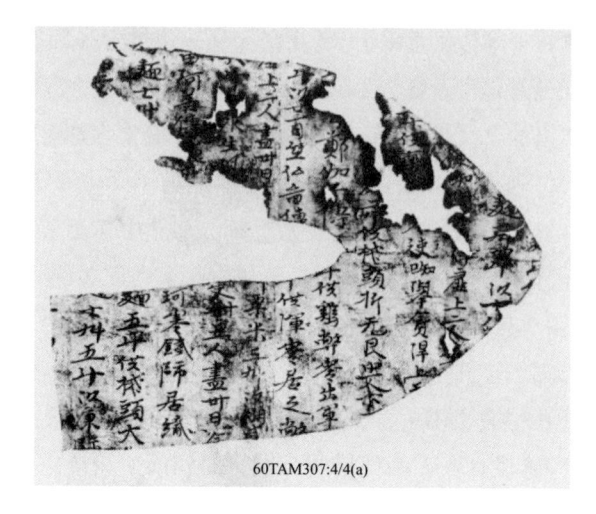

图 3-6　高昌□善等传供食帐（二）

类型"。需要指出的是，《竺佛图供粮帐》第 3 残片上显示的所供食物以斤计，王素先生认为这里指的可能是肉类或其他食物[1]。同墓所出的《高昌令狐等传供食帐》（以下简称《令狐供食帐》）供食对象和供食内容与前 2 件基本相同，但记帐格式中没有住至日期，其格式可归纳为：（1）住进日期（前面已有，后面可以省略），（2）接待人姓名及指示，（3）日供食物品种数量，（4）所供客人姓名及类别数目，（5）食物用尽。王素先生认为这一类大约属于高昌政府客馆当日供应粮食细帐。编作"第二类型"。《高昌虎牙都子等传供食帐》（以下简称《虎牙都子供食帐》，图 3-7）所供食物以斤计算，王素先生认为可能是肉类或其他食物，记帐格式中也无日供食物数量一项[2]，其格式可归纳为：（1）住进日期（前面已有，后面可以省略），（2）接待人姓名及指示，（3）供食总数，（4）所供客人姓名及类别数目，（5）食物用尽日期。编作"第三类型"。

阿斯塔那 517 号墓所出《高昌都子等传供食帐》也残损无纪年，吴玉贵先生根据文书中互见人名情况，认为其年代当与 307 号墓供食文书大体相同[3]。《高昌都子等传供食帐》3 件残片都残缺较甚，第 1、2 残片记帐格式基本符合"第一类型"[4]，

---

[1] 王素《高昌史稿·交通编》，第 554 页。
[2] 王素《高昌史稿·交通编》，第 555、559—560 页。
[3] 吴玉贵《高昌供食文书中的突厥》，作者《西暨流沙：隋唐突厥西域历史研究》，第 80—81 页。
[4] 第 2 残片的第 2 行应当是一条传供记录的结尾，目前的录文中，未见"尽"字等内容，存在书写不规范的情况。

所供食物以斛斗计，但没有标明为何种类型；第3残片仅有半行录文，为"▢▢▢▢十六人尽廿四日▢▢▢▢"，似合"第一类型"的记帐格式。《高昌曹石子等传供食帐》记帐格式符合"第二类型"，供应食物以斛斗计，未标明具体类型。《高昌元礼等传供食帐》基本符合"第二类型"，但省略了"尽"字，供应食物以斛斗计，亦未标明具体类型[①]。这3件帐簿中所供是何种食物呢？《高昌元礼等传供食帐》所见之第4、6、8残片上所记"供内藏""〔供〕作都施""供祀诸〔天〕"[②]都是前文所论《高乾秀帐》上亦有的记录，这应当不是偶然的[③]。另外，该墓所出文书除以上3组之外，还有《高昌某年永安、安乐等地酤酒名簿》[④]《高昌某年田地、高宁等地酤酒名簿》[⑤]等5件酤酒名簿和《高昌某年涔林道人保训等入酒帐》[⑥]等，都系与酒相关的帐簿。因而，笔者认为阿斯塔那517号墓所出的这3组文书中未特别标明的"食物"，应当也是酒。有鉴于此，为明确起见，3件传供帐宜分别改称作《高昌都子等传供酒帐》（以下简称《都子供酒帐》）、《高昌曹石子等传供酒帐》（以下简称《曹石子供酒帐》）、《高昌元礼等传供酒帐》（以下简称《元礼供酒帐》）。

阿斯塔那329号墓所出《高昌虎牙元治等传供食帐》（以下简称《元治供食帐》）亦无纪年，根据其中出现的可汗名号，判断文书的具体年代在604至611年之间[⑦]，

---

① 该帐目前被认为存8残片，其第3残片（73TAM517:04/2〈a〉）存录文一行，为"▢▢▢▢月十日入二斛二斗半，付元武，供婆▢▢▢▢"，观其字体与另外数件残片并不相同，并且入供记录的登录格式也不同，应当原本并非同一件文书。从其格式来看，似当为按亩入供酒帐之一残片。同墓所出编作《高昌某年传供食帐》（第267页）的5件残片其实应当为《按亩入供帐》。
② 《高昌众保等传供粮食帐》中有"▢▢▢▢三斗，供祀诸天""面六斗，供祀天"等记录，可知，诸天祭祀中所使用的祭品除了酒之外，还有面。
③ 该帐之第1片之第4行亦存"▢▢▢▢纥作道粮"的记录。按，供某某人"作道粮"在其他传供帐中多有出现，通常都与明确记载的某种粮食斛斗若干相连。此条记录之前的部分残缺，记载内容不详，但据第3行只计斛数而不言具体类别的情况来判断，第4行所缺部分亦应只标注了斛斗。笔者认为仅凭"作道粮"，不足以判定此帐传供的是粮食。从"作道粮"之前所存的一字来看，供应的对象似为游牧族群的客使（其前后两行的供应对象都是）。如所周知，胡人嗜酒，酒为日常饮食所必需，所以也是"道粮"的内容，这应当也在情理之中。另外，本片第3、5行的"供"字与所供客使的人名之间分别多加了一个字，一为"赏"，一为"迎"，这种情况在传供帐中很少见，可见这里的传供是特殊场合的特别措置。粮食是日常食用的，揆诸语境，似难契合；而将其所供理解为酒的话，可谓若合符契。
④ 唐长孺主编《吐鲁番出土文书》壹，第256—257页。
⑤ 唐长孺主编《吐鲁番出土文书》壹，第257—258页。
⑥ 唐长孺主编《吐鲁番出土文书》壹，第260—261页。
⑦ 吴玉贵《高昌供食文书中的突厥》，所著《西暨流沙：隋唐突厥西域历史研究》，第88页。姜伯勤对此件文书的年代有不同意见，他将其中出现的"卑失移浮孤"比定为西突厥婆实特勤，并根据史籍记载婆实特勤的情况，将此件文书的下限定在600年。参见姜伯勤《敦煌吐鲁番文书与丝绸之路》，

当高昌国延和三年（604）至延和十年；《元治供食帐》的记帐格式符合"第二类型"，仅个别地方省略了"尽"字，供应食物以斛斗计，亦未标明具体类型。为什么其中所供食物都不标明具体类型？在前文分析的《竺佛图供食帐》中我们看到，粮食也有面、粟、床米、麨等多种类型，文书中不特别注明为何种食物，当事人应当是默认为某一种特定的食物了。我们在探究这种"神秘"食物的过程中，《元治供食帐》中的信息为我们提供了线索。该传供食帐的第11行，有"▢不六多取妻"的记载，标明了此笔传供的特殊用途；第2残片第2行又有"▢卑面二人服药"的记载。哪一种食物可以有这两种用途呢？笔者认为是酒。联系前文所论的《高乾秀帐》等租酒纳入帐簿中，都只记斛斗数而不特别标明是何物品，我们认为这种解释是可以成立的。高昌国的其他帐簿和入供帐中，凡不特别标注是何物品的斛斗数，应当多默认是酒。

哈拉和卓33号墓所出的《高昌众保等传供粮食帐》（以下简称《众保供食帐》）纪年残缺。该墓未出土有纪年的文物，整理小组根据文书中的人名见于其他有纪年文书的情况，将此墓的年代列在延昌二十七年（587）后[①]。所引《众保供食帐》的这一部分，书写格式较为特殊，于行间填补了许多信息，如粮食的交付对象、缴纳者、粮食用途等。粮食的用途既有供外来客使，如何国王儿使、噁吴吐屯使等，也有供官驮、羊皮加工工匠食用者[②]，还有供狱囚、伎女者。这说明，供外国客使与供国内消费的传供方式相同，帐簿登录时也可不予特别区分。《众保供食帐》所供应的食物主要为面、麨、粟米、小麦等，其中面、麨都是小麦的加工产品，区别在于麨是小麦炒熟之后磨成的粉。《众保供食帐》的记帐格式可概括为以下几种：（1）时间（前面已有，后面可以省略），（2）传供官员及其指示，（3）食物种类及数量，（4）供应对象或用途，个别记录于行间添加了交付对象。此种记帐格式与之前的三类都不尽相同，

第93—94页。

① 荒川正晴将此文书中"噁吴吐屯"的年代定在583前后，而将其他使节如"何国王儿""浑珂顿"等的年代定在587前后，似有矛盾之处，参见荒川正晴《游牧国家とオアシス国家の共生关系——西突厥と麹氏高昌国のケースから》，第41—43页之表格。

② 在前述的《▢善供粮帐》和《令狐供食帐》中可以看到阿波可汗的铁师和贪汗可汗的金师也随团到了高昌，吴玉贵认为这些技术工匠来到高昌应当与铁和金的贸易有关。见吴玉贵《高昌供食文书中的突厥》，《西暨流沙：隋唐突厥西域历史研究》，第98—102页。荒川正晴认为贪汗可汗的金师"莫畔陁"是粟特人。见荒川正晴《游牧国家とオアシス国家の共生关系——西突厥と麹氏高昌国のケースから》，第46—47页。此文书中"供官柔羊皮二百五十枚"的工匠姓名未被登录，但既然出现在传供帐中，其为外来者的可能性应该很大，或许与突厥铁师和金师的情况类似，也是以技术工匠的身份充任使节来到高昌。

编为"第四类型",但与租酒入供斛斗帐中的《建文帐》格式相同。同墓所出《高昌奇乃等粗细粮用帐》中第5行有"往移浮瓠门头道粮"的记载,此件文书的记帐格式与《众保供食帐》相同,并且亦有个别行间添加了交付对象等信息的情况。

目前所见吐鲁番文书中集中涉及外来客使供应的文书,情况分析已如上述,以下作一归纳。首先,传供的内容主要是粮食和酒,粮食有小麦、粟、床米、面、麨等形式,凡酒都不注明为何种类型,应当都为葡萄酒,亦有如阿斯塔那517号墓中所出《元礼供酒帐》等三件文书,本身未标明所供为酒。粮食和酒之外,亦有肉的供应,《囗善供食帐》(三)、《竺佛图供粮帐》(三)、《都子供酒帐》(二)三件帐目中都出现了贪汗可汗的使节,而三件帐目上供应的分别是粮食、酒和肉(关于肉的问题,下文还将论证),这三类是外来客使所需的基本饮食品种。这三类饮食供应,从何而来呢,以下再作分析。

如前文所论,租酒纳入是为应传供。前文分析的《高乾秀帐》等6件帐簿,反映的都是供应国内消费,未见外来客使。外来客使供应情况与国内供应有无差别呢?为说明这个问题,我们再对阿斯塔那517号墓所出相关文书作一考察。

阿斯塔那517号墓所出《元礼供酒帐》的7残片中,第1件和第2件上都可见"栈头"客使,所谓"栈头"即薛延陀[1]。同组文书中标作第4、6、8的残片上可见"供内藏""〔供〕作都施""供祀诸〔天〕"的记录,而这些显然是供国内消费的。在该组供酒帐中,我们同时看到了供国外客使和国内消费的记录,说明但就酒的供应情况而言,外来客使和国内供应并无区别,都是直接来源于租酒的纳入。另外,《元礼供酒帐》背面有文字的6件残片,被冠以《高昌某年传供食帐》列于《元礼供酒帐》之后[2]。从第4残片上的传供记录中只记斛斗而不言"粮食"种类来看,本组文书所涉及的应当也是酒。其第5残片上所存的传供记录为"▭▭▭三斗,付忠子,供曲尺",为小字书写,其格式完全符合《高乾秀帐》中第二类应传供的记帐格式,所以此件可能并非传供帐。如前文所论,租酒的纳入与传供的帐簿存在书写不规范的现象,有些租酒帐上也登录传供记录,使得租酒帐与传供帐的内容可能会有重合的部分。何以判定此件到底是租酒帐还是传供帐呢?其第3残片上仅存"赵寺尼梵"四字,整理小组在"赵寺"和"梵"下划专名线,应无不妥。查看此件的图版,文字虽模糊不清,但"赵"字之上纸边平齐,当无缺损,由此可知,这四个字是顶头书写的,

---

[1] 姜伯勤《高昌文书中所见的铁勒人》,第54—55页;王素《高昌史稿·交通编》,第496—498页。
[2] 唐长孺主编《吐鲁番出土文书》壹,第267—268页。

应当是租酒入供帐中的"一户",而非传供帐中的传供对象①,"赵寺尼梵"之后本来应该登录有她的葡萄园面积,若干亩若干步。另外,根据整理小组的注释,多件残片上可见朱书和朱笔记,前文所论的租酒入供帐上也多有此类会计和勾画符号,这一点也正相符合。由此,笔者认为这组残片是一件租酒入供帐,而非传供食帐②。前文论及的《张众养帐》与《建文帐》、《五塔等寺斛斗簿》与《诸门等处酒帐》都是正背书写,阿斯塔那517号墓的情况也类似。只是与前两组不同的是,517号墓的这一组中,传供帐书写于正面而租酒入供帐书写于背面③。尽管如此,阿斯塔那517号墓中的这一组仍然可以佐证前文的观点,即租酒斛斗簿与传供帐在文书流程中存在前后衔接关系,传供帐中酒的供应是直接来源于租酒,不论其供应的对象是国内消费者,还是外国客使。

与酒的传供相比,粮食类的情况更为复杂。如上文的研究所示,外国客使的酒类供应有与国内消费列于同一件传供帐中的情况,但与其他食物类供应物相比,酒通常是单列的④。其中的一个原因,是酒的来源与其他食物不同。租酒是高昌国直接的田租征收物,而食物类的供应物除小麦、粟、床米之外,都不是田租征收物。这些田租之外的食物是如何供应的呢?为具体考察这一问题,我们迻录哈拉和卓33号墓所出的《高昌众保等传供粮食帐》之第1片以便分析:

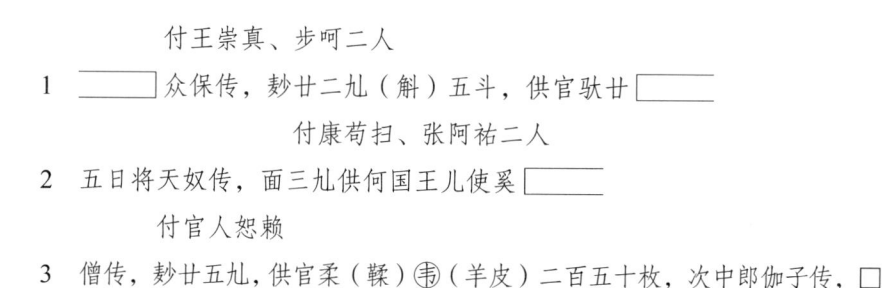

　　　　　付王崇真、步呵二人
1 ▭▭▭▭]众保传,麨廿二丸(斛)五斗,供官驮廿[▭▭▭▭
　　　　　付康苟扫、张阿祐二人
2 　五日将天奴传,面三丸供何国王儿使奚[▭▭▭▭
　　　付官人恕赖
3 　僧传,麨廿五丸,供官柔(鞣)㣇(羊皮)二百五十枚,次中郎伽子传,▭

---

① 目前所见的传供对象中也很少有不带任何职衔的普通平民和寺院僧尼。
② 需要提示的是,其第4残片的入供记录中有"辛□□传",此前讨论的租酒入供帐中,未见直接标明"某某传"者;若有,也是在《建文帐》(其为传供帐,而非租酒入供帐)中。但如前所述,租酒入供帐的书写格式并不严格和规范,出现直接标明"某某传"的情况,也完全可能。
③ 《五塔等寺斛斗簿》与背面的《诸门等处酒帐》有互见人名,存在某种关联。而517号墓中的这一组因为太过残损,看不出存在何种关联,从其书写顺序来看,可能本来就无直接的联系。如果参考同类文书正背情况的话,文书整理小组所定此组文书的正背关系似乎仍有检讨的必要。
④ 我们在个别的传供帐中也看到将酒与其他食物等同列于一件文书中的情况,如阿斯塔那154号墓的《高昌供酒食帐》就是一例。

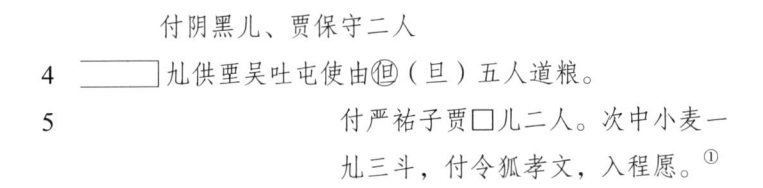

```
                付阴黑儿、贾保守二人
4  _____]虬供垩吴吐屯使由㤅（旦）五人道粮。
5                      付严祐子贾□儿二人。次中小麦一
                    斛三斗，付令狐孝文，入程愿。①
```

整件文书中供应小麦的只在第5行添加的小字中能见到一例。面与麨不是直接的田租征收物，如果应传供，该从何处获得呢？《众保供食帐》为我们提供了线索。上引第4行登录了"供垩吴吐屯使由旦五人道粮"的情况，供应的粮食种类和数量部分残缺，无法确知；前3行供应的粮食种类是麨和面，第4行估计也是这两类。值得关注的是第5行添加的两行小字，补充了这次传供的一些具体情况。首先记载的是交付对象，之后是"次中小麦一斛三斗，付令狐孝文，入程愿"，说明"供垩吴吐屯使由旦五人"的粮食除了之前的麨和面若干斛之外，后来又追加了小麦一斛三斗。这次追加的供应不仅标明了交付者，还记载了其来源，即小麦的入供者。此条对垩吴吐屯使的供应及其追加供应的情况表明，供应小麦或面、麨在来源和程序上似乎没有明显差别，应当都是来自田租缴纳者的租麦；而将小麦加工成面、麨的劳动应当也是由百姓承担，小麦一般都不直接食用，所以大多数情况下都是以面或麨的形式供应。供垩吴吐屯使的追加部分可能因为是出于临时指令，来不及备办，所以直接供入了小麦。

了解了以上粮食传供的基本情况，我们可以确认粮食传供与租酒传供有相同之处。斯坦因所获吐鲁番文书中有一件《高昌入粟面帐》（Or.8212/982）残片，正背面内容似相同。现将其内容迻录如下：

```
  正面
    （前缺）
1  _____]五斗
2  ____]虬九月二日入粟□肆酐伍兜半
3             _____]柒兜_____
    （后缺）
```

---

① 唐长孺主编《吐鲁番出土文书》壹，第238页。

背面

（前缺）

1　　　　　　　☐究兜廿八日入☐

2　☐面拾叁酐伍兜，七日入粗面捌酐贰兜半

（后缺）①

查阅图版，文书正面第 2 行目前所见的首字"斛"，字形稍大，墨色亦较浓；之后书写的入粟记录部分则字形较小，墨色亦较淡。前后部分性质似乎不同，"斛"字以上似乎为入粟的总数，而之后所记为具体的纳入时间和数量。背面内容也可看出明显的字体及墨色浓淡差异。笔者认为，这种记帐格式与前文所论的租酒斛斗簿不无相似之处，可能为高昌国的田租（租粮）纳入斛斗簿。另外，陈国灿先生研究了斯坦因所获文书中的 10 件高昌国时代的负官私麦、粟帐②，认为这些是百姓积年所欠田租的统计帐，因为田租系按照政府的要求直接交给部门或个人，所以欠负帐就呈现出了欠负官、私的登录样式。

通过以上分析，我们得知，外来客使的供应中，粮食和酒都直接来自田租的供入。高昌国直接以田租所出供应外来使节，想必是免费的。

同在供应之列的肉，又有着怎样的来源呢？307 号墓除前文所论的《竺佛图供粮帐》《☐善供食帐》《虎牙都子供食帐》之外，还有两件文书引人瞩目，即《高昌上钱帐历》（一）（二）和《高昌买羊供祀文书》③，其中《高昌上钱帐历》（一）与《高昌买羊供祀文书》系正背书写，《高昌上钱帐历》（二）（图 3-8）的正面是《虎牙都子供食帐》。先将《高昌上钱帐历》迻录如下，以便分析。

（一）

1　陆文上保受，次叁文上虎儿。次卅日伍文上 孝 ☐

--（纸缝）

2　文上弘周，次叁文上虎儿，次肆文上皮皮。次六月一日拾壹

---

① 录文参考沙知、吴芳思《斯坦因第三次中亚考古所获汉文文献（非佛经部分）》（第 2 册），上海：上海辞书出版社，2005 年，第 28 页；又见陈国灿《斯坦因所获吐鲁番文书研究》，第 385 页。
② 文书录文见陈国灿《斯坦因所获吐鲁番文书研究》，第 146—159 页，其研究参见第 47—63 页；沙知、吴芳思《斯坦因第三次中亚考古所获汉文文献（非佛经部分）》（第 1 册），第 326—330 页。
③ 唐长孺主编《吐鲁番出土文书》壹，第 419—420 页。

　　　　　　　　合用钱二百六十四文半
3　　文上皮皮，次陆文上保受，次壹文上孝忠子，次壹文上保受。
4　　次二日伍文上儿儿，次伍文弘周，次叁文上孝忠，□□□

（二）

1　　▭▭▭▭▭▭▭次肆文上弘周。次十四日▭▭▭
2　　皮，次究（玖）文上弘周少半斤；次两文上张谦崇，次壹
3　　文上弘周。次十五日，柒文上弘周长宾（肉）二斤，次伍文
4　　上虎儿。次十六日，捌文上谦忠，次两文上养▭▭▭

60TAM307:4/2(a)　　　　　　60TAM307:4/2(b)

图 3-7　高昌虎牙都子等传供食帐　　图 3-8　高昌上钱帐历（二）

　　如上所示，本文书的登录格式是以日为单位，记载钱若干文上某人。文书中出现人名如保受、虎儿、弘周等未见联署官职，应当都系平民。目前所见第 1 片较为完整的"卅日"和"六月一日"的上钱记录中，六月一日上钱与 4 人，分别为 11 文、6 文、1 文、1 文，合计 19 文；三十日的记录有残缺，所存者 3 人，分别为 5 文、3 文、4 文，另有上弘周一次的钱数残缺，但三十日的总上钱数应当也为十几文。另外第 2 片上所存的"十五日"的记录中，上钱两次，分别为 7 文和 5 文，合计 12 文。值得注意的是，三十日上钱记录的最后部分于行间夹写"合用钱二百六十四文半"，这

177

行会计记录应当是对截至月末的上钱数的统计。那么，这里的"合用钱"是一个月还是半个月的统计呢？根据三十日和六月一日的日上钱数情况，我们认为此为半月合计数目的可能性更大，这也与传供帐反映的高昌国以半月为会计单位的制度相合。以下对文书的具体内容作一分析。

一个基本的问题是，"陆文上保受"应当如何理解。这里钱的流向是保受缴钱给官府还是官府付钱给保受，我们需要结合文书中的其他信息来作判断。首先，"合用钱"这样的用语自身包含有方向性。我们在《高昌延昌二十七年七月兵部条列买马用钱头数奏行文书》中可以看到"都合用钱贰佰伍拾捌文，买得马捌□"[①]之语，其中"都合用钱"指的是承接上文对买马匹数和用钱情况具体登录之后作出的合计，与此处的"合用钱"含义相同。而兵部买马文书中的"都合用钱"，意义明确，是指官府为买马支出的银钱总数。所以本件上钱文书中的"合用钱"指的也应当是政府该当期间支用银钱的统计[②]，钱应当是由官府支付给百姓的。其次，官府因何种原因付钱给普通百姓呢？文书第 2 片上留存了一些相关信息。该片之第 2 行记有"次玖文上弘周，少半斤"，这里缀补的"少半斤"为其他登记中所无，所以在三个字的外围作了弧形勾画以特别标识。这里的"少半斤"应当是在与上钱相关的缴纳中，当事人弘周有半斤欠负。这是何种欠负呢？高昌国的粮食和酒都以斛斗计，所以这里的欠负应当与这两类无关。该片之第 3 行仍有与弘周相关的记录，内容为"次十五日，柒文上弘周镸肉二斤"。此处的"镸"，字迹清晰，古同"长"，所谓"长肉"，推测应当为某种类型的肉，大约与本文书其他记录中所涉及的不同，故而作了特别注记。联系第 2 行中"少半斤"的注记，我们认为此文书涉及的应当是百姓纳肉给官府而官府偿以银钱的活动。接下来的问题是，肉既非租调征收之物，百姓因何纳肉给官府？本件上钱文书的背面文书为我们提供了重要信息。上钱文书之第 2 片正面所书为《虎牙都子供食帐》，如前所述，该文书中所供食物也以斤计。如此一来，正背面文书似有密切的关系[③]，官府要给外来使节供应肉食，而肉类非租调所征之物，若要百姓供入，官府须向百姓偿付银钱。结合前文曾言及的高昌官府对远行车牛供出者都按规定支付银钱的情况，在外来客使的供应中，百姓应官府传供为外来客使

---

① 唐长孺主编《吐鲁番出土文书》壹，第 341 页。
② 政府收入银钱时，有使用"都合得钱"这一用语的情况，如《高昌内藏奏得称价钱帐》中就有"都合得钱一百肆拾柒文"的记载。唐长孺主编《吐鲁番出土文书》壹，第 450 页。
③ 本墓所出文书的正背面内容多有关联，如《竺佛图供粮帐》之（一）（二）片的背面分别为《令狐供食帐》的（一）（二），都是供粮帐。

供应肉类，官府则偿以银钱，应当是合乎情理的。可为旁证的还有此上钱帐历第 1 片背面的《高昌买羊供祀文书》，该文书仅一行余，内容为"□□文半，买羊一口，平估宍（肉）九十九斤，供祀诸神"。我们在前文已经提示过，高昌诸天祭祀中要使用面和酒，都直接来自传供。《高昌买羊供祀文书》则显示，祭祀中还要使用肉，其来源是购买；祭祀是政府行为，所以自然应当由官府购买，这与《高昌上钱帐历》反映的情况类似——政府供应外来使节的肉食，实际是从百姓处购买而来，方式是肉类直接由百姓供入，而政府偿以银钱。

还有一个重要问题，官府偿付百姓的银钱从何而来？是官府自出，还是得自客使？文书中没有直接的证据，但是有迹象表明，客使应当自付肉食所费银钱。先迻录《虎牙都子供食帐》，再作分析：

1 　　　　食　　　　
2 □□二斤，供现珂偈皮（虔）一人，子弟廿二人。
3 □虎牙都子传，十五斤，供南葙（厢）珂寒使咖
4 举贪㗚，上一人，虔，上二人，尽□半。次曹子弟岳
　　赏食十三人
5 □斤，供阿都纥希瑾使畔阤子弟，中三人，
6 　　　　　　　赏食　　　　①

该文书如前所述，当为肉类的传供帐。我们在第 4 行的行间可以看到夹写的"赏食十三人"，补字写在"咖举贪㗚"的旁边，应当是对应这一使团的注记。该使团的派遣主是南厢可汗[2]，地位应该颇高。目前登录在案的使节有 3 人，另有 13 人，因得到"赏食"的特殊招待[3]，所以未列入帐簿。录文第 6 行可见"赏食"二字的一半，可推测其后也有"若干人"的说明[4]。通观此件文书，凡受"赏食"者，其人数都在帐簿中有详细登记，那么无"赏食"记录的，应当都须自付肉食价钱。

---

① 唐长孺主编《吐鲁番出土文书》壹，第 414 页。
② 汉文史籍中没有关于"南厢可汗"的记载，吴玉贵认为这里的"南厢可汗"是对驻牧于南庭的西突厥可汗的称呼。参见吴玉贵《高昌供食文书中的突厥》，作者《西暨流沙：隋唐突厥西域历史研究》，第 88—94 页。
③ 高启安认为此处的"赏食"与敦煌宴设中的赏设相同，是一种临时性的款待。见高启安《敦煌吐鲁番文书中三等次供食问题研究》，《敦煌写本研究年报》第 4 号，2010 年，第 59 页。
④ 此处"赏食若干人"也应当夹写于行间，文书整理小组将其编为第 6 行，似有失妥当。

179

阿斯塔那154号墓所出的《高昌传供酒食帐》亦无纪年，同墓所出有纪年文书为重光二年（621）物。《高昌传供酒食帐》内容较为特殊，与前文所论的传供帐相比较，无论内容还是格式都有很大差别，不能同等视之。现存之第1行和第2行有"无贺大官别传""时遏大官别传"的记载，所传内容有酒、豆等。高昌国对外来客使的供应依据相应的标准，如传供帐中常见的"上""中""下"[①]，此处的"别传"应当是指在原有的供应标准之上的额外追加。另外，该文书第5、6行都见某大官得酒、面、䴷等的记录，此处登录的用语也与传供帐中所见不同，故而性质亦应有别。该文书中涉及的客使供应或许也与"赏食"等情况类似，属于免费供应[②]。该文书又见"吴尚书"，地位颇高[③]，供应饮食也格外丰盛，出现了普通的客使传供帐中所未见的白罗面、粟细米、炉饼、泲林枣、麻子饭等，这应当也系招待性质的免费供应。对于普通的外来客使，如果要消费此文书中所见的泲林枣、麻子饭等传供帐以外的食物时，也应当与获取肉类的方式一样，自付酬值，或者直接到市场上购买。

从文书来看，高昌国的客使接待制度完备，且得到了有条不紊的实施。大量外来客使多来自游牧部族，粮食和酒类可得高昌国官府的免费供应，而肉类等其他消费也应有相当的规模，会给高昌国带来可观的银钱收入。如上文分析的《高昌上钱帐历》所示，百姓供应肉食，即可得到以银钱支付的酬值。这种良性的供给模式的存在，应当是高昌国与游牧部族良性关系在经济领域的极好体现。

（三）商胡西来与银钱流入

客使只是高昌国外来人口中的一部分，商胡对于当地经济的重要性更不容低估[④]。

---

① 对此，吴玉贵认为系根据客使身份高下而区别为不同等级。见吴玉贵《试论两件高昌供食文书》，《西暨流沙：隋唐突厥西域历史研究》，第164页。王素不同意此种观点，认为其等级可能与个人食量有关。见王素《高昌史稿·交通编》，第562页。
② 这可能与"大官"的地位很高有直接的关系。关于"大官"的解说，参见姜伯勤《敦煌吐鲁番文书与丝绸之路》，第112页。
③ 陈国灿认为"高昌国无'尚书'官号，显然是来自唐朝廷的使臣"。见陈国灿《敦煌吐鲁番文书与魏晋南北朝隋唐史研究》，《中国敦煌吐鲁番学会研究通讯》1986年第1期，第7页；收入作者《论吐鲁番学》，上海：上海古籍出版社，2010年，第92页。
④ 马尔沙克指出，大约509年，粟特被并入新建立的嚈哒帝国，本地停止使用原来的铸币，因为获得了大量俾路斯银币，它们是波斯供给嚈哒的大量银币中的一部分，粟特商人很快将这些萨珊银币携至中国。6世纪后半期，突厥崛起，成为粟特队商贸易强有力的保护者。Boris I. Marshak, "Central Asia from the Third to the Seventh Century", Annette L. Juliano and Judith A. Lerner eds., *Nomads, Traders and Holy Men Along China's Silk Road*, Turnhout: Brepols, 2002, pp. 15, 18. 这应当是6世纪后期高昌国转以银币为货币形态的时代背景之一。

商胡在吐鲁番文书中集中出现，最引人瞩目的应当是《高昌内藏奏得称价钱帐》和《高昌曹莫门阤等名籍》[①]。《高昌内藏奏得称价钱帐》中的情况，据统计是康姓16人次、何姓10人次、曹姓6人次、安姓5人次、石姓1人次。文书中涉及的35笔交易中，因文书残缺而无买卖双方姓名者2项，双方中至少有一方为粟特人者29项，双方均系粟特人者13项[②]。《高昌曹莫门阤等名籍》出自阿斯塔那31号墓，同墓出土了重光元年（620）衣物疏。该名籍中，有曹姓33人、何姓7人、康姓2人、石姓2人、穆姓1人[③]。此外，散见的还有不少。这些以国为姓的粟特人应当都是来自粟特本土的商人[④]，他们远道而来，在高昌居留期间食宿问题是首先应当解决的，而这些人在前文所论的官方客使的传供帐当中很少见到，他们作为私人商队，食宿问题自然不能享受官方客使的待遇[⑤]，应当主要靠自己解决。高昌国既存在粟特聚落[⑥]，也有著籍的粟特人[⑦]，粟特商人既然易于和著籍的粟特人进行交易，那么从他们那里寻求物资补给应当也是最方便的选择之一。前文分析的康保谦延纳租酒而以银钱代缴，可能就是将所产葡萄酒出售给了过往的商人。另外，粟特人在聚落内也从事狩猎、种植葡萄、酿酒等活动，但粟特石棺床图像资料中几乎没有农业劳动的场景，这似乎说明粟特聚落中，农业所占的比重很小[⑧]，往来商胡的供给如本文分析，似乎应当是靠绿洲国家补给的。我们在《高昌重光三年（622）条列虎牙氾某等传供食帐二》[⑨]看到一条记录："康将，市肉叁节，自死肉十二节，面一𠖍（斛）五斗，供客

[①] 唐长孺主编《吐鲁番出土文书》壹，第359页。
[②] 朱雷《麹氏高昌王国的"称价钱"——麹朝税制零拾》，《朱雷敦煌吐鲁番文书论丛》，第78页；姜伯勤《敦煌吐鲁番文书与丝绸之路》，第180页。
[③] 姜伯勤《敦煌吐鲁番文书与丝绸之路》，第175页。
[④] 姜伯勤认为该名册所登录可能为"客胡"。见姜伯勤《敦煌吐鲁番文书与丝绸之路》，第175页。荒川正晴也认为登录的是粟特商人。见荒川正晴《游牧国家とオアシス国家の共生関係——西突厥と麹氏高昌国のケースから》，第47—48页。荣新江认为这批粟特人是否是"客胡"难以确定，他注意到此件文书的书法隶意甚浓，与同墓所出衣物疏的书法完全不同，年代应在5世纪，或许是麹氏高昌前期的文书残片，反映的是粟特人较早成批进入高昌的情形。见荣新江《高昌王国与中西交通》，《中古中国与外来文明》，第198页。
[⑤] 虽然所谓的官方使节常常是私人商队的集结，而使节与以交易为目的的商队差别其实并不大。参见榎一雄《明末の肃州》，《宇野哲人先生白寿祝贺记念东洋学论丛》，1974年，收入《榎一雄著作集》（第三卷），东京：汲古书院，1993年，第163—166页。但在高昌国，如列举所示，以私人商队形式来到高昌国的商胡数量也绝不在少数。
[⑥] 荣新江《北朝隋唐粟特人之迁徙及其聚落》，《国学研究》第6卷，北京：北京大学出版社，1999年；收入作者《中古中国与外来文明》，第44—48页。
[⑦] 姜伯勤《敦煌吐鲁番文书与丝绸之路》，第154—162页。
[⑧] 荣新江《北朝隋唐粟特聚落的内部形态》，作者《中古中国与外来文明》，第150—153页。
[⑨] 唐长孺主编《吐鲁番出土文书》壹，第377页。

胡十五人赏。"此件文书中的被供应者,还有"世子夫人""吴尚书"等地位颇高的人物。姜伯勤先生推测说,这批商胡得到回偿,当进行了某种供纳[1],但就所受赏的食物数量来讲,难称丰盛,其中肉十五节、面一斛五斗仅够十五人一天食用[2]。在这份二十七日到三十日的供食帐中,"康禅师"出现了四次,"吴尚书"不仅在此处,在其他多件文书中都有出现;相比之下,这里不知名的"客胡十五人"似乎仅得到了一次并不算丰盛的赏赐。他们如果继续逗留在高昌,则食宿问题必然要自己解决。实际上,这应当是大量来到高昌而又未见诸文书的普通商胡解决食宿问题的一般办法。

粮食为饮食必需,如前文所引吴震对《高昌乙酉、丙戌岁某寺条列月用斛斗帐历》的分析所示,可在市场上从寺院等处买得;客馆为住宿所需,如对《高昌延寿八年(631)孙阿父师买舍券》的分析所示,有民间经营的客馆可供入住;胡人嗜酒,如前文对康保谦葡萄园经营情况的分析所示,著籍胡人在当地也做葡萄酒生意,商胡自然是其重要的顾客。这些买卖都直接以银钱进行,因为并非不动产,无须订立契约,所以很难留下记载。然而当我们贴近史料深入分析时,却不难窥见其斑驳的印迹。往事越千年,在一千四百年前的高昌国这些发生在粟特商胡与当地居民之间的交易实际上已经常态化,并在某种程度上成了当地居民的生活方式。当外来的银币为人们日常生活所习用时,丝绸之路之于绿洲社会的影响,可能连当地居民自己也不易察觉,这种浸润的程度,我们在绿洲社会看得格外分明。银钱正是随着商胡,如有源活水滚滚而至。

第三节 小结:兼论"丝绸之路史观论争"

本章围绕高昌国银钱的使用与流通问题,分别就国家、寺院、百姓的银钱来源作了研究,重点探究了百姓的银钱来源。在论述中,将平民的银钱来源归结为三:生产领域、商人和国家。而后半部分论及"市场和葡萄酒生产"以及"外来人口的消费供应"时,其实都涉及平民的银钱来源。区别在于,前者是百姓以个人身份直

---

[1] 姜伯勤《敦煌吐鲁番文书与丝绸之路》,第183页。
[2] 高启安认为肉一节大约为二斤,为一个人一天的供应标准。参见高启安《敦煌吐鲁番文书中三等次供食问题研究》,第63—64页。

接获得银钱；后者则是百姓通过国家这一媒介获得银钱，政府在其中扮演的角色至关重要——如果没有政府充当媒介，百姓自身不易从这些渠道获得银钱。通过这些具体的研究，我们看到银币作为外来通货，流入高昌社会的主要途径可以概括为贸易与外来人口的接待，这里的外来人口包括使节和商胡等。不管是贸易，还是外来人口的接待，共同的特征是以某种形式与外界联系；如果与外界的联系被隔绝，两者就都不可能存在。

虽然我们在文章中就国家、寺院、百姓的银钱来源分别作了具体的考察分析，但实际上，不管银钱以三者当中的哪一种方式进入当地社会，都必然开始在社会中流通。比如国家以称价钱、酒等商品的外贸、客使接待等方式获得的银钱，会通过远行车牛给价、葡萄酒等产品收购、肉类供应补偿等方式流向寺院和百姓手中。百姓、寺院通过在市场上出售蚕丝和粮食等商品、经营客馆、向政府有偿提供肉类等途径获得的银钱又会通过租税、屯田代役钱等形式变成国家财政收入。如此一来，外来的银钱就得以在高昌社会中有序流通。外来银钱的流入不仅激活了高昌经济，还普遍地增加了国家、寺院和普通百姓的收入；而这些财富流入高昌社会需要具备一个前提，即高昌国存在适应外部需求的商品化生产。

关于古代社会的经济性质，由于可资利用的史料有限以及解读方法的差异，学者们往往会得出完全不同的结论[①]。关于高昌社会的经济性质，吴震先生先后写了三篇文章对阿斯塔那377号墓出土的《高昌乙酉、丙戌岁某寺条列月用斛斗帐历》进行计量分析，认为高昌国的寺院通过规模化、集约化经营，提高了生产效率，寺院向社会提供商品粮可为丝路商贾提供饮食，对丝路畅通发挥了积极作用。吴震先生的这项研究具体地揭示了高昌商品化生产的一个方面。韩森指出："6—8世纪的吐鲁番经济同3—4世纪的尼雅经济以及9—10世纪的敦煌经济在许多重要的方面都有所不同。即使是在现存的记录生活中交易的契约文书中，也能看出吐鲁番经济的高度商业化。"[②] 韩森在表述中对高昌国和唐西州时代没有进行区分，但其表述的6—8世纪显然是包括高昌国时代在内的。另外韩森对吐鲁番经济的高度商业化，除了提

[①] 比如关于公元前4—5世纪古希腊国家的经济性质，就存在着"原始论者"和"近代论者"两种截然相反的观点。"原始论者"认为当时希腊的经济性质是闭锁的自给自足经济；而"近代论者"则认为当时的经济中流通、交换所占的比重大，与18世纪以降的英国和19世纪的德国类似，具有资本主义的特征。参见前泽伸行《古代ギリシアの商业と国家》，岩波讲座《世界历史》15《商人と市场：ネットワークの中の国家》，第157—161页。
[②] 韩森《丝绸之路贸易对吐鲁番地方社会的影响：公元500—800年》，荣新江、华澜、张志清主编《粟特人在中国：历史、考古、语言的新探索》，北京：中华书局，2005年，第127页。

及契约文书中的记录之外，没有再进行具体的分析论证，她所谓的"高度商业化"具体指意不明。就本章着力考察的银钱问题来看，高昌国在近百年的时间里持续使用银钱作为日常通货，首要前提是有稳定的银钱来源。吴震先生据以分析的寺院帐历显示，该寺院的银钱直接来源于当地市场，途径是寺院将生产的粮食在市场出售。本章则对国家以及普通百姓的银钱来源作了全面分析。如前所述，这些银钱主要来自贸易和外来人口接待，百姓可以通过国家媒介出售自己生产的葡萄酒、提供远行车牛以获得银钱补偿，向外来客使供应肉食以从官府获得银钱报酬，等等。这些以获得银钱为目的的生产应当说也都具有商品化生产的性质。从根本上来说，高昌国之所以可以将外来银钱用作日常通货，正是因为有这种面向市场的商品化生产存在。

荣新江先生《高昌王国与中西交通》一文中，从对外来客使的供应制度、对外来商胡的管理、对西方移民的安置与管理、对外来宗教的包容等方面揭示了高昌王国的特性[1]。荒川正晴先生在《游牧国家与绿洲国家的共生关系——从西突厥与麹氏高昌国的例子来看》一文的第三节提出了"作为国家事业的使节接待"这样的命题[2]。就高昌国而言，如前文所论，以田租形式纳入的葡萄酒和粮食中的一部分被直接用于客使的供应，虽然系免费供应，但高昌国显然已经将这种免费供应制度化，这是高昌国有着"作为国家事业的使节接待"的具体体现。尤其值得一提的是，百姓还可能应官府的要求，将粮食加工成面或者麨供入，这一方面应当与高昌国规模较小而追求程序减省的国情有关，另一方面应当也是高昌国为便利客使而专门作出的适应性调整。以田租所入供应外来客使，这凸显了高昌国对外来客使接待的高度重视以及高昌国农业生产的外向性特征，笔者认为将其看作高昌国的一种国家经济战略也不为过。虽然葡萄酒和粮食系免费供应，但除此之外的其他饮食供应，如肉类、干果等食品以及其他消费等，都要客使自付酬值，而这些都会变为银钱形式的高昌国的货币财富，对这些财富的争取与追求应当是高昌国的重要目标。

这里再举一个具体的例证。前文分析的《高昌传供酒食帐》供应的食物中有"洿林枣"一项，枣非田租征收物，除个别的尊贵客人之外，一般的客使和商胡若欲消费都要购买。实际上枣确实是当地市场上的一种商品。我们在《唐天宝二年（743）交河郡市估案》中的"果子行"里，可以看到"大枣壹胜上直钱陆文次伍文下肆文"

---

[1] 荣新江《高昌王国与中西交通》，作者《中古中国与外来文明》，第183—203页。
[2] 荒川正晴《游牧国家とオアシス国家の共生関系——西突厥と麹氏高昌国のケースから》，第53页。

这样的记载①。这虽然是唐代的记录，但在高昌国时代的市场上也有作为商品出售的大枣，这应当没有问题。我们在吐鲁番文书中可以看到夏枣树券，如阿斯塔那364号墓所出《高昌延昌二十八年（588）某道人从□伯崇边夏枣树券》就是一例②。此件契约的条款中，双方约定以大枣偿付夏价，但违约罚则明确要求以"银钱贰文"支付③。笔者想特别指出的是，此处枣树的产出仅仅是供自家食用的可能性很小，租借的一方须支付租价，并且还有可能需要支付银钱形式的违约罚，枣树的租借之所以会达成，正是因为枣树自身具有经济价值，即枣树的产出可以出售获利。枣的消费者中，可能有一部分是本地人，但最主要的应当是流动的外来人口，也就是《传供酒食帐》中的外来客使及商胡等。除了夏枣树券，我们在高昌国时期的契约中还可以看到两例夏菜园券，即阿斯塔那364号墓所出的《高昌延昌二十六年（586）某人从□□崇边夏镇家菜园券》④和佚号的《高昌重光四年（623）孟阿养夏菜园券》⑤，两件夏菜园券的条款中都注明以银钱偿付夏价⑥。如前文所述，客使供应的食物种类有粮食、酒和肉类，个别尊贵客人的传供帐中也可看到涍林枣、麻子饭等，但未见有供应蔬菜者。是不是这些外来人口完全不消费蔬菜？笔者认为不可能。高昌百姓租佃菜园以求经营获利，这说明当地存在蔬菜市场和潜在的蔬菜消费人群，笔者认为其主要消费者正是外来的客使和商人。一个封闭的自给自足的社会里一般不可能出现枣树、菜园的租借经营⑦，高昌社会中存在这两种类型的契约，正反映出当地农

---

① 池田温《中国古代籍帐研究》，龚泽铣译，第304页。
② 唐长孺主编《吐鲁番出土文书》壹，第386页。除此之外的夏树券还有阿斯塔那365号墓所出《高昌某人夏树（或葡萄园）残券》（唐长孺主编《吐鲁番出土文书》壹，第300页）、阿斯塔那338号墓所出《高昌延寿二年（625）田婆吉夏树券》（唐长孺主编《吐鲁番出土文书》贰，第240页）两例。两例文书有残缺，难以确认其中树的品种，笔者认为亦有可能是夏枣树契约。
③ 阿斯塔那365号墓所出《高昌延昌二十七年（587）张顺和夏树券》要求以银钱偿付夏价，但违约罚则规定"听抴家财，平为钱直"（唐长孺主编《吐鲁番出土文书》壹，第292页）；阿斯塔那153号墓所出《高昌延昌三十六年（596）宋某夏田券》（唐长孺主编《吐鲁番出土文书》壹，第279页）要求以麦偿付违约罚。可见，并非所有租借契约的违约罚都以银钱偿付。
④ 唐长孺主编《吐鲁番出土文书》壹，第385页。
⑤ 唐长孺主编《吐鲁番出土文书》壹，第446页。
⑥ 关于蔬菜的种植经营，参见米田贤次郎《オアシス農業と土地問題——特にトゥルファン溝渠の変更と土地の割替を問題にして》，《鷹陵史学》第11号，1986年，第21—22页；王艳明《从出土文书看中古时期吐鲁番地区的蔬菜种植》，《敦煌研究》2001年第2期，第82—88页。
⑦ 唐五代的敦煌存在种植林业，种植的树木主要是榆、杨、柳等用材林和桑、杏、李、梨等经济林。见郑炳林《唐五代敦煌种植林业研究》，《中国史研究》1995年第3期；收入兰州大学敦煌学研究所《敦煌归义军史专题研究》，兰州：兰州大学出版社，1997年，第192—204页。我们在留存的大量敦煌契约文书中看不到果树的租借契约。参见沙知《敦煌契约文书辑校》，南京：江苏古籍出版社，1998年。高昌国与时代稍晚的敦煌之间的这种差异值得关注。

副业生产与市场之间存在着紧密的联系，这其实正是高昌农业生产商品化程度的极好体现[1]。

日本的中亚研究学界围绕着丝绸之路的存在对中亚的住民意味着什么的问题，有一场被称作"丝绸之路史观论争"的论战，这场论争自20世纪70年代后半期开始至今仍在继续[2]。论争的焦点是如何考虑中亚绿洲都市的基本性格，也就是说，绿洲都市经济的基本支撑点是农业还是利用丝绸之路发展的商业[3]。作为批判"丝绸之路史观"一方的代表人物的间野英二也承认，对于绿洲经济的基本支撑点究竟是农业还是队商贸易的问题，不是二者之中选其一的问题，而是辨别两方面中何者更基本更重要的问题。队商贸易对绿洲社会带来影响的方式，如通行税、住宿费、饮食费、物品购入费和修理费等的相关资料几乎完全未见，这是间野英二在对松田寿男[4]、护雅夫和森安孝夫等人的观点进行批判时的一个重要理由；而坚持所谓"丝绸之路史观"的森安孝夫也承认绿洲都市国家住民的大多数与丝绸之路贸易直接相关的证据确实没有[5]。因而，所谓"丝绸之路史观论争"的关节点就是丝路贸易对绿洲都市国家影响的证据何在。韩森的《丝绸之路贸易对吐鲁番地方社会的影响：公元500—800年》一文以吐鲁番为个案进行了具体考察。她在分析中将吐鲁番的居民划成三个同心圆，居于同心圆核心的是一小群粟特商人；围绕着由丝路商人组成的同心圆核心的是经常与粟特商人有联系并且依赖于丝路贸易的高昌居民，韩森划定属于这个范围中的人包括负责监督贸易并收取商税的政府官员、官员的翻译、在商人投宿的旅店工作的人员、宗教人士乃至妓女；处于这个同心圆最外围的是大量的高昌农民，他们偶尔会向商人借钱或购买商品，但除此之外他们与丝绸之路很少有关系。韩森最后的

---

[1] 朱英荣研究龟兹王国的商品经济，从开凿石窟需要大量财富，非农业社会所能聚集；金属货币大行其道；商品交换发达；市民文化兴盛等几个方面进行论证。见朱英荣《龟兹经济与龟兹文化》，《新疆大学学报》1990年第3期；收入《龟兹文化研究》（一），乌鲁木齐：新疆人民出版社，2006年，第161—163页。另外，关于当时龟兹王国商品交换情况的研究，还可参见 Helen Wang, *Money on the Silk Road: The Evidence from Eastern Central Asia to c. AD 800*, pp. 93-94. 龟兹王国的商品经济发展情况具有与高昌国比较的价值。

[2] 关于这场论战近年的情况，参见森安孝夫《シルクロードと唐帝国》；间野英二《"シルクロード史观"再考——森安孝夫氏の批判に关连して》，《史林》第91卷第2号，2008年，第116—136页。

[3] 以下关于该论争的概括都引自间野英二上揭文，不一一注明。

[4] 松田寿男的主要观点见于其所著《中央アジア史》，アテネ文库，东京：弘文堂，1955年；收入《松田寿男著作集》（一），东京：六兴出版，1986年。《沙漠の文化：中央アジアと东西交涉》，东京：中央公论新社，1966年；收入《松田寿男著作集》（一）。

[5] 森安孝夫《シルクロードと唐帝国》，第104页。

结论是丝绸之路贸易在吐鲁番整个经济体系中作用甚小[①]。韩森虽然也注意到当时吐鲁番的银钱使用以及经济的高度商业化，但她未能利用文书再作进一步的剖析，所以虽然提出了一个分析框架，但最后的结论可以说与间野英二的观点并无二致[②]。

本章着力分析了高昌国的银钱使用和流通问题，研究显示，葡萄酒贸易和外来客使、商人的接待应当是高昌国官府及普通百姓的银钱来源。高昌国的粮食生产、畜牧业、葡萄酒生产酿造等都具有外向特征、商品化生产的性质。如果高昌国的葡萄酒贸易也可归入丝绸之路贸易的范畴的话[③]，高昌国百姓与丝绸之路间的密切关联是无论如何也无法否认的。丝绸之路并非仅仅是一条贸易之路，它同时也是思想文化的交流之路，是文明的传播之路[④]。往来于丝绸之路上的客使当然也属于丝绸之路

[①] 韩森《丝绸之路贸易对吐鲁番地方社会的影响：公元 500—800 年》，第 113—127 页。

[②] 韩森最近发表的论文中指出"不管丝绸之路的贸易规模如何，它对丝路沿线居民的影响极小"，再次得出了相同的结论。见韩森《从吐鲁番、撒马尔罕文书看丝绸之路上的贸易》，《吐鲁番学研究：第三届吐鲁番学暨欧亚游牧民族的起源与迁徙国际学术研讨会论文集》，上海：上海古籍出版社，2010年，第 640 页。

[③] 关于丝绸之路贸易许多学者进行过归纳概括。如榎一雄如此概括丝绸之路国际贸易的特征：由于地理、气候等原因，丝绸之路贸易路途艰险；以队商贸易为其组织形式；以正式的或者名义上的朝贡贸易的方式进行。见榎一雄《シルクロード国际贸易史の特质》，1985 年讲演草案；收入《榎一雄著作集》（第五卷），东京：汲古书院，1993 年，第 3—10 页。刘欣如将丝绸之路贸易分为朝贡贸易、官方关市贸易和市场贸易三种。见 Xinru Liu, *Ancient India and Ancient China:Trade and Religious Exchanges, AD 1-600*, Delhi: Oxford University Press, 1988, pp. 76-81. 荒川正晴则强调队商贸易和绿洲国家内部的商人必须加以区分；队商贸易以奢侈品为中心，而绿洲国家内部的交易则以日常商品为中心；绿洲国家之间可能存在的粮食等日常必需品交易与奢侈品交易，性质也是不同的。参见荒川正晴《オアシス国家とキャラヴァン交易》，第 10—13 页。高昌国销往突厥的葡萄酒是否应当看作奢侈品？如果高昌国与突厥之间的葡萄酒贸易没有采用队商贸易的形式，那么这种交易能否归入丝绸之路贸易的范畴？笔者认为如果执着于概念界定而将这种贸易排除在丝绸之路贸易之外，恐怕有失妥当。按，如果我们将目光投向高昌国之外的时空，罗马帝国时代的商船在对阿拉伯半岛、波斯湾周边、印度西海岸等地的贸易中就装载着地中海地区的产品，如葡萄酒、各式与饮酒有关的容器等。见 Xinru Liu, *The Silk Road in World History*, New York: Oxford University Press, 2010, p. 35. 毫无疑问，葡萄酒也是丝绸之路贸易中的重要商品之一。

[④] 长泽和俊《丝绸之路史研究》，钟美珠译，天津：天津古籍出版社，1990 年，《丝绸之路研究之展望（代序）》，第 1—4 页。荣新江《丝绸之路：东西方文明交往的通道》，《中华文明之光》第 2 辑，1999 年；收入作者《中古中国与外来文明》，第 1—15 页。按，自德国地理学家李希霍芬 1877 年提出"丝绸之路"的概念之后，这个名称已经被广泛接受和使用。但也有学者对这个名称的使用提出批判，如杉山正明认为"丝绸之路"包含有 19 世纪的偏见和误解，因为当时中央欧亚大陆的研究尚未展开，认为"文明"是东方的中国和西方的罗马，而途中所经过的地区是"文明的通过地"，而当下的研究证明中央欧亚大陆也是一个"文明圈"，所以这个原本包含偏见的词语，即便是使用也应该加上括号。见杉山正明《中央ユーラシアの历史构图》，岩波讲座《世界历史》11《中央ユーラシアの统合：9—16 世纪》，东京：岩波书店，1997 年，第 81 页。间野英二也认为在研究论文中不宜使用"丝绸之路"这个词。见间野英二《"シルクロード史观"再考——森安孝夫氏の批判に关连して》，第 121 页。这些学者的观点也应当受到重视。

上人员交流的一种，因为人员的往来常常伴随着文化、思想、信息等方面的交流。高昌国将客使接待当作一种国家事业，并因致富厚，这种关联的意义已非"丝绸之路史观论争"所能涵盖，但仍将其系于丝绸之路的一种影响则无不可。本章从高昌国的银钱使用与流通问题入手以求探明丝绸之路与高昌经济之间的关系，分析至此，结论已逐渐明晰。丝绸之路与高昌经济密切关联，高昌社会亦深受其惠。就高昌国而言，经济是以商业还是以农业为中心的产业来支撑，要给这个问题以明确的解答，需要掌握经济产业的许多相关数据才可以做到，但遗憾的是，我们今天无从获得这些数据。就高昌国的经济形态而言，外向性或者说依赖与外界的联系无疑是其最突出的特点之一，这一点则是确定无疑的。

如前文所述，北凉时代的高昌利用当时中原和西南地区无法满足丝绸之路上丝织品贸易需求的时机发展了本地的桑蚕丝织业，一度存在纳丝以为田租、户调和口税的赋税征收制度，虽然到麴氏高昌国时期仍然有官绢的征收，但是研究者认为"麴氏立国后不久，已过渡到用布叠为实物货币"[①]。至迟到隋朝统一中原，内地丝织生产得到恢复、发展，丝绸之路复归畅通，高昌丝织业失去了优势和发展空间，因此逐渐衰落[②]。研究者认为高昌丝织业的兴衰，反映了处于丝绸之路网络整体中的绿洲经济有其局限性[③]。丝织业虽然衰落，高昌经济并未随之衰落，相反，我们看到银钱源源不断地流入高昌，这应当归因于高昌经济战略的自我调整。高昌发展丝织业得益于丝绸之路的阻塞不通，而高昌本地的丝织技术终究无力与内地竞争；同时，葡萄种植和葡萄酒酿造则是高昌具有无与伦比优势的产业，必然成为高昌产业发展的方向。丝绸之路归于畅通，往来客使商旅增多，高昌将外来客使接待工作当成国家事业来发展，则是真正发挥了它作为丝路绿洲国家的优势。北凉时代开始的高昌丝织业兴盛，终究是昙花一现，难以持久；丝路复归畅通之后，高昌亦随之转型，发

---

① 武敏《5世纪前后吐鲁番地区的货币经济》，第226页。
② 唐长孺注意到《北史》和《隋书》都记载了麴氏高昌"宜蚕"，而两《唐书》则都已删去"宜蚕"二字，据此可推测当地的蚕桑和丝、绵纺织手工业到麴氏高昌后期逐渐衰落而叠布渐盛。唐长孺《新出吐鲁番文书简介》，作者《山居存稿》，第313页；吴震《吐鲁番出土文书中的丝织品考辨》，《吴震敦煌吐鲁番文书研究论集》，第652页。
③ 孟宪实《论十六国、北朝时期吐鲁番地方的丝织业及相关问题》，《敦煌吐鲁番研究》第12卷，上海：上海古籍出版社，2011年；收入作者《出土文献与中古史研究》，北京：中华书局，2017年，第207—244页。

展葡萄酒贸易和客使接待产业,利用自身优势真正意义上地实现了经济立国[①]。

最后笔者还想强调一点,与传统意义上的丝绸之路奢侈品贸易为充实国家府库明显不同的是,高昌国的经济战略使得普通百姓也深受其惠。借助国家的协调和组织,高昌国的普通百姓以自己的劳动换回了丝绸之路上的货币财富,这是否仅为特例尚待研究,但实实在在存在于当时的高昌。高昌国的经济形态自然也属于当时丝绸之路经济的一个组成部分,其意义值得我们深入探究。

---

① 这里试图描述一种宏观的趋势。实际上,高昌丝绵织业至后期也仍然存在,并且高昌国时期当地也有胡人织造以外销为目的的波斯锦。见盛余韵《中国西北边疆六至七世纪的纺织生产——新产品及其创制人》,《敦煌吐鲁番研究》第4卷,第323—373页。这种以外销为目的的波斯锦织造与当地经济之间的关系尚待研究。高昌国的客使接待则在阚氏高昌时期就已存在。阚氏高昌国时期客使接待情况,参见《阚氏高昌仓部织物及赤迮等支出帐》,唐长孺主编《吐鲁番出土文书》壹,第122—123页。荣新江《高昌王国与中西交通》,《中古中国与外来文明》,第187页。《阚氏高昌永康九年、十年(474、475)送使出人、出马条记文书》,荣新江、李肖、孟宪实主编《新获吐鲁番出土文献》,第163—164页。荣新江《阚氏高昌王国与柔然、西域的关系》,《历史研究》2007年第2期;收入作者《丝绸之路与东西文化交流》,北京:北京大学出版社,2015年,第42—58页。裴成国《〈高昌主簿张绾等传供帐〉再研究——兼论阚氏高昌国时期的客使接待制度》,《西域研究》2013年第4期,第67—73页。

第四章　土地与生计

第一节　文书所见高昌国平民土地占有状况

高昌国的耕地面积狭小是一个基本事实。就人均而言，每人可支配的土地面积有多少，传世文献和出土文书都没有提供直接的数据。吴震先生曾经推算高昌地区人均耕地面积为 2.1 市亩[1]，所依据的数值为"户八千，口三万七千七百"[2]，此为《旧唐书》所载高昌国亡国之时的人口数字；耕地面积依据的是《通典》所载高昌国"垦田九百顷"[3]。杨际平先生根据《唐会要》中记高昌亡国时"户八千四十六，口三万七千七百三十八"[4]和《通典》中的垦田数据，估算出贞观十四年（640）唐平高昌时，户均垦田约 10 亩，人均不到 2.4 亩[5]。杨际平的估算结果使用的是唐亩，折合成市亩约为 2.1 亩，与吴震的估算结果很接近[6]。吴震和杨际平先生依据的高昌国垦田数字都是《通典》所载的"九百顷"。需要特别指出的是，"九百顷"是高昌国全部土地面积的总数，但如所周知，高昌国有面积不小的屯田和官田，这两类田地都归官府所有，所以据"九百顷"计算所得的人均垦田面积必定要比百姓实际占有的土地面积要大，这是毋庸置疑的。陈国灿先生在 1991 年发表了《高昌国的占

---

[1] 吴震《近年出土高昌租佃契约研究》，《新疆历史论文续集》，乌鲁木齐：新疆人民出版社，1982 年；收入《吴震敦煌吐鲁番文书研究论集》，上海：上海古籍出版社，2009 年，第 459 页。
[2] 《旧唐书》卷一九八《高昌传》，北京：中华书局，1975 年，第 5295 页。
[3] 《通典》卷一七四"西州"，北京：中华书局，1988 年，第 4558 页。
[4] 《唐会要》卷九五《高昌》，上海：上海古籍出版社，2006 年，第 2016 页。
[5] 杨际平《试考唐代吐鲁番地区"部田"的历史渊源》，《中国社会经济史研究》1982 年第 1 期；收入《杨际平中国社会经济史论集（出土文书研究卷）》，厦门：厦门大学出版社，2016 年，第 171—195 页。
[6] 唐尺与市尺的换算依据吴承洛《中国度量衡史》第 12 表，上海：商务印书馆，1957 年；吴震《近年出土高昌租佃契约研究》，《吴震敦煌吐鲁番文书研究论集》，第 458 页。

田制度》[①]一文，对高昌国的土地制度进行研究时曾探讨过高昌国的土地占有情况。陈先生根据阿斯塔那140号墓所出《高昌重光某年条列得部麦田、□丁头数文书》中所记"占依官限"一语提供的线索认为高昌国施行了"占田制"。从该件文书可见人均可占部田五亩，折合厚田两亩半是当时的占田标准。当地应当自高昌郡时代就开始施行西晋的占田制，但占田标准可能有所变化，到麹氏高昌国时期占田数额降低。他通过对《高昌高乾秀等按亩入供帐》《高昌张众养等按亩入供斛斗帐》《高昌和婆居罗等田租簿》三件文书中数据的计算，发现田地数额未超过2亩半[②]，认为这是延昌至重光年间（561—623）的占田标准[③]，这种普遍占田面积狭小的情况，他认为可能是因为有葡萄园面积作为补足。至延寿年间（624—640）丁口占田数额标准提高，达到6亩。他确认土地买卖须经国王批准，认为这是实现占田制的手段之一。陈先生着眼于高昌国的土地制度，他利用文书中的信息推算高昌国土地占有情况的方法确是一条可行途径，也为笔者所效法。本节在相关文书研究已有新进展，所见文书也有增加的情况下，拟重新对高昌国平民的土地占有情况作一整理分析，以见当时平民耕地面积情况之一斑。

一、户均占有土地面积的推算

哈拉和卓1号墓据墓葬解题称曾经盗扰，未出衣物疏及墓志，所出文书兼有麹氏高昌及唐代者，文书上所见纪年最早为延寿十六年（639），最晚为唐贞观十四年（640）。墓葬中所出文书有条记文书、唐西州时代的赁舍契约、某乡户口帐、家口籍、勘田簿、仓曹地子麦粟帐等。整理小组将其中勘田簿文书分作四组，除第一组的两片较为完整之外，其余三组缺损较甚。值得指出的是，同墓所出文书大多经裁剪制为纸鞋等，唯独勘田簿文书虽然都有残损，但未见裁剪痕迹。文书整理小组将其分组定名为《唐西州高昌县顺义等乡勘田簿》（本节编为"第一组"）、《唐西州左照妃等勘田簿》（本节编为"第二组"）、《唐西州赵相熹等勘田簿》（本节编为"第

[①] 陈国灿《高昌国的占田制度》，《魏晋南北朝隋唐史资料》第11期，武汉：武汉大学出版社，1991年；收入《陈国灿吐鲁番敦煌出土文献史事论集》，第70—92页。
[②] 这三件文书缴纳标准都是亩入三斛，所涉及的当为葡萄园，而非粮田。参见谢重光《麹氏高昌赋役制度考辨》，《北京师范大学学报》1989年第1期，第82—83页。
[③] 后来发表的文书如阿斯塔那385号墓所出《高昌计亩承车牛役簿》（柳洪亮《新出吐鲁番文书及其研究》，乌鲁木齐：新疆人民出版社，1997年，第27—29页），年代应当在延昌年间，其中田亩面积在五亩及以上者颇不少，详见后文表格。

三组")、《唐西州张庆贞等勘田簿》(本节编为"第四组")[1]。文书墨书,一些字旁和行间有补字,个别人名及田亩数额经涂抹之后于旁边修正,文书中未见朱笔及勾勒符号。勘田簿第一组前三件的基本格式是每户一行,记田地的方位四至,最后书"合田若干亩",也有少数人名之后先书合若干亩后记其四至,第二组之第二件目前所见也多为前一种格式[2]。第四组之两件的书写格式为每户占两行,先书户主名,之后记其在东西南北四个方位的长度,最后书合计若干亩,也有如该组第二件的第3、4行所记的一户,最后合计田亩数未用"合"字标识者。以上两种系基本登录格式。第三组仅一件,所见兼有上述两种登录格式,但其第3、4行所记的一户格式稍有不同,即在人名之后先记合计亩数,然后再分别登录东西南北四个方位的长度。第二组第一件的登录格式也较为特殊,文书第1行的人名残缺,但可见人名之后所记田亩为"二亩",之后登录该件田地四至,并在一行之内书写完毕,值得注意的是,登录者又在第2行重复书写了一遍"合田二亩";第3行所记内容为"左照妃田二亩",之后留存大半行空白,而于次行记其田亩的四至。第一组第四件残存文字见"顺义",为所见唯一的地名,知勘田簿涉及顺义乡。

就登记格式而言,四组勘田簿的一个显著特点就是登记格式的不统一,笔迹也并非出于同一人之手。归为第一组第四件的文书,据残存文字可知是一户占两行,笔迹也明显与其他三件不同,将之与另外三件编入同一组,有欠合理。此外其他各组的分组方法也有待重新检讨。

关于该墓所出的勘田簿,朱雷和卢向前先生于同年发表的论著中作出了相同的解释,即该"勘田簿"是唐平高昌后,为了解西州高昌县民各户实际占有土地状况以便推行均田制而作[3]。朱雷先生进一步指出:"官府对该县人户所占土地做如此详尽的调查,恰好反映了麹氏高昌统治末期一般百姓土地占有实况,而在大量出土麹

---

[1] 唐长孺主编《吐鲁番出土文书》贰,北京:文物出版社,1994年,第12—17页。
[2] 该件文书录文格式稍有问题,目前编作第2行的前后与第1、第3行之间有多行残缺,并且可见残存笔画,编辑者未按体例处理。本件编作第2行的末尾录文可见"延桃"二字,已经接近纸边,本件的其他行末尾可见者都是以地面面积结尾,本行似为例外,很可能如第一组第一件中的个别人户一样,是先记田亩面积,再记方位四至。
[3] 朱雷《吐鲁番出土唐"勘田簿"残卷中所见西州推行"均田制"之初始》,《魏晋南北朝隋唐史资料》第18期,武汉:武汉大学出版社,2001年;收入《朱雷敦煌吐鲁番文书论丛》,上海:上海古籍出版社,2012年,第440—441页。卢向前《唐代西州土地关系述论》,上海:上海古籍出版社,2001年,第278页。

氏高昌文书中，却不得见到。"① 现将四组勘田簿中反映的百姓田亩情况列表整理，揭示如下：

表 4-1 勘田簿反映的高昌国百姓土地占有情况表

序号	姓名	田亩数	序号	姓名	田亩数	序号	姓名	田亩数
1	□□举	4亩	11	令狐延达	2亩9步	21	某人	2亩
2	孙安相	3亩半	12	令狐太女	2亩9步	22	左照妃	2亩
3	严怀保	6亩	13	马幸智	2亩	23	某人	2亩
4	毛庆隆	3亩12步	14	和文幸	2亩半60步	24	某人	4亩
5	巩庆会	6亩	15	贾延伯	3亩半	25	□□师	4亩
6	某人	2亩	16	赵欢相	4亩	26	□□海	2亩
7	邓女意	1亩半	17	张尸举	1亩？	27	赵相意	4亩
8	何祐所延	1亩	18	赵□□	2亩50步？	28	某人	4亩2步
9	邓是是	4亩	19	□楚□？	2亩	29	龙不苻麻子	2亩
10	焦智向	2亩半	20	田阿父师	4亩半	30	某人	1亩半？

表格中第17、18、30三条因为文书有残缺，数据以问号特别标识。需要说明的是，第三组上出现了"自桃田半亩"，这是否证明该勘田簿中的田地面积是将各户的葡萄园面积也一并计算在内了？笔者认为并非如此。观此件文书图版，"自桃田半亩"以下当为空白，而该五字之上尚有残存笔画。就位置而言，其与其他行的人名大抵平齐，可知不可能为此行记录的末尾，而只能是上一行记录的最后部分；其前一行的记录可见"▭▭田东刮懂远 西康波□▭▭"，由此可知登录格式当为先书户主人名，其次书田亩四至，再记田亩总面积；至于葡萄园面积为其他几件上未见登录的信息，应当是造簿者的补充标注。为何要补充标注此人的葡萄园面积，笔者认为可能是造簿者对勘田簿要求记入的具体内容不甚明了，不清楚葡萄园是否需要登录在内，犹豫之间，遂将此人的桃田半亩标注在了最后。如上文分析所示，该

---

① 朱雷《吐鲁番出土唐"勘田簿"残卷中所见西州推行"均田制"之初始》，《朱雷敦煌吐鲁番文书论丛》，第 448 页。

勘田簿的显著特点是登录格式的不统一，可能是西州建立伊始，官府于坊间班示造勘田簿事宜，但对于勘田簿的具体登记格式和细节未作详细规定和说明，所以出于众手的勘田簿格式不尽相同，登录内容也有出入，"自桃田半亩"就是一个造簿小吏根据自己的理解造簿的证明。"自桃田半亩"不能列入上件表格。

上件表格检出了30户百姓的田亩面积，其中少者1亩，多者不过6亩，未见大土地所有者。经计算30户田地总面积为87亩22步，户均2.91亩。虽然户数较少，但作为一个抽样，仍然具有意义。

有一个基本问题需要作一说明，即勘田簿中所登记的是否是该户的全部土地面积。朱雷先生注意到该勘田簿登录土地各户皆只有一段，未见有两段者，这是唐代沙、西两州诸县户籍中所罕见的；官府通过勘察了解可供用作"均田"之土地总数，并了解人户实际已占有土地之总数及各人户所拥有土地，从而制订一县具体的"应授"标准[①]。显然朱雷认为勘田簿登记的是该当户的所有土地面积。笔者也认为登录的确为当户的所有土地。兹举两个旁证：其一，各户田土的登记中，多使用"合田若干亩"的表述，而各户土地仅有一段，如果不是该户的全部土地面积，则"合"字的使用就会变得无的放矢；其二，如前文分析的"自桃田半亩"的情况，造簿小吏连葡萄园半亩都登记在内，田亩应当已经悉数登记。

另外一件可以反映高昌国时期百姓土地面积的文书是《高昌延寿八年（631）牼质等田亩出银钱帐》[②]。现将该件文书中家户田地面积情况列表揭示如下：

表4-2 牼质帐反映的高昌国百姓土地占有情况表

序号	姓名	田亩数	序号	姓名	田亩数	序号	姓名	田亩数
1	□牼质	4亩	11	黄奴奴	2亩半100步	21	曹□□	4亩
2	史阿种	4亩半60步	12	樊庆延	2亩半	22	员延伯	2亩60步

---

① 朱雷《吐鲁番出土唐"勘田簿"残卷中所见西州推行"均田制"之初始》，《朱雷敦煌吐鲁番文书论丛》，第447—448页。
② 唐长孺主编《吐鲁番出土文书》壹，北京：文物出版社，1992年，第434页。此件文书的登录格式是集若干户的田亩，约50亩一组，合计出银钱2文。学界认为这是据田亩征收的附加税。文书未经裁剪，基本保存完整，文字起始部分的左边一侧保存完好，可以确认文书的基本内容并无缺失。观察文书内容，记田亩并不注明位置，如果只系各户的一部土地，在帐簿中似应注明地段所在位置，或作相关记注，以与其他地段之土地相区别，防止赋税重复征收。就文书内容来看，所记应当是一户土地面积的总和。

续 表

序号	姓名	田亩数	序号	姓名	田亩数	序号	姓名	田亩数
3	和悔愿	60步	13	贾善来	2亩半60步	23	赵众养	4亩半
4	高延敷	缺	14	康延偘	7亩	24	某人	缺
5	朱海忠	2亩	15	系保悦	2亩半	25	周庆怀	6亩
6	氾元海	3亩40步	16	广昌寺	4亩	26	夏永顺	3亩半
7	冯方武	5亩60步	17	孟又□	5亩	27	贾婢女	4亩
8	□怀儒	2亩半	18	左武相	3亩	28	樊庆隆	2亩半
9	张元悦	3亩半	19	白牧祜	2亩	29	良朋悔	3亩半
10	李善守	3亩半	20	秃发伯□	4亩			

上表中除去第4和24号两人的田亩数字不详之外，土地数量少者60步，多者不过7亩，亦未见大土地所有者。其中除百姓之外，还有第16条的"广昌寺"。27户田地合计94亩200步，户均田地3.51亩，比勘田簿反映的户均占有田地多出0.6亩。

可以反映高昌国百姓土地占有情况的还有阿斯塔那385号墓出土的《高昌计亩承车牛役簿》[①]。该件文书缺纪年，所出墓中葬男尸一具，同出的有《高昌延昌廿七年（587）虎牙将军张忠宣墓表》，故文书年代应不晚于延昌二十七年。此件文书的基本格式是若干户田地合计至若干亩即出车牛、车一具或牛一头。文书内容较完整部分可见贾元顺等八人合田"四十四亩半九步"出车牛一具，宋奴奴等五人合田"十二亩半一百一十七步"出车一具。此外可见者还有孙孝宣寺等合田"卅一亩半十二步"出某物一件。由宋奴奴等五人的合计田亩数与孙孝宣寺所属单元的合计田亩数相加正好等于贾元顺等人出车牛一具的"四十四亩半九步"，可知孙孝宣寺等所出的当为牛一头。另外，残损较甚的两组末尾均可见"四十四亩半九步"，这两个单元应当也是出车牛一具。由"合田"的表记方式可以确信，每个单元所计亩数应当是田亩，而非葡萄园。另外，需要特别指出的是，每组的合计田亩现在看来应当只有三种，也就是分别符合出车牛一具、车一具、牛一头所要求的田亩数，百姓须为凑成需要

---

① 柳洪亮《新出吐鲁番文书及其研究》，第27—29页。按，荒川正晴据文书原卷校订了此件文书的录文，此处采纳其校订意见，将原作"阿善法"的"阿"字改作"何"，"□信信"改作"宋奴奴"。见荒川正晴《ユーラシアの交通・交易と唐帝国》，名古屋：名古屋大学出版会，2010年，第114—116页。

的合计田亩数而作搭配组合。关于此点，文书本身也提供了证据。文书中有两个单元的最后一位，即"何善法"和"杜忠孝"田亩数都为"九步"，数目很小，又恰好都为该当单元凑成规定数字所需要的余额。另外一个单元的最后一条记录是"杜孝忠一百一十七步"，也恰好为该当单元合计田亩"十二亩半一百一十七步"的余数。两处的"杜忠孝"应当可以确定为同一人，此人的田地面积当在一百二十六步以上；"何善法"也在另一个单元再次出现，彼处的田亩数为"十二亩半"，则此人的田亩数也至少在十二亩半九步以上[①]。基于以上分析，笔者将重出人名"杜忠孝"和"何善法"两处的田亩数之和列入表中。现列表将此件文书中反映的百姓田地情况揭示如下：

表 4-3　计亩承车牛役簿反映的高昌国百姓土地占有情况表

序号	姓名	田亩数	序号	姓名	田亩数	序号	姓名	田亩数
1	田忠真	3 亩	10	某人	4 亩	19	孙祐子	5 亩半
2	康阿寅	半亩	11	孙孝宣寺	8 亩	20	马阿跋帝	5 亩
3	贾元顺	9 亩	12	宋奴奴	12 亩半	21	某人	7 亩半
4	孙道和	5 亩	13	王忠祐	7 亩半	22	何善法	12 亩半 9 步 +
5	田忠安	7 亩半	14	贾寅忠	2 亩	23	索显祐	3 亩
6	宋武孝	5 亩半	15	贾僧忠	2 亩半	24	宋驴驹	4 亩
7	李法忠	6 亩	16	白安□	3 亩	25	元斌	1 亩半
8	张武惠	8 亩半	17	刁主簿	4 亩	26	杜忠孝	126 步 +
9	李佛救	3 亩	18	守斌	3 亩			

表格中 26 户土地最少者半亩，最多者 12 亩半余，相差很大，但处于两极者都是少数，大多数户占有的土地都在数亩，亦未见有大土地所有者。土地所有者除普通百姓之外，还有"孙孝宣寺"，此外还有官员如"刁主簿""袁主簿""主簿元斌""参军守斌"等。可能因为官员级别都较低，田亩数与普通百姓看不出差别。计算得知，26 户共有田地 134 亩 15 步，户均 5.16 亩，较上件毡质帐反映的情况每户多出约 1.65 亩。

以上将三件文书中反映的民户土地情况进行了整理。前两件的年代应当相差十

---

① 此件文书的第五行末尾可见"何善□□□□□"人名，也为"何善法"可能性很大，但此处"何善法"的田亩数不明。

年左右，第三件时代稍早，可能因为选取标本数量有限，得出的民户户均田地面积相差较大。为了让统计更加客观，我们将三件文书合并处理，可得83户的数据，田地总面积为316亩24步，户均3.81亩，即3亩194步，这个数据应当距史实更加接近[1]。

值得注意的是，高昌国时期的田地依据土地的类型和质量分作常田、部田等类，但以上三件文书中的田地都没有关于田地类型的标识。是否都是部田，或者都是常田？论理不太可能。由此我们可知，田地的类型区分不是在所有场合都被标识。赋役项目中，除了如阿斯塔那99号墓所出《高昌侍郎焦朗等传尼显法等计田承役文书》[2]所示，田地承役标准因土地类型不同而异之外[3]，还有哪些赋役的征派与田地类型相关联，还有待研究。

上文三件文书反映的情况还有一个共同的特点，即都未见大土地所有者的情况，单户土地数量最大者为12亩半。联系北凉时代的赀簿文书[4]及计赀出献丝文书来看，这个特点会更加突出。北凉时代的赀簿文书登记各户的土地异动情况，后将田地折为赀额。笔者为了解当时百姓的土地占有情况，曾将赀额换算为土地面积，结果显示，19户中有6户土地面积在70亩以上，最多者为89亩，且有2户[5]；新出土的计赀出献丝帐以各户土地面积折合的赀额作为征收献丝的依据，将其中的赀额折回田亩数，77户中有15户的田地面积在17.5亩以上，其中数额最大者为54亩[6]。我们依据的北凉时代的赀簿文书和计赀出献丝文书合计有96户，数量虽不多，但作为抽样调查的标本已经可以说明问题。北凉时代文书中反映的大土地所有制的存在与麹氏高昌

---

[1] 需要说明的是，如表格所示，有些人户的田亩数有残缺，所以此处计算所得的数据应比实际略小。
[2] 唐长孺主编《吐鲁番出土文书》壹，第441页。
[3] 关于"计田承役"问题，参见程喜霖《吐鲁番文书中所见的麹氏高昌的计田输租与计田承役》，《出土文献研究》第1辑，北京：文物出版社，1985年，第159—174页。冻国栋《麹氏高昌役制研究》，《敦煌学辑刊》1990年第1期；收入作者《中国中古经济与社会史论稿》，武汉：湖北教育出版社，2005年，第65—70页。
[4] 朱雷认为赀簿文书很可能是北凉残余政权承平年间（443—460）所造。见朱雷《吐鲁番出土北凉赀簿考释》，《武汉大学学报》1980年第4期；收入《朱雷敦煌吐鲁番文书论丛》，第8页。関尾史郎进一步考证认为，文书作成年代当在442年以后450年以前。见関尾史郎《〈北凉年次未详（5世纪中顷）赀簿残卷〉の基础的考察（上）》，《西北出土文献研究》第2号，2005年，第53页。
[5] 裴成国《吐鲁番新出北凉计赀、计口出丝帐研究》，《中华文史论丛》2007年第4期，第80页。需要说明的是，这两户的信息都比较完整，"□预"的土地应当都系本人所有；"冯照"的情况较为特殊，属于他本人所有的土地为35亩，其余54亩当属其兄弟冯兴、冯泮两人所有，计算资产时则统归户主冯照名下。参看陈仲安《十六国北朝时期北方大土地所有制的两种形式》，《武汉大学学报（哲学社会科学版）》1980年第4期，第18页。即便如此，冯照兄弟三人的土地数量也算较多。
[6] 裴成国《吐鲁番新出北凉计赀、计口出丝帐研究》，第86页。

国时代情况形成了鲜明的对比。这个突出的现象笔者认为不能仅仅用抽样调查的偶然性来加以解释①。

能够直接反映高昌国平民土地占有状况的，除以上帐簿之外，还有纳入田租的条记文书。根据相关的帐簿和条记文书，我们知道高昌国的田租征收土地出产物，租酒有以纳入银钱抵充者②。粮田则缴纳租麦、租粟、租床，目前条记文书可见的缴纳情况是张意儿入租粟8斗，张阿欢入租小麦4斗，翟莹珍入租床4斗③。条记文书显示并无统一的征收标准，应当也是据田亩面积征收。如果按照笔者每亩输租3斗的估计④，张阿欢等三人的土地面积不过一二亩。高昌国确实有一部分百姓仅有少量的土地，这一点应当是可以确定的。

为了进一步确认以上事实，我们再来考察一下田地租佃契约和田地买卖契约中的田亩情况。田地租佃频繁是高昌国时代一个显著的社会现象，现将目前所见田地租佃契约的情况列表揭示如下。需要说明的是，凡契约残损较甚、田亩信息残缺的不列入以下表格。

表4-4 麹氏高昌国田地租佃契约情况表

序号	时间	佃田人	田主	田地类型数量	出处
1	584	道人智贾	田阿□众	常田1亩	文书贰250
2	588	王幼谦	主簿孟俊经手	镇家细中部麦田25亩	文书壹293

---

① 计赀出丝帐所记土地据研究似为田地县所有。见王素《〈新获吐鲁番出土文献〉书评》，《敦煌吐鲁番研究》第11卷，上海：上海古籍出版社，2009年，第510—511页。赀簿文书中出现了"田地""横截"等地名，但本地的田地似乎都不加标注，文书中所记土地的所属郡县尚不明。又赀簿文书中有"新开田"这一类型，说明土地开垦仍在继续。在当时不同郡县的土地开垦程度及户均占有土地数额可能亦有差别。这一因素也可能影响测算结果，因而特别提示。

② 如《高昌延寿十七年（640）张阿欢入己亥岁俗租小麦条记》（唐长孺主编《吐鲁番出土文书》贰，第290页）、《高昌延寿十二至十五年（635—638）康保谦入驿马粟及诸色钱麦条记》（唐长孺主编《吐鲁番出土文书》贰，第21页）中即有入租酒银钱的条记。

③ 関尾史郎《トゥルファン出土高昌国税制关系文书的基础的研究——条记文书的古文书学的分析を中心として》（一），《新潟大学人文科学研究》第74号，1988年，第47页；荣新江、李肖、孟宪实主编《新获吐鲁番出土文献》，北京：中华书局，2008年，第297页。另外可以提供佐证的是，阿斯塔那377号墓出土的《高昌乙酉、丙戌岁某寺系列月用斛斗帐历》中提及该乙酉岁（625）十二月以粟十六斛五斗输租（唐长孺主编《吐鲁番出土文书》壹，第401页），数量如此之大，与该寺的土地面积相适应。这也反映当时的田租应当是计亩征收。

④ 裴成国《丝绸之路与高昌经济——以高昌国的银钱使用与流通为中心》，朱玉麒主编《西域文史》第10辑，北京：科学出版社，2015年，第143—144页。

续 表

序号	时间	佃田人	田主	田地类型数量	出处
3	588	赵显曹	范阿六	常田1亩半	文书壹247
4	589	王和祐等人	主簿孟俊（？）经手	〔镇〕家常田8亩+	文书壹294
5	588、589左右	卫阿文子	主簿孟俊经手	〔镇家〕5亩	文书壹387
6	596	宋某	不详	常田3亩	文书壹279
7	605	连相忠	马寺主惠岳	常田3亩	新出56
8	616	张相悥	左祐子	部床田1亩	文书贰100
9	616	氾马儿	无艮跛子	部田3亩	文书贰101
10	619	不详	不详	8亩	文书壹371
11	629	赵明儿	赵伯怀	常田3亩	文书贰242
12	629	郑海侍	贾某	阚寺常田4亩	文书壹426
13	632	曹质汉、张参军作人、海富	不详	部麦田13亩	文书贰289
14	588年后	不详	官府	镇家南部麦田21亩	文书壹386
15	不详	张猫子等人	不详	20亩半+	文书壹391
16	不详	田婆泰	法剂	常田2亩	文书壹411
17	不详	不详	不详	常田2亩	文书壹430
18	不详	道人真明	时显明	床田7亩	文书壹354
19	不详	张永究	赵祐宣	〔常〕田1亩	文书壹459
20	不详	□污子	麹鼠儿	常田1亩半	文书贰251
21	不详	某人	寺主智演	常田3亩	文书贰252

说明：

1. 本表格仅列入田亩数量留存的租佃契约。2."时间"一栏因空间所限省去年号纪年，只用公历纪年。部分纪年缺损的契约参考文书解题，以推断的年代记入。3."田主"一栏一般都为个人，属于特例的是夏镇家田者，"田主"一栏以"主簿孟俊"记入，而实际上"孟俊"应当为负责官员。4."田地类型数量"一栏凡据契约内容推补的信息以六角括号标识。凡多人合佃契约，个人租佃田地数量有残缺者，合计田亩数后加"+"号标识。5.表格中"出处"一栏，"文书"系唐长孺主编《吐鲁番出土文书》的简称，"新出"则是指柳洪亮《新出吐鲁番文书及其研究》，阿拉伯数字系页码。

著录于上件表格的契约计21件；可以确认为田地租佃契约，但因田地数量残缺未予记入者还有9件。现对其中的几件作必要说明。

阿斯塔那365号墓所出的《高昌延昌二十九年（589）董神忠夏田残券》[①]中的经手人也为主簿孟俊，可以肯定其田地也为镇家田[②]。另外阿斯塔那48号墓所出的三件残契约《高昌时见索善□残券》《高昌倩书宋某残券》《高昌倩书王利僮残券》[③]都残存契约尾部。三件契约的笔迹不同，"倩书""时见""临坐""田曹主簿"等人的名字都为自署，其中的田曹主簿应为同一人"王延意"[④]。需要说明的是，"田曹主簿王延意"在契约末尾的列位，既不是以"倩书""时见"，也不是以"临坐"的身份，而是专门列于以上三人之后；而王延意之后还有一人"吕明□"，此人见于第一、二两件中的"王延意"之后，第三件中应当也有[⑤]，很可能此人也是负责官员。官府屯田曹官员列名于田地租佃契约末尾者，此三件似为仅见，惜契约大部残缺，主体内容不详。既然有官府官员参与契约订立，应当是涉及官府田地的租佃。如表格所示有多件契约中的田地来自"镇家"，夏"镇家"田地者，契约中都会注明"租在夏价中"（上表的第2、14两件中就有此种说明），意即佃田人所须交付

---

① 唐长孺主编《吐鲁番出土文书》壹，第293页。另有《高昌某人从孟俊边夏□残券》（《吐鲁番出土文书》壹，第300页），但所夏者似非田地。
② 马雍在《麴斌造寺碑所反映的高昌土地问题》中认为："'镇家'疑指镇将之家或镇将的官府。"见《文物》1976年第12期；收入作者《西域史地文物丛考》，北京：文物出版社，1990年，第156页。朱雷在文章中的表述是"官府机构——镇家"。见朱雷《论麴氏高昌时期的"作人"》，唐长孺主编《敦煌吐鲁番文书初探》，武汉：武汉大学出版社，1983年；收入作者《朱雷敦煌吐鲁番文书论丛》，第60页。王素曾指出，高昌的"镇家"相当于北魏的"镇户"，说明高昌是有镇的。见王素《〈吐鲁番出土文书〉前三册评介》，《中国史研究》1983年第2期，第157页。程喜霖曾指出，"疑此之'镇家'为高昌'镇西府'"。见程喜霖《吐鲁番文书中所见的麴氏高昌的计田输租与计田承役》，第174页注释14。吴震在《麴氏高昌国土地所有制形态试探》中对契约中出现的"镇家麦田"的解释是"既是镇家麦田，当属官田，租在夏价中，说明此镇家之田也要向王国政府纳租"。见《新疆文物》1986年第1期；收入作者《吴震敦煌吐鲁番文书研究论集》，第496页。吴震在后来的《从吐鲁番文书看麴氏高昌土地制度》一文中的表述有变化，他说："在租佃契券中，有夏（假，即借田佃作）'镇家田'券。'镇'指军镇，说明高昌国至少有军屯。"见《文史知识》1992年第8期，第36页。李宝通称"'镇家'即当地军镇机构"。见李宝通《试论魏晋南北朝高昌屯田的渊源流变》，《西北师大学报（社会科学版）》1992年第6期，收入《敦煌吐鲁番学研究论集》，北京：书目文献出版社，1996年，第316页。关尾史郎在《论"作人"》中有一个表述是"叫作'镇家'的官府"。见《西域研究》1995年第1期，第52页。
③ 唐长孺主编《吐鲁番出土文书》贰，第160—161页。
④ 三件契约中，第二件"王延意"三字皆存，第一件存"王延"二字，第三件仅存"王"字，观其书法，当为同一人笔迹。
⑤ 第三件的末尾"文书整理组小组"的录文止于"王延意"，但"王延意"之后的一行仍可见残画留存，应当还有内容。

的夏价中包含了本需向官府缴纳的田租，无须再额外缴纳。由此点可知，"镇家田"所有权属于国家，可以无疑。夏"镇家田"的契约如第2、14两件较为完整，末尾都仅见"时见"和"倩书"，并无其他人署名。由此可知，三件末尾署有"田曹主簿"的契约虽然所涉田地也为国家所有，但具体掌管负责部门应当与"镇家田"不同。

以下对上件表格中的信息进行分析。田地所有者明确的契约，除"镇家田"之外，属个人所有的出佃数量都不大，一般不过三四亩，最多的一例是第18件的属于道人真明所有的床田7亩；第13件契约是曹质汉和张参军作人海富共同租佃部麦田13亩，田地所有者虽然不详，但应当是某个个人；若然，则此件契约应当是私人所有土地出佃中，涉及面积最大的一件。私人土地之外，"镇家田"的出佃也以面积大而引人注目。第2件涉及部麦田25亩，第14件涉及21亩，此两例为目前所知一次租佃涉及面积最大者。第15件中张猫子等多人合夏之田地所属不明，但参照第4件王和祐等人的合夏契约，张猫子等人所夏为"镇家田"的可能性也很大。而"镇家"出佃的，除表格所列、上文提及的五件契约中的田地之外，还有菜园[①]。

上件表格中涉及私人土地租佃的，所出佃的土地是否为田主全部的土地，不详，但涉及数额都不大（其中虽然也出现了一例13亩的情况，绝对数量也并不大）。租佃契约涉及田亩数量的考察，也没有为我们提供麴氏高昌国存在大土地所有制的证据。官府所有土地的出佃，不仅数额较大，频率较高，并且除了"镇家田""镇家菜园"之外，还有"田曹主簿"参与订立契约的土地出佃。可以确信高昌国的官府所有土地数量必定不少，中央官府是高昌国真正的大土地所有者。

高昌国一个较为特殊的情况是，土地除了种植粮食的田地、菜园之外，葡萄园的数量也不小，田租征收中也有专门的租酒一项。要掌握高昌国百姓的土地占有情况，就不能撇开葡萄园。以下对葡萄园的情况作一考察。

集中反映高昌国百姓葡萄园占有情况的文书有两组，先将同出阿斯塔那320号墓的《高昌张武顺等葡萄亩数及得酒帐》（以下简称《张武顺帐》）和《高昌苟养等葡萄园得酒帐》（以下简称《苟养帐》）[②]中的情况列表揭示如下。

[①] 如《高昌延昌二十六年（586）某人从□□崇边夏镇家菜园券》，唐长孺主编《吐鲁番出土文书》壹，第385页。
[②] 唐长孺主编《吐鲁番出土文书》壹，第324—329页。《张武顺帐》文书整理组原题为《高昌张武顺等葡萄亩数及租酒帐》，据笔者研究，该帐簿与租酒无关，故改拟名称。参阅本书第三章《丝绸之路与高昌国的银钱流通》对该件文书的详细研究和分析。

表 4-5 张武顺帐及苻养帐葡萄园亩数信息表

序号	姓名	亩数	序号	姓名	亩数	序号	姓名	亩数
1	张武顺	2 亩 60 步?	24	某人	1 亩 60 步	47	□保	1 亩 60 步
2	法贞师	3 亩 60 步	25	王子相	1 亩半	48	□武	1 亩 60 步
3	僧幼	半亩	26	德嵩	2 亩	49	某人	1 亩 30 步
4	康安得	60 步	27	某寺	1 亩半	50	贾车蜜	1 亩 60 步
5	某人	半亩	28	张仲祐	1 亩?	51	某人	2 亩 60 步
6	索祐相	60 步	29	毛保谦	2 亩半	52	安保真	1 亩半
7	康崇相	2 亩?	30	显真师	1 亩半 60 步	53	冯保愿	2 亩
8	康众意	1 亩?	31	袁保祐	2 亩?	54	郭阿雏	1 亩
9	提憨寺	1 亩?	32	愿崇	2 亩	55	某人	1 亩 60 步
10	焦庆伯	半亩	33	将众庆	1 亩	56	某人	1 亩 60 步?
11	某人	3 亩半 60 步	34	阿㺸	2 亩	57	袁保佑	1 亩 60 步
12	某人	1 亩 60 步	35	张愿伯	1 亩半?	58	郑□□	半亩
13	某人	1 亩	36	□□欢	1 亩	59	□儿	2 亩
14	焦文崇	1 亩	37	某人	1 亩半	60	祁僧愿	1 亩 60 步
15	某人	2 亩 60 步	38	真净	1 亩 60 步?	61	左头豆	1 亩 60 步
16	某人	1 亩 60 步	39	某寺	2 亩 60 步	62	□子	1 亩 60 步
17	□庆则	2 亩半	40	某寺	2 亩半 60 步	63	张之抦	1 亩半 60 步
18	某人	半亩 60 步	41	抚军寺	5 亩 60 步	64	张相哲	1 亩半 60 步
19	崇□师	半亩 90 步	42	史伯悦	1 亩 60 步	65	索朋意	2 亩半 60 步
20	某人	1 亩半	43	尸罗	1 亩半	66	赵众保	1 亩
21	宋瑠儿	1 亩半	44	张法儿	1 亩?	67	胡天	1 亩半
22	白赤头	1 亩半 +	45	相嵩	1 亩半			
23	某人	2 亩	46	□隆叙	3 亩			

说明：

1. "姓名"一栏凡姓名缺损者标以"某人"；寺院之"寺"字见存，寺名缺损者，标以"某寺"。人名仅存最后一字，不详其前所缺字数者，一律补"□"。2. "亩数"一栏凡田亩部分有缺损者，田亩数之后标以问号；"亩数"部分见存，不详其后是否有"步"者，录入；可确认"亩数"之后的"步"数缺损者，亩数之后标以"+"号；只存"步"数，"亩数"部分不详者不录。

先对两件文书中的几个数据作一说明。首先，两件文书中有人名重出情况，可以确认者有一例，即表格中第34条的"阿狳"，此人在两件帐中的葡萄园亩数都为"贰亩"，故视作同一人，表格中仅列一次。另有一人"袁保祐"（表格中第31条），此人在《张武顺帐》中的亩数，可见部分存"贰"，可知至少应当在贰亩以上[①]；《苻养帐》中又有一"袁保佑"（即表格中第57条），亩数为"一亩六十步"，两人名中最后一个字一作"祐"，另一作"佑"，亩数亦不同，应当视作两个人[②]。其次，《苻养帐》文书第1片第6行的内容为"宀廿九亩半九十步，得酒一▢▢"。其中涉及的亩数"二十九亩半九十步"，数额颇大，应当并非某个个人的葡萄园亩数，而可能是某个单元的合计数字。观图版也可发现，此处的亩数与得酒数字都有墨笔圈画，想必是造簿者特意做的标识。又同件第9行第一个人名"冯保愿"之前尚存一"宁"字，可能是"高宁"之"宁"，说明此件帐簿可能是以县为单位登记诸户葡萄亩数及得酒数，一个行政单位之后有合计数字，"二十九亩半九十步"可能就是某个单位的合计，此数字未列入上件表格。

表格中67户面积小者为60步，面积最大者为"抚军寺"5亩60步（4亩以上者仅此一例），一般都为一二亩。葡萄园所有者除普通百姓外，还有寺院、寺院僧侣，以及一些官员，如主簿尸罗、将众庆等，官员级别都不高。计算得知，67户的葡萄园总面积105亩150步，户均1.58亩，即1亩139步。需要说明的是，与田亩帐中的情况一样，也未见有大土地所有者。

除以上两件之外，反映百姓占有葡萄园面积情况的帐簿还有一件，即阿斯塔那99号墓所出的《高昌勘合高长史等葡萄园亩数帐》（以下简称《高长史帐》）[③]，同

[①] 观表格可知，单户面积最小者为60步，未见更小者；又，1、2亩为最常见的情况，故而此处的"贰"宜视作"贰亩"，而非"贰佰步"（如果是贰佰步，一般会记作"半亩80步"）、"贰拾步"或"贰步"等。
[②] 这两个人名，文书图版中都清晰可见，但文书整理组将第二个人名中的"佑"径录作"祐"，不知何据。需要说明的是，两件帐虽出自同墓，但书法笔迹明显不同，《苻养帐》书法较为潦草，并且其中的数字都未用大写，与《张武顺帐》明显不同；两人的葡萄园亩数明显不同，将"袁保祐"与"袁保佑"视作同一人，恐怕难以成立。
[③] 唐长孺主编《吐鲁番出土文书》壹，第442页。

墓出土有纪年文书有前文提及的《高昌延寿八年辛质等田亩出银钱帐》。现将《高长史帐》中的信息列表整理如下。

表 4-6　高长史帐葡萄园亩数信息表

序号	姓名	亩数	序号	姓名	亩数	序号	姓名	亩数
1	高长史	60 步	6	麴悦子妻	2 亩 60 步	11	马养保	1 亩 60 步
2	畦海幢	1 亩半 90 步	7	高相伯	2 亩	12	孟贞海	1 亩半 36 步
3	曹延海	2 亩 6 步	8	田明怀	1 亩 60 步	13	平仲	2 亩 98 步
4	汜善祐	2 亩半 60 步	9	令狐显仕	1 亩半 60 步	14	刘明达	44 步
5	车相祐	2 亩 60 步	10	索某	2 亩 90 步①	15	张意儿	2 亩

此件《高长史帐》文书较为完整，表格中的葡萄园亩数都为准确数字。15 户中亩数最少的为 44 步，最多者为 2 亩 98 步。葡萄园所有者除百姓之外，还有官员高长史及常侍平仲，但其所有的亩数并不大。此帐簿中未见大土地所有者。计算得知，15 户的总葡萄园面积为 26 亩 64 步，户均 1.75 亩，即 1 亩 180 步，与前件表格所得数据接近。如果与前件表格 67 户的数据相加，可得 82 户的样本，平均之后户均 1.61 亩，即 1 亩 146 步。

需要说明的一点是，我们不清楚高昌国的百姓是否有人完全没有田地，至少文书中看不到这种现象的存在。与田地不同的是，虽然如表 4-5 和表 4-6 所示，高昌国相当数量的百姓应当都有面积不等的葡萄园，但没有葡萄园的百姓也确实存在。《张武顺帐》中就至少有两户百姓明确标记为"无桃"（分别见于第 3 件之第 14 行和第 4 件之第 2 行），租酒既然按亩纳入，无葡萄园应当亦无租酒纳入的义务。需要声明的是，本文根据《张武顺帐》《苻养帐》和《高长史帐》推算的百姓占有葡萄园面积，只能反映拥有葡萄园者的大致情况。因为无法了解没有葡萄园者所占比例及其他相关情况，此处的推算并非严格的统计，不能反映全体百姓占有葡萄园面积的平均水平。

以上整理了文书中所见高昌国田地和葡萄园占有情况的资料。对 83 户田地信息

---

① 此处"索某"的葡萄园亩数部分有残缺，可见"□亩究拾步"。根据其后合计数字为 7 亩 90 步，又该计算单元的四户中其他三户的合计亩数为 5 亩，可知"索某"的亩数为 2 亩 90 步。

的统计显示，户均田地 3 亩 194 步；对 82 户葡萄园信息的统计显示，户均 1 亩 146 步。不论田地还是葡萄园，统计中都不仅有普通百姓还有寺院、僧人以及长史、参军、主簿等低级官员。值得特别注意的是，不论是在田地，还是葡萄园的占有情况中都看不到私人大土地所有制的存在，低级官员的土地占有情况与普通百姓看不出明显差别[1]。对田地租佃契约的考察也不能提供私人大土地所有制存在的证据；高昌国官府拥有相当数量的土地，并且在土地租佃中充当了重要角色，以"镇家田""镇家菜园"为名目的出佃颇为活跃（目前未见有"镇家葡萄园"）。由此可以确信高昌国的官府是真正的大土地所有者。

需要指出的是，虽然帐簿中出现了一些低级官员，但高级官员的情形完全不见。高级官员自然也拥有土地，但我们对他们土地数量的情况了解不多，所知者为《高昌新兴令麴斌芝造寺施入记》中反映的情况。麴斌芝将 7 处地产施予寺院，其中称"有（右）上所条，悉用奉施，永充斋供"，并且其中描述田地方位时提及"镇家菜园子"，可知其所施土地并非官府所有，而应当是个人私产。7 处地产中第 1 处为"寺□□卌亩泽"，仅此处泽田面积就达 40 亩[2]，其他 6 处地产面积亦应不小，而麴斌芝个人所有的土地面积规模，我们亦约略可知。高昌国的王族和高级官员应当也拥有相当数量的土地。

对于寺院的情况也有必要再作说明。虽然上文涉及的帐簿中出现了寺院和僧侣，但拥有的土地数量都不大，可以说与普通百姓无异[3]。但高昌国确实存在一些占有大量土地的寺院，这一点需要特别提示。阿斯塔那 377 号墓出土的《高昌乙酉、丙戌

---

[1] 荒川正晴认为吐鲁番绿洲水利的特点导致地段零碎分散，不可能存在豪族的大土地所有制。见荒川正晴《高昌国に於ける土地制度について》，《史观》第 101 册，1979 年，第 83 页。杨际平也曾指出："从目前所见的材料来看，也许可能推测，麴氏高昌时期，大土地所有制不很发达，田土比较分散。"见杨际平《麴氏高昌土地制度试探》（下），《新疆社会科学》1987 年第 4 期；收入《杨际平中国社会经济史论集（出土文书研究卷）》，第 161 页。
[2] 参见马雍《麴斌芝造寺碑所反映的高昌土地问题》，《文物》1976 年第 12 期；收入作者《西域史地文物丛考》，第 155 页。
[3] 据町田隆吉先生统计，吐鲁番文献中出现的佛教寺院有 225 座，其中麴氏高昌国时代存在的寺院总计 178 所。见町田隆吉《吐鲁番出土佛教寺院经济关系汉语文书の整理と研究》，平成十二年度—平成十三年度科学研究费补助金研究成果报告书，2002 年，第 5—7 页；该报告书后附作者编《吐鲁番文献に见える佛寺名一览（吐鲁番盆地）》，第 101—116 页。町田隆吉先生早年曾统计麴氏高昌国的寺院不少于 165 所。见町田隆吉《吐鲁番出土文书に见える佛教寺院名について》，《东京学艺大学附属高等学校大泉校舍研究纪要》第 15 集，1990 年。此外，还有一些学者也做过统计，但数字均较町田隆吉少。参见姚崇新《试论高昌国的佛教与佛教教团》，《敦煌吐鲁番研究》第 4 卷，北京：北京大学出版社，1999 年；收入作者《中古艺术宗教与西域历史论稿》，北京：商务印书馆，2011 年，第 193 页注释 5。

岁某寺条列月用斛斗帐历》中保存了该寺一个年度内逐月登记的粮食支出记录，包含了该寺院经济情况的一些重要信息[1]。此件文书中出现的"乙酉、丙戌岁"陈国灿和吴震两先生都定为延寿二、三年（625、626）[2]，吴震先生根据该寺院支用粮食的情况推算其共占有土地68亩，其中常田约46亩，部田22亩[3]。7世纪中期接受麹斌芝施予田地的寺院土地面积应当也有相当规模[4]。

由以上分析可知，除高昌国的中央官府之外，王族成员、高级官员以及一部分寺院应当也是高昌国的大土地所有者。

如《高昌乙酉、丙戌岁某寺条列月用斛斗帐历》中透露的信息所示，作为大土地所有者的该寺院也要承担田租、远行马价钱等赋税负担，所以6件表格中没有出现属于这个群体的寺院可能具有偶然性。尽管如此，表格揭示的现象仍有进一步分析的必要。北凉赀簿文书和计赀计口出丝帐中的大土地所有者从文书内容来看，应当是无官职的平民百姓（应特别说明的是，《北凉计赀出献丝帐》中赀额最多的为杜司马祠，是一所寺院，另外赀额较大的杨田地祠也是寺院，这两例除外）。而上文6件表格中的个体绝大多数也为普通民众，确实没有发现麹氏高昌国存在大土地所有者[5]，这一现象值得我们深入探讨。

---

[1] 唐长孺主编《吐鲁番出土文书》壹，第400—405页。关于此件文书的专门研究有陈国灿《对高昌国某寺全年月用帐的计量分析——兼析高昌国的租税制度》，《魏晋南北朝隋唐史资料》第9、10期，1988年；收入《陈国灿吐鲁番敦煌出土文献史事论集》，第109—123页。吴震《吐鲁番出土高昌某寺月用斛斗帐历浅说》，《文物》1989年第11期；收入作者《吴震敦煌吐鲁番文书研究论集》，第568—582页。

[2] 陈国灿《对高昌国某寺全年月用帐的计量分析——兼析高昌国的租税制度》，作者《陈国灿吐鲁番敦煌出土文献史事论集》，第110页。吴震《吐鲁番出土高昌某寺月用斛斗帐历浅说》，作者《吴震敦煌吐鲁番文书研究论集》，第576页。

[3] 《吴震敦煌吐鲁番文书研究论集》，第579页。谢重光曾利用该寺院的用种数量，参考《齐民要术》中记载的每亩用种数量，推测该寺院有谷田二三百亩至四五百亩。见谢重光《麹氏高昌寺院经济试探》，《中国社会经济史研究》1987年第1期；改题《麹氏高昌的寺院经济》，收入作者《中古佛教僧官制度和社会生活》，北京：商务印书馆，2009年，第309页。按，其所据《齐民要术》记载数据恐有误，参见吴震《七世纪前后吐鲁番地区农业生产的特色》，《新疆经济开发史研究》（上册），乌鲁木齐：新疆人民出版社，1992年；收入作者《吴震敦煌吐鲁番文书研究论集》，第539页。谢重光的推测恐不确。

[4] 王素指出高昌国的佛寺分为官寺和私寺两种。见王素《〈吐鲁番出土文书〉前三册评介》，第160页。麹斌芝所造之寺宇名不详，但田产颇丰，或许即为一官寺。

[5] 李艳玲也关注到这一现象，指出"麹氏高昌国不见百姓个人占有较大规模土地的现象"。李艳玲《公元5世纪至7世纪前期吐鲁番盆地农业生产探析》，《西域研究》2014年第4期，第73—78页；收入《田作畜牧：公元前2世纪至公元7世纪前期西域绿洲农业研究》，兰州：兰州大学出版社，2014年，第185—193页。

二、关于高昌国的土地买卖

关于高昌国的土地制度问题以及"均田制"实施与否的问题，学术界曾有许多讨论。唐长孺先生认为高昌国前期，土地是可以自由买卖的，延昌（561—601）以后，不知是为了限制占田过多还是因为仿行均田制，买地要经政府批准[①]。高昌王对于土地有巨大的直接支配权，他可以把某人的田园给予另一人，无论买卖、施舍、继承，至少在某种情况下，土地转移必须由他听许[②]。池田温先生指出，高昌国凡取得田、园者都明记须承担一定面积的劳役，由此看来，高昌国应当存在由一般农民等以役的方式耕作的大面积的官田[③]。吴震先生对相关资料做了通盘研究，他注意到《计田承役文书》中存在官府收还百姓土地的现象，认为麴氏高昌国的最高统治者具有至高无上的土地支配权，私人田主对田园的支配权不能看作私人所有权，而只是相对的、有条件的占有权，土地所有权属于国家，高昌国没有私人的土地所有权[④]。杨际平分官田、寺田、民田三类分析了高昌国的土地制度，他指出麴氏高昌时期屯田机构管辖的范围不仅仅限于屯田，即便麴氏高昌实行过均田制，也是有名无实。他分析了《计田承役文书》和三件求买田园辞，认为麴氏高昌政权对民田买卖的干预，只是体现了麴氏王朝对其辖区内田土的主权，而不是体现了对一般民田拥有土地所有权[⑤]。陈国灿先生认为高昌国实行了"占田制"。李宝通先生《试论魏晋南北朝高昌屯田的渊源流变》一文分世族所有制对高昌屯田的影响与制约、魏晋前凉高昌屯田、北凉高昌屯田、麴氏高昌屯田四部分梳理了高昌屯田租佃化和逐步私有化的进程[⑥]。对已有研究成果进行比较和取舍，笔者认为可得出以下几点认识：高昌国存在屯田、官田、寺田和民田；国家对土地拥有所有权，国民对土地的支配权是相对的、有条件的[⑦]；

[①] 唐长孺《贞观十四年（640）手实中的"合受田"》，《魏晋南北朝隋唐史资料》第2期，1980年；改题《唐贞观十四年手实中的受田制度和丁中问题》收入作者《山居存稿三编》，北京：中华书局，2011年，第71—85页。
[②] 唐长孺《新出吐鲁番文书简介》，《东方学报》第54期，1982年；收入作者《山居存稿》，北京：中华书局，1989年，第316—317页。
[③] 池田温《麴氏高昌国土地制度的性格》（要旨），《史学杂志》第91编第12号，1982年，第81页。
[④] 吴震《麴氏高昌国土地所有制形态试探》，《吴震敦煌吐鲁番文书研究论集》，第486—525页；吴震《从吐鲁番文书看麴氏高昌土地制度》，第35—38页。
[⑤] 杨际平《麴氏高昌土地制度试探》，《新疆社会科学》1987年第3、4期；收入作者《杨际平中国社会经济史论集（出土文书研究卷）》，第144—170页。
[⑥] 李宝通《试论魏晋南北朝高昌屯田的渊源流变》，第304—321页。
[⑦] 杨际平认为高昌国存在私人的土地所有权，但就《计田承役文书》的理解而言，他没有对吴震提示的官府对私人土地收还现象做出解释，故其观点难称周延。

高昌国应当曾受占田制、均田制等中原土地制度的影响，但并没有照搬中原王朝制度，未曾实行过均田制[①]。在并未实行均田制的情况下[②]，高昌国土地分散的现象是如何形成的？如本章上节揭示的，高昌国除特权阶层之外不存在私人的土地集中现象，为何会如此？仍需做进一步研究。

高昌国的土地允许买卖，关于这一点，出土文书中有直接的资料证明。目前所见麴氏高昌国时代的买田、买园、买葡萄园契约共有 10 件[③]，此外还有阿斯塔那 152 号墓出土的 3 件求买土地的辞，即《高昌延昌六年（566）吕阿子求买桑、葡萄园辞》《高昌延昌十七年（577）史天济求买田辞》《高昌延昌三十四年（594）吕浮图乞贸葡萄园辞》[④]。以上文书的存在，确实证明了高昌国存在土地买卖的事实，对此学术界未见提出异议者。一些研究者也认为从大谷文书的高昌国末期土地买卖契约中确实看不到对田园买卖进行限制的痕迹[⑤]。如果确实如此，我们就会有一个疑问：如果土地买卖没有限制，为何如前文 6 件表格显示的，高昌国没有形成特权阶层之外的大土地所有者？

北凉赀簿文书中详细登录了每一户的土地异动情况，其中使用"得""出""入"

[①] 关于学术界对"高昌国施行均田制"这一问题从肯定说到否定说的变化过程，以及对各家意见的整理和分析，参见关尾史郎《"文书"与"正史"的高昌国》，《东洋史研究》第 47 卷第 3 号，1988 年，第 119—132 页。

[②] 需要指出的是，中原王朝曾实行的占田制和均田制都是封建国家土地所有制。作为门阀贵族经济基础的贵族官僚土地所有制和封建国家土地所有制有密切的联系，在门阀制度盛时，贵族官僚土地占有制是大土地占有制的主要形式。另一方面，士族阶层又往往突破法律规定的范围，利用其优势地位兼并农民土地和侵占国有土地，广占山林川泽，成为封建国家土地所有制的破坏者。参见唐长孺《门阀的形成及其衰落》，《武汉大学人文科学学报》1959 年第 8 期；收入作者《山居存稿续编》，北京：中华书局，2011 年，第 46—55 页。中原王朝在实行封建国家土地所有制的同时，仍然产生了私人大土地所有制，这是确定无疑的。

[③] 分别为《高昌章和十一年（541）某人从左佛得边买田券》（唐长孺主编《吐鲁番出土文书》壹，第 337 页）、《高昌买葡萄园券》（唐长孺主编《吐鲁番出土文书》壹，第 204 页）、《某人买田契》（唐长孺主编《吐鲁番出土文书》壹，第 470 页）、《高昌延寿十四年（637）康保谦买园券》（唐长孺主编《吐鲁番出土文书》贰，第 23 页）、《高昌张元相买葡萄园券》（唐长孺主编《吐鲁番出土文书》贰，第 195 页）、《某人买葡萄园契》（唐长孺主编《吐鲁番出土文书》贰，第 292 页）以及大谷文书中的 4 件，即《高昌延寿十五年（638）五月史□□买田券》《高昌延寿十五年（638）六月周隆海买田券》《高昌延寿十五年（638）前后某人买葡萄园券》《高昌延寿十五年（638）买田、桃残券关联断片》，以上见山本达郎、池田温主编 Tun-huang and Turfan Documents Concerning Social and Economic History III Contracts (A) Introduction & Texts, The Toyo Bunko, 1987, pp. 7-9。

[④] 唐长孺主编《吐鲁番出土文书》贰，第 140—142 页。

[⑤] 池田温《中国古代买田・买园券の一考察——大谷文书三点の绍介を中心として》，《西嶋定生博士还历记念：东アジア史における国家と农民》，东京：山川出版社，1984 年，第 283 页。

等用语表示"买得""出卖"和"以入"[①]。赀簿文书中所见赀额最高的两户是"□预"和"冯照"，计赀257斛。其中"□预"原有田地40亩，又买得田地至少43亩半。异动记录显示，此人这一时期内共买入土地8次，其中他得自贾得奴一人的土地有3处，分别为卤田3亩半、沙车田5亩、无他田5亩；还曾2次买入卤田，分别为10亩、11亩。在"冯照"家族的冯泮名下，这一时期内则买入土地4次，共计20亩半。这说明北凉赀簿反映的私人大土地所有者的土地有相当部分是购买所得，当时的土地买卖与土地集中现象应当有着直接的关系。时代稍早的买田契约《前秦建元十四年（378）赵迁妻买田券》中有一次买入常田17亩的记录[②]，也说明当时确实存在规模可观的土地买卖现象。为何麴氏高昌国时代的土地买卖没有导致私人大土地所有制的形成？当时的官府对土地买卖是否真的完全没有限制？笔者认为并非如此。

这里对麴氏高昌国时代的土地买卖契约中涉及的土地面积作一考察，首先列表揭示如下：

表4-7 麴氏高昌国土地买卖情况表

序号	买田者	卖田者	田地类型面积	价格	出处
1	某人	左佛得	薄田5亩	叠若干	文书壹337
2	张元相	某人？	葡萄园半亩60步	银钱50文	文书贰195
3	史□□	司空文悦	常田5亩半40步	银钱190文	T.T.D. Ⅲ，7—9
4	周隆海	周柏石	常田1亩半60步	银钱120文	T.T.D. Ⅲ，7—9
5	张零子	张永守	常田4亩	不详	文书壹441
6	张零子	某人？	葡萄园1亩半30步	不详	文书壹441

---

① 朱雷《吐鲁番出土北凉赀簿考释》，第14页。对此池田温和堀敏一有不同的解释，他们都认为"出""入"表示"相互间的租佃关系"。见池田温《〈西域文化研究〉第二〈敦煌吐鲁番社会经济资料（上）〉的批评与介绍》，《史学杂志》第69编第8号，1960年，第70—74页；堀敏一《均田制の研究》，东京：岩波书店，1975年，第303—306页。如果"出""入"表示租佃关系，那么土地的所有权并不会因此发生变化，将租佃来的土地列入计赀对象，这是难以理解的。因为麴氏高昌国时代的租佃契约中，都会注明"赀租百役仰田主"，即土地租佃之后，赋役仍由田主承担，作为赋役征发依据的"赀"自然也不会转移。北凉时代的情况不详，但论理亦当如此。
② 徐俊《俄藏Дх.11414+Дх.02947前秦拟古诗残本研究——兼论背面券契文书的地域和时代》，《敦煌吐鲁番研究》第6卷，北京：北京大学出版社，2002年，第205—220页。

说明：

1. 本表格所列土地仅限田地、葡萄园、园，舍地买卖不列，土地面积缺损不详者不列。2. "出处"注该条资料出处。"文书"系指《吐鲁番出土文书》，"T.T.D. Ⅲ"系《敦煌吐鲁番社会经济史资料》（*Tun-huang and Turfan Documents Concerning Social and Economic History Ⅲ Contracts (A) Introduction & Texts*），阿拉伯数字系页码。其中前四条系土地买卖契约，第5、6两条出自《高昌侍郎焦朗等传尼显法等计田承役文书》。

出土文书中高昌国时期土地买卖契约共计10件，加计田承役文书中确认的2件，合计也不过12件，数量并不多；尤其与赀簿文书反映的北凉时代的土地买卖相比，数量显得较少；如果与同一时期田地租佃契约的数量相比较，土地买卖发生的频率似乎要低得多。上件表格显示的面积可知者仅以上6条，面积最大者为常田5亩半40步，未见较大面积土地买卖情况存在。

阿斯塔那152号墓所出的《高昌延昌六年（566）吕阿子求买桑、葡萄园辞》（以下简称《吕阿子辞》）、《高昌延昌十七年（577）史天济求买田辞》（以下简称《史天济辞》）、《高昌延昌三十四年（594）吕浮图乞贸葡萄园辞》（以下简称《吕浮图辞》）三件辞是涉及高昌国土地买卖具体环节的重要史料，然而对于其中涉及的田地的性质各家仍然存在意见分歧，很有必要重新加以探讨。首先将三件文书迻录如下：

吕阿子辞

1　延昌六年丙戌□□□八日，吕阿□

2　辞：子以人微产□掛少，见康□

3　有桑蒲（葡）桃（萄）一园，□求买取，伏愿

4　殿下照兹所请，谨辞。

5　　　　中兵参军张智寿传

6　令　听买取。

史天济辞

1　□□□七年丁酉岁正月十七日，史天济辞：济□□□□

2　□□薄，匮乏非一，今见任苟蹄有常田少亩于外，□□□□

3　□□惟

4　□颜，矜济贫穷，听□□取，以为永业，谨辞。

5　　　　　□下校郎高庆 传
6　令　听□□

吕浮图辞

1　延昌卅四年甲寅岁六月三日，吕浮图辞：图家□
2　□乏，牺用不周。于樊渠有蒲（葡）桃（萄）一园，迳（经）理不
3　□，见（现）买得蒲桃利□□，□惟
4　□下悕乞贸取，以存□□听许，谨辞。
5　　　　　通□令史麹儒　　传
6　令　听贸□①

　　阿斯塔那152号墓为男女合葬墓，无墓志及随葬衣物疏。男尸先葬，从其纸鞋上拆出了上述三件辞以及另外两件《高昌某人请放脱租调辞》②。另外出自阿斯塔那99号墓的《高昌侍郎焦朗等传尼显法等计田承役文书》（以下简称《计田承役文书》）中也有涉及土地买卖的内容，研究者多将其与三件求买田辞合并讨论。《计田承役文书》纪年残缺，因同墓出土了《高昌延寿八年辚质等田亩出银钱帐》，故《计田承役文书》的年代应当也在高昌国晚期。现将本件文书亦迻录如下：

--（纸缝）

1　田二亩半役，永为塸（业）。侍郎焦朗 传：张武俊 寺主尼显法田地魁略渠桃一亩半役
2　听断除；次传张羊皮田地刘居渠断除桃一园，承一亩半六十步役，给与张武俊
3　寺主显法永为塸（业）；次听阴崇子涝林小水渠薄田二亩，承厚田一亩役，给
4　与父阴阿集永为塸（业）。通事张益传：索寺主德嵩师交何（河）王渠常田一亩半，次
5　高渠薄田六亩半，承厚田二亩半，次小泽渠常田三亩半，合厚田七亩半役，

---

① 唐长孺主编《吐鲁番出土文书》贰，第140—142页。
② 唐长孺主编《吐鲁番出土文书》贰，第143—144页。

6　听出俗役，入道役，永为墰（业）；次依卷（券）听张咎子买张永守永
　　安佛图渠

7　常田一分，承四亩役；次买东高渠桃一园，承一亩半卅步役，永为墰
　　（业）。侍郎明

8　莘传：汜寺主法兴左官渠俗役常田二亩，听入道役，永为墰（业）。通
　　事张益

9　传：高宁宋渠氐参军文受田南胁空亭泽五亩，给与麹僧伽用
---（纸缝）
10　作常田，承五亩役，永为墰（业）；次依卷（券）听 ☐ ①

　　对上述四件文书进行了专门研究的学者主要有唐长孺、池田温、小田义久、吴震、川村康、陈国灿②、白须净真、本间宽之等人，以下对先行研究成果作一归纳并指出其中存在的问题。白须净真和本间宽之侧重于从文书学角度进行考察，探讨了"辞"的作成和传达程序。白须净真指出三件文书中《吕阿子辞》和《史天济辞》除"令"之外的内容为同一笔迹，而三件文书中的"令"字则出自不同人的手笔；高昌王对公文裁可时使用"诺"，因此相关文书的原件应当由门下妥为收藏，我们所见的三件应当是副本，其中笔迹各异的"令"字应当是门下的官员所署，不同时期长官不同，所以书法各异。本间宽之也对三件辞的字体作了仔细的考察，与白须净真的观点不同，他认为三件辞与同出的另外两件《高昌某人请放脱租调辞》都是文书原件，辞的本文、传达官员的官号及姓名、"令"字及其判词分别为不同人所书，"令"和判词可能是高昌王自己的笔迹。他同时也承认"令"的字体有多种，但未给予解释③。正如白须净真指出的，三件辞都是延昌年间的文书，高昌王是麹乾固，如果将三件文书中"令"的笔迹不同解释为麹乾固笔迹的变化，恐怕难以成立④。笔者倾向于认为三件辞本身即原件，其"令"字应当确为门下长官所书。白须净真和本间宽之都讨论了"传"字和"令"之间的句读问题。白须净真从文书为副本的角度出发，认为"传"与"令"

---

① 唐长孺主编《吐鲁番出土文书》壹，第441页。
② 陈国灿从占田制的角度认为，土地买卖是占田不足百姓占足田亩的一种方式。见陈国灿《高昌国的占田制度》，《陈国灿吐鲁番敦煌出土文献史事论集》，第84—88页。
③ 本间宽之《麹氏高昌国の文书行政——主として辞をめぐって》，《史滴》第19号，1997年，第4—6页。
④ 白须净真《麹氏高昌国における王令とその伝达——下行文书"符"とその书式を中心として》，《东洋史研究》第56卷第3号，1997年，第146页。

之间不应句读，门下官员所传为高昌王的"令"；本间宽之认为两字之间应该句读，"传"系门下官员将庶人之辞上传国王，"令"则是高昌王的裁决。笔者倾向于同意后者的理解，但认为"令"字是由门下长官转述高昌王的裁断意见时书之公文的用语①。

学界对于三件辞的理解分歧不仅限于文书本身，对其中涉及的土地买卖问题也多有争论。唐长孺、小田义久和池田温先生根据上述文书中的信息对土地买卖程序作了归纳。唐先生认为可能有两道手续，先呈辞请买，得批准后才立券成交，然后又呈辞并所立券请把这笔土地转移记注上册，《计田承役文书》便是传达王令汇总下达，以便该管官府登记②。小田义久和池田先生的归纳是，当事人合意之后先立契约，之后向官府呈辞并提交契约，国王批准之后契约即告成立③。川村康对以上三位的见解都提出了质疑。他认为如果如唐先生指出的那样，订立契约之前须得到国王的批准，那么契约之中"贰主合同立券"，也应该加入诸如获得官府许可之类的内容；如果如小田、池田先生认为的，是在立券之后呈辞请求国王批准的话，契约中应当有万一得不到官府批准的情况下预设的担保条款之类。川村康进而认为三件请买田地辞涉及的并非一般的土地，而是有特殊情况者，至于一般的土地买卖则无须征得官府同意，不受任何限制④。川村康对三件辞的考察认为《吕阿子辞》对土地的描述是"蒲桃一园"，《史天济辞》的描述则为"常田少亩"，与土地买卖契约中详细注明土地面积及承役情况的情形很不相同，又《吕浮图辞》中未记田主姓名，且称田地"经理不□"，这些情况说明前两件土地实际上无主，其地主应当是土地的旧所有者或者已经死亡，而第三件中的土地则因无主而荒芜。川村康又结合《计亩承

---

① 高昌王对于门下所奏政事的裁断意见是画"诺"于公文还是仅仅口头称"诺"，尚不得而知。参白须净真《麴氏高昌国における王令とその伝达——下行文书"符"とその书式を中心として》，第167页注释22。此外王素认为，出纳辞令的基本程序是臣民先将自己的请求拟成"辞"，送交门下；门下审查通过，署上经手官员的姓名及一"传"字，上呈高昌王；高昌王阅过，在"令"字下写上自己的意见，再交门下下达臣民。王素先生似乎认为"令"字为高昌王所写。见王素《麴氏高昌中央行政体制考论》，《文物》1989年第11期，第44页。
② 唐长孺《新出吐鲁番文书简介》，《山居存稿》，第317页。
③ 小田义久《麴氏高昌国官厅文书小考》，唐代史研究会编《中国律令制の展开とその国家・社会との关系：周边诸地域の场合を含めて》，《唐代史研究会报告》第5集，东京：刀水书房，1984年，第90—93页。
④ 川村康《麴氏高昌国における土地卖买についての一考察》，《法研论集》第41号，1987年，第188—192页。需要指出的是，从契约内容中看不出国家对土地买卖有什么限制的观点，唐长孺和池田温先生都曾有过表述。见唐长孺《新出吐鲁番文书简介》，《山居存稿》，第316页；池田温《中国古代买田・买园券の一考察——大谷文书三点の绍介を中心として》，第283页。

役文书》，指出其中登载的都是承役额变更或者无主土地的出售导致的承役额的确认，至于一般私人间的土地买卖虽然役的负担者发生变化但国家无须干预，因为并不发生承役额的变更所以无须呈辞请求许可。川村康对文书的理解有新意，但其观点恐难成立。

首先，《吕阿子辞》和《史天济辞》对田地情况未作详细说明不能作为土地无主的证明。高昌国官府详细掌握国中土地的情况[①]，百姓在求买田辞中即使不作详细说明，官府也知道所涉土地的情况。《求买田辞》的重点是征得官府的同意，对土地情况不作详细说明亦属正常。其次，《吕阿子辞》中明确记载田主的姓名为"康□"，《史天济辞》也明载田主姓名为"任苟蹄"，将此二人认定为土地的旧所有者或者已经死亡，实际上并无根据，因为文书本身没有提供任何相关信息。按照同样的逻辑，川村康将《计田承役文书》中"依卷（券）听张岑子买张永守永安佛图渠常田一分，承四亩役"中"张永守"的土地被认定为无主土地，同样没有根据。《吕浮图辞》中涉及的土地确实没有提及所有者，其中称"经理不□"，可能是经营不善，既然在经营，就说明并非无主土地。笔者认为所涉及的土地可能是官府土地，要靠国民或作人耕作[②]，因而经营不善。

对于《计田承役文书》，唐长孺、小田义久、池田温诸位都认为是高昌王有关土地处理意见的汇总下达。白须净真认为《计田承役文书》应当看作《吕阿子辞》《史天济辞》等同一类型文书所载"令"的内容由负责传达的门下机构的官员整理而成的文书[③]。白须净真的意见与前三位相同，但将《计田承役文书》与请买田辞之间的关系表述得更为清楚。这里我们仍然关注《计田承役文书》中涉及的两次土地买卖。

《计田承役文书》第6、7行记载："次依卷（券）听张岑子买张永守永安佛图渠常田一分，承四亩役；次买东高渠桃一园，承一亩半卅步役，永为墣（业）。"其中张岑子所买的东高渠桃一园未记原主为谁，应当也是前项的"张永守"，故承前省略。此两项土地买卖上承第4行的"通事张益传"，所以通事令史张益应当是

[①] 池田温《中国古代买田・买园券の一考察——大谷文书三点の绍介を中心として》，第285页。
[②] 池田温指出，"计亩承役"的含义是承担若干亩田园的耕作、收获劳役，而田园应当是高昌王或者国家所有的常田或葡萄园。见池田温《中国古代买田・买园券の一考察——大谷文书三点の绍介を中心として》，第284—285页。阿斯塔那138号墓和155号墓曾出土延寿四年（627）田亩作人文书。参见关尾史郎《〈田亩作人文书〉小考——トゥルファン出土高昌身份制关系文书研究序说》（上、下），《新潟史学》第26、27号，第61—74、65—83页。
[③] 白须净真《麹氏高昌国における王令とその传达——下行文书"符"とその书式を中心として》，第151页。

张令子买田园之前的《求买田园辞》上达国王的负责官员[1]。同为通事令史张益负责的还有第10行的土地买卖,虽然具体内容残缺,但根据现存的"次以券听"来判断,亦当无疑问。当时的土地买卖须经高昌王批准,并将异动情况登记于田亩簿等,应当是确定无疑的。

土地买卖须经高昌王批准,这是多数学者的共识。那么批准的条件是什么?是否只要向高昌王呈辞就可获得批准?这是笔者以下欲着重探讨的问题。

如上文分析,三件求买田辞中《吕浮图辞》所涉及的土地性质可能是官府所有,买卖须获得国王批准,这是顺理成章的。《吕阿子辞》和《史天济辞》求买的土地如文书中明确注明的都是私人所有。私人之间的土地买卖如果官府无意加以限制,那么百姓专门呈辞请求国王允许似乎就显得没有必要。虽然土地买卖异动关系到赋役的转移,但依据契约备案上簿或者要求百姓主动申报即可,专门呈辞国王以求许可则似没有必要。高昌国既要求土地买卖须经国王批准,则应当是欲对土地买卖加以限制。也就是说,国王批准土地买卖是有条件的[2]。这个条件是什么呢?三件求买田辞本身已经为我们提供了线索。

池田温先生注意到,三件求买田辞都声明了当事人的贫困状态,当事人都非高官或者富人。池田温认为,如果当事人是贫困农民的话,"果园一所"或者"常田少亩"的购入申请就会无条件地获许,这样的观点应无大误。笔者认为求买田园者必须是田园乏少、资产不丰者,或者经济贫困者,这是田园买卖可获批准的先决条件,也就是在并不长的呈辞的开始部分当事人都专门强调自己贫困状况的原因。如前文分析,《吕浮图辞》申请购买的应当是官府土地,国家将田地买卖的许可范围限定在土地面积寡少的阶层,这样就使得他们有可能通过购入小块田园改善生存状态[3];同时将高官和富人排除在土地买卖的许可范围之外,实际上就是抑制土地兼并。高昌国既然制定了这样的土地买卖政策,官员和国民必然知悉,所以三件求买田辞都专门申明当事人的资产状况。官府因为详细掌握国民的田土面积,所以对于求买田

---

[1] 关于地方郡县的庶民提出的"辞"的受理手续,参见白须净真《高昌·阚爽政权と缘禾·建平纪年文书》,《东洋史研究》第45卷第1号,1986年,第81—82页。
[2] 谢重光也指出"麴氏高昌时期对土地买卖有许多限制,故寺院不可能大量买地",但未说明限制的具体内容是什么。见谢重光《中古佛教僧官制度和社会生活》,第303页。
[3] 确保普通平民保有一定数量的土地,对于国家的赋役征派无疑具有重要意义。

215

者的实际资产状况必然会予以审核,符合法令的规定①,方将呈辞上达国王,而高昌王批准的前提之一应当是当事人土地占有状况符合法令规定②。

目前所见的高昌国土地买卖契约中,如表4-7所示,土地价格不菲。其中史某购入司空文悦的常田5亩半40步,花费银钱190文,契约中要求"钱即毕,田即付",由此可以想见史某应当具有相当的财力,但这并不代表他占有大面积土地。高昌国是一个丝路绿洲国家,百姓的财富来源并不局限于农业,善于经营者应接客使商旅即可获利丰厚,所以史某虽富银钱,但可能地产不广,故而仍然符合购入田园的条件。从高昌国所处的丝绸之路要冲位置和当时粟特人的活跃情况来看,这个史某虽地产不丰,但颇富银钱,很可能是粟特人。土地买卖情况表格中未列的一件契约是阿斯塔那15号墓所出《高昌延寿十四年(637)康保谦买园券》③,所买之园的面积大小残缺,但知所费银钱应在20文以上。康保谦所买之园是葡萄园、果园抑或是菜园呢?表4-7中所列契约中就有两件的内容是买葡萄园,比照其中张元相买葡萄园券的条款,康保谦所买亦为葡萄园的可能性很大。康保谦此人买葡萄园之前的田园占有情况如何,同墓所出的条记文书为我们提供了一些间接信息。同墓所出条记文书中有康保

---

① 高昌国关于允许国民购入田园的资产状况的规定中,已经拥有的田园面积应当是重要内容,其土地面积的上限应当有明确的数字标准,以便负责官员操作和把握。陈国灿先生认为"想必所买田、萄数均在官限占田额之内"。见陈国灿《高昌国的占田制度》,《陈国灿吐鲁番敦煌出土文献史事论集》,第85页。

② 川村康认为《计田承役文书》中出现的张羊皮将葡萄园一座给与张武俊寺主显法、阴崇子薄田贰亩给与乃父阴阿集,都没有使用"买取"一词,这种表述,应当是指无偿转让。见川村康《麹氏高昌国における土地卖买についての一考察》,第191—192页。吴震注意到张羊皮葡萄园异动的用语与阴崇子不同,前者没有使用"听"字,因此认为断除张羊皮与其葡萄园的关系,似可理解为收还,具体原因不详。见吴震《麹氏高昌国土地所有制形态试探》,《吴震敦煌吐鲁番文书研究论集》,第504页。阴崇子与乃父阴阿集之间的土地无偿转让似乎显得有些特殊,需要作一分析。在赋役都计亩承担的高昌国,土地面积多,相应地承担的赋役就重。对国家而言,薄田贰亩归属阴崇子还是乃父阴阿集,似乎差别不大。在这种情况下,父子之间的土地无偿转让到底具有什么意义呢?我们对高昌国的户籍及其相关规定所知甚少,但阴崇子和阴阿集之间既然存在土地转让,父子别户异财应当是可以确认的。是不是阴崇子出于养亲的目的将土地转让给乃父?笔者认为逻辑似乎不通。如果是为养亲,似乎不必别户异财,共居应当更为合理。笔者认为这种父子之间的土地无偿转让可能是出于执行政府的某种土地政策的需要。阴崇子的土地转入乃父的户籍,可能是因为他的土地面积过限,违反了国家的相关规定,而不得不将部分土地转至乃父名下。如果此推测可以成立,则阴崇子与张羊皮两例土地异动其实具有相似性质,都是对占田过限部分土地的处理。这说明高昌国对普通国民的土地面积可能确有限制。关于阴崇子父子之间的土地转移问题,宋晓梅认为高昌同北魏之制,"六十免役力",阴崇子之所以将土地转至其父名下,可能是因为其父年龄已过六十,转入其名下可免除相应的徭役。宋晓梅《高昌国:公元五至七世纪丝绸之路上的一个移民小社会》,北京:中国社会科学出版社,2003年,第197—201页。

③ 唐长孺主编《吐鲁番出土文书》贰,第23页。

谦丁酉岁（延寿十四年）正月四日入乙未岁租酒银钱贰文的记录[1]。此条记文书说明，康保谦在买园之前应当已经有葡萄园一区，面积大小不得而知。租酒的缴纳标准是亩入3斛，康保谦缴纳的2文银钱相当于租酒几斛呢？阿斯塔那326号墓所出《高昌□污子从麴鼠儿边夏田、鼠儿从污子边举粟合券》中有以租酒4斛5斗抵偿夏价银钱24文的记录[2]，这一记录中租酒1斛折合银钱5.3文；在阿斯塔那140号墓出土的《高昌延寿九年（632）范阿僚举粟作酱券》[3]中，范阿僚的甜酱和酢1斛抵偿银钱1文左右。如果我们将两处的比价折中，以1斛酒折合银钱3文计，可能更接近史实。如此，银钱2文折合租酒0.67斛，按照亩入3斛的标准，0.67斛相当于0.22亩，即约53步葡萄园的租酒量。高昌国并非每户皆有葡萄园，有葡萄园者根据前文的统计户均约1.61亩，康保谦延寿十四年买园之前的葡萄园面积很小，应当是没有问题的。康保谦同年十一月又曾缴纳当年七月剂田亩小麦4斗。剂田亩小麦应当并非租麦，据其名称判断，应当也是据亩征收。其征收标准虽不详，但似乎不应比租麦更高。麴氏高昌国的租麦缴纳标准每亩约3斗[4]，如果剂田亩小麦的征收标准与租麦相去不远的话，则康保谦的田地面积应当仅一二亩。根据以上对康保谦的葡萄园和田地面积的推算，延寿十七年他买入葡萄园之前田园不广应当是可以确认的事实，他买园与高昌国土地购入者保有土地面积不得过限的规定应当并无冲突。康保谦应当是当地著籍的粟特人，他虽然善于经营，资产颇丰，但仍然必须遵守国家占田限额的相关规定，不能以银钱大量购入土地。

池田温先生的《中国古代买田买园券的考察——以三件大谷文书的介绍为中心》注意到在当时所见的八件买田券、买舍地券、买舍券中有七件的时间集中在麴氏高昌国末期的延寿时期，出土这些契约的墓葬都是唐平定高昌以后的初唐墓葬，这是因为唐灭高昌之后土地所有关系激变，原来高昌国时期的土地买卖契约作废而被制成明器埋入墓葬，土地买卖契约集中于这一时期具有偶然性，这并不代表高昌国末期土地买卖特别盛行。章和十一年（541）买田券只是偶然幸存，应当可以认为在那之前田园买卖就已广泛盛行[5]。在池田温先生论文发表之后的二十多年，我们见到的

---

[1] 唐长孺主编《吐鲁番出土文书》贰，第22页。
[2] 唐长孺主编《吐鲁番出土文书》贰，第251页。夏田券的标的物为常田壹亩半，价格为亩交与银钱拾陆文，知壹亩半的夏价为银钱贰拾肆文。
[3] 唐长孺主编《吐鲁番出土文书》贰，第197页。
[4] 裴成国《丝绸之路与高昌经济——以高昌国的银钱使用与流通为中心》，朱玉麒主编《西域文史》第10辑，第143—144页。
[5] 池田温《中国古代买田・买园券の一考察——大谷文书三点の紹介を中心として》，第284页。

高昌国时代的田地买卖契约并无明显增加，高昌国土地买卖的普遍程度到底该如何把握呢？

前文论及的《吕阿子辞》《史天济辞》《吕浮图辞》都出自阿斯塔那152号墓，与另外两件请放脱租调辞同拆自男尸纸鞋，时间前后最少相差28年。本间宽之指出，二次利用者从大量官文书中唯独挑选出辞并将其保管了近30年之后再埋入墓葬的可能性几乎为零，这些文书应当是在官府中保管了30年之后废弃处理，被百姓制成纸鞋埋入墓中的[①]。笔者认为本间宽之的理解可以成立。官府将长期保存的文书废弃处理，数量应当不少，152号墓的家族获得了以上五件应当也具有偶然性。但三件辞的时间跨度之大也透露出另外一种可能性，即这种请买田园辞的上奏并不频繁，也就是说土地买卖并不频繁。

笔者对田园买卖文书的重新研究认为：高昌国的土地买卖确实须要经过国王批准；官府对土地买卖有相关的法令规定，其中之一是求买田园者自身应当田园乏少、资产不丰，已有田园没有超过官府的限定数额；百姓田园乏少者可以向官府呈辞申请购入一定面积他人的或者官府所有土地；官府核准申请者符合相关条件之后将辞上奏请国王裁可；国王批准之后百姓之间可以立券成交并上报官府；相关官员依券备案登记入簿。有官府介入且须经国王批准的土地买卖按照相关规定有序开展，官府由此有效制约了少数富裕阶层兼并土地，也防止了私人大土地所有制的形成。官府通过这些调控措施让这个绿洲国家的有限资源得到合理配置，从而为国家的稳定和发展奠定了根基。

需要提及的是，文中在分析土地买卖相关情况时，涉及两个粟特人，史某和康保谦。他们虽然都颇富银钱，但在高昌国都没有获准大量购入土地。所以当时的高昌国官府不仅限制富裕阶层兼并土地，对著籍粟特人和胡商购入土地也进行着有效监管。著籍粟特人和胡商的存在，一方面可以为国家带来丝绸之路上的货币财富，另一方面官府又有效地管理着他们的经济活动，使他们的经济活动不致损害国家的利益。高昌国官府对社会控制颇具力度，其中对土地和粟特人的管理是重要方面。

[①] 本间宽之《麹氏高昌国の文书行政——主として辞をめぐって》，第9页。

第二节　丝绸之路绿洲国家百姓的生计

丝绸之路枢纽上的高昌国是典型的绿洲农业国家。根据传世典籍和出土文书，我们对高昌国的农业已有一些了解，公元5世纪至7世纪前期的吐鲁番盆地是西域绿洲农业经济的发达区[1]。土地面积狭小是高昌国的基本国情，这一点我们在出土文书中也看得很清楚。有限的土地资源能带给高昌国百姓什么样的生活？高昌国百姓的生计除了农业之外，还有哪些来源？这是本节探究的主要问题。

传世典籍如《魏书》和《梁书》等对高昌国的农业情况都有记载[2]，提及的信息包括高昌国气候温暖、土地肥沃、宜蚕、多葡萄酒等。特别值得注意的是，其中提到高昌国"谷麦一岁再熟"[3]。研究者指出，高昌国二月种植大麦，三月种小麦；大麦五、六月收获，之后可以种植称为"秋"的糜、粟，小麦六、七月收获；也有只在六月种植一季糜、粟的情况[4]。优越的气候条件促成的谷麦一岁再熟客观上为田地并不广袤的高昌国增加了粮食产量。

高昌国时期百姓土地占有情况，因为有勘田簿、赋役簿等文书资料，我们可以进行抽样统计。笔者利用文书资料中的信息，统计了三件文书中涉及的83户的土地情况，共计316亩24步，户均土地3.81亩[5]，折合2.64市亩。可以说户均土地面积非常有限，但高昌国百姓实际可以耕作的土地却不止此数。这一方面是因为高昌国百姓除田地之外，还有葡萄园、菜园，另一方面也因为高昌国还有相当多由政府掌握的土地可供百姓租佃。以下我们具体分析这些形式的土地可以给当地百姓带来什么样的生活。

一、田地的产量和收益

田地的产量与土地肥瘠、作物品种、田间管理等因素都有关，留存的吐鲁番文

---

[1] 李艳玲《田作畜牧：公元前2世纪至公元7世纪前期西域绿洲农业研究》，第193—215页。
[2] 《魏书》卷一〇一《高昌传》，北京：中华书局，2017年，第2429页。《梁书》卷五四《诸夷传》"高昌"条，北京：中华书局，2020年，第896页。
[3] 《魏书》卷一〇一《高昌传》，第2429页。
[4] 町田隆吉《六—八世纪トゥルファン盆地の谷物生产》，《堀敏一先生古稀记念：中国古代の国家と民众》，东京：汲古书院，1995年，第633—648页。
[5] 裴成国《文书所见高昌国平民土地占有状况研究》，朱玉麒主编《西域文史》第8辑，北京：科学出版社，2013年，第110页。数据略有修订，特此说明。

书中也没有显示高昌国时期田地产量的直接资料，但是前辈学者根据土地租佃契约中的信息进行了推算，为我们提供了进一步研究的基础。

高昌国时期的土地租佃契约多数要求以土地出产的粮食偿付夏价，并且会写明夏价的数额。这些数据虽然不直接代表田地的产量，但却包含着当时不同种类土地产量的重要信息。土地肥瘠情况在契约中会明确注明，租佃的土地是"常田"，还是"部田"，两者的夏价差别很大。作物的品种当时集中在小麦、大麦、粟、床四种，每种作物的亩产量水平在当时应当是当地百姓所熟知的。绝大多数土地租佃契约的订立都是在春耕之前，田间管理尚未开始①，所以夏价的商定只能依据通常的情况。阿斯塔那15号墓所出《唐权僧奴佃田契》注明夏价要求二人"场上亭分"②，阿斯塔那337号墓所出《唐龙朔三年(663)西州高昌县张海隆夏田契》注明"二人庭分"③，给我们提供了7世纪吐鲁番盆地田地租佃价格的大致界限。吴震先生将《高昌乙酉、丙戌岁某寺条列月用斛斗帐历》④的信息与唐代情况比对，认为高昌国量制用汉制；又结合1957年吐鲁番地区的小麦产量，推算高昌国时期正常年景的粮食产量为每市亩大约在1.5市石左右，即麦、秋两季各7至8市斗⑤。1.5市石小麦合225市斤，即112公斤，折合高昌斛12.5斛。按照高昌国时期每人每天食粮1斗计，一月需粮3斛，一年需36斛。儿童食量按成人三分之一计算⑥，一个三口之家一年需要粮食85斛左右方够食用，相当于6.8市亩常田的产出；有三个成人的五口之家一年需要粮食132斛，相当于10.6市亩常田的产出。这与我们估算的高昌国户均2.64市亩土地的现实相去甚远。

高昌国时期许多百姓都拥有葡萄园。有葡萄园者须缴纳租酒，标准是亩纳租酒3斛。《高昌张武顺等葡萄亩数及得酒帐》中明确记载有百姓"无桃"，也就是没有葡萄园⑦。既然没有葡萄园，应当也就无须纳入租酒。笔者对82户有葡萄园者的信

---

① 个别契约可能也显示的是田主出赁青苗的情况。如《高昌延昌二十八年(588)赵显曹夏田券》，《吐鲁番出土文书》壹，第247页。田主范阿六在四月廿九日出租土地，早已过了播种季节，田中必已有青苗。参吴震《近年出土高昌租佃契约研究》，《吴震敦煌吐鲁番文书研究论集》，第465页。
② 唐长孺主编《吐鲁番出土文书》贰，第36页。
③ 唐长孺主编《吐鲁番出土文书》贰，第229页。
④ 唐长孺主编《吐鲁番出土文书》壹，第400—405页。
⑤ 吴震《近年出土高昌租佃契约研究》，《吴震敦煌吐鲁番文书研究论集》，第455—460页。
⑥ 依据《唐苏海愿等家口给粮三月帐》，丁男的供应量为"一日粟三升三合三勺"，小男的供应量则为"一日粟一升"，约当丁男的三分之一。出自唐长孺主编《吐鲁番出土文书》叁，北京：文物出版社，1996年，第9页。
⑦ 唐长孺主编《吐鲁番出土文书》壹，第324—329页。该件文书原被吐鲁番文书整理小组定名为《高昌张武顺等葡萄亩数及租酒帐》，笔者认为文书性质与租酒无关，故改为现名。

息进行统计,显示户均葡萄园面积为1.61亩,即1亩146步[①],折合1.11市亩。种植葡萄的田地应当也可以用于种植粮食作物,百姓的土地面积有限,如果出于多种粮食以求自给的考虑,应当会有人想到以葡萄园种植粮食作物。阿斯塔那326号墓中出土的《高昌□污子从麹鼠儿边夏田、鼠儿从污子边举粟合券》中,□污子从麹鼠儿边夏常田壹亩半,夏价为银钱24文,但契约中注明□污子替麹鼠儿缴纳租酒4斛5斗以抵充夏价,此件契约中租酒一斛折合银钱5.3文。阿斯塔那140号墓出土的《高昌延寿九年范阿僚举钱作酱券》中道人元□在当年四月一日借给范阿僚银钱20文,要求到十月范阿僚偿付甜酱16斛5斗、酢3斛、糟1斛,共计20斛5斗。甜酱经发酵即成为酢和酒,所需仅为时日[②]。范阿僚的甜酱和酢1斛抵偿银钱1文左右,这与前件□污子夏田契约中的比价相较,低了很多。我们由此可知后件契约对债主道人元□很有利,而前一件则对夏田人□污子非常有利。前件契约中,租酒1斛当银钱5.3文,价格偏高,□污子可能以出借粮食为由强迫麹鼠儿接受[③];后件契约应当是道人元□趁范阿僚急需用钱,故意杀低了甜酱价格。我们将两件契约中的比价作一折衷,取1斛酒折合银钱3文,可能更接近当时的一般行情。根据《高昌乙酉、丙戌岁某寺条列月用斛斗帐历》,1斛小麦的市场价格为银钱1文,1亩常田产出的12斛粮食,只需12文银钱即可买得。高昌国时期的葡萄园1亩的产酒量我们无从得知,按照官方亩纳3斛的标准,我们即便按照什一计征的高税率估算,高昌国1亩葡萄园的产酒量也应当在30斛,按照1斛酒售银钱3文计算,纳租酒之后的27斛酒售出可得银钱81文,可购得粮食81斛。古今一致,经济作物的效益远高于粮食作物。但因为种植葡萄这样的经济作物,劳动密集,所以一户能够经营的面积不会太大。高昌国的百姓只要家中劳动力够用,就无需放弃经济效益更高的葡萄而改种粮食。至于自家生产粮食不能自给的问题,亦可寻求市场。上文已经指出,高昌国一部分百姓是没有葡萄园的,如果没有葡萄园,土地面积又小,这部分百姓是如何解决生计问题的呢?

---

① 裴成国《文书所见高昌国平民土地占有状况研究》,朱玉麒主编《西域文史》第8辑,第116页。
② 发酵所需的酒母,契约中已经提及,即甜酱曲霉,也要求范阿僚提供。相关研究参见卢向前《麹氏高昌和唐代西州的葡萄、葡萄酒及葡萄酒税》,《中国经济史研究》2002年第4期,第110—120页;收入《唐代政治经济史综论:甘露之变研究及其他》,北京:商务印书馆,第402—439页。
③ 在契约主体内容已经结束的第8、9行又注明麹鼠儿向□污子举粟5斛。

二、土地租佃和粮食借贷

高昌国的垦田面积和人口数都有比较准确的数字。《旧唐书》载高昌国亡国之时的人口数字为"户八千，口三万七千七百"[1]，耕地面积据《通典》所载为"九百顷"[2]，这可以使我们知道当时高昌国的人均、户均土地面积。吴震先生曾经推算高昌地区人均耕地面积为 2.1 市亩[3]，杨际平先生估算贞观十四年（640）唐平高昌时，其户均垦田约 10 亩，人均不到 2.4 亩[4]。两位先生估算所依据的资料相同，得出的数据也很接近。按照上文估算的高昌国田地粮食产量，人均耕地 2 亩有余也大致可以满足百姓的生计需要。但这一数据远远高于我们抽样统计得出的户均土地面积。高昌国有面积不小的屯田和官田，这两类田地都归官府所有，所以据"九百顷"计算所得的人均垦田面积必定要比百姓实际占有土地面积要大，这是毋庸置疑的。高昌国官府控制的这部分土地通过向百姓出租的方式经营，土地产出由国家和百姓共享，因此增加了高昌国的粮食来源。我们目前知道的国有土地至少有三种类型，一类是镇家田，一类是屯田（田亩作人耕种者），还有一类是官方以"田曹"名义出租者。以下具体分析。

在目前所见留存信息较多的 23 件夏田契约中，有 6 件可以确定所夏为镇家田。6 件契约分别为出自阿斯塔那 365 号墓的《高昌延昌二十八年（588）王幼谦夏镇家麦田券》（以下简称《王幼谦夏镇家麦田券》)[5]、《高昌延昌二十九年董神忠夏田残券》（以下简称《董神忠夏田券》)[6]、《高昌延昌二十九年王和祐等人分夏田合券》（以下简称《王和祐夏田券》)[7]、《高昌某人从孟俊边夏□残券》（以下简称《某人夏□残券》)[8]，出自阿斯塔那 364 号墓的《高昌某人夏镇家麦田券》（以下简称《某人夏镇家麦田券》)[9]、《高昌卫阿文子夏田残券》（以下简称《卫阿文子夏田

---

[1] 《旧唐书》卷一九八《高昌传》，第 5295 页；《唐会要》卷九五《高昌》作"户八千四十六，口三万七千七百三十八"，第 2016 页。
[2] 《通典》卷一七四"西州"，第 4558 页。
[3] 吴震《近年出土高昌租佃契约研究》，《吴震敦煌吐鲁番文书研究论集》，第 459 页。
[4] 杨际平《试考唐代吐鲁番地区"部田"的历史渊源》，《中国社会经济史研究》1982 年第 1 期；收入《杨际平中国社会经济史论集（出土文书研究卷）》，第 171—195 页。
[5] 唐长孺主编《吐鲁番出土文书》壹，第 293 页。
[6] 唐长孺主编《吐鲁番出土文书》壹，第 293 页。
[7] 唐长孺主编《吐鲁番出土文书》壹，第 294 页。
[8] 唐长孺主编《吐鲁番出土文书》壹，第 300 页。
[9] 唐长孺主编《吐鲁番出土文书》壹，第 386 页。

券》）[1]。其中《王幼谦夏镇家麦田券》留存信息明确记载"从主簿孟俊边夏镇家细中部麦田贰拾伍亩"，《董神忠夏田券》《某人夏□残券》《卫阿文子夏田券》三件留存部分可见"从主簿孟俊边"，《某人夏镇家麦田券》明确记载"夏镇家南部麦田贰拾壹亩"，《王和祐夏田券》残存部分可见"家"字。六件契约中四件同出自阿斯塔那365号墓，二件同出自阿斯塔那364号墓，应当并非偶然[2]。观察其余残缺较甚的契约，我们推测其中也还有所夏为镇家田者。尤其值得注意的是，其中的《王幼谦夏镇家麦田券》和《某人夏镇家麦田券》所涉及的镇家田都超过20亩，面积之大在民田租佃中是未曾见到过的。阿斯塔那365号墓所出的《王和祐夏田券》目前所见第2行残留的首字是"家"，后面内容为"常田"，又同墓所出《王幼谦夏镇家麦田券》《董神忠夏田券》都涉及镇家田，故可推补"家"之上被裁去文字为"镇"，因而这件涉及的也是镇家田。《王和祐夏田券》与众不同，因为此件是至少六家一起夏田的契约，并且明确记录是"常田"，夏田亩数有留存的三家分别为两家3亩，一家2亩。据此可知镇家出佃涉及的土地类型既有常田，又有部田。

出自阿斯塔那364号墓的一件残券被文书整理组定名为《高昌延昌二十六年（586）某人从□□崇边夏镇家菜园券》（以下简称《某人夏镇家菜园券》）[3]。其留存文字中，标的物部分仅存"镇家"，契约条款中言及"种菜壹乘"[4]。从残存文字来看，定名的正确性毋庸置疑。《某人夏镇家菜园券》的出佃者姓名仅存一个"崇"字，推测此人的官职可能也是"主簿"。与《某人夏镇家菜园券》同出一墓，书法笔迹亦相同的《高昌延昌二十八年（588）某道人从□伯崇边夏枣树券》（以下简称《某道人夏枣树券》）[5]的出佃一方仅存"□伯崇"三字，推测与上件《某人夏镇家菜园

---

[1] 唐长孺主编《吐鲁番出土文书》壹，第387页。
[2] 按照高昌国的契约书写惯例，债务人在契约中自署姓名以示承认契约中的条款，而契约则归债权人保管。阿斯塔那34号墓中所出的四件契约的债权人都是"左舍子"（其中三件可见"左舍子"之名，一件仅存姓氏"左"，推测亦为"左舍子"。见唐长孺主编《吐鲁番出土文书》壹，第302—305页），即例证。该墓未出墓表及随葬衣物疏，不明墓主身份。四件契约债权人均为"左舍子"，至少证明契约在废弃前曾在一起保管，最可能的保管者就是债权人"左舍子"。阿斯塔那365号墓所出的《王幼谦夏镇家麦田券》和《董神忠夏田券》写在同一纸上，立券时间前后相差十日，债务人不同，债权人都为"主簿孟俊"。由此可知这些契约和阿斯塔那365号墓所出涉"主簿孟俊"及镇家田的契约原本应当一起保存在官府，后来被废弃。两墓都未出墓表及随葬衣物疏，不明墓主身份。可能是得到这些契约的百姓将予制成明器分别埋入了相邻的364和365号墓中了。
[3] 唐长孺主编《吐鲁番出土文书》壹，第385页。
[4] 佚号的《高昌重光四年（623）孟阿养夏菜园券》中有"□养夏葱，次夏韭，合二乘"的内容。见唐长孺主编《吐鲁番出土文书》壹，第446页。
[5] 唐长孺主编《吐鲁番出土文书》壹，第386页。

券》的出佃者可能为同一人。那么此件《某道人夏枣树券》中所夏枣树可能亦为镇家所有。阿斯塔那365号墓还有一件被文书整理组定名为《高昌某人夏树（或葡萄园）残券》的契约，与另一件涉及主簿孟俊的契约《某人夏□残券》书写在同一张纸上。文书整理组在该件文书的解题中写道："本件与下件同纸，本件在前。末行'僧住'署名亦即下件之'倩书张僧住'；下件出夏之一方为主簿孟俊，疑此券亦同。内容残损，但有'上树'二字，知非夏田，疑是夏树或葡萄园。"①我们认为本件的出夏方为"主簿孟俊"的可能性很大。若然，则此件涉及的标的物应当也属镇家所有。不过文书整理组所撰解题的第二句怀疑所夏可能为葡萄园，恐误。文书整理组推测的依据"上树"，在其他夏树契约中亦可见，完整表述为"斧斤不得上树"，因为葡萄栽培需要修枝剪条，故夏葡萄园契约中不宜有此条款，目前所见的夏葡萄园券中也确实未见。此件当可以确定为夏树契约，亦属镇家所有。无独有偶，同墓所出的《高昌延昌二十七年（587）张顺和夏树券》中出夏方残存"主簿"二字，推测后文应该也是"孟俊"。从对两墓所出十件文书的分析可看出，归镇家所有以供出租的既有常田、部麦田，也有菜园和果树。除葡萄园未见有属镇家所有者之外，镇家对外租佃涉及当时的各种类型土地。此点很值得予以特别关注。

镇家田的租佃价格明确可知者，有《王幼谦夏镇家麦田券》，其中明确写到"镇家细中部麦田贰拾伍亩"的价格是"亩与夏价麦贰斛柒斗"，与此件契约写在同一纸上的《董神忠夏田券》中亦写明"亩与夏价小麦贰斛七斗"。两件契约中镇家田的租佃价格相同，而其余四件中镇家田的出佃价格都已不详。已知夏部田契约中，《高昌义和三年（616）氾马儿夏田券》中的夏价是"亩与夏价床伍▭▭▭"②，虽然关键的度量单位残缺，但可以推测应当为"斛"③。阿斯塔那48号墓所出的《高昌道人真明夏床田券》中的床田，一季交租，应当也是部田，夏价为"亩与夏价三斛"④。阿斯塔那117号墓《高昌延寿九年（632）曹质汉、海富合夏麦田券》中涉及夏部麦田十三亩，夏价为亩与小麦贰斛⑤。此件中的夏价偏低，疑与契约中带有附加条件有关⑥。夏镇家田地者，契约中都会注明"租在夏价中"，意即佃田人所须交付的夏价

---

① 唐长孺主编《吐鲁番出土文书》壹，第300页。
② 唐长孺主编《吐鲁番出土文书》贰，第101页。
③ 高昌国时期土地租佃价格，未见有低于1斛以下者，所以此件中的租佃价格不可能是每亩5斗，而只可能是5斛。
④ 唐长孺主编《吐鲁番出土文书》壹，第354页。
⑤ 唐长孺主编《吐鲁番出土文书》贰，第289页。
⑥ 契约第4行中有"手下宕取田中五亩▭▭▭张奋武"，此类条款未见于其他夏田契约，当为田主"张

中包含了本须向官府缴纳的田租，无须再额外缴纳；而租佃私人田地的契约中，都会写明"赀租百役仰田主"，与夏田人无关。夏镇家田契约中的该项条款一方面证明镇家田的所有权属于国家，镇家田是国有土地的一种；另一方面契约中没有提及的"役"应当也无须夏田人承担[1]。总体来看，镇家田租佃的夏价应当是偏低的。

高昌国镇家土地租佃涉及的土地类型包括菜园和果树，这是非常值得注意的现象。菜园生产蔬菜，也是百姓生活必需。我们从阿斯塔那152号墓所出贞观年间（627—649）《唐焦延隆等居宅间架簿》[2]可以看到当时城居的百姓舍地面积狭小，东西、南北通常都仅十余步，本身并不附带菜园。《高昌延寿五年（628）赵善众买舍地券》中所买武城城的舍地也不过二十步[3]。对这些城居的百姓来说，除了田地之外，菜园也是必需[4]。种植蔬菜的土质要求与种植粮食作物的要求应无大的不同。蔬菜应当比粮食作物需要更多浇灌，所以我们在《某人夏镇家菜园券》中看到有"□地依次给水使遭"这样在田地租佃契约中不曾见过的条款。作为土地所有者的官方，选择灌溉便利的土地，分割成小块，即可作为菜园出租，这应当就是高昌国镇家菜园的来源。可以说，官方是为了适应百姓的需求，而专门推出了镇家菜园的出租项目。我们由此看到镇家田的经营模式可以说是专门的租佃经营：官方通过这样的方式将土地与百姓结合，剥削百姓，收获财富；百姓由此可以稳定地获得自己狭小土地之外的土地进行耕种，通过辛勤的劳动获得粮食和蔬菜等日常生活所需。

阿斯塔那48号墓所出的三件契约《高昌时见索善□残券》《高昌倩书宋某残券》《高昌倩书王利僮残券》[5]都仅残存契约末尾部分。三件契约的笔迹不同，倩书、时见、临坐、田曹主簿等人的名字都为自署，其中的田曹主簿应为同一人"王延意"[6]。需要说明的是，"田曹主簿王延意"在契约末尾的列位，既不是以"倩书""时见"，

奋武"的特别附加条件。有学者认为此张奋武为夏田人之一的"海富"的主人"张参军"，恐误。关于本件契约的研究，参见裴成国《高昌国"作人"问题再论》，《中国经济史研究》2014年第2期，第79—81页；收入本书附录一。

[1] 高昌国有计亩承役的制度，参程喜霖《吐鲁番文书中所见的麴氏高昌的计田输租与计田承役》，第159—174页。冻国栋《魏氏高昌役制研究》，《敦煌学辑刊》1990年第1期；收入作者《中国中古经济与社会史论稿》，武汉：湖北教育出版社，2005年，第24—27页。
[2] 唐长孺主编《吐鲁番出土文书》贰，第148—150页。
[3] 唐长孺主编《吐鲁番出土文书》壹，第410页。
[4] 不排除一部分城居的人完全不从事农业生产，生活所需都靠市场解决的可能。
[5] 唐长孺主编《吐鲁番出土文书》贰，第160—161页。
[6] 三件契约中，第二件"王延意"三字皆存，第一件存"王延"二字，第三件仅存"王"字，观其书法，当为同一人笔迹。

也不是以"临坐"的身份,而是专门列于以上三人之后;而"王延憙"之后还有一人"吕明□",此人见于第一、第二两件"王延憙"之后,第三件中应当也有[1],很可能也是负责官员。官府田曹官员列名于田地租佃契约末尾者,此三件似为仅见,惜契约大部残缺,主体内容不详。既然有官府官员参与契约订立,应当是涉及官府田地的租佃。夏镇家田的契约较为完整者,通常在契约的首句注明从某官员处夏田若干,契约末尾仅见"时见"和"倩书",并无其他人署名,这一点与其他普通百姓间的土地租佃契约相同。由此可知,三件末尾署有"田曹主簿"[2]的契约虽然所涉田地也为国家所有,但具体掌管负责部门应当与镇家田不同。我们知道高昌国时期存在屯田[3],《田亩作人文书》[4]证明当时的普通百姓有供出"作人"在屯田土地上劳动的义务[5]。《高昌将显守等田亩得银钱帐》[6]则说明当时上至官员、下至普通百姓和依附民的"作人"都要缴纳官田或屯田劳作的代役钱[7]。这些信息都证实了高昌国屯田的存在以及与镇家田明显不同的经营方式。这些官田和屯田以及镇家田一起成为高昌国恒常的、有力的财源[8]。

屯田和官田上产出的粮食成为官方对外出贷粮食的来源,我们在文书中也可以找到这样的信息[9]。高昌国时期百姓的一些欠负帐也反映了百姓向官方举借粮食的情

---

[1] 第三件的末尾文书整理组的录文止于"王延憙",但"王延憙"之后的一行仍可见笔画留存,应当还有内容。

[2] 高昌国中央诸曹中,存在"屯田",但不称"田曹"。参孟宪实、宣红《论麴氏高昌中央诸曹职掌》,《西域研究》1995年第2期;收入孟宪实《汉唐文化与高昌历史》,济南:齐鲁书社,2004年,第128—132页。此处"田曹主簿"或许为高昌国时期地方郡府的列曹官员。

[3] 杨际平《麴氏高昌土地制度试探》(上、下),《新疆社会科学》,1987年第3、4期;收入《杨际平中国社会经济史论集(出土文书研究卷)》,第144—170页。

[4] 系指《高昌延寿四年(627)闰四月威远将军麴仕悦奏记田亩作人文书》,唐长孺主编《吐鲁番出土文书》壹,第425页;《高昌延寿四年(627)威远将军麴仕悦记田亩作人文书》,唐长孺主编《吐鲁番出土文书》壹,第444—445页。

[5] 関尾史郎《〈田亩作人文书〉小考——トゥルファン出土高昌国身份制关系文书研究序说》(上、下),第61—74、65—83页。

[6] 唐长孺主编《吐鲁番出土文书》贰,第42页。

[7] 関尾史郎《高昌田亩(得、出)银钱帐——〈吐鲁番出土文书〉札记(一〇)》(中),《吐鲁番出土文物研究会会报》第65号,第5—7页。杨际平认为此件文书反映的是菜园据面积征收银钱。见杨际平《麴氏高昌赋役制度再探》,中国魏晋南北朝史学会编《魏晋南北朝史研究》,武汉:湖北人民出版社,1996年;收入《杨际平中国社会经济史论集(出土文书研究卷)》,第405—406页。

[8] 池田温《中国古代买田·买国券の一考察——大谷文书三点の绍介を中心として》,第288页。

[9] 如《高昌延寿六年(629)六月傅阿欢入当年官贷捉大麦子条记》,唐长孺主编《吐鲁番出土文书》贰,第205页;《高昌延寿九年(632)八月张明憙入官贷捉大麦子条记》,唐长孺主编《吐鲁番出土文书》贰,第266页。

况。这些文书包括《高昌奴得等负麦粟叠帐》，其中记载"奴得负参军索谦、焦欢伯二人边官举价小麦叁▢▢▢▢"，次行残留文字可见"东宫"字样[①]。此类欠负帐在斯坦因所获吐鲁番文书中还有多件，其中负"官麦"记录三条，"官举价小麦"两条，"东宫举价小麦"三条，"东宫麦"一条[②]。"官麦"与"官举价小麦"所指应当相同，"东宫举价小麦"与"东宫麦"亦应相同。我们由此看到向官方举麦也分"官府"和"东宫"两条渠道、两种途径。限于资料，我们不清楚"官麦"与"东宫麦"出贷时的利息有无差异，"官麦"和"东宫麦"出贷时的利息率与私人出贷粮食相比如何。联系上文镇家田和官方屯田并存的事实，"东宫麦"与"官麦"在出贷时也有明显的区分，这似乎暗示"东宫麦"与镇家田之间的某种关系。"官麦"和"东宫麦"都是普通百姓在粮食缺乏时可以借贷的对象。

三、丝绸之路的商机与百姓的生计

高昌国所在的吐鲁番盆地是丝绸之路上的重要枢纽。据统计，高昌国每年接待的外来客使人数就达九千三百人[③]。再加上私人性质的商旅、僧侣，高昌国接待的外来人口规模应当更大。这些外来人口在高昌国居留期间的饮食、住宿及其他消费等都要由这个绿洲国家来承担，这也为这个国家带来了大量商机。据研究，高昌国对外来官方使节的接待实行无偿和有偿相结合的方式，即属于田租所出的粮食和酒由高昌国免费供应，而其他消费如肉类、干果、蔬菜等项客使须自付酬值[④]。而私人性质的商旅、僧侣的消费应当都须通过购买自行解决。如下文表格所示，我们在高昌国的市场上也确实可以看到粮食的出售。

阿斯塔那377号墓出土的《高昌乙酉、丙戌岁某寺条列月用斛斗帐历》登录了延寿二、三年某寺的破用粮食记录[⑤]。该寺僧徒7人，占有耕地69亩，每人平均近

[①] 唐长孺主编《吐鲁番出土文书》贰，第344页。
[②] 陈国灿《斯坦因所获吐鲁番文书研究》，武汉：武汉大学出版社，1994年，第145—159页。
[③] 吴玉贵《试论两件高昌供食文书》，《中国史研究》1990年第1期；收入作者《西暨流沙：隋唐突厥西域历史研究》，上海：上海古籍出版社，2020年，第151—172页。
[④] 裴成国《丝绸之路与高昌经济——以高昌国的银钱使用与流通为中心》，朱玉麒主编《西域文史》第10辑，148—169页。
[⑤] 文书整理组所撰解题称，麴氏高昌纪年属乙酉、丙戌者有延昌五、六年（565、566）及延寿二、三年（625、626），姑从后。见唐长孺主编《吐鲁番出土文书》壹，第400页。吴震先生根据文书中粮食数量用大写，纪年不书年号仅写干支，斛斗数字全用大写等特点，判定文书年代应当是延寿二、三年。见吴震《吐鲁番出土高昌某寺月用斛斗帐历浅说》，作者《吴震敦煌吐鲁番文书研究论集》，第576页。

10亩，大大高于当时人均占有耕地面积。寺院生产粮食在自给之外，还可向社会提供大约相当于10人一年食用的商品粮。我们在文书中可以看到该寺不时向市场出售粮食换得银钱。以下列表摘录其中的一些记录：

表 4-8 该寺出售粮食得银钱情况表

文书行号	用粮数量	得钱数量	粮食价格（每斛）
16	粟 7 斛	5 文	0.71 文
18	粟 16 斛	10 文	0.63 文
37	粟 3 斛 9 斗	3 文	0.77 文
40	床 69 斛	69 文	1 文
58	麦 2 斛 7 斗	3 文	1.1 文
66	麦 12 斛	12 文	1 文
67	麦 8 斛	8 文	1 文

从表4-8可以看出，延寿二、三年高昌国市场上的小麦、床的价格基本在每斛1文银钱左右，粟的价格稍低，在每斛0.7文银钱左右。文书中我们看不到这些粮食交易的买方是什么人，可以想象其中应当既有外来人口，也有本地百姓。高昌国的百姓除了自己耕种生产粮食和向官府或东宫举借粮食之外，还可以从市场上购买粮食。当然前提是他们得有银钱。

丝绸之路的畅通，给高昌这个绿洲国家的经济带来了商机，注入了活力。在原本统治者和百姓的二元经济结构中加入了外来人口和丝路商贸的新元素，高昌经济的格局因此别开生面。

高昌国官府重视丝绸之路贸易带给这个国家的经济利益，因此当贞观末年焉耆请唐朝重新开辟大海道以通商路时，高昌向焉耆发动了战争[1]。高昌国官府为了吸引外来的客使、商旅，建立了完善的客使接待制度[2]。虽然官府向过境贸易征收商税"称

---

[1] 《旧唐书》卷一九八《焉耆传》，第5301页。
[2] 荣新江《高昌王国与中西交通》，《欧亚学刊》第2辑，2000年；收入作者《中古中国与外来文明》，北京：生活·读书·新知三联书店，2001年，第183—203页。裴成国《〈高昌主簿张绾等传供帐〉再研究——兼论阚氏高昌时期的客使接待制度》，《西域研究》2013年第4期，第67—73页；收入本书第一章第四节。

价钱"①，但研究者认为这些商税数额不大，不是高昌国官府的主要财源②。高昌国官府掌握大量屯田和官田，通过征发百姓耕作、征收代役钱募人耕作以及对外租佃等方式，从这些土地上获得了以粮食为表现形式的物质财富③。以此为经济后盾，高昌国向大量的外来客使免费供应粮食和葡萄酒，吸引他们光顾这个绿洲王国。这些外来客使则以消费肉类、干果、蔬菜和其他商品的方式将货币财富留在了高昌。《高昌张武顺等葡萄亩数及得酒帐》反映了高昌国官府还收购百姓生产的葡萄酒并转运出售④，使得高昌国的农业生产进一步突破了绿洲农业的局限，与广阔的丝绸之路贸易紧密相连，这对于最大限度地合理配置土地资源，激发百姓的生产积极性发挥着重要作用。被纳入丝绸之路贸易生产网络的普通百姓也可以获得银钱形式的货币财富，他们即便生产的粮食不足自给，也可以从市场购买。

熙熙攘攘的客流稳定地光顾高昌，带动了许多相关产业的发展，畜牧业、餐饮业、客馆业、零售业以及其他服务行业因此生意兴隆。一些人因而获利丰厚，他们即使不从事农业生产，也可衣食无忧。非农产业的发展一方面缓解了人地矛盾，另一方面也创造了更多的就业岗位。高昌国的繁荣富足与丝绸之路确实有着密不可分的关系。

上文提及高昌国延寿年间1斛床、1斛小麦的价格皆不过1文银钱，粟的价格更低。有学者比较了高昌国和唐西州时期的粮食、马匹、雇佣和纺织品价格，结果显示到唐西州时期前三项的价格均显著上涨，只有纺织品价格下跌⑤。物价资料实实在在，可资凭信。即使不考虑赋役负担的轻重之别，我们仍然可以相信在生产力水平没有大幅提升的情况下，物价的高低可以作为百姓生计的一个重要指标。

上文论及高昌国时期百姓的户均土地面积很有限，仅凭自家的土地所出不足以维持一户的粮食供给。后文的研究提示，高昌国百姓可以耕作的土地面积远远大于系于自家名下的亩数，高昌国面积广大的官田和屯田也是百姓耕作的对象。官府土

---

① 唐长孺主编《吐鲁番出土文书》壹，第450—453页。
② 関尾史郎《トゥルファン出土高昌国税制関系文书の基础的研究——条记文书の古文书学の分析を中心として》（七），《新潟大学人文科学研究》第86号，1994年，第6页。
③ 池田温《中国古代买田・买园券の一考察——大谷文书三点の绍介を中心として》，第288页。
④ 裴成国《〈高昌张武顺等葡萄亩数及租酒帐〉再研究——兼论高昌国葡萄酒的外销》，吐鲁番学研究院、吐鲁番博物馆编《吐鲁番与丝绸之路经济带高峰论坛暨第五届吐鲁番学国际学术研讨会论文集》，上海：上海古籍出版社，2016年，第56—65页。
⑤ 宋杰《吐鲁番文书所反映的高昌物价与货币问题》，《北京师范学院学报（社会科学版）》1990年第2期，第67—76页。

地的产出进入流通领域,百姓也可以举借和购买,从而缓解了粮食供应的紧张。丝绸之路给高昌国带来了巨大商机,带动了经济作物如葡萄、蔬菜的种植,官方的收购又为百姓生产的葡萄酒解决了销路问题。应接客使和商旅带动了相关产业的发展,获利丰厚的百姓,生计也获得了可靠的保障。

高昌国的繁荣富足除了与丝绸之路关系密切之外,还与高昌国的土地制度有直接关系。关于高昌国土地制度的研究成果很多,在此基础上可以形成一些共识:高昌国存在屯田、官田、寺田和民田;国家对土地拥有所有权,国民对土地的支配权则是相对的、有条件的;高昌国除官田、屯田以及少数寺院拥有较多的土地之外,不存在私人的土地集中现象,这是因为官府对土地买卖有着严格限制[1]。高昌国的土地制度与当地的屯田历史有直接的渊源关系,麴氏高昌时期屯田的租佃化就是这一屯田制度的新发展[2]。笔者认为这种制度抑制了土地兼并,确保百姓都有相当面积的土地可以耕作,为高昌绿洲王国的繁荣富足奠定了基础。

第三节　高昌国夏树契约所见果木租赁

吐鲁番出土文书中保存了三百余件契约,是数量较多的一类文书。这些契约文书中包含的丰富信息是我们研究中古时代吐鲁番经济、社会、法律情况的重要资料。契约涉及当时的土地租佃、钱物举借、商品买卖、人力雇佣等活动,其中有一类契约为其他地域所罕见,即高昌国时代的夏树契约。本文就夏树契约的相关情况及其背后的经济活动作一研究。

一、夏树契约的信息

高昌国和唐西州时代"租赁"亦称"夏",有"夏田""夏菜园"等说,所以"夏树"就是租赁树木。当时的高昌人租赁什么树?为什么会有树木的租赁?夏树契约给我们提供了重要的信息。

《高昌延昌二十八年(588)某道人从□伯崇边夏枣树券》(以下简称《夏枣树券》)[3]

---

[1] 裴成国《文书所见高昌国平民土地占有状况研究》,第120—126页。
[2] 李宝通《试论魏晋南北朝高昌屯田的渊源流变》,第304—321页。
[3] 唐长孺主编《吐鲁番出土文书》壹,第386页。

第四章 土地与生计

出自阿斯塔那364号墓。该墓葬未出墓表或随葬衣物疏，出土文书有纪年者起延昌二十六年（586），止延昌二十八年。墓中所出十三件文书多被裁剪成纸鞋，内容多为契约。《夏枣树券》被裁剪成鞋底，文书上半部基本完整，下半部被剪去。另一件《高昌延昌二十七年（587）张顺和夏树券》（以下简称《张顺和夏树券》）[①]出自阿斯塔那365号墓。该墓亦未出墓表或随葬衣物疏，出土文书有纪年者起延昌二十七年，止延昌四十年（600）。墓中所出十件（组）文书多被剪成纸鞋，除两组官府帐簿之外都为契约。《张顺和夏树券》被裁剪成鞋面，首尾大体保存完整，中间大部被剪去。先迻录两件文书如下，再作分析。

高昌延昌二十八年某道人从□伯崇边夏枣树券

1　延昌廿八年戊□□□
2　□伯崇边夏□□□
3　□与干大枣叁□□□
4　具，仰道人自高□□□
5　平为枣直，树□□□
6　罚银钱弍（贰）文，□□□
7　完具，若亡失树□□□
8　了，若风破大枯随□□
9　返悔，悔者壹□□□
　　（后缺）

高昌延昌二十七年张顺和夏树券

1　延昌廿七年丁未岁二月廿二日，张顺和从主簿
2　_____十五株，要与夏
3　_____取。若棵叶之
4　_____取。要到十月内上（偿）
5　钱使毕，若不毕，听捉家财，平为钱直。若□
6　东西无，仰婋（妻）儿使毕。二主先相和可，后为卷（券）

---

① 唐长孺主编《吐鲁番出土文书》壹，第292页。

7　要，｜卷｜（券）之后，各不得返悔，悔者壹罚二，入□□□□
　　（后缺）

两件文书均有残缺，《夏枣树券》尤甚。因为契约文书有固定的书写格式，我们将两件契约比对，再参照其他契约仍然可以复原契约的绝大多数内容。《夏枣树券》第1行后半部残缺，据《张顺和夏树券》，我们知道此处夏树者的名字缺失，而第2行起首的"□伯崇"则为枣树的主人；根据第4行出现的保证条款中的"道人"，我们知道第1行缺失的夏树者应为某道人，高昌国时期称僧侣为"道人"；第2行"夏"字之后的内容缺失，我们无法看到租借的标的物是什么，但第3行有"与干大枣叁"的内容，我们知道高昌国时期的租借契约中大多举钱者还钱，举麦者还麦，夏田地者以麦和其他谷物偿付，要求以"大枣"偿付者此件似为仅见；又根据第5行和第7行都出现了有关"树"的条款，而契约文书的中间部分一般都是有关租借标的物的附加条款，综合这些信息将此件契约定为"夏树券"，当无疑问。钱以"文"论，地以"亩"论，据《张顺和夏树券》我们知道夏树契约中树以"株"论。《夏枣树券》中道人夏树多少株不详，期限亦不详。枣树主人要求以大枣偿付夏价，枣自然就是这些枣树所产。第3行中"与干大枣叁"后面的单位缺失，根据《唐天宝二年（743）交河郡市估案》中"果子行"中的大枣以"升"为单位计价[1]，此处"叁"之后的单位应当也为容量单位如"斛""斗"等，而不可能以"个"论[2]。契约第5行有"平为枣直"四字，这是该条违约处罚条款中的最后四个字，类似的表述还有"平为钱值"[3]、"平为麦直"[4]，《张顺和夏树券》也出现了"平为钱直"的条款。"平为枣直"这一条规定的应当是如果夏树人没有按照契约偿付作为夏价的枣，枣树的主人可以通过某种方式强制实施。当时最常见的强制执行方式是债权人取债务人的家产以充抵债务。契约第6行中有"罚银钱贰文"的条款，因为之前的内容残缺，此条款的具体内容难以复原。我们在《高昌卯岁尼高参等二人赁舍券》中可以看到这

---

[1] 池田温《中国古代籍帐研究》，东京：东京大学出版会，1979年；参考龚泽铣译，北京：中华书局，2007年，录文第304页。
[2] 若以"个"论，则枣有大小之别，难以明确规定，不易衡量。
[3] 如《高昌阳某举钱残券》，唐长孺主编《吐鲁番出土文书》壹，第285页；《高昌赵阿头六举钱券》，唐长孺主编《吐鲁番出土文书》壹，第284页。
[4] 如《高昌延和元年（602）□□宗从左舍子边举大麦券》，唐长孺主编《吐鲁番出土文书》壹，第303页。

样的条款，"不得病死，若病死者，罚钱 ▢▢▢▢"①。这件赁舍契约中之所以有此条款，是因为如果有人病死，则对房舍和房舍主人不利②。因为第5、7两行都涉及枣树，《夏枣树券》中的"罚钱"条款应当是对夏树人管护枣树的违约处罚规定。我们在其他夏树契约中见到的"不得斤斧上株"③条款也可以提供旁证。契约第8行出现的"若风破大枯随 ▢▢▢▢"条款是针对吐鲁番盆地春夏之际大风灾害天气对枣树产量可能发生的影响所作的特别说明，以便在发生自然灾害的情况下枣树主人的利益也能得到保障④。

以下分析《张顺和夏树券》的情况。此件较《夏枣树券》完整，留存信息亦多。首行所记时间说明契约订立是在春季的"二月廿二日"，时万物复苏，果树开始生长发芽，出租随即开始，这个季节也是夏田契约订立的高峰期。第2行留存"十五株，要与夏"，据此我们知道该件契约的标的物也是某种树。这种树应该是用材林木如杨、榆，还是经济林木如枣、梨、桑等树种呢？笔者认为应当是后者。一则用材林木生长期较长，短期内难有经济效益，所以不适合租赁；二则用材林木如果要取材，就要伐树，标的物就会消失，也不宜作为租赁的对象。此件契约的夏价要求用什么来偿付呢？此处最关键的文字残缺，但我们看到第4、5行的内容有"要到十月内偿钱使毕"，由此得知夏价是用银钱偿付的。第3行涉及的条款目前残存的仅"若棵叶之"四字，可知是关于标的物养护方面的内容，与其他契约中"不得斤斧上株"条款类似。这也进一步证实标的物应当是经济林木。因为果树的产量与树的长势、树冠大小息息相关，夏树人任意砍伐树枝，虽然自己当年的收益也会受到影响，但长久来看，受损害最大的仍然是树的主人。我们在几件夏树契约中都看到类似条款，并非偶然，这应当是当地长期树木租赁实践积累起来的经验在契约中的反映。本件契约要求偿付夏价的时间是"十月"，这正是果树已经收获的季节⑤。与前件《夏枣树券》不同的是，本件契约要求以银钱偿付夏价。果树的经济价值在于出售果实获得货币，果

---

① 唐长孺主编《吐鲁番出土文书》壹，第389页。
② 宋晓梅《高昌国：公元五至七世纪丝绸之路上的一个移民小社会》，第16—17页。
③ 唐长孺主编《吐鲁番出土文书》贰，第240页。
④ 注明类似条款的契约很多，如《高昌义和三年（616）氾马儿夏田券》（唐长孺主编《吐鲁番出土文书》贰，第101页）中注明"风虫贼破，随大乜列"。此外，时代稍早的《翟疆辞为共治葡萄园事一》（唐长孺主编《吐鲁番出土文书》壹，第51页）中载"今年风虫，蒲桃三分枯花"，是风灾影响葡萄产量的实例。
⑤ 桑树和枣树、梨树都是经济林木，但作为果树，桑椹在春夏之交已成熟，桑叶也已长成，可以用于养蚕，产生收益的时间远较枣、梨等树种为早。此件契约要求在十月偿付夏价，就果树产生收益的时间来说，与枣、梨更为吻合。

树的主人如果仅将所产果实用于自家消费,果实就不会成为商品,自然也无法实现其经济价值。夏树人既然要向果树主人偿付夏价银钱,就要先实现果实的经济价值,将果实出售。张顺和所夏果树多达 15 株,所产果实非一家人所能消费。如果只是为了满足自家消费,那么从市场购买即可,无需专门夏树。夏树契约之所以会出现,应当是由于有利可图,夏树人通过自己的租赁经营可以获得超过夏价的经济回报。《张顺和夏树券》涉及的到底是什么树呢?考古资料显示,当时的新疆有枣、梨、桃、杏、核桃、葡萄等果树栽培①,在我们所见的出土文书如《高昌曹、张二人夏果园券》中明确提到的有梨树和枣树②。《张顺和夏树券》涉及的应当也是枣、梨一类的果树③。另外值得注意的是,《夏枣树券》中对可能发生的自然灾害作了特别说明,而《张顺和夏树券》中则没有类似条款,这很可能是因为此件契约要求以银钱偿付夏价,果树租赁之后的产量与果树主人无直接关系,所以未在契约中提及可能影响果实产量的气候因素。

值得我们关注的还有《高昌延寿二年(625)田婆吉夏树券》(以下简称《田婆吉夏树券》)④。《田婆吉夏树券》出自阿斯塔那 338 号墓,该墓出唐代墓志一方,所出文书兼有高昌国和唐代者,文书多被剪成纸鞋,有十二件内容较多,另有四件残片。先迻录《田婆吉夏树券》内容如下:

1　□□二年乙酉岁三月二日,田婆吉从赵明儿边 夏□□□□□
2　□□ 株 ,到六月十五日,上夏树偿银钱捌文。不得斤府(斧)上株。若□□
3　 壹 月拾钱上生钱壹文。若前却不上(偿),听拽家财,平为钱 直 。
4　□ 身 东 □□□□□ 券 ,券成之后,各不得返悔,悔 者
5　□罚二入不悔者。民右(有)私要,行二主,各自署名为信。
6　　　　　　　　　倩书赵愿伯
7　　　　　　　　　时见张屯富

《田婆吉夏树券》较上文两件契约完整。关于田婆吉从赵明儿处夏树的种类和数

---

① 张玉忠《新疆出土的古代农作物简介》,《农业考古》1983 年第 1 期,第 124—126 页。
② 唐长孺主编《吐鲁番出土文书》壹,第 283 页。
③ 高昌国时代的葡萄园都以面积计算规模,未见以株论者,所以此件契约涉及的不可能是葡萄。
④ 唐长孺主编《吐鲁番出土文书》贰,第 240 页。

量的信息已经残缺不详。与《张顺和夏树券》相同的是，夏价都以银钱偿付，相关条款在第2行明确写到："到六月十五日，上夏树偿银钱捌文。"与《张顺和夏树券》不同的是，《田婆吉夏树券》要求偿付银钱的时间是六月，比前者早得多。第2行末尾到第3行前半句的条款内容有残缺，留存部分也不见于前两件契约，但该种条款屡见于其他的举借契约中，表述方式有"若过期不偿，一月生布一丈"[1]、"若过期不偿，壹月生钱 ☐☐☐☐ "[2]等。与《田婆吉夏园券》同出一墓的《高昌延寿四年（627）赵明儿买作人券》中就有"壹月拾钱上生壹☐"[3]语。据此，我们可以将第3行"月"字之前残存一横的字补为"壹"，在第2行"若"字与"壹"字之间补四个框。上面的录文也已经据此修订。《田婆吉夏树券》要求六月偿付夏价，这与《张顺和夏树券》规定的十月相差数月。笔者认为这应当与所夏树种不同有关系。枣树、梨树的果实成熟都在秋季，如果所夏为枣树、梨树，要求在果实尚未成熟的六月就交付夏价，于情理不合。果树中成熟时间可在夏季的有桃、杏等，《田婆吉夏树券》涉及的可能就是这些种类的果树。此外，田婆吉所夏的还有可能是桑树，因为桑叶春天开始即可出售用于养蚕[4]，到六月已有相当的收益，故而树的主人会要求六月就偿付夏价。

已知契约中，与《张顺和夏树券》同出阿斯塔那365号墓的《高昌某人夏树（或葡萄园）残券》[5]其实可以确定就是夏树券。文书留存信息不多，有"上树，见即"等内容。结合前几件夏树券，此处应当也是与"斤斧不得上株"类似的条款，并且还加进了违约惩罚条款。葡萄种植管理过程中本来就有修枝剪条的环节，所以夏葡萄园券中不宜有此类条款。高昌国时代的夏葡萄园券中也确实未见此类条款，所以我们可以确定此件残券就是一件夏树契约。

目前所见的高昌国契约中可以确定为夏树券的只有以上四件。除《夏枣树券》之外，其他三件因为文书残缺，都无法确定其涉及的具体树种，据上文分析，我们认为主要是枣、梨、桑等经济林木。夏树契约中的标的物以株论，租借期限似都为

---

[1] 《义熙五年道人弘度举锦券》，唐长孺主编《吐鲁番出土文书》壹，第94—95页。
[2] 《高昌赵阿头六举钱券》，唐长孺主编《吐鲁番出土文书》壹，第284页。
[3] 唐长孺主编《吐鲁番出土文书》贰，第241页。
[4] 吐鲁番当地早在西凉时期就有蚕桑的交易，如《西凉建初十四年（418）严福愿赁蚕桑券》（唐长孺主编《吐鲁番出土文书》壹，第6页）就是例证。
[5] 唐长孺主编《吐鲁番出土文书》壹，第300页。

一年①。夏价有要求以银钱偿付者，也有要求以果实偿付者，但都要求一次性偿付。偿付时间因树种不同而异，以果实成熟或树木产生经济效益的时间为参照。要求以银钱偿付夏价的契约和当时的举钱券、举麦券一样会注明过期不偿的违约处罚条款。夏树契约中会专门就夏树人不得擅自砍伐树木作出规定，以维护果树主人的权益。要求以果实偿付夏价的契约还针对自然灾害影响果树产量的可能情况进行预先声明，以确保夏价的偿付。要求以银钱偿付夏价的契约与举钱券、举麦券一样，会对拒绝偿付夏价时的强制执行作出说明。总体而言，夏树契约的条款堪称完备和严密。虽然目前可见的夏树券绝对数量并不多，但因为文书留存具有偶然性，我们认为在当时的高昌国租赁树木应当是一种经常性的经济行为。

二、为什么会出现夏树契约？

管理果树比起种植农作物来，工作量要小得多，特别是已经长成并且挂果的果树，仅需适时浇水、施肥、除草等，即可等待收获。今天的农村，家家户户门前屋后只要有条件都会种植几棵果树，但果树的产出大多用于自己食用，只有部分靠近市场的人家会将自家吃不完的果实出售。高昌国时期存在专门的果树租赁契约，确实值得我们关注。当时的人们是出于什么样的动机将自家的果树租赁的呢？

考察上文的《张顺和夏树券》，我们看到此券涉及的果树为15株，数量并不太多；《田婆吉夏树券》涉及植株数目缺失，但一年的夏价为银钱8文，数目不大，想必果树也不多。果树的主人为何要将这寥寥数棵租赁出去？我们来看看《田婆吉夏树券》中果树的主人赵明儿的情况。

出土《田婆吉夏树券》的阿斯塔那338号墓中还出土了有关赵明儿的两件契约文书。在延寿二年（625）将果树租赁给田婆吉后，赵明儿在延寿四年（627）从主簿赵怀憙处购得二十余岁的作人胳奴一人，花费银钱多达380文②。两年后的延寿六年（629），赵明儿又从赵伯怀处夏常田叁亩，耕种一年，夏价是银钱20文③。从后两件契约看，果树的主人赵明儿家境颇为殷实。赵明儿延寿六年租佃常田叁亩可能

---

① 唐西州时期的租葡萄园契约中，期限有长至五年者，如《武周长安三年（703）西州高昌县严苟仁租葡萄园契》，见唐长孺主编《吐鲁番出土文书》叁，第432页。
② 唐长孺主编《吐鲁番出土文书》贰，第241页。
③ 唐长孺主编《吐鲁番出土文书》贰，第242页。

就是靠作人胳奴耕作[1]。延寿二年他之所以要将自家果树租赁，可能就是因为缺少劳动人手；买得作人胳奴之后，应当就无需再将果树赁与他人。对于家境殷实的赵明儿来说，租赁果树一年所得不过银钱8文，对他来说只是个小数目。尽管如此，他仍然将果树租赁出去，着眼点也仍然是经济利益。赵明儿的富有与他的善于经营应当不无关系。我们再从夏树人田婆吉的角度考虑。既然租赁赵明儿的果树尚须花费银钱8文，那么他租种果树的收益必然大于8文银钱，也就是说他的租赁经营一定是有利可图的，这是我们很容易想到的。

　　果树带来的收益在中古时期的吐鲁番颇受人们重视，不论是在高昌国时期[2]，还是在唐西州时期都是如此。阿斯塔那153号墓所出《高昌曹、张二人夏果园券》中，标的物其实是一座葡萄园，间植梨、枣树，在契约中专门写明"桃中梨枣尽□桃行"[3]。唐西州时期《唐总章三年（670）白怀洛举钱契》中，白怀洛向左憧憙举取银钱10文，在所有条款都书写完毕之后有一行补充的文字："白怀洛负左憧憙枣树壹根，好者。"[4]"枣树壹根"在契约末尾被专门注明，必定是出自债主左憧憙的要求[5]，当事人关切的当然是枣树的经济价值。左憧憙是当时西州崇化乡人，在乡里放贷取利，死后也将十余件契约随葬。"枣树壹根"的价值被左憧憙的这一特殊举动放大，果树的经济价值在当时很受重视则是毋庸质疑的。《武周长安三年（703）西州高昌县严苟仁租葡萄园契》中严苟仁租取的是"一段贰亩"的葡萄园一座，在契约中也专门声明"陶内有枣树大小拾根"[6]，租赁到期时，园中枣树应当也须完好交还。

　　高昌国人租赁果树以获取经济利益，需要具备一个重要条件，即果树所产果实能够在市场出售，换回货币，高昌国确实具备这样的条件。地处丝绸之路枢纽的高昌国每年接待大量东来西往的客使、商旅、求法僧侣，流动人口规模相当可观。吴

---

[1] 吴震《近年出土高昌租佃契约研究》，作者《吴震敦煌吐鲁番文书研究论集》，第467页。
[2] 高昌国时期树木也被当作重要财产记入寺院和民户的田亩簿中，如《高昌诸寺田亩帐》中记载有"赵孟季寺树十三"，（某寺）"桃二树一"，（刘寺）"桃一树一"等。见《吐鲁番出土文书》贰，第255、256、258页。另外在《高昌诸寺田亩官绢帐》中树木还与田地、葡萄园一起作为征收调绢绵的依据，如某寺"桃九亩树一株""张阿忠寺树一株""赵元夏寺树十三株、张法开寺树四株"等都被记录在簿。见唐长孺主编《吐鲁番出土文书》贰，第259—260页。关于此项调绢的征收，参见杨际平《麹氏高昌赋役制度管见》，《中国社会经济史研究》1989年第2期；收入《杨际平中国社会经济史论集（出土文书研究卷）》，第388—391页。
[3] 唐长孺主编《吐鲁番出土文书》壹，第283页。
[4] 唐长孺主编《吐鲁番出土文书》叁，第224页。
[5] 白怀洛曾在麟德二年向左憧憙贷取银钱贰拾肆文，"枣树壹根"可能与此次借贷有关。契约见《唐麟德二年（665）张海欢白怀洛贷银钱契》，唐长孺主编《吐鲁番出土文书》叁，第214页。
[6] 唐长孺主编《吐鲁番出土文书》叁，第432页。

玉贵先生根据相关文书推算高昌国每年接待的官方使节就达九千三百人[1]。大量外来人口的饮食需求都要在高昌国解决，这就为高昌国提供了稳定的市场和巨大的商机。这些外来人口的消费情况在吐鲁番出土文书中留下了记录。文书表明，官方的客使在高昌国不仅消费粮食、酒，还有干果如"洿林枣"等。笔者的研究显示，文书中的大量外来客使，多来自游牧部族，除粮食和酒类可得高昌国官府的免费供应之外，肉类和其他消费也是大宗，这些都要他们自付酬值，这就给高昌国带来可观的银钱收入。就肉类来说，百姓应政府的要求给外来客使供应肉食，即可得到政府以银钱支付的酬值[2]。干果、蔬菜等的消费应当都要外来客使自付酬值，直接到市场购买就是最重要的一种方式。

除了夏树契约之外，高昌国还有夏菜园券[3]、雇人放羊券[4]，这些契约类型的产生都与高昌国的外来客使供应有着直接的关系。高昌国的粮食、葡萄和葡萄酒、肉类、蔬菜、水果等生产都有相当一部分用于供应外来的客使、商旅、僧侣。这些生产具有外向性，或者说依赖与外界的联系，因而可以说高昌国的生产具有商品化生产的特征。这是高昌国这个丝绸之路绿洲国家经济性质的最重要特征，对我们研究丝绸之路贸易与绿洲国家经济间关系具有重要的启示。

---

[1] 吴玉贵《试论两件高昌供食文书》，作者《西暨流沙：隋唐突厥西域历史研究》，第 151—172 页。
[2] 裴成国《丝绸之路与高昌经济——以高昌国的银钱使用与流通为中心》，朱玉麒主编《西域文史》第 10 辑，第 159—162 页。
[3] 如《高昌重光四年（623）孟阿养夏菜园券》，唐长孺主编《吐鲁番出土文书》壹，第 446 页。
[4] 如《高昌延寿元年（624）张寺主明真雇人放羊券》，唐长孺主编《吐鲁番出土文书》壹，第 393 页；《高昌午岁武城诸人雇赵沙弥放羊券》，唐长孺主编《吐鲁番出土文书》贰，第 250 页。

第五章　丝绸之路与高昌经济的崛起

汉唐时期绿洲丝绸之路是东西方文明交往的大动脉[1]，西域的绿洲在保障丝路畅通方面居功至伟。西域绿洲国家从汉到唐经济发展成效显著，原因应是多方面的。它们为来往的客使、商队、僧侣提供给养，也为丝路商贸提供货源，这些因素怎样推动绿洲经济的成长，这一问题尚待解答。本文选取资料最丰富的魏晋南北朝唐初时期的高昌作为研究和剖析的对象，希望能揭示这一问题的答案。

汉唐时期的西域是高昌存在和发展的大环境，与高昌的经济发展息息相关，以下对两汉魏晋南北朝西域经济，尤其是吐鲁番盆地经济发展的既有研究成果作一梳理。[2]

已有的考古资料证明，西域的史前时期畜牧业发展早于种植业。山本光郎研究了《汉书·西域传》中记载的一些国家"寄田仰谷"的现象，指出塔里木盆地周边以畜牧业经济为主的政权存在借耕邻国土地，购买邻国谷物的经济现象[3]。当时的西域诸国经济发展不平衡，西汉时期大多数绿洲国家采用的都是粗放经营的模式[4]。汉

---

[1] 关于丝绸之路概念的反思和界定，参见荣新江《怎样理解"丝绸之路"》，杨艳秋主编《理论与史学》第1辑，北京：中国社会科学出版社，2015年，第13—19页；李伯重《"丝绸之路"的"正名"——全球史与区域史视野中的"丝绸之路"》，《中华文史论丛》2021年第3期，第1—45页。
[2] 全面研究汉唐西域绿洲经济的著作，最有代表性的是殷晴《丝绸之路与西域经济：十二世纪前新疆开发史稿》，北京：中华书局，2007年；李艳玲《田作畜牧：公元前2世纪至公元7世纪前期西域绿洲农业研究》，兰州：兰州大学出版社，2014年。
[3] 山本光郎《"寄田仰谷"考》，《史林》第67卷第6号，1984年，第32—65页。李艳玲进一步认为寄田方借耕绿洲国土地，进行谷物类粮食生产，在一定程度上促进了绿洲国的土地开发及其农业生产的发展。见李艳玲《"寄田"与"仰谷"——试论西汉时期塔里木盆地绿洲的农业开发方式和农产品贸易》，罗丰主编《丝绸之路上的考古、宗教与历史》，北京：文物出版社，2011年，第1—8页。
[4] 周伟洲《两汉时期新疆的经济开发》，《中国边疆史地研究》2005年第1期；收入作者《西域史地论集》，兰州：兰州大学出版社，2012年，第20—21页。

代经营西域也推动了西域经济的发展,首先,熟悉中原水利工程的屯田士卒可以在屯田区进行大规模的水利建设。其次,中原先进的铁制农具开始推广至边地使用[1]。当时吐鲁番盆地的车师前国主要经营畜牧业,以种植业为辅,仅七百户,六千余口,户口规模在西域属中下水平。戊己校尉在车师屯田,到西汉末期屯田规模已在两千人以上[2]。殷晴和李艳玲都指出魏晋南北朝吐鲁番盆地经济发展迅速,殷晴指出晋唐西域吐鲁番盆地经济发展最为显著,李艳玲则使用了"绿洲农业经济的发达区"这样的表述。李艳玲指出:"农产品贸易无疑刺激着西域绿洲农业商品性的发展,但当时商业对绿洲国总体经济的发展起到多大作用,没有材料直接说明。"在分析丝绸之路贸易对吐鲁番地方社会的影响时,她同意美国学者韩森的意见,认为不管丝绸之路贸易规模如何,它对丝路沿线居民的影响极小[3],并总结道:"公元5—7世纪前期西域绿洲中,商业经济虽然占有重要地位,但可能农业经济的主导地位没有改变。"[4]笔者认为,因为研究尚存在不足,丝绸之路商贸对高昌绿洲经济的影响显然被低估了。

总体来看,此前研究这一时期西域经济的论著,绝大多数都是从生产力角度出发谈高昌经济,并且主要研究农牧业,重点是生产技术。笔者认为要揭示高昌经济崛起的原因,仅从生产力的角度是不够的,因为无法揭示农牧业经济发展的动力从何而来,无法说明农牧业产品销路的问题。实际上魏晋南北朝高昌经济的崛起还突出地表现在国家的富庶上,最为典型的例证之一就是贞观初年玄奘西行过高昌时高昌王麹文泰对玄奘的慷慨资助。麹文泰为玄奘"制法服三十具。以西土多寒,又造面衣、手衣、靴、袜等各数事。黄金一百两,银钱三万,绫及绢等五百匹,充法师往返二十年所用之资。给马三十匹,手力二十五人……又以绫绢五百匹、果味两车献叶护可汗"[5]。麹文泰对玄奘情义深重[6],然奉赠之厚还是令人惊叹。高昌王如此

---

[1] 殷晴《丝绸之路与西域经济:十二世纪前新疆开发史稿》,第73—78页。
[2] 李艳玲《田作畜牧:公元前2世纪至公元7世纪前期西域绿洲农业研究》,第41—60页。
[3] 韩森《丝绸之路贸易对吐鲁番地方社会的影响:公元500—800年》,荣新江、华澜、张志清主编《粟特人在中国:历史、考古、语言的新探索》,北京:中华书局,2005年,第113—127页。韩森《从吐鲁番、撒马尔罕文书看丝绸之路上的贸易》,《吐鲁番学研究:第三届吐鲁番学暨欧亚游牧民族的起源与迁徙国际学术研讨会论文集》,上海:上海古籍出版社,2010年,第640页。
[4] 李艳玲《田作畜牧:公元前2世纪至公元7世纪前期西域绿洲农业研究》,第164、185—215、233—234页。
[5] 慧立、彦悰《大慈恩寺三藏法师传》,孙毓棠、谢方点校,北京:中华书局,2000年,第21页。
[6] 参阅孟宪实《麹文泰与唐玄奘》,《敦煌吐鲁番研究》第4卷,北京:北京大学出版社,1999年;收入作者《汉唐文化与高昌历史》,济南:齐鲁书社,2004年,第256—272页。

慷慨，当然是以雄厚的财力为后盾的。实际上如果只研究农牧业，我们无法解释高昌富庶的原因，尤其是其大量以银钱、黄金形式体现的财富的来源。

从两汉到魏晋南北朝，西域绿洲经济的发展存在区域差异。两汉时期人口较少，发展水平也较低的吐鲁番盆地在魏晋南北朝崛起为整个西域经济最发达的绿洲，原因固然是多方面的，笔者认为其中最重要的一点是丝绸之路带来的贸易，可以说正是丝绸之路商贸给了高昌经济崛起的契机。

第一节　时代的机遇

汉唐时期陆上丝绸之路兴盛，但商贸形势也存在历时性的变化。吐鲁番盆地能够在魏晋南北朝时期崛起，可以说是拜时代的机遇所赐。这一点研究高昌经济的学人甚少措意，实有深入探讨的必要。

高昌所在的吐鲁番盆地是丝绸之路上的重要枢纽，地理位置非常重要。西汉张骞通西域，丝绸之路贯通之后，西域范围内的南道和北道的分叉点即在楼兰。[1] 公元376年前秦灭前凉后，西域长史府从楼兰城撤离，楼兰逐渐荒废[2]。至晚到5世纪末，鄯善被高车所破，人民散尽[3]，绿洲荒废[4]。与此同时，从敦煌进入吐鲁番盆地的大沙海道和伊吾路愈益重要[5]，吐鲁番在丝绸之路上的重要性更加突出。可以说5世纪西域东部的两个重要绿洲鄯善和高昌都经历了此消彼长的过程。高昌西部毗邻的焉耆，汉晋以来一直是丝路北道的人口大国，太平真君九年（448）遭北魏讨伐与屠城，人口资源损耗明显，与高昌相比也处于劣势[6]。就周边政权的形势而言，高昌面临的

---

[1] 王国维最早提出西汉南北道在楼兰故城分道说，韩儒林赞成其说，王素也赞同，并做了进一步的申论，还对其他各家观点进行了分析评判。参见王素《高昌史稿·交通编》，北京：文物出版社，2000年，第124—137页。另可参阅孟凡人《楼兰新史》，北京：光明日报出版社，1990年，第44—59页。孟凡人以"楼兰道"（此词指从敦煌经楼兰至西域腹地之路）为研究对象，重点考察的还是楼兰。
[2] 孟凡人认为西晋前凉时期是"楼兰道"的"中兴"时期，也是最后一个使用高潮。见孟凡人《楼兰新史》，第57页。
[3] 《南齐书》卷五九《芮芮虏列传》记载南齐使者江景玄出使高车，道经鄯善、于阗，"鄯善为丁零所破，人民散尽"，北京：中华书局，2017年，第1135页。
[4] 鄯善的衰落最主要体现在三个方面：交通上的重要性丧失，人口锐减，一些重要的绿洲如尼雅被废弃。关于其人口锐减的情况可参阅李艳玲《田作畜牧：公元前2世纪至公元7世纪前期西域绿洲农业研究》，第166—170页。
[5] 关于大沙海道和伊吾路可参阅王素《高昌史稿·交通编》，第147—216页。
[6] 李艳玲《田作畜牧：公元前2世纪至公元7世纪前期西域绿洲农业研究》，第166—169页。

发展机遇可谓千载难逢。阚氏高昌时期的客使文书更让我们看到当时的高昌不仅是东西交通的枢纽，西域的子合国、乌苌国等国使者以及南朝的使者北去柔然都要途经高昌[1]。当时的高昌是名副其实的东西南北交通枢纽，应当会接待大量的客使、商队和僧侣等[2]。

尽管同处西域东部，鄯善在两汉时期不仅地位比吐鲁番盆地重要，经济发展水平应当也比吐鲁番盆地要高。魏晋南北朝与两汉时期不同，是一个分裂割据的时代，割据政权出于增强自身势力的考虑会更加重视边疆地区的开发和建设，故此前凉于327年在吐鲁番盆地始设高昌郡。441年沮渠无讳遣弟安周西度流沙击鄯善。次年沮渠无讳率众西就安周，暂以鄯善为根据地。同年，沮渠无讳应高昌太守阚爽之请北上共抗唐氏兄弟，无讳遂占据高昌，阚爽出奔柔然。后来沮渠无讳兄弟在吐鲁番盆地建立了高昌大凉政权。从沮渠无讳兄弟先到鄯善再北上高昌的过程我们可以看出，当时鄯善和高昌实际上都是沮渠氏的选项。先入鄯善，说明高昌也不是首选[3]；取高昌之后即以高昌为根据地而不回鄯善，或许说明高昌的基础和前景已经不比鄯善差。沮渠无讳兄弟到达高昌，带去一万多人，使得吐鲁番盆地的人口大增[4]。沮渠氏大凉政权在高昌立足，在吐鲁番的历史上具有划时代的意义。后来沮渠氏在450年兼并车师前国，第一次统一了吐鲁番地区，也第一次在吐鲁番地区建立了一个独立王国[5]。在阚氏高昌二十多年的统治之后，又经过了十余年的动荡，到麴氏立国，高昌终于迎来了稳定发展的时期。当然，沮渠氏流亡势力的到来对高昌是机遇，也是一个巨大的挑战，人口陡增远远超过了吐鲁番盆地的承载能力，结果导致了一场长达七年的大饥荒。饥荒持续时间如此之久，主要原因当是原来盆地耕地有限，无法通过扩大种植面积来解决粮食问题，而需要重新开辟田地，这不是短期内可以做到的。吐鲁番盆地由此开始了田地大开发的时代。

---

① 荣新江《阚氏高昌王国与柔然、西域的关系》，《历史研究》2007年第2期；收入作者《丝绸之路与东西文化交流》，北京：北京大学出版社，2015年，第42—58页。
② 最典型的例证是哈拉和卓90号墓所出的阚氏高昌时期仓部帐目，上面显示的接待对象有许多外来客使，多来自柔然。参钱伯泉《从〈高昌主簿张绾等传供状〉看柔然汗国在高昌地区的统治》，敦煌吐鲁番学新疆研究资料中心《吐鲁番学研究专辑》，乌鲁木齐：乌鲁木齐县印刷厂，1990年，第96—111页。
③ 当然高昌东边的伊吾当时有西凉残余势力唐契、唐和兄弟，此前西凉正是被北凉所灭。虽然从敦煌到高昌的大沙海道并不经过伊吾，但有被唐氏兄弟截击的风险。
④ 孟宪实《北凉高昌初期内争索隐——以法进自杀事件为中心》，朱玉麒主编《西域文史》第1辑，北京：科学出版社，2006年；收入作者《出土文献与中古史研究》，北京：中华书局，2017年，第163—175页。
⑤ 王素《高昌史稿·统治编》，北京：文物出版社，1998年，第254页。

5世纪中叶之后西域进入柔然统治的时代。汉代匈奴统治西域时设置了"僮仆都尉",将西域各国居民视为奴隶,还用征收赋税和役使的方式控制西域[1]。相比较而言,柔然也具有较强军事实力,但对处于丝路要冲的高昌采取羁縻控制的方式,重视高昌却不进行过多干预。柔然尽力通过和平手段获得所需物资和经济利益,为高昌这样的绿洲国家发展创造了条件。柔然为了达到获取经济利益的目标而维持丝路贸易的畅通,西域绿洲诸国与北魏有着频繁的商业联系,频频到北魏朝贡,柔然多不干预[2]。我们从《阚氏高昌仓部织物及赤违等支出帐》和《阚氏高昌永康九年、十年(474、475)送使出人、出马条记文书》可看出当时的阚氏高昌作为柔然汗国的附属国在东西南北各国交往中发挥了枢纽作用,在柔然汗国控制西域、交通南北的过程中扮演了不可替代的角色。

　　魏晋南北朝因为分裂割据,各政权经营西域的实力和成就远不如两汉[3],这一时期丝绸之路贸易以粟特人的队商贸易最有代表性[4]。吐鲁番出土的《金光明经》写经题记证明早在430年高昌城东就有供奉胡天的场所[5],粟特聚落应该在当时就已经形成,说明粟特人非常重视高昌绿洲,很早就在当地建立了据点。新疆博物馆2009年新征集到的一件文书《高昌被符诸色差役名籍》[6],年代约为5世纪中期,其中提到"末胡营",据研究应该是专供商胡居住和交易的场所,是国际贸易的商城[7]。由此可推测当时高昌粟特人应该数量不少。吐鲁番文书反映出麴氏高昌时期,粟特人担任了

---

[1] 王子今《匈奴经营西域研究》,北京:中国社会科学出版社,2016年,第257页。
[2] 张爽、薛海波《丝路视域下拜占庭、中介民族与中国关系研究》,北京:中国社会科学出版社,2022年,第158—171页。
[3] 参看余太山《两汉魏晋南北朝与西域关系史研究》,北京:中国社会科学出版社,1995年。
[4] 荒川正晴《オアシス国家とキャラヴァン交易》,东京:山川出版社,2003年,第14—30页。Étienne de la Vaissière, *Sogdian Traders: A History*, Leiden & Boston: Brill, 2005;《粟特商人史》,王睿译,桂林:广西师范大学出版社,2012年,第119—124页。森安孝夫《シルクロードと唐帝国》,东京:讲谈社,2007年,第87—126页。尼古拉斯·辛姆斯-威廉姆斯《中国和印度的粟特商人》,毕波译,周伟洲主编《西北民族论丛》第10辑,北京:中国社会科学出版社,2014年,第32—49页。毕波《粟特人与晋唐时期陆上丝绸之路香药贸易》,《东亚文明研究学刊》第10卷第2期,2013年,第299—323页。Xinjiang Rong, "Sogdian Merchants and Sogdian Culture on the Silk Road", *Empires and Exchanges in Eurasian Late Antiquity. Rome, China, Iran, and the Steppe*, ca. 250-750, eds. N. Di Cosmo and M. Maas, Cambridge: Cambridge University Press, 2018, pp. 84-95.
[5] 荣新江《吐鲁番出土〈金光明经〉写经题记与祆教初传高昌问题》,朱玉麒主编《西域文史》第2辑,北京:科学出版社,2007年;收入作者《丝绸之路与东西文化交流》,第297—312页。
[6] 中国文化遗产研究院、新疆维吾尔自治区博物馆编《新疆博物馆新获文书研究》,北京:中华书局,2013年,第218页。
[7] 陈国灿、吾迈尔·卡德尔《古丝路上的国际商城——高昌"末胡营"考》,《西域研究》2018年第3期,第14—24页。

绿洲国家的国王、游牧势力的可汗、有权力的王族、部族与氏族首领的各种侍从或伙伴，并作为他们的使者而被派遣出使[①]。由此高昌这样的西域绿洲就被纳入粟特人的信息网络，而粟特人当时在欧亚大陆东部的广泛分布也让高昌绿洲有机会进入丝绸之路的商贸系统。

两汉时期来自西域的朝贡使者在属都护管辖的塔里木盆地绿洲可以享受沿途免费饮食供应的待遇[②]，魏晋南北朝粟特商胡在过境塔里木盆地绿洲时则须自己解决供给问题[③]。当客使接待成为一种商机之后，绿洲农牧业的发展潜力便会得到激发，并且客使数量越大，对绿洲经济便越有利。在这种背景下，能够争取到更多的商旅客源，对绿洲国家就至关重要。魏晋南北朝时期高昌处在丝路中道的最东端，商旅主要从西来，不管是中亚还是西域绿洲国家的商队可以说绝大多数都要过境高昌，高昌的地理位置优势转变成了实实在在的客源优势，这是其他绿洲国家都无法企及的。贞观时期（627—649）高昌和唐关系恶化之后，唐太宗《讨高昌王麹文泰诏》中云："伊吾之右，波斯以东，职贡不绝，商旅相继，琛赆遭其寇攘，道路由其壅塞。"[④]这样说，也是因为高昌位置所在是客使商旅必经之处。吴玉贵根据吐鲁番出土的客使供食文书估算高昌每年接待官方客使有七百二十批，九千三百人，占高昌总人口的四分之一，如果将私人商队也估计在内，则高昌接待的流动人口数是很惊人的[⑤]。我们在麹氏高昌时期的供食文书和传供帐中看到的大都是官方接待的客使，留存信息很丰富。过境的私人商队尽管不易在文书中留下记录，却是不容忽视的存在。玄奘在贞观初西行求法，过高昌国，至阿耆尼国阿父师泉，传说"旧有商侣数百在途水尽，至此

---

① 荒川正晴《ユーラシアの交通・交易と唐帝国》，名古屋：名古屋大学出版会，2010年；《欧亚交通、贸易与唐帝国》，冯培红、王蕾译，兰州：甘肃教育出版社，2023年，第105页。
② 《汉书》卷九六上《西域传》上记载："……宜归其（笔者按，指康居）侍子，绝勿复使，以章汉家不通无礼之国。敦煌、酒泉小郡及南道八国，给使者往来人马驴橐驼食，皆苦之。空罢耗所过，送迎骄黠绝远之国。"《汉书》，北京：中华书局，1962年，第3893页。本段提到敦煌、酒泉及南道八国"给使者往来人马驴橐驼食"，招待对象显然包括康居这些西域国家的使者。西域国家的朝贡使者在去往敦煌之沿途也会得到饮食供应，悬泉汉简《永光五年康居使者诉讼文案》中记"前餐为王奉献橐驼，入敦煌关县，次赎食"，意思就是入敦煌关县之后得到免费供应，这也可以证明当时丝路沿途确会对朝贡使者提供免费招待。参王素《悬泉汉简所见康居史料考释》，荣新江、李孝聪主编《中外关系史：新史料与新问题》，北京：科学出版社，2004年，第155页。
③ 魏晋南北朝时期中原王朝对西域的经营远不如两汉，西域绿洲国家没有接待官方客使或朝贡使者的义务，负担大为减轻，因此可以用当地出产的农牧业产品供应西来的商队。
④ 《唐大诏令集》卷一三〇，北京：中华书局，2008年，第702页。《册府元龟》卷九八五《外臣部》，南京：凤凰出版社，2006年，第11402页。
⑤ 吴玉贵《试论两件高昌供食文书》，《中国史研究》1990年第1期；收入作者《西暨流沙：隋唐突厥西域历史研究》，上海：上海古籍出版社，2020年，第171—172页。

困乏不知所为"，这里的"商侣数百"应该就是私人商队。玄奘经银山道前往焉耆王都，夜中停宿，"时同侣商胡数十，贪先贸易，夜中私发，前去十余里，遇贼劫杀，无一脱者"[①]。这里提到的"同侣商胡"应该就是同行的商队中的一部分人，也应该是私人商队。我们在《高昌重光三年（622）条列虎牙氾某等传供食帐二》中看到"供客胡十五人赏"，则是因为特殊原因[②]偶然得到官方供食被记录在帐中的案例。通过以上史籍和文书的片段记载，不难想象当时过境高昌的私人商队的规模。

高昌能够从过境的客使和商旅那里获得丰厚的收益也与突厥对中亚的统治密不可分。高昌自立国之初即受到周边游牧政权的深刻影响，柔然和高车的干预导致了高昌的政权更迭，但6世纪中叶高昌和突厥的建交带来了相对长久的和平环境。笔者曾指出，突厥对高昌格外重视，至少有三个方面的原因：第一，绿洲国家中，高昌最早与突厥发生政治联系，这与突厥早期的活动范围毗邻高昌有直接的关系。第二，高昌的地理位置具有特殊重要性，它既是东西交通的要冲，又是南北交通的枢纽，控制高昌是控制塔里木盆地的前提。第三，高昌绿洲农业发达，可以为突厥提供必需的粮食及其他物资。可能正是因为以上原因，西域绿洲国家之中，高昌与突厥的关系最为密切。6世纪中叶之后，得益于突厥对广大中亚地区的统一和交通设施的完善[③]，丝绸之路畅通，高昌国获得了发展的机遇。高昌利用交通枢纽的地理优势，源源不断地获得以银钱为代表的丝绸之路货币财富流入，使得普通百姓也直接获利，国家的货币形态亦因而转向以银钱为主。就国际环境而言，高昌国始终都依赖突厥对广大中亚地区的有序管理及因此出现的丝路畅通局面，因而维持与突厥的良好关系，对于高昌国而言是十分必要的[④]。

北凉沮渠氏残余势力进入高昌，带来了王国发展壮大所必需的大量人口；兼并车师前国，统一吐鲁番盆地扩张了王国的疆域；鄯善绿洲的衰落和废弃，为高昌崛起带来了契机；柔然和突厥对中亚的统一确保了丝绸之路的通畅，也为高昌提供了和平的国际环境；队商贸易的客流让西域最东端的高昌得到大量的接待机会。这是

[①] 慧立、彦悰《大慈恩寺三藏法师传》，第24—25页。
[②] 姜伯勤推测，这批商胡之所以得到回偿，当是因为进行了某种供纳。见姜伯勤《敦煌吐鲁番文书与丝绸之路》，北京：文物出版社，1994年，第183页。
[③] 这里主要是指西突厥在西域绿洲国家建立了ulaγ制度（邬落马制度），这是高昌这样的绿洲国家作为游牧国家一员的义务，同时也使高昌享有利用ulaγ的权利。见荒川正晴《欧亚交通、贸易与唐帝国》，冯培红、王蕾译，第21—29页。
[④] 裴成国《论高昌国与突厥之间的关系》，周伟洲主编《西北民族论丛》第11辑，北京：社会科学文献出版社，2015年，第19—30页。

魏晋南北朝带给高昌的时代机遇，高昌能够善加利用，当然也有赖于自身的资源开发和经济战略的适时调整。

第二节 高昌资源的优化配置

农业经济发展依赖水资源、气候资源、土地资源、劳动力资源等多方面，前两种资源是相对稳定的，土地资源如果得到合理的配置和使用，并以恰当的方式与劳动力资源相结合，就可以推动经济的发展。

吐鲁番盆地在整个西域降雨量最少（年均 16 毫米），蒸发量最大（年均约 4000 毫米），地面没有大的河流，所有较大的河沟加起来径流量也才 6.65 亿立方米，与鄯善绿洲依赖的车尔臣河年径流量相当，而与于阗绿洲的和田河、莎车绿洲的叶尔羌河、龟兹绿洲的木扎提—渭干河、焉耆绿洲的孔雀河等水量充沛的河流不可同日而语[①]。两汉时期吐鲁番绿洲经济发展落后于其他绿洲，与水资源不足应当不无关系。当然吐鲁番盆地在气候方面也有独特的优势，即全年日照时间长，无霜期最长，累计温度最高，这些优势为轮作制的发展提供了可能。吐鲁番盆地的气候资源和水资源在历史时期都变化不大，其绿洲经济在魏晋南北朝崛起，而不是在汉代，应当从其他方面寻找原因。

十六国时期的高昌农业经济已经有较好的基础，这一点从当时可观的桑田面积已经可以窥见端倪。蚕桑技术何时传入西域，还有待进一步研究，现有资料证明至晚在 5 世纪初鄯善、于阗等地就已有蚕桑丝织技术[②]。高昌蚕桑业的资料现在已知的有早至 4 世纪后半叶者[③]，在汉人移民数量最大的吐鲁番盆地较早发展起蚕桑业，这是很有可能的。这为 5 世纪中叶前后蚕桑业发展成为本地经济支柱奠定了基础。

442 年，沮渠无讳和沮渠安周兄弟带来的一万余人使得盆地的人口大增，导致原有耕地不足。从高昌大凉政权承平年间（443—460）编造的赀簿中可见名目繁多的

---

① 相关数据可以参阅李艳玲《田作畜牧：公元前 2 世纪至公元 7 世纪前期西域绿洲农业研究》，第 14—24 页。
② 刘文锁、王磊《论丝绸技术的传播》，余太山主编《欧亚学刊》第 4 辑，北京：中华书局，2004 年；收入刘文锁《新疆考古论稿》，北京：商务印书馆，2022 年，第 31—39 页。
③ 《前秦建元二十年（384）三月高昌郡高宁县都乡安邑里籍》中记户主崔畚买入桑田 7 亩半；张晏有桑田 3 亩半，又买入桑田 1 亩。该户籍残存 4 户，登录土地面积共 53 亩，其中桑园 14 亩，占 26%。见荣新江、李肖、孟宪实主编《新获吐鲁番出土文献》，北京：中华书局，2008 年，第 176—179 页。

田地类型，如"常田""卤田""潢田""石田""无他田""沙车田"[1]，这反映了当时大力开垦田地，原来被弃置的各种条件不好的土地都被辟为农田的情形。佉卢文文书记载差不多同时的鄯善国土地分为耕作地、有隆起田埂的备耕地块和休耕地三种类型[2]。休耕地的存在，说明鄯善国的土地总体上较为充裕。北凉赀簿中名目繁多的田地类型后来大量减少，逐渐固定为常田和部田两种[3]，说明高昌官府对土地名称进行过集中调整，这可能是出于赋税征收便利的考虑。实际上不仅仅是土地名称，官府还对土地买卖造成的土地集中现象进行过干预。我们在一些十六国时期的契约如《前秦建元十四年（378）赵迁妻买田券》中看到赵迁妻一次买入常田17亩[4]，赀簿文书中所见赀额最高者"□预"和"冯照"，计赀257斛。"□预"原有田地为40亩，又买得田至少43亩半。异动记录显示，此人该时段内共买入土地8次，其中得自贯得奴一人的土地即有3处，分别为卤田3亩半、沙车田5亩、无他田5亩，另外还曾2次买入卤田，分别为10亩、11亩[5]。十六国时期频繁的土地买卖确实造成了土地集中现象。到麴氏高昌时期，我们在《计亩承车牛役簿》《高昌张武顺等葡萄亩数及得酒帐》以及众多的田地租佃契约中都看不到普通百姓身份的大土地所有者。与北凉时代情况不同的是，麴氏高昌国时代掌握大量土地的只有官府、王族、寺院，不存在平民百姓的大土地所有制[6]。

  关于高昌国的土地制度，我们综合学界的研究可作如下概括：高昌国存在官田、屯田、寺田和民田；国家对土地拥有所有权，国民对土地的支配权是相对的、有条件的；高昌国曾受占田制、均田制等中原土地制度的影响，但并没有照搬中原王朝制度，未曾实行过均田制。尽管我们在文书中能够看到麴氏高昌时期的土地买卖契约，也能看到高昌王同意买卖的令文，但实际上高昌国对土地买卖有限制，只允许土地面积狭小者购入少量官府或私人土地。这种土地政策抑制了土地兼并，合理地配置

---

[1] 朱雷《吐鲁番出土北凉赀簿考释》，《武汉大学学报（人文科学版）》1980年第4期；收入作者《朱雷敦煌吐鲁番文书论丛》，上海：上海古籍出版社，2012年，第10—12页。
[2] 李艳玲《田作畜牧：公元前2世纪至公元7世纪前期西域绿洲农业研究》，第125页。
[3] 尽管到建昌元年（556）《宁朔将军麴斌造寺碑》碑阴的《施入记》中还出现了一些田亩类型如"潢田"等，但总体而言，已经较十六国时期的田亩类型减少很多。
[4] 徐俊《俄藏Дх.11414+Дх.02947前秦拟古诗残本研究——兼论背面券契文书的地域和时代》，《敦煌吐鲁番研究》第6卷，北京：北京大学出版社，2002年，第205—220页。
[5] 朱雷《吐鲁番出土北凉赀簿考释》，《朱雷敦煌吐鲁番文书论丛》，第16—17页。
[6] 裴成国《文书所见高昌国平民土地占有状况研究》，朱玉麒主编《西域文史》第8辑，北京：科学出版社，2013年，第116—117页。

了绿洲国家的土地资源，对保障国家的赋役征派具有重要意义[①]。从国家层面来看，高昌国对土地买卖的限制，是一种对土地资源的合理调配。

高昌国官府掌握大量的土地，一部分土地要求百姓以服徭役的方式垦种，百姓可以选择提供"田亩作人"[②]，或者如《高昌将显守等田亩得银钱帐》所反映的那样缴纳代役钱再由官府雇人耕种[③]。另有大量土地以向外租佃的方式经营，如"镇家田"。"镇家田"在土地租佃契约中多有出现，并且一些契约中的"镇家田"面积相当大，如《高昌延昌二十八年（588）王幼谦夏镇家麦田券》中出现"镇家细中部麦田二十五亩"，《高昌某人夏镇家麦田券》中出现"镇家南部麦田二十一亩"[④]，这些田亩面积和高昌国普通百姓户均土地3.81亩、户均葡萄园1.61亩[⑤]的标准比起来，显然大得多。从"镇家田"的租佃契约中写明"租在夏价中"（意即佃田人所须交付的夏价中包含了本须向官府缴纳的田租，无须再额外缴纳）一语来看，"镇家田"可以肯定属于国有土地，所以高昌国的中央官府是高昌国真正的大土地所有者。百姓租赁的除"镇家田"之外，还有"镇家菜园"。蔬菜应当比粮食作物需要更多浇灌，而作为土地所有者的官方，选择灌溉便利的土地，分割成小块，即可作为菜园出租，这应当就是高昌国"镇家菜园"的来历。可以说，官方是为了适应百姓的需求，而专门推出了"镇家菜园"的出租项目。我们由此看到，"镇家田"的经营模式是专门的租佃经营[⑥]。官府通过这样的方式使土地与百姓结合，剥削百姓，收获财富；田地面积不足的普通百姓也获得了官府土地的耕种权。

除对土地资源的合理调配之外，高昌国对劳动力资源也进行了调配。高昌国存在一种依附人口——"作人"。"作人"与其主人有人身依附关系，可以被继承和买卖；同时"作人"又有一定的由自己支配的时间和财物，须要承担一些国家徭

[①] 裴成国《文书所见高昌国平民土地占有状况研究》，朱玉麒主编《西域文史》第8辑，第105—127页。
[②] 関尾史郎《〈田亩作人文书〉小考——トゥルファン出土高昌国身份制関系文书研究序说》（上、下），《新潟史学》第26、27号，1991年，第61—74、65—83页；要旨载《吐鲁番出土文物研究会会报》第22号，1989年，第3—4页。又，関尾史郎《〈田亩作人文书〉の周边——アスターナ一五四号墓出土作人关系文书の分析》，《东アジア——历史と文化》创刊号，1992年，第100—84页。
[③] 早期的研究者认为《高昌将显守等田亩得银钱帐》的性质是计亩输银钱，后来这种观点被否定。参见関尾史郎《高昌田租试论》，《史学杂志》第100编第12号，1991年，第102页；関尾史郎《高昌田亩（得、出）银钱帐——〈吐鲁番出土文书〉札记（一〇）》（上、中、下），《吐鲁番出土文物研究会会报》第64、65、71号，1991年，第1—6、4—8、4—8页。
[④] 唐长孺主编《吐鲁番出土文书》壹，北京：文物出版社，1992年，第293、386页。
[⑤] 裴成国《文书所见高昌国平民土地占有状况研究》，朱玉麒主编《西域文史》第8辑，第105—127页。
[⑥] 裴成国《丝绸之路绿洲国家百姓的生计》，荣新江、朱玉麒主编《西域考古、史地、语言研究新视野——黄文弼与中瑞西北科学考查团国际学术研讨会论文集》，北京：科学出版社，2014年，第512—521页。

役[①]。由《高昌延寿四年（627）威远将军麴仕悦记田亩作人文书》[②]可知当时高昌国的"作人"也要承担在官田或屯田上耕作的徭役，由《高昌武城塌作额名籍》[③]可知"作人"还要承担"塌作"的徭役。此外，高昌国的"作人"还可以通过与主人订立契约，支付高额岁出价，离开主人获得短期的"自由"，他们也可以租佃土地，拥有经营权。与南北朝其他地区的依附人口流入私门，受到豪强地主的剥削不同，高昌国的"作人"是当时劳动力市场上的重要角色，可以有条件地流动[④]。高昌国"作人"的特殊状况反映了高昌国王权的强大，能够让"作人"这些依附人口也承担赋役的只能是高昌国的官府，而之所以这么规定，应当是为了让高昌国有限的人力资源能够尽可能地流动，使其潜能得到最大限度的开掘。

时代稍早一些的鄯善国可以作为比较的对象。鄯善国种植业经营中存在雇佣和租佃两种经营方式。在雇佣经营中，只有本地人才能受雇于当地。鄯善国的经济生产中虽然普遍存在着雇佣经营方式，但雇佣关系的总体发展水平较低，雇工对雇主有较强的人身依附关系。一些庄园或领地的生产中存在人身依附关系较强的租佃经营方式[⑤]。相比较而言，高昌国的雇佣和租佃都更为灵活，"作人"也能参与其中。

魏晋南北朝时期寺院经济发达，高昌国也是如此[⑥]。魏晋南北朝时期内地的寺院僧尼虽不承担赋役，却拥有大量土地，役使众多依附人口，严重损害了国家的经济利益[⑦]。高昌的一些寺院也拥有较多土地，如《高昌乙酉、丙戌岁某寺条列月用斛斗帐历》所记的寺院拥有田地68亩，数量已经不少，但当地的寺院从北凉时期一直到高昌国时期都要承担赋役。《北凉计货出献丝帐》中出现的"杜司马祠"和"杨田地祠"也缴纳了献丝[⑧]，《高昌五塔等寺计亩入斛斗簿》则说明高昌国时期的寺院也和普通百姓一样按照亩纳3斛的标准缴纳租酒[⑨]。尽管文书中出现了"道役""俗役"的区别，

---

① 朱雷《论麴氏高昌时期的"作人"》，唐长孺主编《敦煌吐鲁番文书初探》，武汉：武汉大学出版社，1983年；收入作者《朱雷敦煌吐鲁番文书论丛》，第47—71页。
② 唐长孺主编《吐鲁番出土文书》壹，第425、444—445页。
③ 唐长孺主编《吐鲁番出土文书》壹，第396页。
④ 裴成国《高昌国"作人"问题再论》，《中国经济史研究》2014年第2期，第76—86页。
⑤ 李艳玲《田作畜牧：公元前2世纪至公元7世纪前期西域绿洲农业研究》，第114—119页。
⑥ 谢重光《麴氏高昌寺院经济试探》，《中国社会经济史研究》1987年第1期；收入作者《中古佛教僧官制度和社会生活》，北京：商务印书馆，2009年，第298—333页。
⑦ 参阅蒋福亚《魏晋南北朝社会经济史》，天津：天津古籍出版社，2005年，第429—437页。
⑧ 荣新江、李肖、孟宪实主编《新获吐鲁番出土文献》，第278—284页。
⑨ 唐长孺主编《吐鲁番出土文书》壹，第298页。参见谢重光《麴氏高昌赋役制度考辨》，《北京师范大学学报》1989年第1期，第82—83页。

学界一般认为"道役"应较"俗役"为轻，但寺院承担赋役确实是基本事实。

传世史籍如《魏书》和《梁书》等对高昌国的农业情况都有记载。特别值得注意的是，其中提到高昌国"谷麦一岁再熟"[1]。研究者指出：高昌国二月种植大麦，三月种小麦；大麦五六月间收获，之后可以种植称为"秋"的糜、粟，小麦六七月间收获；也有只在六月种植一季糜、粟的情况[2]。"谷麦一岁再熟"，即采用了轮作制，在相同的土地面积上增加劳动力的投入，提高土地的利用率，为田地并不广袤的高昌国增加了粮食产量。优越的气候条件为劳动生产率的提高提供了广阔空间，轮作则让气候条件得以转变为生产力的优势。时代稍早的鄯善国纬度比吐鲁番盆地更低，但未见进行轮作的记载；时代相当或稍晚的龟兹也出现了轮作制，两季种植时间和作物类型都与高昌相同[3]。

高昌国的自然条件有优势也有劣势，总体而言并不比塔里木盆地其他绿洲优越。但从上文的分析来看，高昌国的确实现了土地资源和劳动力资源的优化配置。高昌国耕地面积狭小，官府依托强大的王权，限制土地买卖，遏制了私人大土地所有制的形成，进而确保普通百姓有一定的土地可耕作。官府掌握大量土地，其中"镇家田"可能专门用于向百姓出租，既可以增加官府收益，又让百姓获得了更多土地的耕作权。我们对高昌国的奴婢情况了解不多，但可以知道"作人"这些依附人口也要承担部分国家徭役和差役；一部分寺院拥有面积不小的土地，但也要和平民一样缴纳田租，并承担徭役。可以说，魏晋南北朝时期，其他政权出现的豪强地主和大寺院大量荫占土地和人口、削弱国家经济基础的情况，在高昌没有发生。得益于高昌官府的调配，这里的人力资源和土地资源实现了充分结合。应该补充的一点是，吴震先生通过对《高昌乙酉、丙戌岁某寺条列月用斛斗帐历》细致入微的分析揭示了高昌国的寺院通过规模化、集约化经营提高了生产效率，并向当地社会提供粮食等农产品，对高昌社会的稳定和经济发展，对丝路的畅通，都发挥了积极作用[4]。高昌寺院经济也通过向市场供应粮食等农产品的方式保障了丝路畅通，凸显了高昌国资源优化配置的积极效果。

---

[1] 《魏书》卷一〇一《高昌传》，北京：中华书局，2017 年，第 2429 页。
[2] 町田隆吉《六—八世纪トゥルファン盆地の谷物生产》，《堀敏一先生古稀记念：中国古代の国家と民众》，东京：汲古书院，1995 年，第 633—648 页。
[3] 庆昭蓉《吐火罗语世俗文献与古代龟兹历史》，北京：北京大学出版社，2017 年，第 156—163 页。
[4] 吴震《吐鲁番出土高昌某寺月用斛斗帐历浅说》，《文物》1989 年第 11 期；《寺院经济在高昌社会中的地位》，《新疆文物》1990 年第 4 期；《七世纪前后吐鲁番地区农业生产的特色——高昌寺院经济管窥》，《新疆经济开发史研究》（上册），乌鲁木齐：新疆人民出版社，1992 年；分别收入《吴震敦煌吐鲁番文书研究论集》，第 568—582、556—567、526—555 页。

第三节　经济战略的调整

　　魏晋南北朝时期高昌经济的崛起与政府执行正确的经济战略并适时进行战略调整有密不可分的关系。时代机遇是外部条件，资源是客观因素，要把握时代机遇，把经济资源转变为现实的生产力和社会财富，离不开合适的经济战略。经济战略由政府制定，目的是为绿洲经济的产品如丝绸、葡萄酒等解决销路问题，充分激发吐鲁番盆地的潜力，进而推动绿洲经济的发展。魏晋南北朝时期，高昌的经济战略调整有清晰的轨迹，北凉时期大力发展蚕桑丝织业，后来转而将客使接待当作国家事业。

　　汉唐时期利用绿洲丝绸之路向外输出的货物中，丝绸是大宗。两汉经营西域，维系了与西域国家之间的宗藩关系，向西域国家回赐的大量丝绸是当时丝绸向外输出的重要方式[1]。当时中原地区经济发达，是丝绸的主要产地[2]。东汉末年以来的战争，以及汉代结束之后的分裂割据使得中原人口损耗，生产衰退，蚕桑丝织业无法满足丝绸之路的货源要求。在这种背景下，西域绿洲如吐鲁番的蚕桑业迅速发展起来[3]。从《北凉计赀出献丝帐》和同出的《北凉计口出丝帐》可知，当时高昌的产业可以说是以蚕桑业为主导，政府制定并执行的这一经济战略紧紧把握住了丝绸之路贸易提供的商机。

　　《北凉计赀出献丝帐》和《北凉计口出丝帐》系2008年刊布的两件重要文书。《北凉计赀出献丝帐》的基本登录格式是百姓以若干家为单位，有赀三百七十斛者出献丝五斤，平均约为有赀四斛六斗三升者出丝一两，这种按户计赀征收的赋税应当是户调。《北凉计口出丝帐》也有明确的征收标准，即每口人出丝一两，性质应当是口税[4]。这两种赋税虽然从名称看都是此前已经有的名目，但其实很特殊，高昌官府

---

[1] 余英时《汉代的贸易与扩张：汉胡经济关系结构研究》，邬文玲等译，上海：上海古籍出版社，2005年，第120—121页。

[2] 参阅史念海《黄河流域蚕桑事业盛衰的变迁》，作者《河山集》，北京：生活·读书·新知三联书店，1963年，第253—262页。

[3] 参阅孟宪实《论十六国、北朝时期吐鲁番地方的丝织业及相关问题》，《敦煌吐鲁番研究》第12卷，上海：上海古籍出版社，2011年；收入作者《出土文献与中古史研究》，北京：中华书局，2017年，第207—244页。

[4] 裴成国《吐鲁番新出北凉计赀、计口出丝帐研究》，《中华文史论丛》2007年第4期，第65—99页。笔者之后的研究还有杨际平《谈北凉时期高昌郡的计赀、计口出丝与计赀配养马》，《西北师大学报（社会科学版）》2014年第2期；收入作者《杨际平中国社会经济史论集（出土文书研究卷）》，厦门：厦门大学出版社，2016年，第360—375页。关尾史郎《"赀簿"的周边——北凉时代的簿籍与税制》，

在赋税的征收形式和蚕丝的去向上都发挥着主导作用。首先从曹魏到隋唐，官府征收户调都是以绢绵为主，南北朝也有部分纳丝的情况[1]，但未见全部征收蚕丝者。其次，口税虽然两汉时期就有，但算赋和口赋都是纳钱，建安九年（204）曹操颁布户调令之后，算赋和口赋基本都为户调所取代。计口出丝的征收办法显然是北凉政权的新举措。户调和口税都纳丝，可见官府对蚕丝征收极端重视，而只征收蚕丝这种形式的初级产品虽不合中原政权的惯例，却与丝路商贸的要求相吻合。结合《魏略·西戎传》记载的"（大秦）常利得中国丝，解以为胡绫"[2]的情况就完全可以理解[3]，作为中国丝绸最重要消费者之一的罗马需要的就是生丝，而非中国加工好的成品如绢帛等。可以说，高昌官府正是在了解丝路商贸的行情后，结合中原王朝的赋税制度，因地制宜地创制了当时的赋税系统。

大力发展蚕桑丝织业可以说是魏晋南北朝时期高昌的第一个明确的发展战略。《前秦建元二十年（384）三月高昌郡高宁县都乡安邑里籍》记载了五户家庭的土地状况，尽管文书有残缺，但从留存部分看，三户都有桑田，其中张晏一户有4.5亩。《前秦（？）田亩簿》中留存的57亩田地中，桑田有10.5亩，占18%，作为经济类作物，所占比重已经不小[4]。《北凉承平年间（443—460）高昌郡高昌县赀簿》残缺较多，赀额基本明确的有14户，登录的桑田和桑田买卖情况就有29条之多，桑田面积大者有6亩、8.5亩、20亩等，比前秦时期规模应当更大，几乎家家有桑田[5]。从《北凉计赀出献丝帐》和《北凉计口出丝帐》来看，官府户调和口税都征收丝，实际上就是以家家户户都养蚕织丝为前提的。官府收取大量蚕丝，只有售出才能获得收益，当时的高昌蚕丝应当不缺销路。吐鲁番出土的《金光明经》写经题记证明早在430年高昌城东就有粟特聚落，这一时期敦煌、楼兰也都有粟特聚落，粟特人的贸易网络已经成形[6]，高昌官府通过本地的粟特人应当很容易将征收到的大量蚕丝投入国际

土肥义和、气贺泽保规编《敦煌、吐鲁番文书の世界とその时代》，东京：汲古书院，2017年，第39—53页。黄楼《吐鲁番新出北凉〈计赀出献丝帐〉〈计口出丝帐〉再研究》，《吐鲁番学研究》2019年第2期；收入作者《吐鲁番出土官府帐簿文书研究》，北京：社会科学文献出版社，2020年，第24—50页。杨际平和关尾史郎对笔者所论计赀出献丝帐的性质提出商榷意见，黄楼则同意笔者的观点。笔者的观点没有改变。

[1] 李剑农《中国古代经济史稿》（魏晋南北朝隋唐部分），武汉：武汉大学出版社，2011年，第519、543页。
[2] 《三国志》卷三〇《乌丸鲜卑东夷列传》，北京：中华书局，1959年，第861页。
[3] 参阅张爽、薛海波《丝路视域下拜占庭、中介民族与中国关系研究》，第80—85页。
[4] 荣新江、李肖、孟宪实主编《新获吐鲁番出土文献》，第184—185页。
[5] 朱雷《吐鲁番出土北凉赀簿考释》，收入作者《朱雷敦煌吐鲁番文书论丛》，第1—23页。
[6] 荣新江《西域粟特移民聚落考》，马大正等主编《西域考察与研究》，乌鲁木齐：新疆人民出版社，1994年；荣新江《北朝隋唐粟特人之迁徙及其聚落》，《国学研究》第6卷，北京：北京大学出版社，

市场。需要说明的是，桑树（此外还有葡萄）的大量种植必须以粮食生产能够得到保障为前提，在沮渠氏入主高昌、人口大增的背景下，高昌的蚕桑业规模没有明显收缩，说明高昌能够应对陡然增加的本地粮食需求，除了开垦新的田地之外，在已有土地上进行轮作也可能是重要途径。虽然目前资料缺乏，但笔者推测在大凉政权建立后，高昌的轮作制应当已经比较完善，或许人口陡增和蚕桑业的发展正是轮作制得到大力推行的契机。可以说，北凉时期的高昌瞄准丝绸之路生丝货源缺口，坚定贯彻了以蚕桑业为支柱的经济战略。除了给官府交纳户调和口税之外，百姓也可以将自己生产的蚕丝出售。时间晚至麴氏高昌时期的文书《高昌内藏奏得称价钱帐》中所登录的高昌市场上的交易中也有四笔蚕丝的交易，最多的一笔涉及80斤蚕丝，数量不小。北凉时期以蚕丝业为支柱的经济战略也可以让百姓获益。

  北魏统一北方之后蚕桑丝织业生产逐渐恢复，丝绸之路上的丝绸货源也逐渐充裕，高昌的桑蚕业逐渐转型，开始织造具有西域特色的名锦，如龟兹锦和疏勒锦。《高昌承平五年（506）道人法安举锦券》提到"高昌所作黄地丘慈中锦一张，绵经绵纬"[1]，所记"丘慈"当即"龟兹"，这种锦"绵经绵纬"，非"丝经丝纬"，与史籍记载的焉耆"养蚕不以为丝，唯充绵纩"[2]正相吻合。高昌早在北凉时期丝织业已经极盛，如果织锦论理不应该织造"绵经绵纬"的锦，所以吐鲁番文书中提到的"龟兹锦""疏勒锦"应当不会只是高昌织锦的式样名称，而确实是首先由龟兹和疏勒生产的锦，后来因工艺精美而为高昌仿制[3]。这反映出当时西域绿洲蚕丝业发展的不同路径，当高昌专注于生丝生产的时候，其他绿洲国家如龟兹和疏勒则发展起了特色鲜明的地方织锦，以至于高昌也要仿造。尽管到麴氏高昌后期绢绵仍然是赋税的征收对象[4]，说明蚕桑丝织业仍有一定的规模，但高昌的纺织业主体已经转变为棉纺织业。北朝

1999年。两文收入作者《中古中国与外来文明》，北京：生活・读书・新知三联书店，2001年，第26—29、54—59页。

[1] 唐长孺主编《吐鲁番出土文书》壹，第88—89页。
[2] 《周书》卷五〇《异域下》，北京：中华书局，2022年，第994页。同卷《龟兹传》记"物产与焉支（耆）略同，唯气候少温为异"（《周书》卷五〇《异域下》，第995页），应包括蚕桑情况。
[3] 唐长孺《吐鲁番文书中所见丝织手工业技术在西域各地的传播》，《出土文献研究》第1辑，北京：文物出版社，1985年；收入作者《山居存稿》，北京：中华书局，1989年，第389—391页。武敏认为疏勒、龟兹等锦名，未必可据以认定当时龟兹、疏勒已生产丝织的锦，很可能是高昌取彩色毛织物的纹样，由本地织工用蚕丝织成，分别冠以国名以示区别。如取龟兹毛织氍毹纹样，即可称"龟兹锦"。参见武敏《从出土文物看唐代以前新疆纺织业的发展》，《西域研究》1996年第2期，第13页。但道人法安所举锦，既然明言"绵经绵纬"，当为绵织品无疑。
[4] 如《高昌诸寺田亩官绢帐》《高昌某岁诸寺官绢捐本》所示。见唐长孺主编《吐鲁番出土文书》贰，第259—262页。

诸史（包括《魏书》《周书》《隋书》《北史》）中的《高昌传》皆记高昌"宜蚕"，两《唐书》中的《高昌传》，则删去了"宜蚕"的记载，这应当真实地反映了唐西州蚕桑丝织业衰落的史实[①]。

可以说北凉时期高昌丝织业发展的机遇期比较短暂，在下一个机遇来临的时候，它适时地转变了经济战略，迎来了国家经济发展的新的高峰。这个机遇就是客使接待。现有资料表明，高昌郡时期存在外来客使供应制度。《北凉玄始十一年（422）马受条呈为出酒事》中显示的供应对象除了隤骑、箱直等人之外，还有"十一月四日，□酒三斗，赐屠儿▢▢使"[②]。供应对象的名字有阙文，但使用"赐"字以及名字后面的"使"值得注意。联系麴氏高昌国时期的传供帐中存在"赏食若干人"及"南厢可汗使""何国王儿使"这样的表述，可以推测这一条是供应外来客使的记录。从《阚氏高昌仓部织物及赤违等支出帐》[③]可知当时高昌就接待大量柔然的使者，到麴氏高昌时期，形成了完善的客使接待制度[④]。我们目前在吐鲁番文书中见到的涉及外来客使接待的文书有十余件，集中在麴氏高昌时期，尤其是 6 世纪后半叶到 7 世纪初，这与突厥统一中亚后丝路交通大为便利的时代背景相契合。高昌的客流分为官方使者和私人商旅两类。官方使者有来自宗主国突厥的，如"南厢可汗""贪汗可汗""贪汗提勤""南厢可汗子弟""阿博可汗使""南厢可汗使""阿博可汗铁师"等，人数不少[⑤]；此外还有来自其他游牧族群的，如薛延陀的"栈头大官""栈头折无艮"等；有来自其他西域绿洲国家的，如"何国王儿使""伊吾吐屯使"等；还有来自中原王朝的，如"宋尚书""吴尚书"等。私人商旅在文书中被称为"客胡"，出现较少，但阿斯塔那 31 号墓所出《高昌曹莫门阤等名籍》中记曹姓 33 人、何姓 7 人、康姓 2 人、石姓 2 人、穆姓 1 人，这些以国为姓的粟特人应当都是来自粟特本土的商人[⑥]。

---

① 唐长孺《吐鲁番文书中所见丝织手工业技术在西域各地的传播》，《山居存稿》，第 397—398 页。孟宪实先生进一步探讨了这一问题，认为《新唐书·地理志》中记载的交河郡的土贡还有丝。结合出土文书可知，丝绸在西州已经不具备缣布那样的地位，但是这并不等于否认在西州丝绸仍然大量存在和被实际使用，丝绸的生产在西州没有绝迹。见孟宪实《缣布与丝绸——论西州的土贡》，《敦煌吐鲁番研究》第 13 卷，上海：上海古籍出版社，2013 年；收入作者《出土文献与中古史研究》，第 245—262 页。
② 唐长孺主编《吐鲁番出土文书》壹，第 61 页。
③ 参见裴成国《〈高昌主簿张绾等传供帐〉再研究——兼论阚氏高昌国时期的客使接待制度》，《西域研究》2013 年第 4 期，第 67—73 页。
④ 参见裴成国《高昌供食文书及传供帐的文书学研究》，朱玉麒、李肖主编《坚固万岁人民喜：刘平国刻石与西域文明学术研讨会论文集》，南京：凤凰出版社，2022 年，第 250—261 页。
⑤ 吴玉贵《高昌供食文书中的突厥》，《西北民族研究》1991 年第 1 期；收入作者《西暨流沙：隋唐突厥西域历史研究》，第 78—102 页。
⑥ 姜伯勤《敦煌吐鲁番文书与丝绸之路》，第 175 页。

高昌对两类群体的接待政策不同。麴氏高昌国时代，作为田租征收的葡萄酒中的一部分直接用于供应客使，田租所出的小麦或粟一般都由百姓加工成方便食用的面或麨供应给客使，而肉类、干果、蔬菜等的消费则要客使自付酬值。这种接待政策适用于一般客使，对于特别尊贵的客使如"吴尚书"，供应饮食则格外丰盛，出现了普通的客使传供帐中所未见的白罗面、粟细米、炉饼、洢林枣、麻子饭等，这些应当系招待性质的免费供应。田租之外的消费如肉类，由负责的百姓传供，根据客使的身份高下供应相应的数量（分上、中、下三等），虽然也都由官方供应，但客使要自付酬值。至于作为私人商旅的"客胡"，除特殊情况下的"赏食"之外[①]，全都要自己购买[②]。以肉的供应为例，我们看到阿斯塔那307号墓所出《高昌虎牙都子等传供食帐》的背面是《高昌上钱帐历》（二），即百姓纳肉给官府供应客使而官府偿以银钱的帐簿。由此我们可知，当时高昌的客使供应实际上牵动着整个国家经济，不管是地里种出的粮食，葡萄园出产原料后酿造的酒，果园出产的梨、枣，菜园出产的时蔬，百姓饲养的羊，全都成为客使供应产业链上的环节，由官府组织供入后即可获得酬值。如果将完全自行解决各类供应问题的客胡考虑进来，高昌的旅馆业、餐饮业、畜牧业、酿造业、娱乐业等实际上都因此获得了稳定的客源。尽管往来商胡贩卖的绝大多数奢侈品可能在绿洲国家没有多少市场[③]，但他们的到来让绿洲国家大获其利，可以说客使和商旅的接待事业带动了整个高昌经济，最大限度地激发和解放了这个绿洲国家的生产力。将客使接待当作国家事业[④]，这是作为丝路枢纽的高昌最合适的国家经济战略，它的成功实施让这个绿洲国家富裕，最典型的例证就

---

① 《高昌重光三年（622）条列虎牙氾某等传供食帐二》中记："康将，市肉叁节，自死肉十二节，面一斛五斗，供客胡十五人赏。"见唐长孺主编《吐鲁番出土文书》壹，第377页。
② 裴成国《丝绸之路与高昌经济——以高昌国的银钱使用与流通为中心》，朱玉麒主编《西域文史》第10辑，北京：科学出版社，2015年，第127—169页。
③ 关于丝绸之路贸易的性质，参阅森安孝夫《シルクロードと唐帝国》，第68—70页。
④ 荒川正晴先生曾经提出"作为国家事业的使节接待"这样的命题，并且从"麴氏高昌国的主要实物纳税与力役""与田地有关的税、役""与马匹饲养有关的劳役""与人（民、官、僧）及寺院有关的税役""麴氏高昌国的官员与织物课税"五个方面进行了论述，意在证明高昌的赋役制度中有许多设计都与使节的接待有关，进而说明高昌国对使节接待的重视，这是值得重视的观点。荒川正晴进一步提出游牧集团和绿洲国家在国家、集团层面形成了共生关系。实际上荒川正晴是从外交层面强调高昌国出于国家安全考虑注意维系与突厥等游牧政权的关系。至于这样的接待政策和共生关系如何能让高昌这样的绿洲国家从经济上获益，则完全没有论及。笔者则是从绿洲经济的角度使用这一概念，与荒川正晴的视角不同，特此说明。荒川正晴的研究参见《游牧国家とオアシス国家の共生関係——西突厥と麴氏高昌国のケースから》，《东洋史研究》第67卷第2号，2008年；收入作者《ユーラシアの交通・交易と唐帝国》，第103—146页；《欧亚交通、贸易与唐帝国》，冯培红、王蕾译，第107—147页。

是客使商旅用萨珊银币进行交易，银币大量流入高昌而成为高昌百姓日常使用的货币[1]。可以与高昌的客使接待进行比较的是裴矩大业时期在张掖为炀帝招徕商胡的例子："时西域诸蕃，多至张掖，与中国交市"[2]。"〔炀帝〕以西域多诸宝物，令裴矩往张掖，监诸商胡互市，啖之以利，劝令入朝。自是西域诸蕃，往来相继，所经州郡，疲于送迎，糜费以万万计"[3]。引文中提到的"商胡"在裴矩"劝令入朝"之后即成为"西域诸蕃"的朝贡使者，隋朝令沿途州郡送迎供应，地方花费巨大，不堪重负。容易想到的是，这些"西域诸蕃"的使者其实有相当数量是道经高昌然后东行入关的，我们在同时期的吐鲁番文书中却丝毫没有看到高昌因此不堪重负的迹象，反而看到高昌因应接客使非常富庶。原因就在于隋朝当时在西域影响力有限，过境西域绿洲的使者和商旅不会如在河西走廊一样得到完全免费的供应，而需要以购买的方式（至少部分）取给于地方。同样是应接客流，高昌因此富庶，隋朝的河西却不堪重负，原因就在供应客使的模式不同。

高昌国的官府确实也向商胡征收"称价钱"一类的商税，不过从文书来看一年不满500文，数量并不大。有学者推测这可能仅是高昌征收的诸种商税中的一种[4]，或者还存在通行税一类的税[5]，但这些推测目前尚无文书资料可以证实。笔者认为高昌并不依赖"称价钱"一类的商税，对高昌而言，客使接待是真正意义上的国家事业，普通百姓都参与其中，让高昌在经济上获利丰厚。这与荒川正晴先生从国家安全的方面强调高昌对突厥等游牧政权使节的接待，角度大不相同。

客使接待能够成为国家事业，与高昌国官府的主导和组织密不可分。第一，吸引客使和商旅是官府的重要任务，为此高昌执行对官方客使免费供应和有偿供应相结合的政策。免费供应的是粮食和酒，不仅在客使停留高昌期间，客使离开之后的旅途上所需的道粮也有人代为准备，并且道粮有籹和面，还有酒[6]。周到的招待政策

---

[1] 裴成国《麹氏高昌国流通银钱辨正》，《北京大学学报（哲学社会科学版）》2016年第1期，第124—133页。
[2] 《隋书》卷六七《裴矩传》，北京：中华书局，2019年，第1770页。
[3] 《隋书》卷二四《食货志》，第761页。
[4] 朱雷《麹氏高昌王国的"称价钱"——麹朝税制零拾》，《魏晋南北朝隋唐史资料》第4期，1980年内部交流；收入作者《朱雷敦煌吐鲁番文书论丛》，第85页。
[5] 荒川正晴《オアシス国家とキャラヴァン交易》，第36—37页。
[6] 《高昌众保等传供粮食帐》中记载"□□斛供亞吴吐屯使由旦五人道粮"，内容有残，根据其他行可知供应的应是籹和面，行间夹注显示这些道粮中包含小麦一斛三斗。见唐长孺主编《吐鲁番出土文书》壹，第238页。道粮供酒的情况见《高昌元礼等传供食帐》（唐长孺主编《吐鲁番出土文书》壹，第264页），文书有残缺，笔者认为供应的应该是酒。见裴成国《丝绸之路与高昌经济——以高昌国的银钱使用与流通为中心》，朱玉麒主编《西域文史》第10辑，第155—158页。

为的是让客使再次光顾高昌。第二，客使入住官方客馆之后，所需的一切饮食都由官府派人传供，肉类和其他有偿供应还需要派人和客使结算，百姓供应肉以及其他果蔬应付予酬值，为会计和统计之用还要编制传供帐等，这些都要官府主导完成。第三，高昌绿洲能够接待数以万计的流动人口，前提是高昌的土地和人力资源调配合理，能够产出足够的产品，不仅能够自给，还可以供应外来人口，进而促进绿洲农牧业、园艺业，生产出更多的农牧产品，催生以外来人口为对象的服务行业，进而将这些产品和服务都转化为以银钱形式体现的财富。

实际上，高昌国官府参与组织的产业除了客使接待之外，还有葡萄酒的外销。笔者以《高昌张武顺等葡萄亩数得酒帐》为切入点，揭示了高昌国官府集中收购民间储酒登记造簿然后集中外销的事实[1]。在这一过程中，高昌国官府承担的角色变为平台的搭建者，完成了个体百姓无法完成的事。

魏晋南北朝时期，西域的龟兹和焉耆等绿洲也都是丝绸之路上的当道大国。虽然关于两国经济发展状况的资料缺乏，但从《大唐西域记》《周书》记载它们也使用金、银币作为货币的情况来看，应当也很富庶。两国在国内土地资源和劳动力资源的配置方面是否也能如高昌一样合理，限于史料不得而知，而这也是决定焉耆和龟兹经济发展水平高低的重要因素。以汉晋移民为主体的高昌王国创造性地运用了汉晋王朝的制度遗产，以强大的王权为保障抑制了土地兼并和依附人口的增长，进而为经济的崛起准备了条件。魏晋南北朝高昌经济能够崛起，时代机遇、自身资源和恰当的经济战略选择，缺一不可。其中，瞄准丝绸之路的商机成功进行经济战略的调整无疑是高昌经济崛起的最关键因素，时代机遇和合理配置的资源只有仰赖恰当的经济战略才能催生出符合市场需求的农牧业产品，并进而转变为社会财富。

日本中亚研究学界围绕着丝绸之路的存在对中亚的住民意味着什么的问题，开展了一场"丝绸之路史观论争"。这场论争的焦点是如何考虑中亚绿洲都市的基本性格，也就是说，绿洲都市经济的基本支撑点是农业还是利用丝绸之路发展的商业的问题[2]。本文对高昌经济崛起的研究证明，高昌经济围绕丝绸之路商贸接待客使商

---

[1] 裴成国《〈高昌张武顺等葡萄亩数及租酒帐〉再研究——兼论高昌国葡萄酒的外销》，吐鲁番学研究院、吐鲁番博物馆编《吐鲁番与丝绸之路经济带高峰论坛暨第五届吐鲁番学国际学术研讨会论文集》，上海：上海古籍出版社，2016年，第56—65页。

[2] 这场论战近年的情况，参见森安孝夫《シルクロードと唐帝国》，第72—80页。间野英二《"シルクロード史观"再考——森安孝夫氏の批判に関连して》，《史林》第91卷第2号，2008年，第116—136页。

旅，并且也为丝绸之路贸易提供商品和货源，农牧业生产之外，旅馆业、餐饮业、酿造业、娱乐行业等全都以外来人口为主要消费者，进而形成了一个系统的外向型经济体系，不是"丝绸之路史观论争"中的以农业为支撑，还是以商业为支撑所能概括的[1]。可以说，丝绸之路商贸对绿洲社会的意义何在，高昌国是可供研究的资料最丰富的独一无二的典型，这就是我们研究魏晋南北朝高昌经济崛起的意义所在。

从总体上来说，魏晋南北朝高昌经济的崛起正是拜丝绸之路贸易之所赐，无论是早期以蚕桑丝织业为主导，还是后来将客使接待当作国家事业，这使得高昌的农牧业经济都具有了突出的外向型特征。7世纪前后，高昌每市亩常田的平均产麦量可达125.8公斤，这相当于吐鲁番当地1957年每亩小麦平均产量（60公斤）的两倍多[2]，与唐代较好的收成1市亩折200多斤[3]相比也只高不低，达到了很高的水平[4]。汉唐时期农业生产效率的提高主要依靠人口的增加、生产工具的改进、生产技术的进步、农田水利的发展、粮食作物品种的变化以及农业科技的运用等因素[5]，高昌经济崛起的原因仅从上述因素中无法求得解释。作为中古时期西域的割据政权，高昌无疑属于魏晋南北朝经济版图的一部分，高昌经济形态的揭示促使我们重新思考魏晋南北朝经济，乃至中国古代经济的不同面向和特征。

相较于两汉商品货币经济的发达，汉末大乱以后的魏晋时代，自给自足的自然经济基本上占统治地位，南北朝时期仍是如此[6]。高昌的外向型经济是高度发达的商品经济，而且高昌的商品经济面向的不是地方市场，而是由丝绸之路贯通的国际市场。唐长孺先生在讨论魏晋以来的商品货币经济的恢复发展时已经注意到因南北分裂而出现的明显的地域差异。高昌地处西域，情况与南北朝又有不同，地域差异更为明显。高昌作为西域小国，地当丝绸枢纽，以接待商旅客使为经济战略，足以支撑绿洲经济，

---

[1] 森安孝夫指出："在我看来，骆驼商队的通过以及停留势必给地方经济带来刺激。"但没有进行具体论述。见森安孝夫《シルクロードと唐帝国》，第78页。
[2] 吴震《七世纪前后吐鲁番地区农业生产的特色——高昌寺院经济管窥》，《吴震敦煌吐鲁番文书研究论集》，第552页。
[3] 胡戟《唐代粮食亩产量——唐代农业经济述论之一》，《西北大学学报（哲学社会科学版）》1980年第3期，第74—75页。
[4] 需要说明的是包括中原地区在内的北方则是到唐代才开始采用主粮生产的轮作复种制，参阅林立平《唐代主粮生产的轮作复种制》，《暨南学报（人文科学与社会科学版）》1984年第1期，第41—44页。这方面，中原地区比吐鲁番盆地的高昌国要晚。
[5] 张泽咸《汉晋唐时期农业》，北京：中国社会科学出版社，2003年，第8—15页。
[6] 唐长孺《魏晋南北朝隋唐史三论》，武汉：武汉大学出版社，1992年；据《唐长孺文集》所收，北京：中华书局，2011年，第14、124页。

推动高昌经济的崛起。尽管魏晋南北朝与丝绸之路联系亦不少[①]，但有限的客流对地域广阔的魏晋南北朝则无法产生整体的推动作用。魏晋南北朝时期的西域绿洲构成中国中古经济版图中的一个特殊区域，当然也是有机组成部分，不应该被忽视。

宋元时期随着造船航海技术的发展，海上丝绸之路贸易有了重大进展。15世纪之后"大航海时代"来临，中国融入了早期经济全球化时代的国际贸易。生丝与丝织品、陶瓷、茶叶、蔗糖等大宗商品的输出必然会带动一些商品产地和新型海港城市地方经济的发展。李伯重在研究清代江南农业发展历程时指出，当时丝、棉（及其加工产品）的输出越来越多，同时粮食、肥料的输入也日益增加，所占比重之高，对于通常被认为是"自给自足"的传统农业来说是非常惊人的，进而认为清代中期江南农业是近代以前世界上商业化和外向化程度最高的农业之一[②]。清代中期江南丝、棉产品的输出是在世界步入近代、经济全球化已经形成的大背景之下发生的。魏晋南北朝高昌的外向型经济的形成则要早一千年，可以说是古代经济史上的具有代表性的例证。

中古时期作为欧亚大陆上交通大动脉的丝绸之路在西域的贯通，深刻影响了西域绿洲的经济形态，从这个角度来说，高昌经济的形态及其意义是具有世界性的，值得我们特别关注。

[①] 史籍的记载情况参见方豪《中西交通史》（上），上海：上海人民出版社，2008年，第131—142页。
[②] 李伯重《江南农业的发展（1620—1850）》，王湘云译，上海：上海古籍出版社，2007年，第126—127页。

第六章　丝绸之路与唐西州经济

第一节　唐西州银钱的使用与流通

贞观十四年（640）唐西州建立，高昌国时期的萨珊银币继续行用了半个多世纪之久。卢向前先生把561年至680年称为银钱本位阶段，其中640年至680年是绢帛介入时期；之后唐西州进入铜钱本位阶段，而680年至710年是铜钱取代银钱的过渡时期。卢先生认为绢帛介入时期是银钱、铜钱、绢帛同时充当货币的时期。笔者曾对高昌国时代的货币流通情况做过专门研究，发现高昌国时期为适应萨珊银币只有一种面值且币值过高的缺陷，在计量时采用了"半文"的单位[①]。唐西州在绢帛、铜钱同时介入流通领域的情况下，"半文"等计量单位有无继续使用的必要呢？粮食在高昌国时期曾被当作小额交易货币使用，到唐西州时代是否仍然具有货币功能呢？由于唐王朝开拓西域，中原的绢帛源源不断地涌入西州，成为了银钱以外的重要辅助等价物[②]。唐西州时期银钱的使用与高昌国时期有无区别，银钱和绢帛在流通领域是如何分工的，这些都是目前尚未解决的问题。吐鲁番出土文书为我们提供了许多重要的材料，让我们探察到唐西州时期银钱流通的具体情况。

一、银钱使用的背景

萨珊银币在高昌国时期被当作主要货币流通，是因为萨珊银币是当时丝绸之路

[①] 裴成国《麹氏高昌国流通货币研究》，《中国史研究》2018年第1期，第57—68页。
[②] 卢向前《高昌西州四百年货币关系演变述略——敦煌吐鲁番文书经济关系综述之一》，作者《敦煌吐鲁番文书论稿》，南昌：江西人民出版社，1992年，第239—260页。

上的通用货币，而高昌国虽地当丝路枢纽，却只是一个绿洲小国，无需自铸货币。而贞观十四年（640）之后，西州是唐帝国的边州，但也是正州，在帝国范围内"钱帛兼行"的背景下，西州为何能够继续沿用萨珊银币，其背景值得探究。

卢向前在讨论西州的银钱本位阶段时云："唐朝的政策法令得以在西州实施而一如内地，但是银钱的本位地位，却因其地理位置、经济地位之特殊，并未动摇而维持了四十年之久。"[①] 其所谓"经济地位之特殊"具体是指什么，却语焉不详。

唐朝以绢帛为货币，一个重要原因是钱币不足，是一种不得已的办法[②]。铜钱的流通在唐代并不普及，尤其是在唐代前期，只局限于中原地区[③]。至于边疆地区，唐代在货币政策上并不追求统一，岭南地区自东晋南朝以来就以金银为流通货币，唐时也仍然以白银为称量货币，唐中期以后因为"钱荒"，中央则正式禁止铜钱流入岭南[④]。基于以上背景，唐朝在新设立的西州限制银钱流通以强力推行唐朝的铜钱，既无必要也无此能力。唐朝对内附蕃胡的赋税征收就明确规定要缴纳银钱。如《唐仪凤三年（678）度支奏抄、四年金部旨符》记："雍州诸县及诸州投化胡家，富者（丁别）每年请税银钱拾文，次者丁别伍文，全贫者请免。其所税银钱，每年九月一日以后、十月卅日以前，各请于大州输纳。"[⑤] 内附蕃胡赋役令武德七年（624）既已颁布，可以说从此时开始唐朝就有针对蕃胡的银钱征收法令。王义康认为，贞观四年（630）以后，突厥等北方民族归降，主要聚居于河东道太原以北地区、关内道北部及雍州、陇右道。向这些民族征收银钱，显然是考虑到西北地区固有的货币流通情况及他们的民族特点。但由于这些民族的内迁，银钱的流通相应地东扩到雍州、太原地区[⑥]。萨珊银币的出土地点分布也确实涵盖以上区域[⑦]。当时，在西北、北方、东北城傍游牧部落都以银钱为支付手段[⑧]。由此可知，唐初官府凭借内附蕃胡赋役令实际上可以获得稳定的银钱来源。

---

① 卢向前《高昌西州四百年货币关系演变述略——敦煌吐鲁番文书经济关系综述之一》，作者《敦煌吐鲁番文书论稿》，第239页。
② 彭信威《中国货币史》，上海：上海人民出版社，2007年，第234页。
③ 李埏《略论唐代的"钱帛兼行"》，《历史研究》1964年第1期，第173页。
④ 王承文《晋唐时代岭南地区金银的生产和流通——以敦煌所藏唐天宝初年地志残卷为中心》，荣新江主编《唐研究》第13卷，北京：北京大学出版社，2007年，第522—530页。
⑤ 《唐六典》卷三"户部"也记载了诸国蕃胡内附者分户等纳银钱，北京：中华书局，1992年，第77页。
⑥ 王义康《唐代边疆民族与对外交流》第六章《东罗马金币、波斯萨珊银币在中国的流布》，哈尔滨：黑龙江教育出版社，2013年，第264页。
⑦ 孙莉《萨珊银币在中国的分布及其功能》，《考古学报》2004年第1期，第35—54页。
⑧ 李锦绣《银币与银铤——西安出土波斯胡伊娑郝银铤再研究》，余太山、李锦绣主编《丝瓷之路：古代中外关系史研究》V，北京：商务印书馆，2016年，第210—214页。

唐朝前期银钱的使用范围并不局限于西州，我们在吐鲁番出土唐代文书中可以看到银钱在西州之外的洛州和西域其他地区流通的情况。阿斯塔那 5 号墓出土的《唐李贺子上阿郎、阿婆书》四通，年代为贞观二十一年（647）之后、总章元年（668）之前[1]。根据第二通家书可知与西州家人以家书互通信息的李贺子、李举仁兄弟身在洛州。其中第三封书信第 9、10 行内容有"麴绍贞将信金钱二文银 ____ 问语阿兄"，中间所缺大约三字，内容可能是钱若干文。其中提到的"阿兄"在其他几封书信中多次出现，是与阿郎、阿婆一起生活在西州的李贺子家人，麴绍贞则应该是从洛州到西州的"使人"[2]，李贺子兄弟请他把金钱二文和银钱若干文带给西州的家人。李贺子兄弟应当是高昌亡国之后被徙至洛州的青壮年，银钱是他们在高昌国时代使用的通行货币，可能当时知道在西州银钱仍可流通，所以尽管他所在的洛州主要流通"开元通宝"钱[3]，他也仍然有机会获得金、银钱并捎给西州家人[4]，这证明当时银钱在洛州很可能也是流通的。另外，阿斯塔那 4 号墓所出的《唐支用钱练帐》四件，所提及的货币兼有银钱、铜钱和练，其中第二件提到用钱若干文在安西、据史德城买醋等[5]。虽然两处没有明确写是"银钱"，但使用铜钱的都已注明，不注明的必定是银钱。这证明在安西和据史德两地银钱也是流通货币。西州是当时从西北、北方、东北沿边地区以及中原经河西走廊到西域的银钱流通区域中的一个组成部分，而并非一座孤岛。

需要指出的是，西州建立之后，绢帛开始介入流通领域，这确实是高昌国时期未有的一个新情况。高昌国时期，银钱和粮食组成的货币体系演变为银钱、绢帛、铜钱、粮食共同流通的新局面，银钱和粮食作为货币有明确的分工，银钱因为币值高，在大额交易中使用，并且和粮食相比，它可以发挥基准货币的作用；粮食则在小额交易的场合使用，弥补银钱币值高、面额单一的缺陷。两者相互配合，有序流通。唐朝的"钱帛兼行"体系中也存在分工。史卫认为，在价值尺度方面，最终发挥价

---

[1] 唐长孺主编《吐鲁番出土文书》叁，北京：文物出版社，1996 年，第 201—205 页。
[2] 此封书信的第 7、8 行有记载"若后有使人来 ____ 报来"。关于此封家书的研究参见裴成国《唐朝初年西州人与洛州亲属间的几通家书》，荣新江主编《唐研究》第 22 卷，北京：北京大学出版社，2016 年，第 338—339 页。
[3] 第一封家书中提及李贺子在"廿年七月内，用七千五百文买胡婢一人"，他在洛州买胡奴婢使用的必定是"开元通宝"铜钱。
[4] 第一封家书中李贺子在报告自己的重要的两笔开销之后说："手里更无物作信，共阿郎、阿婆作信，贺子大惭愧在。"证明彼时李贺子还没有获得信物。
[5] 唐长孺主编《吐鲁番出土文书》叁，第 225—227 页。

值尺度作用的是钱；在流通领域，表现为钱、帛两级体制；作为支付手段，绢帛主要被当作大数额的货币使用，铜钱则被挤到小额贸易领域[1]。既然如此，在唐西州的市场上，银钱与绢帛，粮食与铜钱具体是如何分工的呢？

二、银钱的新单位

从出土文书来看，高昌国的灭亡丝毫没有影响银钱在当地的流通。哈拉和卓1号墓所出的《氾欢□赁舍契》为贞观十四年（640）十月卅日订立，其中就写明租赁费用以银钱支付[2]。不仅民间继续使用银钱，官府也认可银钱的流通货币地位。阿斯塔那19号墓所出的《唐永徽二年（651）牒为征索送冰井芳银钱事》[3]涉及官府向百姓有偿征调冰井芳，征调标准是芳每车准银钱二文。晚至垂拱年间（685—688），《唐西州高昌县李操领钱抄》[4]显示西州官府在差科中征收的仍然是银钱[5]。官府既向百姓征收银钱，也在有偿征调时给百姓支付银钱，银钱的有序流通因此得以维持。

高昌国时期"半文"的单位在唐西州前期也继续存在，如阿斯塔那137号墓所出《唐张洛丰等纳钱帐》中记"赵欢亮二文半，张枻秃半文，张海□半文"[6]，阿斯塔那140号墓所出的《唐张隆伯雇□悦子上烽契》中关于违约的处罚规定是"若不，钱一日谪钱半文"[7]。绢帛、铜钱介入流通领域也没能取代高昌国以来为方便计量而采用的虚拟单位"半文"。值得指出的是，"半文"这一单位到唐西州时期又出现了新的表述方式，即"伍分"。《唐仪凤二年（677）十月至十二月西州都督府案卷为北馆厨于坊市得莿柴、酱等请酬价直事》中记载"莿柴壹车准次估直银钱壹文伍分"，阿斯塔那208号墓出土的《唐典高信贞申报供使人食料帐历牒》（以下简称《帐历牒》）中也记载"驴脚壹节用钱叁文伍分"[8]，两处的"伍分"自然都是"半文"的另一种表记方式而已。

---

[1] 史卫《从货币职能看唐代"钱帛兼行"》，《唐都学刊》2006年第3期，第1—5页。
[2] 唐长孺主编《吐鲁番出土文书》贰，北京：文物出版社，1994年，第5—6页。
[3] 唐长孺主编《吐鲁番出土文书》叁，第264页。
[4] 荣新江、李肖、孟宪实主编《新获吐鲁番出土文献》，北京：中华书局，2008年，第2页。
[5] 文欣《吐鲁番新出唐西州征钱文书与垂拱年间的西域形势》，《敦煌吐鲁番研究》第10卷，上海：上海古籍出版社，2007年；收入荣新江、李肖、孟宪实主编《新获吐鲁番出土文献研究论集》，北京：中国人民大学出版社，2010年，第478—485页。
[6] 唐长孺主编《吐鲁番出土文书》叁，第88页。
[7] 唐长孺主编《吐鲁番出土文书》贰，第200页。
[8] 唐长孺主编《吐鲁番出土文书》叁，第96页。

在西州建立之初的半个世纪，尽管绢帛、铜钱、粮食都在一些场合发挥着货币的职能，但银钱仍然是主要货币，是基准货币。由于铜钱和粮食的使用频率不高，我们在唐西州前期的文书中还发现了银钱的新单位"分"，这是高昌国的银钱本位阶段也不曾出现过的新情况。阿斯塔那208号墓出土《帐历牒》[1]文书残无纪年，同墓出唐永徽四年（653）张元峻墓志一方，文书年代当不晚于653年。文书内容是某馆三月间供食帐历，按日由典高信贞具牒申报，存三月十八日、三月廿日，有一段月日已缺。内容留存较为完整的是三月廿日的供应情况。供应使人王九言及其典、乌骆子的项目有酱、杂菜、韭、剌柴等，在供应物品的信息之后用双行小字标注了用钱数，如"用钱贰分""用钱叁文伍分"。文书没有标明钱是银钱还是铜钱，应当即银钱。高昌国时期的文书有"半文"的资料，但是未见更小的单位。《帐历牒》中出现的"贰分"是非常重要的信息。这说明唐西州前期虽然仍旧使用银钱，但鉴于只有"壹文"和"半文"两种单位而不敷使用，又采用了更小的"分"的单位。

阿斯塔那214号墓出文书多件，都无纪年，其中一件《唐折估帐》也提供了重要的信息。先迻录文书如下再作分析。

```
1  ▭▭▭▭冯拔▭▭▭▭▭
2  ▭▭▭
3  ▭▭▭前准别□□上件人▭▭▭
4  ▭▭▭五斗（斗）五升（升）准估斯（料）▭▭▭
5  ▭▭▭三文六分五厘，斯▭▭▭
6  ▭▭匹一丈一尺七分三厘▭▭▭
7  ▭▭▭粟八石七斗▭▭▭[2]
```

文书残缺较甚，其中涉及的物品以匹计量者可能为练，以石、斗计量者应为粟等粮食。粮食的计量涉及石、斗、升三级单位，织物则有匹、丈、尺、分、厘五级单位，颇为罕见。其中以文计量者无疑是钱币，铜钱币值小，未见有比文更小的单位。此处文书中的"三文六分五厘"当为银钱的计量。银钱出现"厘"这一单位在高昌国时期未见，在西州时期的文书中此件也似为仅见。要之，银钱"壹文"币值颇高。

---

[1] 唐长孺主编《吐鲁番出土文书》叁，第95—98页。
[2] 唐长孺主编《吐鲁番出土文书》叁，第164页。

根据《高昌乙酉、丙戌岁某寺条列月用斛斗帐历》上的信息，625—626年一文银钱可买小麦一斛①，则一分银钱可买小麦一斗，犹是当时成年人一天的食粮用量，可以说仍然是不小的单位。为能够精确计量，采用更小的单位"厘"，也就有其必要。《唐折估帐》中对粮食和织物的计量都非常精细，因而银钱使用更小的单位"厘"是出于一种现实的需要。既然"分"这种面值的银钱都不存在，"厘"当然更不用说。在实际支付中，银钱一厘可以用小麦一升折换。值得注意的是，"分""厘"这两个单位出现在官府的帐簿中，说明最早采用这些单位的很可能也是官府。

需要指出的是，尽管出现了"分""厘"这样的新单位，就目前出土文书所反映出的情况来看，这些新单位使用的频率并不高。在铜钱和粮食可以满足小额交易需求的情况下，民众自然可以有更多的选择。尽管是虚拟的单位，"分"和"厘"被创造出来，本身就是银钱基础货币地位的体现。

三、银钱、绢帛、铜钱、粮食的并行流通

唐西州前期银钱的使用仍然很普及。如雇人上烽契这种契约高昌国时代没有，是唐西州才出现的新的契约类型。我们目前能见到的约十六件雇人上烽契，信息留存较完整者全部都要求用银钱支付雇佣价格。银钱作为基准货币，还表现在其流通范围比绢帛更广，在民众中被接受程度更高。阿斯塔那209号墓出土《唐贞观年间（627—649）西州高昌县勘问梁延台、雷陇贵婚娶纠纷案卷》，据墓葬解题称，案卷文书拆自男尸纸帽。同墓出土有《唐显庆三年（658）张善和墓志》。此件文书残缺，无纪年，文书整理组将其时代定为贞观年间似无明确的依据，但下限可定为显庆三年。这件婚娶纠纷案卷的第二片文书上，记载雷陇贵婚娶纠纷细节时，提到雷陇贵用绢五匹以充聘财，但女方赵氏因无亲眷，其绢无人领受，因而采取变通措施，"于时卖绢得钱，赵自回买衣物"②。以绢为聘礼，可能是当时的风俗，尽管贞观十四年（640）之后绢帛已经在西州成为流通货币，但赵氏购买衣物之前，须先卖绢以换回银钱，从中仍然可以看出当时银钱确实比绢帛流通更广。阿斯塔那214号墓出土了《唐和籴青稞帐》两件，从目前所存部分来看，当年和此前一年都有和籴

---

① 唐长孺主编《吐鲁番出土文书》壹，北京：文物出版社，1992年，第400—405页。参见吴震《吐鲁番出土高昌某寺月用斛斗帐历浅说》，《文物》1989年第11期；收入作者《吴震敦煌吐鲁番文书研究论集》，上海：上海古籍出版社，2009年，第568—582页。

② 唐长孺主编《吐鲁番出土文书》叁，第320页。

青稞的记录，两年的价格有别，前一年六月中旬"银钱壹文"籴得青稞一斗三升，当年的价格似为"银钱壹文"得青稞一斗。除了以银钱和籴之外，还有用练的情况，价格是练一匹籴得青稞一石三斗。据同墓所出另一件文书，当时还有以绵抵充青稞的做法，在本件文书中则有专门的说明："绵壹屯，准次沽直银钱伍文，两屯当练壹匹。"① 实际上当时和籴使用练的情况应当是不少的，用绵抵充者，因为都是丝绸，似乎给出其与练的比价即可，但文书中首先给出的是单位数量的绵与银钱的比价；并且就用词而言，与银钱的比价用的是"直"，而与练的比价用的是"当"，差别不言而喻。从中我们可以看出，银钱是真正发挥价值尺度功能的基准货币。这说明，尽管此时银钱和练同时流通，但执行价值尺度这一功能时，银钱比练更具权威性。

银钱和练、粮食在一笔交易中配合使用，共同充当支付手段，这是唐西州时期银钱使用的新情况。如阿斯塔那4号墓出土的《唐龙朔元年（661）左憧憙买奴契》所显示的，左憧憙在此年五月买奴一人，支付的价格是"水练陆匹、钱伍文"②。在高昌国时代也有这种买奴契约，买价则是全部用银钱支付的。左憧憙的契约中写明他的身份是前庭府卫士，当时的府兵卫士有机会获得赐练，因而在支付中使用练可能是因为这样更加方便。同墓还出土了九年后的总章三年（670）左憧憙从张善憙处夏张渠菜园的契约，租期应是两年。菜园大小未有说明，规定当年的租价是"大麦十六斛、麦秋十六斛"，次年的租价则是"银钱三十文"。菜园租佃契约高昌国时期也有，但未见租佃价格要求以银钱和粮食共同支付的情况。这一方面说明此时粮食也承担着货币的职能，另一方面说明银钱作为支付手段的职能已经被其他形式的货币分割。

绢帛作为货币被使用自唐西州建立之时应当即已开始。麴氏高昌时期当地宜蚕，绢、绵也是赋税征纳物，但后期出现了折成银钱缴纳的情况。通观高昌国时期的文书，目前未见以绢帛为货币的情况。唐西州时期以绢帛为流通货币的情况值得特别关注。阿斯塔那337号墓出土的《唐贞观二十三年（649）西州高昌县范欢进买马契》显示卫士范欢进买马一匹就是以练支付价钱③。永徽元年（650）严慈仁将一块四亩的常田出租给安横延，租价是练八匹④。普通百姓之间的土地租佃也以练支付租价，说明练是当时被普遍接受的货币。唐代西州的"调"根据贞观户籍是征收缣布，而不是

---

① 唐长孺主编《吐鲁番出土文书》叁，第163页。
② 唐长孺主编《吐鲁番出土文书》叁，第212页。
③ 唐长孺主编《吐鲁番出土文书》贰，第223页。
④ 唐长孺主编《吐鲁番出土文书》叁，第117页。

绢或麻布，与种植白叠和织造叠布相比，西州养蚕织锦、绢的手工业已经衰落[1]。笔者认为唐西州初年绢练开始成为重要的货币，与军资练的输入有很大的关系[2]。如阿斯塔那91号墓出土的《唐贞观十九年（645）安西都护府下军府牒为速报应请赐物见行兵姓名事》，所反映的可能就是贞观十八年（644）九月安西都护郭孝恪作为西州道行军总管，率兵讨击焉耆获胜后，唐中央支给赐物的情况。阿斯塔那210号墓出土的《唐贞观二十三年（649）杜崇礼等辩辞为绫价钱事》《唐君安辩辞为领军资练事》及《唐西州高昌县译语人康某辩辞为领军资练事》涉及的则很可能是贞观二十三年昆丘道行军平龟兹后唐中央的赏赐。赐练的情况在当时的西州虽然并不固定，但有相当的频率，遇有征行即可能有赐练。如阿斯塔那4号墓所出的《唐麟德二年（665）赵丑胡贷练契》显示西域道征人赵丑胡从同行人左憧憙边贷取"帛练叁匹"，约定"其练到安西得赐物，只还练两匹"，如果获得赐物的可能性不大，在契约中专门注明这样的条款似乎也就没有必要。唐中央军资练的大量流入，是当时西州得以绢练为货币的重要背景。

对于普通百姓而言，也还有军资练之外的途径可以获得绢练。如阿斯塔那214号墓出土的《唐西州下高昌县牒为和籴事》记载"酬练壹拾贰匹"，表明官府的和籴支出是百姓手中的绢帛来源之一。阿斯塔那210号墓出土的《唐贞观二十三年（649）安西都护府户曹官为车脚价练事》，从内容看应当是安西都护府因百姓提供车脚而向百姓酬练，这也是百姓绢帛的来源之一。如果说银钱的流通是高昌国时代情况的继续，绢练在西州的流通则完全是唐朝统治介入的结果。

铜钱的流通在高昌国时代就已经开始。高昌国后期铸造的"高昌吉利"钱是一种"纪念币"，所以当时流通的铜钱应当是唐朝武德四年（621）开始铸造的"开元通宝"钱。对于高昌这样的绿洲小国，流通外来货币是平常之事，既然萨珊银币可以，"开元通宝"钱也可以。唐西州建立之后，与练迅速出现在流通市场不同，铜钱的介入要迟缓得多。中原地区的铜钱流通尚不足，西州这样的边州自然更不必论。阿斯塔那89号墓所出的《唐永淳元年（682）坊正赵思艺牒为勘当失盗事》记麹仲行家遇盗，从家婢僧香的口供中可知其丢失的财物包括铜钱。说明至晚到永淳年间普通百姓家中已有了铜钱储备。而此时已经是西州建立之后四十二年，当地已经进

---

[1] 唐长孺《吐鲁番文书中所见丝织手工业技术在西域各地的传播》，《出土文献研究》第1辑，北京：文物出版社，1985年；收入作者《山居存稿》，北京：中华书局，1989年，第397—398页。
[2] 相关讨论参见李锦绣《唐代财政史稿》（第3册），北京：社会科学文献出版社，2007年，第384—404页。

入了卢向前先生定义的"铜钱本位阶段"。此前文书中明确反映铜钱使用情况的是阿斯塔那4号墓所出的《唐支用钱练帐一》和《唐支用钱练帐二》①，两件文书内容原应相同，第二件为第一件的另一抄本。文书所出的阿斯塔那4号墓还出土了左憧憙的十余件契约，以及咸亨四年（673）左憧憙的墓志一方。因此，《唐支用钱练帐》的时间不晚于咸亨四年。就内容而言，文书应当是一级地方机构的仓曹货币支用记录。从保存内容较多的第一件来看，首先登录的是练和银钱的支用情况，随后登录的是铜钱的支用情况。就铜钱部分的记录来看，支出铜钱购买的物品并无特别之处，亦为粮食和苜蓿等。从残存部分内容来看，与银钱和练的支出相比，铜钱支用的记录最少，仅有三行左右，这反映出铜钱的流通尚不普及。

高昌国时期粮食作为流通货币使用仅限于小额交易的场合。唐西州前期，与银钱、练和铜钱相比，粮食作为货币的重要性要低一些。阿斯塔那35号墓出土的《唐垂拱三年（687）西州高昌县杨大智租田契》显示，宁戎乡人杨大智交用小麦四斛租得"口分田贰亩"。不过这种租田以粮食偿付租价的方式在高昌国时代就很常见。阿斯塔那78号墓出土的《唐令狐婆元等十一家买柴供冰井事》显示十一户合出"青稞叁胜三合"用买柴一车供冰井，平均一户出青稞三合，这是银钱和绢练都不方便充当货币的交易，粮食此时则是最为适合的选择。

唐前期粟特地区的商胡继续光顾吐鲁番绿洲，并进行交易。高昌国时代粟特商人在高昌的市场上出售商品时要求顾客用高纯度的萨珊银币支付，如阿斯塔那135号墓出土的粟特文买婢契约提示的那样②。到唐西州时期，类似的交易却是用练来支付的。如阿斯塔那35号墓出土的《唐咸亨四年（673）西州前庭府杜队正买驼契》显示，前庭府队正杜某从康国兴生胡康乌破延边买黄敦驼一头，交用的货币是练十四匹③。此时的西州银钱仍然广泛流通，但兴生胡接收的货币是练，笔者认为这很可能是兴生胡主动要求的。前文论及的阿斯塔那4号墓出土《唐支用钱练帐一》与杜队正买驼契约年代接近，其中第1行的前半部分内容是"▢▢▢三将去五匹，校尉买去二匹，用买何堨马"。上文已经介绍文书的开始部分登录的是练和银钱的支用情况。在此笔交易中，校尉买练二匹以换何堨马。校尉买练使用的很可能就是银钱，

---

① 唐长孺主编《吐鲁番出土文书》叁，第225—227页。
② 吉田豊、森安孝夫、新疆ウイグル自治区博物館《麹氏高昌国时代ソグド文女奴隷卖买文书》，《内陆アジア言语の研究》第4号，1989年，第15页；柳洪亮译文载《新疆文物》1993年第4期，第108—115页。
③ 唐长孺主编《吐鲁番出土文书》叁，第485页。

为何要费此周折，非要以练支付马价呢？很可能是应卖方的要求。也就是说马的主人要求用练交易。两桩大体同时的牲畜买卖都用练交易而不用银钱，这与高昌国时代的情况形成鲜明的对比。对于商胡而言，追求的一定是利益的最大化，获得练之后即可直接转手卖出，减少了以银钱购练的中间环节，可以赚取更大的商业利益。

第二节　西州百姓的生产与收益

西州作为唐朝设置的最西部的一个正州，自设置之时起即成为唐朝经营西域的基地，同时也仍然发挥着丝绸之路枢纽的作用。因为吐鲁番文书的出土，唐西州的社会经济情况一直是学界关注和研究的热点，但前人的研究多从唐朝的均田制和赋役制度的角度出发，对西州当地经济与丝绸之路贸易间关系则关注较少。丝绸之路贸易对西州的经济有何影响，西州百姓的经济生活与高昌国时代相比有何变化，本文将试作探究。

学界此前的相关研究成果大致可分为两个方面，一是对土地制度和赋役制度的研究，二是对西州商贸的研究，以下分别择要综述。

对土地制度和赋役制度的研究大多是从唐代制度史的角度出发。卢向前《唐代西州土地关系述论》是关于唐西州均田制研究的总结性著作，确认了均田制在西州的实施，并指出西州的授田标准符合当时唐朝狭乡授田的一般情况[1]。周藤吉之研究了大谷文书中周氏家族纳税的抄条，认为税抄涉及的名目主要属于户税，大约是在唐高宗永徽元年至乾封元年（650—666）间创设了这种"户税钱"，不但征收钱，还征收税柴，以充官吏的俸料和邮驿之用[2]。

程喜霖研究吐鲁番出土文书中的唐代公验和过所文书时指出，西州是唐朝开拓西域的基地，又是长安通往西域丝绸之路的要冲，取代了敦煌的地位，东西行客在这里转换过所或公验，使这里成为西疆最大的商品集散地。公验、过所文书说明，西州东西贸易兴隆，在这里市易或转运的商品有绢（练）、粟、马、牛、骡、驼、驴、羊等，还有口马市场经营奴婢买卖[3]。陈国灿在《唐西州在丝绸之路上的地位和作用》

---

[1] 卢向前《唐代西州土地关系述论》，上海：上海古籍出版社，2001年，第346—366页。
[2] 周藤吉之《唐中期户税的研究——以吐鲁番出土文书为中心》，周藤吉之等著《敦煌学译文集：敦煌吐鲁番出土社会经济文书研究》，姜镇庆、那向芹译，兰州：甘肃人民出版社，1985年，第774—775页。
[3] 程喜霖《唐代过所研究》，北京：中华书局，2000年，第259页。

一文中指出,在西州向东、往西的丝绸之路干线上,唐朝官府沿途都设置有馆驿,这些馆驿的后勤供给基地,就设在西州。因此,西州建置有庞大的长行坊和长运坊系统,为丝路交通提供各种后勤保障[1]。殷晴《丝绸之路与西域经济:十二世纪前新疆开发史稿》讨论唐代部分的第六章有一节《西州诸地中转贸易的兴盛》分"丝路畅通与商贸繁盛""以铜钱为主的货币流通""严格有序的市场管理"三个方面进行了论述[2]。《唐天宝二年(743)交河郡市估案》是一件可以反映唐西州商贸情况的重要文书[3]。池田温先生对文书进行了细致的整理和研究,指出市估不是制约一般交易的强制性公价,也不是公布于市场的价格,而只是市场官员参照时价决定并记录下来的公定市价。盛唐时代交河郡的物价不是该地区自发形成的,而是在唐朝价格体系强烈影响下产生的,可以反映盛唐物价的轮廓,与都城及其他地区应当相近。交河郡的农牧业已经突破了小规模自给自足经济的框架,成为流动经济的一个组成部分[4]。李鸿宾《唐代西州市场商品初考——兼论西州市场的三种职能》通过天宝二年市估案考察了西州市场商品的来源和产地,总结了西州市场的三个职能。第一,唐朝内地以丝绸为主的商品经由西州市场输往各少数民族地区和中亚、西亚等地;第二,西州市场向周边地区和来往的商旅供应本地及西北生产的各种日用品和畜牧用品,这种作用与当地人民的关系更直接、更密切。第三,西州是唐朝接受外来商品和外来文化最西部最重要的地区,国外(波斯、印度、西亚及东罗马等)商品须要经此东传[5]。姚崇新《中外医药交流视域下的西州药材市场——以〈交河郡市估案〉为中心》分析了市估案药材商品所用量制,认为西州药材市场应以进行批发贸易为主。从种类和数量对比来看,虽然内地所产药物占多数,但涉外药物也占有相当比例。西州药材市场其实是来自东方(中国内地、东北亚)、西方(中亚、西亚)和南方(南亚、东南亚)的药物的大汇聚。因为地处内地和西域的过渡地带,西州药材市场是唐朝陆道系统首次连接的域内与域外药物交流的平台,或者说是唐朝陆上对外药材

---

[1] 陈国灿《唐西州在丝绸之路上的地位和作用》,《吐鲁番学研究》2006年第2期;收入《陈国灿吐鲁番敦煌出土文献史事论集》,上海:上海古籍出版社,2012年,第210—211页。
[2] 殷晴《丝绸之路与西域经济:十二世纪前新疆开发史稿》,北京:中华书局,2007年,第347—368页。
[3] 文书的拼合和录文参见陈烨轩《〈唐天宝二年(743)交河郡市估案〉新探》,荣新江主编《丝绸之路上的中华文明》,北京:商务印书馆,2022年,第306—343页。
[4] 池田温《中国古代物价初探》,《史学杂志》第77编第1、2期,1968年;韩昇译本收入池田温《唐研究论文选集》,北京:中国社会科学出版社,1999年,第151、159—160页。
[5] 李鸿宾《唐代西州市场商品初考——兼论西州市场的三种职能》,《敦煌学辑刊》1988年第1、2期;收入作者《隋唐五代诸问题研究》,北京:中央民族大学出版社,2006年,第284—287页。

贸易的前沿[①]。孟宪实研究指出，唐代西州是马匹贸易的重要市场，不仅西州当地用马会从西州市场购买，而且西北各地都有到西州购买的记录，西州马价相较于敦煌和中原是比较低的[②]。以上研究都揭示了唐西州的市场与东西方之间的密切联系，强调了唐西州的市场在促进东西方的商品交流方面发挥的突出和重要作用。

李方《唐西州九姓胡人生活状况一瞥——以史玄政为中心》利用与史玄政有关的十六件文书对其人进行了综合研究，指出他利用身份之便支配逃户土地，又放高利贷盘剥其他九姓胡人，从而在政治上、经济上都取得了巨大利益[③]。

学界已有的成果概况如上所述，新的研究需要有新的视角。唐西州建立之初的六十余年，国际通货——萨珊波斯银币继续作为货币在当地使用，一直到7世纪末银钱才被唐朝的"开元通宝"铜钱所取代。唐西州时期银钱继续行用了半个多世纪，这也提示我们唐西州经济与丝绸之路的密切联系。西州百姓的银钱从何而来，这是我们考察丝绸之路与唐西州地方经济间关系可以采用的切入点。

唐西州的垦田面积据《通典》的记载为"九百顷"，而高昌国被唐所灭时户数是8046，户均土地面积应在11亩左右。那么实际情况怎么样呢？

唐朝大约在贞观十六年之后开始在新建立的西州推行了均田制。西州作为狭乡，授田标准按照一丁常田4亩、部田2亩的标准执行，中宗景龙之后授田标准又增加到一丁常田4亩，部田6亩，但从开元廿九年高昌县的欠田簿来看，授田不满标准额的户相当多[④]。我们研究留存至今的唐代手实、户籍等资料，可以了解百姓占有土地面积的情况。如阿斯塔那35号墓出土《武周载初元年（689）西州高昌县宁和才等户手实》（以下简称《宁和才手实》）[⑤]，日本东京国立博物馆、书道博物馆藏《唐开元四年（716）西州柳中县高宁乡籍》（以下简称《高宁乡籍》）[⑥]，德藏《唐天

[①] 姚崇新《中外医药文化交流视域下的西州药材市场——以〈交河郡市估案〉为中心》，《文史》2009年第4期；收入作者《中古艺术宗教与西域历史论稿》，北京：商务印书馆，2011年，第403、415—419页。
[②] 孟宪实《唐西州马价考》，《新疆师范大学学报（哲学社会科学版）》2016年第3期，第117—125页。
[③] 李方《唐西州九姓胡人生活状况一瞥——以史玄政为中心》，《敦煌吐鲁番研究》第4卷，北京：北京大学出版社，1999年；收入作者《唐西州行政体制考论》，哈尔滨：黑龙江教育出版社，2013年，第283—308页。
[④] 参见池田温《初唐西州土地制度管见》，《史滴》第5号，1984年；韩昇译本收入池田温《唐研究论文选集》，第274—276页。
[⑤] 唐长孺主编《吐鲁番出土文书》叁，第498—516页。
[⑥] 池田温《中国古代籍帐研究》，龚泽铣译，北京：中华书局，2007年，第100—104页。

宝年间交河郡蒲昌县籍》（以下简称《蒲昌县籍》）[1]，阿斯塔那35号墓出土《唐神龙三年（707）高昌县崇化乡点籍样》（以下简称《崇化乡点籍样》）[2]登录了一些家户的土地占有情况，可以作为统计的标本。《宁和才手实》登录载初元年的宁和才、王隆海、史苟仁等11户的情况，表格只取数据完整的8户。《高宁乡籍》登录了江义宣、王孝顺、索住洛等5户的情况。《蒲昌县籍》登录了佚名某户的数据。《崇化乡点籍样》登录康禄山、康陁延、康思义等37户的完整情况。需要说明的是，下表仅收田亩数据完整的人户，凡有残缺者一般不收[3]。

表 6-1　户籍材料中的田亩信息表

单位：亩

序号	户名	面积	序号	户名	面积	序号	户名	面积
1	宁和才	5.17	19	何莫潘	25.17	37	佚名5	5.17
2	王隆海	20	20	康阿子	23.17	38	赵独立	9.17
3	史苟仁	4	21	安德忠	10.29	39	夏运达	7.17
4	翟急生	10.29	22	康外何	3.17	40	刘戍	2.5+
5	曹多富	2.17	23	康那虔	7.17	41	佚名6	5.17
6	王具尼	5	24	何无贺呐	5.17	42	郑思顺	5.17
7	康才义	2.59	25	石浮呐盆	10.17	43	白胡仁	9.15
8	唐钦祚	10.17	26	竹畔德	17.17	44	郭桃叶	5.17
9	江义宣	13.33	27	竹熊子	9.17	45	曹玄恪	10.17
10	王孝顺	4.17	28	康阿丑	5.17	46	郭忠敏	9.17
11	索住洛	8.17	29	石浮呐满	10.17	47	佚名7	20.17
12	佚名3	29.79	30	阴阿孙	5.17	48	白盲子	15.5

---

[1] 荣新江、史睿主编《吐鲁番出土文献散录》，北京：中华书局，2021年，第528—529页。
[2] 唐长孺主编《吐鲁番出土文书》叁，第533—544页。
[3] 需要说明的是，《崇化乡点籍样》登录的前半部分都是括附的家户信息，户主以黄、小居多之外，也有老寡、丁寡、中女等，也都没有给授田宅，这些也反映当时一部人户的土地情况，但毕竟属于特殊情况，不计入统计（《崇化乡点籍样》后半部分可以看到像七十九岁的康阿丑老寡，也有5.15亩受田）。另外还有卫士康迦卫，因逃亡满十年，田宅退并还公，虽然也反映一种特殊情形，但不计入统计。另外表格中的"刘戍"受田信息可见"二亩半 ["，佚名9的受田信息可见"合已受田一十亩卅‥"，虽然两户田亩信息可能有残缺，但即便如此误差都在半亩以内，为增加标本，以上两户也列入表格。

272

续 表

序号	户名	面积	序号	户名	面积	序号	户名	面积
13	白小尚	0.17	31	曹伏食	12.17	49	佚名8	11.17
14	阴婆记	4.17	32	曹莫盆	13.17	50	郑隆护	10.7
15	佚名4	6.17	33	康寿感	8.17	51	佚名9	10.17+
16	康禄山	9.33	34	康演潘	10.17	52	佚名10	10.25
17	康陁延	10.17	35	安义师	14.17			
18	康思义	8.17	36	萧望仙	5.29			

据以制作上件表格的4件手实、户籍文书年代约自武周时期到玄宗天宝年间。4件文书因性质不同，所以信息登录的重点不同，田亩信息也详略不一。最为详尽的是手实和户籍，户主每块土地的类型、面积、四至方位都有记载；最为简略的是点籍样，仅有已受田数的总面积。从手实和户籍文书可知，每户的受田总数都包含居住园宅在内。居住园宅的面积一般都是40步，极少数有20步或70步等。田地类型最为常见的是常田和部田。手实和户籍中还有葡萄园、菜园，这两类也都包含在常田的范围之中，《崇化乡点籍样》中记载笼统，其中的田亩总额中也可能有这两类田地。

统计上件表格中田亩总面积留存的52户，共有土地493.3亩，户均9.49亩[①]，折合8.26市亩。这与中宗景龙之后西州的授田标准10亩非常接近[②]。西州的授田标准由西州建立之初的6亩增加到后来的10亩，这一变化是从户籍类文书中发现的，至于其调整的原因是什么，并不清楚。从笔者的统计来看，这一调整很可能是基于现实中土地授受的可能性做出的。上文依据"垦田九百顷"计算所得户均11亩的数

---

① 需要说明的是，上件表格中《宁和才手实》中的王隆海、史苟仁、王具尼三户有土地，但却没有居住园宅，尤其王隆海土地多达20亩，却未见登记居住园宅。而《高宁乡籍》记白小尚"右件壹户放良其口分田先被官收讫"，但即便如此，户籍中仍然记载白小尚一家有40步居住园宅。由此观之，《宁和才手实》中王隆海等三户没有登记居住园宅应该是漏记。这种漏记也会影响户均田亩数字。

② 需要说明的是，中古时期吐鲁番盆地的土地可分为常田、潢田、部田等类型，唐西州时期部田又分为一易、二易、三易等多种，并且部田的比例很可能还较常田更大，不同类型的土地产量自然会有差别。这种情况自高昌国时期至唐西州时期一直存在，但土地的类型在许多文书中并不标明，没有办法在数据统计时分别统计常田和部田的数字。田亩统计数据中同时包含常田和部田等几种类型，这是当时的一般情况，此处的数据也毋须区分。特此说明。

据略高,显然是没有将屯田、职田、公廨田考虑在内所致。

笔者曾采集高昌国时期的田亩数据,得83户的平均土地面积3.81亩,82户的平均葡萄园面积1.61亩[1],两者相加得5.42亩,折合3.75市亩。唐西州时期的数据我们采集较少,据以得出的平均数可能不一定准确反映实际,但作为抽样,这不多的数据也具有一定的意义。唐西州时期均田制的推行可能使得当地百姓拥有的土地面积有所增加,这是一个基本事实。

唐西州时期的人口与高昌国时期相比有较大的增幅。唐灭高昌国时期的户数是8046,口37738[2];开元年间的户数为11647[3];盛唐时的户数为11193,口50314[4]。从初唐到盛唐人口增加超过12000。唐西州建立后,虽然高昌国时代的王族、豪族以及部分年轻力壮的普通人迁居中原,但也有中原人迁入唐西州[5],总体上当地人口数量没有大的波动,人均土地面积不会因为人口大量减少而有显著增加。在这种背景下,人均土地面积的增长非常引人注目。究其原因,应当与高昌国时期原本王家所有出租取利的土地投入均田系统有很大关系[6]。进而唐西州时期百姓较高昌国时期能直接耕种更多土地,产出更多的成果,百姓的收入来源及收入结构亦应同时改变。

唐西州栽培的农业作物品种也有增加,文书显示青稞在当地被当作粮食作物广泛种植。唐代关中地区主要粮食作物包括粟、小麦、大麦、稻、菽等[7],青稞并不在其中,但我们在唐令《仓库令》中看到了"麦饭、小麦、青稞(稞)麦、大豆、麻子一斗,各当粟一斗"[8]的记载。《仓库令》提到"青稞"并非无的放矢,唐西州就有青稞的种植,并被大量用作马匹饲料。《武周天授二年(691)总纳诸色逋悬及屯收义纳粮帐》中登录的诸色逋悬中有二石三斗六升青稞,可证明青稞为官仓征收之物。《唐租田所得地子青稞帐》《唐和籴青稞帐》都可证明当地百姓种植青稞。开元之

---

[1] 裴成国《文书所见高昌国平民土地占有状况研究》,朱玉麒主编《西域文史》第8辑,北京:科学出版社,2013年,第105—127页。
[2] 《唐会要》卷九五《高昌》,上海:上海古籍出版社,2006年,第2016页。
[3] 李吉甫《元和郡县图志》卷四〇《陇右道下》,北京:中华书局,1983年,第1030页。
[4] 《通典》卷一七四《州郡下》,北京:中华书局,1988年,第4557—4558页。
[5] 刘安志《唐初西州的人口迁移》,《中华文史论丛》2007年第3辑;收入作者《敦煌吐鲁番文书与唐代西域史研究》,北京:商务印书馆,2011年,第31—43页。
[6] 高昌国时期的土地租佃契约中有多件记有"租佃镇家田""镇家菜园"者,所指当即官府所有土地的租佃。
[7] 杨希义《唐代关中农业经济的主要产品及其地理分布》,《西北大学学报(哲学社会科学版)》1986年第1期,第72—75页。
[8] 天一阁博物馆等校证《天一阁藏明钞本天圣令校证(附唐令复原研究)》,北京:中华书局,2006年,第283页。

后我们在吐鲁番文书中找不到关于青稞的记载，却见到了大量之前未见的关于"青麦"的记载。《唐开元八年（720）麴怀让举青麦契》记载了麴怀让当年九月五日向道观举青麦之事，由此可见青麦并非没有完全成熟的小麦。周藤吉之认为青麦就是青稞麦[①]，笔者认为可以信从[②]。

青稞适合在气候凉爽的地方种植，在素有"火州"之称的吐鲁番盆地的腹地自然不可能种植。阿斯塔那20号墓所出《唐神龙二年（706）白涧屯纳官仓粮帐》中记载"已上叁拾叁上字，计青稞杂大麦陆伯陆拾硕"，另一残片又记载"已上壹拾叁上字，计青稞杂大麦贰伯陆拾硕"[③]，两处涉及的青稞数量不少，这提示我们文书中的青稞很可能是白涧屯所在的白水镇所产。王炳华认为白水镇是设置在西州境内白水涧道上的镇城，白水涧就是今白杨沟峡谷，这条山道经白杨沟峡谷、达坂城、盐湖、柴窝堡而抵达天山北麓乌鲁木齐地区，历史上是由吐鲁番盆地进入突厥处月部落的通道[④]。白涧屯当即白水镇附近的屯田，因为地当要道，所以专门设置屯田以自给。与此类似，天山阿拉沟峡谷东口有鸜鹆镇[⑤]，附近也设置了屯田，并有专门的鸜鹆仓[⑥]。唐西州在白涧屯、鸜鹆镇这些海拔较高的地带可能种植有青稞。高昌国时期的文书迄今未见有关青稞的记载，但阿斯塔那149号墓和173号墓中都曾出土过青稞。两墓的年代都被定为高昌时期[⑦]，其中149号墓因未出文书，年代难以确知，但173号墓出土有《高昌延寿十年（633）元儿随葬衣物疏》[⑧]，可以确定为高昌国时期墓葬。高昌国时期即便有青稞种植，面积亦应当很小；而从文书情况来看，唐西州时期青稞种植的重要性显著提升，面积亦应不小。

唐朝的统一推动了当地农业经济的发展，这在很多方面都有体现。首先，先进的农业生产工具可以更加便捷地运输到西州。唐代生产工具的改进和推广主要表现

---

① 周藤吉之《吐鲁番出土佃人文书的研究——唐代前期的佃人制》，周藤吉之等著《敦煌学译文集：敦煌吐鲁番出土社会经济文书研究》，姜镇庆、那向芹译，第58、106页。
② 亦参见王启涛《吐鲁番出土文书词语考释》，成都：巴蜀书社，2005年，第380—381页。
③ 唐长孺主编《吐鲁番出土文书》叁，第477—478页。
④ 王炳华《唐西州白水镇初考》，《新疆社会科学》1988年第3期；收入作者《西域考古历史论集》，北京：中国人民大学出版社，2008年，第67—71页。
⑤ 王炳华《阿拉沟古堡及其出土唐文书残纸》，荣新江主编《唐研究》第8卷，北京：北京大学出版社，2002年；收入作者《西域考古历史论集》，第95—110页。
⑥ 凌文超《普林斯顿大学葛斯德图书馆藏两件天山县鸜鹆仓牒考释》，《吐鲁番学研究》2009年第2期，第79—83页。
⑦ 王素《高昌史稿·交通编》，北京：文物出版社，2000年，第120—121页。
⑧ 唐长孺主编《吐鲁番出土文书》壹，第421页。

在短辕犁的定型，只要一牛曳引，即可深耕、精耕；其他锄、镰等农具也都有改进，河西走廊开始使用二牛抬杠曳引的大犁[1]。敦煌文书 P.3714《唐高宗总章二年（669）八月九月传马坊传马传驴使用文书》记载"右件人马驴去七月四日差送铁器往伊州"，可见铁器也是从河西走廊输入西域的产品，西州自然也能借此获得最先进的工具。《唐天宝二年（743）七月交河郡市估案》显示当时交河郡的市场上有锄（壹孔，上直钱伍拾伍文次伍拾文下肆拾伍文），还有钢镰（一张，上直钱伍拾伍文次伍拾文下肆拾伍文）。高昌国时期并不缺乏铁的来源，突厥铁师也一度驻在高昌，可以为高昌国锻造铁器[2]，甚至箭镞[3]，但农具制作并非突厥所长。唐西州建立后，中原最先进的钢铁农具也在当地的市场上售卖，无疑会推动农业生产发展。阿斯塔那 15 号墓所出的《唐杂物牲畜帐》登记了许多金属器具及牲畜，器具有部分是破损的。这应当是使用中的器物统计帐，各种器物往往都不止一件，如"切刀叁""小锯肆""菜瓮柒"等，似不应为普通家庭所有。同墓出土了《唐西州高昌县弘宝寺僧及奴婢名籍》三件，此《唐杂物牲畜帐》很可能即为弘宝寺所有。其中登录有"镰叁拾叁个、犁肆具""水磨壹合、中磨贰合、大牛捌头"，说明当时的西州有条件使用最先进的农具。唐代前期河西走廊的农业生产在前代基础上实现了更大规模的发展[4]，至天宝时期"天下称富庶者无如陇右"[5]，西州亦在陇右道范围之内且又毗邻河西走廊，理应也获得重大发展。胡戟认为唐代粮食平均亩产量通常不少于 1 石[6]；李并成推算武周时期甘州大面积田亩的平均亩产量是 1.5 石，并认为西州小麦的一般亩产应为 1.32—1.46 石，比甘州略低[7]。与甘州不同，西州因为气候温暖，自高昌国时期常田即可进行复种[8]，所以实际单位面积产量应该更高。总之，西州应属唐代劳动生产率较高的地区。

---

[1] 吴宗国《隋唐五代简史》，福州：福建人民出版社，1998 年，第 194—195 页。
[2] 吴玉贵《高昌供食文书中的突厥》，《西北民族研究》1991 年第 1 期；收入作者《西暨流沙：隋唐突厥西域历史研究》，上海：上海古籍出版社，2020 年，第 98—102 页。王新民《麴氏高昌与铁勒突厥的商业贸易》，《新疆大学学报（哲学人文社会科学版）》1993 年第 3 期，第 58—59 页。
[3] 裴成国《论高昌国的骑射之风》，《西域研究》2016 年第 1 期，第 11 页。
[4] 李并成《唐代前期河西走廊的农业开发》，《中国农史》1990 年第 1 期，第 12—19 页。
[5] 《资治通鉴》卷二一六"天宝十二载八月戊戌条"，北京：中华书局，2011 年，第 7038 页。
[6] 胡戟《唐代粮食亩产量——唐代农业经济述论之一》，《西北大学学报（哲学社会科学版）》1980 年第 3 期，第 75 页。
[7] 李并成《唐代前期河西走廊的农业开发》，第 16 页。
[8] 参见町田隆吉《六—八世紀トゥルファン盆地の谷物生産》，《堀敏一先生古稀記念：中国古代の国家と民衆》，东京：汲古书院，1995 年，第 633—648 页。

除了粮田之外，唐西州时期葡萄园和菜园也有相当分布，并且从手实来看，葡萄园面积也算在常田之内。《宁和才手实》中康才义的常田面积不过 0.5 亩，葡萄园面积却有 1.5 亩，并且另有菜地一百步（0.42 亩）。康才义户的授田不足，但田地类型包含常田、葡萄园和菜地三种，却是在王隆海、翟急生、宁和才等授田足额、土地较多的人户中未曾出现过的情况。另外一户康才宝的土地信息有残缺，但此人的两处葡萄园共计 5.75 亩，并且有 1.79 亩的菜地，这两项面积之大都非常引人注意。与常田、部田主要种植粮食作物不同，菜地和葡萄园则种植经济作物，后者投入大，产出也高。康才义和康才宝是典型的粟特姓氏，两人的土地中经济作物种植面积都明显较大，或许与田地主人的粟特背景有关[1]。《宁和才手实》中共出现八段葡萄，除一处位置不详外，其他七处分布情况：一处在城北一里孔进渠，一处在城北一里张渠，一处在城北二里孔进渠，两处在城北二里石宕渠[2]，一处在城西一里左官渠，一处在城西六里天山县。除最后一处位置稍远之外，其他六处都在高昌城周边一二里处，尤其以分布在城北的为最多。这很容易使人想到当时的西州水源多来自北方山地，城北一带显然是浇灌最为便利之处。常田如果种植葡萄，想必也需要考虑浇水是否便利的问题。我们知道均田制实施环节中有"请田"这一步骤，由《唐开元二十九年（741）冬西州高昌县给田关系牒》第七件[3]可知当时的百姓也可向官府表达自己对请田位置的意见。笔者认为两户粟特康氏拥有的土地中经济作物所占面积较大，可能与他们在授田过程中的争取有关。

从户籍手实文书中我们看到西州土地类型有"世业常田""世业部田""世业桃""世业菜"等[4]，贞观之后的文书中改成"永业陶""永业菜"等[5]。其中的"永业"（世业）桃、菜指的是作为永业田分配的葡萄园和菜园。高昌国时期有专门的租酒缴纳，这在唐西州则未见。租庸调制中的租是缴纳粮食，西州种植葡萄和菜的土地田租应当也是缴纳粮食。葡萄园的收益较粮田为高，这从契约中的租佃价格可以看得很清楚。

---

[1] 关于唐代西州的粟特人情况，参阅斯加夫《公元 7—8 世纪高昌粟特社会的文献记录：唐朝户籍所见文化的差异和演变》，荣新江、华澜、张志清主编《粟特人在中国：历史、考古、语言的新探索》，北京：中华书局，2005 年，第 141—164 页。
[2] 表 6-1 所列《宁和才手实》中的最后一户佚名者的第一处葡萄园位置部分有残缺，仅存"□□里石宕渠"，此处姑且认定为"城北二里石宕渠"。见唐长孺主编《吐鲁番出土文书》叁，第 516 页。
[3] 池田温《中国古代籍帐研究》，东京：东京大学出版会，1979 年，第 434 页；中译本《中国古代籍帐研究》，龚泽铣译，第 290 页。
[4] 唐长孺主编《吐鲁番出土文书》叁，第 55—56 页。
[5] 池田温《中国古代籍帐研究》，龚泽铣译，第 100—104 页。

如《武周长安三年（703）西州高昌县严苟仁租葡萄园契》中所显示，租一段二亩的葡萄园，五年的总租金是铜钱 2720 文[1]，折合银钱 85 文，每亩葡萄园每年的租金折合银钱 8.5 文。《唐垂拱元年（685）十一月十一日酒泉城吕某租取田尾仁等常田契》中显示，"常田壹亩"的租价是"小麦贰斛五斗、粟贰斛五斗"，共五斛[2]。高昌国时期葡萄酒生产即有相当大的规模，产品销往突厥等周边政权。唐朝统一西域之后，西州葡萄酒的销售范围扩大，更加促进了当地葡萄酒的生产。

另外唐代西州的手实中一般都注明一段卌步居住园宅[3]。卌步作为官方的居住园宅给授标准，其实是很低的。阿斯塔那 152 号墓出土的《唐焦延隆等居宅间架簿》为我们提供了唐初西州城居百姓的居住情况信息。据池田温先生统计，有宅基地面积数据留存的十户人家，平均拥有的宅基地面积为 250 步余，远远高于卌步的给授标准[4]。文书中宅基地面积最小的一户东西九步，南北八步，房舍仅三间，由此我们可知卌步的居住园宅应当仅够修建房舍，而没有多余土地用于种菜或进行其他经营活动。在《宁和才手实》中就有三户的土地当中有菜园，如康才宝有"一段一亩一百八十九步"菜地，康才义有"一段一百步"菜地，某户有"一段半亩"菜地，另有一块菜地面积不详。文书涉及的四块菜地尽管面积大小不等，但都在同一位置——城北一里张渠，由此看来此渠是西州菜园的集中分布之地。菜园毗邻高昌城，既方便城中百姓出城经管，也方便将蔬菜运至城内。从《宁和才手实》看，十户信息较完整的人户中有菜园的仅三户，其他七户则没有菜园，另外没有土地的人户的蔬菜供应问题应当也都要靠市场来解决。康才宝菜地面积多达"一亩一百八十九步"，生产的蔬菜自然会有剩余可以供应市场，这成为一部分百姓获得银钱收入的重要途径。

西州百姓的土地占有数量是高昌国时期的两倍多，而与高昌国时期相比，西州租佃制非常发达，其中一个重要原因是土地零碎且分散，也与当地社会生产力发展到一定水平，商品经济发达，之前的高昌国时期就存在租佃制有关[5]。两相比较，高

---

[1] 唐长孺主编《吐鲁番出土文书》叁，第 432 页。
[2] 荣新江、李肖、孟宪实主编《新获吐鲁番出土文献》，第 364 页。
[3] 本文讨论的《宁和才手实》中翟急生一户的居住园宅有七十步。另外，有土地的王隆海、史苟仁两户，及没有土地的杨支香等人的手实中都没有登记园宅信息。排除全都漏记的可能性，当时的西州人中可能真的存在赁居的情况。
[4] 池田温《吐鲁番・敦煌文书にみえる地方城市の住居》，《中国都市の历史的研究》，东京：刀水书房，1988 年，第 168—189 页。
[5] 参阅赵文润《隋唐时期吐鲁番地区租佃制发达的原因》，《陕西师范大学学报（哲学社会科学版）》1987 年第 1 期，第 104—108 页。

昌国时期以当年租佃，收获后偿付夏价的方式为主；到唐西州时期则变为前一年就租佃好下一年的土地，提前偿付夏价的方式[1]。西州租佃土地资源比高昌国时期紧张确实是显而易见的，而这种紧张，笔者认为也可能与土地利用率变高，生产效率提升有关系。

此前论者对西州租佃制发达的原因论述已多，认为可能还与西州的专业化分工有关。唐西州时代的契约类型较高昌国时代增加了雇人上烽契约，178件唐西州契约中有16件是雇人上烽契，另外还有其他雇佣契约9件。高昌国时期百姓是否也须上烽，目前不详，但雇人上烽契一件也没有发现，其他雇人契约总共也只有6件。高昌国时代的普通丁男都有在国都诸城门把守巡逻的差役[2]，也有到兵部客馆接待客使的差役[3]，但迄今未发现雇人把守城门或看客馆的契约。相比较而言，西州雇人上烽契的大量存在值得关注，笔者认为这是唐西州专门化分工发展趋势使然。

在百姓土地占有量增加、先进生产工具输入、新作物栽培范围扩大、专门化分工发展、土地利用率提高等因素的共同作用下，唐西州生产的发展自然有了保障。生产的发展会导致收益增加，但并不直接促成百姓生活的改善，还必须考虑赋役负担的轻重问题。

根据贞观户籍，西州丁男一人的租调是"租六斗、缣布贰丈"，与唐赋役令中"租二石，调布二丈五尺、麻三斤"的规定不同，但学界认为此即西州的租调征收标准[4]。李锦绣把唐前期赋税收入类型分为六种：课（租庸调）、税（地税、户税）、资课、附加税、杂税、对少数民族地区的轻税。其中附加税包括税草、脚钱、营窖、折里、裹束、加耗等一切附加于租庸调与地、户税上的税收。杂税包括籍帐钱、埭程、除陌等商税及临时杂差科等各种杂科税、地方杂税[5]。需要说明的是，在永徽至开元之间，纳资纳课并不普遍，诸色人仍以番役为主；除陌钱是德宗以后才开始征收的，所以这些税收与唐前期的西州无关；少数民族地区征收的轻税也与西州无涉。总体

---

[1] 裴成国《吐鲁番出土契约研究》，中国人民大学2006届硕士学位论文，第25—29页。
[2] 裴成国《论高昌国的骑射之风》，第7—10页。
[3] 王素《高昌史稿·交通编》，第548—551页。
[4] 李锦绣认为租六斗不是粟额，而是米额，米六斗相当于租粟二石的一半。参见李锦绣《唐代财政史稿》（第2册），北京：社会科学文献出版社，2007年，第37—39页。按，在唐朝的关陇和中原地区，粟是农作物的主要品种，粟纳二石本来就以粟为基准。西州的农作物也以粟为主，且并不产米，西州贞观户籍中的租自然应当是指粟，不应是米。
[5] 李锦绣《唐代财政史稿》（第2册），第3页。

来说，唐西州的赋税征收较高昌国时期为轻①，应当是没有问题的。

百姓的土地增加了，是不是收益就增加了？那么，其中丝绸之路的存在到底发挥了什么样的作用？

第三节 客使接待与西州地方经济

唐朝自贞观初年开始稳步推进对西域的经营，至唐高宗初年平定阿史那贺鲁的叛乱，龙朔二年（662）在广大中亚地区建立羁縻府州实施有效管辖。至此，粟特地区也成为唐朝疆域，极大地便利了西域与唐朝的商贸往来。这一时期的商贸往来有朝贡贸易和兴胡贩易两种形式。据统计，中亚诸国向唐通贡的时间从武德七年（624）开始一直持续到代宗大历七年（772）。通贡比较频繁的时间又主要是太宗贞观年间、高宗年间及玄宗开元、天宝年间，尤以开元、天宝年间最为集中，这主要与唐的政策及当时中亚的形势有关。其中，波斯通使34次，康国40次，安国24次，石国27次，拔汗那26次，勃律国16次，吐火罗27次②，频率之高由此可见。在唐朝的统治之下，西域地区治安稳定，管理有序，贸易环境大为改善。当时进入西州的，既有朝贡使者、粟特兴胡、著籍胡商，也有汉地商人，总人数应当相当大。这些使团和商队的到来从两个方面影响了当地经济，一是便利了本地产品的销售，二是供应客使推动了当地经济发展，增加了百姓收入。以下分别讨论。

葡萄酒从汉代开始即由西域输入中原，汉唐时期葡萄酒是丝绸之路上的重要商品。《史记·大宛列传》记大宛"以蒲陶为酒，富人藏酒至万余石，久者数十岁不败"③，《后汉书·西域传》记粟弋国"蒲萄酒特有名"④，《晋书·吕光载记》记龟兹"家有蒲桃酒，或至千斛，经十年不败"⑤。胡人嗜酒，蒲桃酒的生产和销售可能也是西

---

① 关于高昌国的赋役制度情况，现在学界研究已经比较充分，参见裴成国《丝绸之路与高昌经济——以高昌国的银钱使用与流通为中心》，朱玉麒主编《西域文史》第10辑，北京：科学出版社，2015年，第131—132页。
② 韩香《隋唐长安与中亚文明》，北京：中国社会科学出版社，2006年，第59—61页。许序雅统计康国朝贡40次，安国24次，石国27次。参见许序雅《唐朝与中亚九姓胡关系演变考述——以中亚九姓胡朝贡为中心》，《西域研究》2012年第1期，第2—3页。
③ 《史记》卷一二三《大宛列传》，北京：中华书局，2014年，第3824页。
④ 《后汉书》卷八八《西域传》，北京：中华书局，1965年，第2922页。
⑤ 《晋书》卷一二二《吕光载记》，北京：中华书局，1974年，第3055页。

域富人致富的重要手段，外销当然是其重要途径。原产西域的葡萄在中原地区栽培虽然自汉代已经开始，但在唐代以前，中国内地的葡萄种植仅限于个别地区，内地百姓也尚未掌握葡萄酒酿造技术，葡萄酒应当是从凉州或西域输入的[1]。贞观十四年（640），唐朝灭高昌之后才从其地学会了酿造葡萄酒的方法[2]。唐代长安"酒家胡"所售卖的最有特色、最具竞争力的商品应该就是葡萄酒。芮传明根据李肇《唐国史补》中记载的唐代名酒有"河东之乾和葡萄"，认为唐代河东既然已经可以生产葡萄酒，那么长安及其他地区的葡萄酒应该都是自酿或当地出产，即便来自外地，也不太可能来自域外[3]。唐代疆域广阔，西州和安西四镇当然也不能算作域外。相比较而言，西域作为中国最早栽培葡萄和酿造葡萄酒的地区优势还是很明显的。正如我们所知，唐人名句"葡萄美酒夜光杯"，吟唱的是凉州的葡萄酒，在唐人的心目中，最有名的葡萄酒始终来自西域，或者"准西域"的凉州[4]。在这种情况下，葡萄酒从西域输入中原自然不可避免。根据开元十五年（727）五月史国献葡萄酒的记载[5]，以及鲍防诗中所云"天马常衔苜蓿花，胡人岁献葡萄酒"[6]来看，唐代西域葡萄酒通过朝贡或贩卖运抵中原，应该是个基本事实[7]。

葡萄酒作为商品销售，运输的问题是首要的。最早的商业文书——粟特文古信札中已经提到酒，高昌国的冻酒就曾进贡给梁武帝[8]，说明葡萄酒在运输技术上不存

---

[1] 谢弗《唐代的外来文明》，吴玉贵译，北京：中国社会科学出版社，1995年，第309—314页。芮传明根据《酉阳杂俎》卷一八《木篇》中庾信等人的对话推测，尽管当时邺城、京兆等个别地区种植葡萄，但仍经常从西域输入葡萄酒，中国内地恐怕尚未掌握酿酒法；到6世纪中叶，葡萄酒依然是从域外输入，或者至少是从西北边远地区输入。见芮传明《葡萄与葡萄酒传入中国考》，《史林》1991年第3期，第48—49页。
[2] 《唐会要》卷一〇〇《杂录》，第2134页。芮传明根据唐初诗人王绩诗作曾提及葡萄酒，认为《册府元龟》卷九七〇记载的唐太宗在平高昌之后得其酒法自酿葡萄酒的事件既非中国境内第一次酿造葡萄酒，也非中国葡萄酒酿造业的起源，而是域外葡萄酒及其制法在唐代传入中国之热潮中的一个突出事件，是众多"平行输入"事例中的一个。见芮传明《葡萄与葡萄酒传入中国考》，第49页。
[3] 芮传明《葡萄与葡萄酒传入中国考》，第48—49页。
[4] 芮传明《唐代"酒家胡"述考》，《上海社会科学院学术季刊》1993年第2期，第163页。
[5] 《册府元龟》卷九七一《外臣部》十六，南京：凤凰出版社，2006年，第11239页。按，《册府元龟》记载西域国家朝贡，大多仅言"来朝""献方物"，而不言贡献的具体内容。开元十五年五月"史国献胡旋女子及蒲萄酒"，重点也应在"胡旋女子"，葡萄酒则是被顺便记载下来的，不能排除葡萄酒是当时粟武九姓经常贡入的物产的可能。
[6] 鲍防《杂感》，彭定求等编《全唐诗》卷三〇七，北京：中华书局，1960年，第3485页。
[7] 蔡鸿生《唐代九姓胡与突厥文化》上编《唐代九姓胡》"九姓胡的贡表和贡品"认为："'胡人岁献葡萄酒'，是完全符合自身（引者按，指九姓胡的）物质文化状况的。"北京：中华书局，1998年，第68页。
[8] 王素、李方《〈梁四公记〉所载高昌经济地理资料及其相关问题》，《中国史研究》1984年第4期，131—135页。

在问题[①]。葛承雍结合文献资料和出土器物资料，认为葡萄酒是装在皮囊酒袋内运输的，并从大量的胡俑形象中找到了印证[②]，进一步揭示了葡萄酒长距离运输的具体操作办法。

葡萄是吐鲁番盆地从古至今种植的最具特色的经济作物，高昌国时代葡萄酒生产及外销就有相当规模，而官方在葡萄酒外销中扮演了重要角色[③]，朝贡使者也把冰酒带到了南朝梁的宫廷[④]。吐鲁番盆地在高昌国时代就有相当数量的粟特人居住，如康保谦在原本已有葡萄园的情况下再次买入葡萄园，拖欠租酒不纳而缴以银钱，其他赋税也多以银钱代纳。从以上迹象来看，他应当是很善于经营的，很可能是将自己葡萄园产出的葡萄酒用于买卖牟利了[⑤]。唐西州的种植结构是对之前高昌国时代的延续，以粮食和葡萄为主，葡萄酒仍然是重要产品。长安及中原地区即便出产葡萄和葡萄酒，品质也无法与西域相比；而西域最有名的葡萄产地当属吐鲁番与河中地区，如果考虑运输成本，西州地近河西走廊，优越性是其他地区难以比拟的。《新唐书·地理志》记载西州交河郡土贡葡萄酒和葡萄浆[⑥]，而当时经过粟特等商贩由西州输入内地的葡萄酒数量应该更大。

唐西州建立后，当地的粟特人并没有减少。"武周革命"之前，西北一隅的粟特人也通过抄写佛经的方式表达对武周政权的支持[⑦]。唐朝的西域经营和广大羁縻府州的建立更加便利了粟特人的经商活动，西州的粟特人也依然很活跃[⑧]。康才义和康才宝对葡萄园和菜地的经营，较高昌国时期也具备了更多的有利条件，他们生产的葡萄酒可以供应过境西州的大量中外客使，也应有一部分专门用于外销。西州有唐

[①] 贞观二十一年（647），突厥叶护献马乳葡萄一房。康国献金桃，虽然距离遥远，但同样也到了长安。参阅《册府元龟》卷九七〇《外臣部》十五，第 11231 页。
[②] 葛承雍《"胡人岁献葡萄酒"的艺术考古与文物印证》，《故宫博物院院刊》2008 年第 6 期，第 87—89 页。
[③] 参见裴成国《〈高昌张武顺等葡萄亩数及租酒帐〉再研究——兼论高昌国葡萄酒的外销》，吐鲁番学研究院、吐鲁番博物馆编《吐鲁番与丝绸之路经济带高峰论坛暨第五届吐鲁番学国际学术研讨会论文集》，上海：上海古籍出版社，2016 年，第 56—65 页。
[④] 王素、李方《〈梁四公记〉所载高昌经济地理资料及其相关问题》，第 131—135 页。
[⑤] 裴成国《丝绸之路与高昌经济——以高昌国的银钱使用与流通为中心》，朱玉麒主编《西域文史》第 10 辑，第 145—146 页。
[⑥] 《新唐书》卷四〇《地理四》，北京：中华书局，1975 年，第 1046 页。
[⑦] 荣新江《胡人对武周政权之态度——吐鲁番出土〈武周康居士写经功德记碑〉校考》，《民大史学》第 1 期，北京：中央民族大学出版社，1996 年；收入作者《中古中国与外来文明》，北京：生活·读书·新知三联书店，2001 年，第 204—221 页。
[⑧] 斯加夫《公元 7—8 世纪高昌粟特社会的文献记录：唐朝户籍所见文化的差异和演变》，荣新江、华澜、张志清主编《粟特人在中国：历史、考古、语言的新探索》，北京：中华书局，2005 年，第 141—164 页。

前期官府经营的葡萄园，百姓有在这些葡萄园服役的义务，这里生产的葡萄酒可能是向中央土贡的来源。我们在《唐天宝二年（743）交河郡市估案》中可以看到世界各地的产品，也包括本地的产品。很多商品并不特别标明产地，但市估案中的白面、酢、苎、干葡萄、枣、缣等应该都是交河郡农民生产的。池田温先生根据市估案中登记的售卖中的菜籽，推测该部分制作于天宝二年的夏秋①。我们在这件残缺严重的由155件断片组成的文书中，可以看到酱醋行②中有麦酢、糠酢……此处文书并无残缺，却未见葡萄浆酿造之酢。我们在其他经济文书中常常见到葡萄浆酿酢，此物应当也算交河郡当地特产，市估案中论理应当有相关价格信息。另外，唐前期并无酒的专卖，但我们在市估案文书中未见酒行及葡萄酒价格资料。对此，我们认为未见葡萄酢和葡萄酒当系文书残缺所致。总之，西州的市场上应当存在葡萄酒的销售。对流通经济已经很发达的交河郡来说，市场自然是最重要的销售场所，而作为最主要经济作物产品的葡萄酒，自然应当是当地人售卖的主要商品之一，既可以卖给过境的中外客使和商旅享用，也可以由商旅进一步运抵中原。

葡萄酒的品质，七分在葡萄原料，三分在酿造工艺。尽管西域其他地区③，如粟特本土也有悠久的葡萄酒酿造历史，但葡萄原料最为上乘且距离中原最近、运输成本最低的却是西州。我们在敦煌文书 P.3714 的背面看到的《唐总章二年（669）八月、九月传马坊传马驴使用文书》中记载了葡萄酒运输的相关情况④。其中前三行记载："传驴卅六头，去七月廿一日给送帛练使司马杜雄充使往伊州。□三头在伊州坊，程未满。十六伊州满，给送蒲桃酒来。"下文落款时间为"总章二年八月廿一日"。可知传驴自敦煌到伊州往返一趟用时一月。后文还记载总章二年八月甘某日张德意辞："意德前件驴被差送帛往伊州，程满，送蒲桃〔酒〕来至县。"下文落款时间为"八月廿七日"。可见当时伊州与敦煌之间利用传马驴运输蒲桃酒是一种常态。传马驴都是分段运输的，所以帛练至伊州后大部分也仍须再往西运输。葡萄酒也可能系伊

---

① 池田温《中国古代物价初探》，韩昇译本收入池田温《唐研究论文选集》，第 160 页。
② 该行仅存一"酱"字，胡如雷认为当为"酱醋行"。见胡如雷《〈唐天宝二年交河郡市估案〉中的物价史料》，收入作者《隋唐五代社会经济史论稿》，北京：中国社会科学出版社，1996 年，第 158—172 页。
③ 需要说明的是，西州是正州，并不在唐朝人观念中的"西域"范围之内。这里为行文方便，将敦煌以西皆算作"西域"。关于唐代"西域"概念的推移，参见荣新江、文欣《"西域"概念的变化与唐朝"边境"的西移——兼谈安西都护府在唐政治体系中的地位》，《北京大学学报（哲学社会科学版）》2012 年第 4 期，第 113—119 页。
④ 《唐总章二年（669）八月九月传马坊牒案卷》，唐耕耦、陆宏基《敦煌社会经济文献真迹释录》第 4 辑，全国图书馆文献缩微复制中心，1990 年，第 417、426 页。

州所产,而更可能是葡萄酒酿造非常发达的西州所产。由此可知,唐前期一方面是军资绢被输入西域,另一方面是西域的葡萄酒被输入中原。因为西域诸地中,西州距离中原最近,质优价廉的西州葡萄酒自然会在长安及中原其他地区畅销,进而使西州百姓获益。笔者研究高昌国时期的葡萄酒贸易时曾经指出突厥是高昌葡萄酒的重要流向;及至唐朝统一之后,西州葡萄酒不仅可以继续销往西北游牧地区,同时增加了更为广阔的中原市场,这对西州的葡萄酒产业无疑是巨大的利好和刺激。需要说明的是,西州的土贡葡萄酒自然可以通过传马驴运送到中原,但商胡无法利用官方的传马驴,需要自己解决运输问题,唐代墓葬所出骆驼俑所载的皮质驼囊应当就是运载工具。至于葡萄酒的来源,可能是西州的四角官萄,也有可能是向百姓收购。

对西州经济而言,与当地产品在市场上销售以及向内地运销相比,具有同等重要意义的是绿洲社会对外来客使的接待。

唐朝的西域经营自贞观初年即已推开[1],到高宗时期唐朝再次确立了对广大西域的统治,中亚地区也与唐朝确立了朝贡关系。唐朝的统一对河西走廊和西域地区商贸活动的影响无疑是巨大的。首先随着全国范围商业活动的统一管理,运输税和交易税被取消,建立了得到官方许可离开"本贯"的行商和"兴胡"的登记制度。在进行有序管理的同时,唐朝的公共交通网络也可用于私人交通[2]。从唐朝初年开始,对西域的经营就伴随着行军和战争,府兵、募兵的兵粮和军马粮料、赏赐给立功军队的丝绸都需要运输[3]。在敦煌吐鲁番文书中,我们看到有名为"行纲"实为"驮主"带队运输的例子,从中我们可以看出这种运输军需品的商队的旅行是很频繁的。唐朝通过发放"过所"保证了对私人贸易的管理,并维持了军需品的运输[4]。对西州而言,这无疑会促使外来人口的增加。

唐朝至晚在高宗总章年间就已经设立了馆驿,这一设置是为了便于官吏往来和文书传递;同时唐西州又沿袭了高昌国时代就有的长行坊制度[5]。馆驿和长行坊,两者互不统属,分工明确,并存不悖。长行坊的设置是沿袭了前代以来行之有效的办

---

[1] 大唐西市博物馆藏《张弼墓志》记载:"太宗临轩,有怀定远;召公将命,追美凿空。具禀圣规,乘轺迥骛。历聘卅国,经途四万里。料地形之险易,觇兵力之雌雄。"见胡戟、荣新江主编《大唐西市博物馆藏墓志》,北京:北京大学出版社,2012年,第224—225页。参阅胡明曌《有关玄武门事变和中外关系的新资料——唐张弼墓志研究》,《文物》2011年第2期,第70—74页。
[2] 荒川正晴《唐过所与贸易通道》,欧阳晖译,《吐鲁番学研究》2005年第1期,第42—43页。
[3] 李锦绣《唐代财政史稿》(第3册),第365—404页。
[4] 荒川正晴《唐过所与贸易通道》,第45—47页。
[5] 麴氏高昌国时期即有远行马制度。见王素《高昌史稿·交通编》,第510—514页。

法，是在承担不太紧急的任务时，根据当地的自然条件所采取的一种管理交通运输的措施[1]。王冀青认为唐代的传马不用于驾车，不设在驿内，在速度和用途上均不同于驿马，而由马坊管理，设在州或县治所[2]。黄正建指出汉代以后，传和驿的功能渐趋统一。他注意到"传制"在唐代法律中没有系统规定，进而指出"传"不是像"驿"那样的组织实体，更不能说"传制"支撑了唐代的交通体系。他认为唐代的"传舍"实际指的就是"驿"，"传符"用于乘驿，唐代前期为过往使人提供马匹或运送物资是各州县马坊的任务。唐代后期，由于传马的缺乏，朝廷命令应乘传者都给纸券，统一使用驿和驿马，不再另设传送马驴的制度[3]。李锦绣指出，唐前期存在传制，系由传马坊和传车坊共同构成。传车坊是掌递送车牛的机构，为县置，往往与以县名命名的馆在同一处，关系密切。唐前期是这种传车、传马共同构成的传制逐渐消亡的阶段。馆作为附属于车坊的宿泊设施，在传制消亡过程中发展为独立的交通机构。馆驿使的出现标志着代替传驿的馆驿体系建立。但与此前的传驿不同，馆只是食宿机构，与传作为车、马、馆三位一体的交通单位不可同日而语[4]。唐代交通设施的完备为人员往来和商货交流提供了极大的便利。

唐前期乘传者给递牒。传送又称传递、递送，在唐代分车马粮递（既供食宿又供车马）、粮递（只供食宿），以及食宿车马都不提供诸种[5]。能够获得供应待遇的自然以官员为主[6]。《入唐求法巡礼行记》卷四记载："京牒不说程粮，在路自持粮食。"[7]据此，像圆仁这样的日本僧人入唐也得不到粮食供应。是否可以获得递送待遇取决于递牒。递牒由当事人向州县或都督府申请，越境之后则须重新申请[8]。我们

---

[1] 孔祥星《唐代新疆地区的交通组织长行坊——新疆出土唐代文书研究》，《中国历史博物馆馆刊》1981年第3期，第35—37页。

[2] 王冀青《唐前期西北地区用于交通的驿马、传马和长行马——敦煌、吐鲁番发现的馆驿文书考察之二》，《敦煌学辑刊》1986年第2期，第56—64页。

[3] 黄正建《唐代的"传"与"递"》，《中国史研究》1994年第4期；收入作者《走进日常：唐代社会生活考论》，上海：中西书局，2016年，第171—179页。

[4] 李锦绣《唐前期传制》，作者《唐代制度史略论稿》，北京：中国政法大学出版社，1998年，第340—350页。

[5] 荒川正晴《唐代驿传制度的构造及其运用》，《吐鲁番出土文物研究会会报》第83号，1992年，第1—5页。又荒川正晴《ユーラシアの交通・交易と唐帝国》，名古屋：名古屋大学出版会，2010年，第391页。供应待遇的依据是什么，目前难以确知，但一定与官品的高低有关系。

[6] 《唐六典》卷三"户部郎中、员外郎"条记载："内外百官家口应合递送者，皆给人力、车牛。"后记一品至九品官员给人力、车牛数量甚详，但不涉及程粮。见《唐六典》，第79页。

[7] 圆仁《入唐求法巡礼行记校注》，白化文等校注，石家庄：花山文艺出版社，1992年，第475页。

[8] 荒川正晴《ユーラシアの交通・交易と唐帝国》，第392—403页。

在吐鲁番文书中也可以看到安西镇满放归兵孟怀福在西州请求给予程粮的情况。按照唐令，患病兵士可以获得程粮的供应，但孟怀福因为递牒不在身边，只能重新申请。如果申请不到，则只能像先前那样，"每日随市乞食，养存性命"[1]。非官员及其随行家属，无公务的个人旅行，则无权申请递牒，食宿都要自行解决。黄楼研究了阿斯塔那506号墓出土的开元十九年（731）的料钱文书，认为程料是客使事毕返回时从沿途官府得到的差旅补助。返镇客使食宿由馆驿负责，故沿途官府不再递给程粮，而是计日支给一定数额的料钱，以补贴路上的不时之用，这种返程补贴就是程料。客使停料则是官府偿付驿馆客使的住宿费[2]。

粮递提供的粮食的具体内容包括哪些，我们可以依据出土文书进行分析。

先引用 P.2626 背《唐天宝时代（744—758）敦煌郡会计帐》相关内容如下。

（前略）

38　广明等五戍

39　合同前月日见在供使什物，总肆仟陆佰玖拾肆事。

40　　　　　叁佰伍拾玖事广明戍。　叁佰肆拾捌事乌山戍。

41　　　　　叁佰贰拾贰事双泉戍。　肆佰陆拾玖事第五戍。

42　　　　　叁佰玖拾叁事冷泉戍。　贰仟捌佰叁事郡库。

43　合同前月日市造什物价见在钱，总壹阡伍佰陆拾壹文。

（中略）

51　合同前月日见在使料米面，总贰佰玖拾伍硕。羊壹拾伍口。

52　　　　　贰拾伍硕　米。每戍伍硕。贰佰柒拾硕　面。每戍伍拾肆硕。

53　　　　　壹拾伍口　羊。每戍叁口。

54　合同前月日见在供使预备　函马，总壹佰贰拾叁匹。

55　　　　　肆拾匹　敦。陆拾伍匹　父。

56　壹拾捌匹　草。[3]

（后略）

---

[1] 唐长孺主编《吐鲁番出土文书》肆，北京：文物出版社，1996年，第282页。

[2] 黄楼《吐鲁番所出唐代月料、程料、客使停料文书初探——以吐鲁番阿斯塔那506号墓料钱文书为中心》，《敦煌吐鲁番研究》第11卷，上海：上海古籍出版社，2009年；收入作者《吐鲁番出土官府帐簿文书研究》，北京：社会科学文献出版社，2020年，第190—201页。

[3] 池田温《中国古代籍帐研究》，龚泽铣译，第338—339页。

第六章　丝绸之路与唐西州经济

　　唐代前期的镇戍由折冲府差上番卫士戍守，是一种军事建置。镇及戍皆按人数多少分为三等。镇戍除军事职能之外，还有屯田自给以及供应来使的职能[①]。我们从此件敦煌文书可以看出，敦煌郡广明戍供应客使的食物有米、面和羊三类，此外还预备了供使什物和函马，这些应当也是传车坊及馆驿供客的基本内容。凡是取得递牒而获取官方供食资格的客使应当都会有以上食物供应。至于国内的商业活动，我们从《石染典请过所》案卷可知唐朝对国内百姓兴贩贸易的态度，最关心的其实是将贸易活动纳入律令体制，兴贩活动不得违法，编户应当尽早返回以承担课税[②]。官府不会为私人商业活动提供车马饮食，旅途中的食宿需求当由商人自己解决。

　　官方客使得到的供应实际上并不仅限于粮食和肉，我们从阿斯塔那208号墓所出《唐典高信贞申报供使人食料帐历牒》（以下简称《高信贞牒》）中可以了解到更多细节内容。文书解题称："本件纪年已缺，观内容当是某馆三月间供食帐历，按日由典高信贞具牒申报。今存三月十八、三月廿日，又一段月日已缺，姑置于后。"阿斯塔那208号墓出永徽四年（653）张元峻墓志一方，荒川正晴根据《高信贞牒》中"牒"字的写法已经避太宗"世"字之讳，认为此文书年代应在显庆二年（657）十二月之后[③]。先迻录文书如下再作分析。

　　（一）73TAM208:26,31/1

1　右件□料□供使人□□□□□
2　典一人，乌骆子一人，总□□□
3　　　今日料如前谨□。
4　　　　　三月十八日典高□□□
5　　　　记写种〻
6　　　　　　十□

　　（二）73TAM208:23,27

1　□□□□□□□□□壹合，用面充□□□

[①] 程喜霖《汉唐烽堠制度研究》，西安：三秦出版社，1990年，第276—284页。
[②] 程喜霖《唐代过所研究》，北京：中华书局，2000年，第165页。
[③] 荒川正晴《ユーラシアの交通・交易と唐帝国》，第274页。按，因为墓葬的发掘报告没有发表，不清楚该墓葬是单人葬还是合葬墓。拆出文书的纸鞋可能并非张元峻所有，又或者墓主非张元峻，墓志是从他墓扰入的。

287

2 ▢柒合^(用钱贰分) 酱壹胜伍合▢
3 ▢贰勺^(用钱贰分)，杂菜叁分韭 贰拾分▢
4 ▢肆分，用荊柴捌分。
5 ▢料供使人王九言典二人，乌骆子一人，▢
6 ▢总五人食讫。
7 ▢驴脚壹节^(用钱叁文伍分) 酒陆胜^(用钱)，面壹▢
8 ▢韦柴叁拾分。
9 ▢请赐处月弓赖俟斤等▢
10 ▢料如前谨牒。
11 　　　　三月廿日典高信贞牒。
12 　　　　记ㄅ那ㄑ

（三）73TAM208:25,29

1 米壹䬾 面▢
2 叁勺酢柒合^用▢
3 杂菜叁分 韭▢
4 　右件料供
5 　乌骆子一人总伍▢
6 牒□□□日料▢
7 　　　　▢日典高信贞牒

（四）73TAM208:24,28,30

1 米肆胜▢
2 豉壹合^(用钱壹分) 木▢
3 　□件料供
4 　在功曹▢
5 　首领并▢
6 牒件录今日▢
7 　　　　记ㄅ那
8 　　　　十九日[①]

---

① 唐长孺主编《吐鲁番出土文书》叁，第95—98页。

288

第六章　丝绸之路与唐西州经济

四件文书都残缺较多，但主要信息仍然得以留存。《高信贞牒》的性质应当是该馆为供应客使支出粮食、蒭柴和银钱的会计牒文[1]。牒文的基本格式是先罗列供料的内容数量，在一些供料的右侧有双行小字书写的用钱若干文若干分。之后说明右件供料的供应对象为哪些人，总若干人食讫。如果供应对象分为多批，则分别罗列。供料及供应对象全部罗列之后写"牒件录今日料如前谨牒"，之后为某月某日某某牒、某某记、某日。由此格式来看，第二件的供料为两批人。四件文书涉及的供应对象包括使人王九言典二人、乌骆子一人（以上为一批人）、处月弓赖俟斤等。使人王九言典应当是凭唐朝官方递牒得到的供食待遇；乌骆原指突厥的邬落马，乌骆子是唐朝疆域内的羁縻府州部落民为唐朝提供乌骆马者；处月弓赖俟斤则是处月部落的首领，在当馆得到供食待遇。由"请赐处月弓赖俟斤"可知，与唐朝官员凭递牒获得供食待遇不同，处月部落的首领应是临时获得"赐食"的招待。由第一、二、四件的信息可知，供使人食料帐的申报是以日为单位的，目前可见时间为十八、十九、廿日三天，供应的内容有面、米、薪（韦柴）、驴脚、酒、酱、酢、豉、杂菜、韭等。供料后没有登记用钱数的项目为米、面、薪柴，其余肉、酒、酱、酢、豉都注明了用钱数，蔬菜是否登记用钱数因文书残缺而不详。供物内容的登录有固定的顺序，以最为完整的第二件文书为例，应是先记米、面，次记酱、酢、豉，再次记蔬菜，最后记薪柴。由残存文字可判断第二件的前半部分和第三件供应的应是同一批人，即都为使人王九言典一行的五人，可见部分的供应内容也相同。这一批人的供应中最先登录的就是米和面，处月弓赖俟斤因为级别高，又系"赐食"，才有驴脚一节及酒六升的特别招待，后面才登录米面情况。供应内容不仅有米面、蔬菜、薪柴，还包括调味料，由此可知使人可能是运用这些供料自己做饭。供应项目中未记用钱数的米面、薪柴因系基本供料，为该馆日常所备，依照规定供给即可[2]；其余供料馆内通常无积储，且肉类、蔬菜本身即不易保存，更适合按客使所需临时采买，因而须同时登录所费钱数。登记所费钱数应是该馆会计制度的要求，不需要使人自己支付。处月弓赖俟斤的"特供"项目驴脚一节约为二斤，为一个人一天的供应标

---

[1] 荒川正晴认为本件文书命名为"供食帐历"不妥，见荒川正晴《ユーラシアの交通・交易と唐帝国》，第274页注释7。
[2] 李锦绣认为："馆驿不可能无偿供使典等熟食。我推测，使典食料费当由其程料中交给馆驿一部分。馆驿对使典的食料供给为有偿供应，对允许乘传驿之人才无偿供食。"该观点与文书本身提供的信息不符。参李锦绣《唐代财政史稿》（第3册），第166—167页。

289

准①，酒六升亦应如此。我们应该想到的是，处月弓赖俟斤到西州应当并非独自一人，而他的随从却不能享受酒肉的招待。酒之后还可见面的登录，但数量已残。次行又可见"韦柴叁拾分"。论数量，王九言典一行五人的供薪为柴拾分，处月弓赖俟斤所得的面、柴等供应或已算入了他的数名随从。

由以上分析我们可知唐西州馆驿供应使人的基本情形：一般使人的供应内容为米面、蔬菜及调味品；特别尊贵的客使本人可得酒肉的"赐食"；尊贵客使的随从与一般使人如果想消费酒肉，则应自己购买；大量普通的粟特兴胡、著籍胡商、汉地商人，虽则持过所可以自由通行，但饮食所需都依赖于当地市场。我们在《高信贞牒》中看到部分供料后有"用钱叁文伍分""用钱贰分"这样的记注，其中的"钱"应当是指萨珊波斯银币。开元通宝铜钱币值不高，所以不会需要"分"这类单位；"分"作为萨珊波斯银币"文"之下的虚拟单位在唐西州被普遍使用②。我们会想到的另外一个问题是馆驿为供应客使而采买酒肉，蔬菜和酢、酱、豉等调味品，与大量商队在西州自己解决食宿，无疑会给绿洲经济提供巨大商机，围绕接待事业的产业会因此发展起来。与高昌国时期相比，中央政府派往西州的使人以及过境西州的使人人数极大增加，这是唐西州时期外来人口增加的重要部分；同时，游牧部族的使者则一如既往地光顾绿洲，并未受到影响。中亚地区羁縻府州的建立，使朝贡使团和兴胡商团都可以更加便利地去往河西走廊和中原地区，而西州则是必经的枢纽。唐西州以各种形式接待的外来人口数量远较高昌国时期为多，尽管唐西州农业较高昌国时期有明显发展③，可为此提供经济支撑，这还是会让我们怀疑吐鲁番绿洲会不堪重负。我们还需要更多了解唐西州百姓介入接待事业的方式。

以下先迻录一件北馆文书《唐仪凤二年（677）十月西州北馆厨典周建智牒为于坊市得柴等请酬价直事》（以下简称《周建智牒》）再作分析。

```
1                                    廿三日
2    北馆厨
3      蓟柴柒车叁拾陆分 一车主张萨陇  二车主竹庆之  三车主赵思礼
                      一车主梁洪义
4      酱壹斗伍胜贰合 七胜主竹进君
                      八胜二合主阴永智
```

---

① 高启安《敦煌吐鲁番文书中三等次供食问题研究》，《敦煌写本研究年报》第 4 号，2010 年，第 63—64 页。
② 裴成国《麴氏高昌国流通货币研究》，第 57—68 页。
③ 裴成国《唐代西州农业的发展》，中国中古史集刊编委会编《中国中古史集刊》第 5 辑，北京：商务印书馆，2018 年，第 157—170 页。

5　牒：在　厨于诸坊市得柴等供客讫，其
6　主具如脚注。请酬直，谨牒。
7　　　　　　　仪凤二年十月十八日典周建智牒
8　　　　　　付司义示
9　　　　　　　　　　　十八日
10　　　　　　　十月十八日录事受
11　　　　　　　　　　参军摄录事让　廿三日
12　　　　　　　　　　连恒让白
13　　　　　　　　　　　　廿三日[①]

本件文书内容完整，含义清晰。仪凤二年十月北馆的典周建智牒北馆厨请为于坊市购得的薪柴和酱酬直，而购入薪柴的目的是供客使。本来唐代初年开始即有户税柴专供"军国传驿及邮递之用"，一般情况下馆驿薪柴有稳定的来源，而《唐仪凤二年北馆厨料案》云"柳中县申供客柴，往例取户税柴，今为百姓给复，更无户税"，所以会于坊市间购买。《周建智牒》所反映的在薪柴之外同时购买的酱亦非赋税征收之物，如前文《高信贞牒》所示，都是需要从坊市购买的。既然需要购买，那么应当是双方自愿的，所以采购不应成为百姓的负担，反而为百姓的产品提供了销路。我们还可以举阿斯塔那74号墓所出《唐显庆三年（658）赵知德上车牛道价抄》（以下简称《赵知德抄》）的例子：

1　赵知德上张甘埵伊州车牛道价银钱叁□，
2　显庆三年九月六日张甘埵领[②]。

此件文书仅缺一字，基本完整。文书性质系张甘埵对伊州车牛道价叁文的领受证明。《唐六典》卷三"户部郎中、员外郎"条记载："内外百官家口应合递送者，皆给人力、车牛……无车牛处，以马、驴代。"[③]西州有长行马、长行驴的设置，但也存在车牛，由《赵知德抄》可知车牛为西州百姓所有，官府使用要支付车牛道价钱。

---

① 荣新江、史睿主编《吐鲁番出土文献散录》，北京：中华书局，2021年，第385—386页。
② 唐长孺主编《吐鲁番出土文书》叁，第79页。
③ 《唐六典》，第79页。

我们在《唐龙朔四年（664）西州高昌县武城乡运海等六人赁车牛契》看到六个百姓向车牛主张贵儿赁车牛，支付给车牛主银钱若干文，可知车牛主出赁车牛可以获得收益，与给官府服务相似。

由《周建智牒》和《赵知德抄》两件文书反映的情况来看，唐西州的赋役依照律令的规定执行，百姓的负担不应比全国其他地区更重；而地方官府供应和迎送客使的活动实际上为西州百姓的产品提供了销路，也为他们牟利获益创造了条件。值得一提的是，《赵知德抄》所反映的车牛道给价在高昌国时期就有，当时称为"远行车牛给价"[1]，可见唐西州对百姓权益的维护。应接客使为西州百姓带来了机遇，为产品提供了可观的市场，促进了绿洲经济的大发展。

审视吐鲁番出土文书，我们看到不论高昌国还是唐西州时期，都确实有不少人因为贫困借钱，也有不少人常常举借粮食，秋后偿还，但是我们不应过低估计当地百姓的生活水准，文书反映出的情况需要具体分析。

绝大多数百姓都有一定的土地，即便土地不足，亦可租佃耕种。对于拥有土地的大多数人来说，如果生计有保障，其实是不需要举借钱粮度日的，所以这部分人不太会订立租佃或借贷契约，在文书中留下记录的可能性很小；而少数贫困百姓因为留存文书较多，容易让人产生他们就是人口中的大多数的印象。所以可以说，文书显示的情况并不真实反映中古吐鲁番盆地绿洲百姓生活的一般情况。我们了解其百姓生活状况的另一条途径是考察墓葬情况。

尽管我们看到的中古吐鲁番墓葬陪葬品一般都不丰富，但这也不能证明当地百姓大多贫困。对墓葬情况进行评估之前首先要了解当地人的丧葬观念。总体来说，中古吐鲁番盆地的百姓并不重视陪葬，他们更加认可使用随葬衣物疏的做法。因为墓葬实际关涉生死两界，当地百姓会把他们认为重要的东西写入随葬衣物疏，但考虑生者的现实需要，很少真正用实物随葬[2]，即便有，也常常是象征性的假物[3]。与此相对，百姓认为真正重要的一些东西，即便衣物疏中不登录，也会实际随葬，比如伏羲女娲绢画或者死者口含的银钱，但实际的物质财富不在此列[4]。

阿斯塔那4号墓是咸亨四年（673）下葬的左憧憙的墓葬，为斜坡墓道洞室墓，

---

[1] 参阅裴成国《丝绸之路与高昌经济——以高昌国的银钱使用与流通为中心》，朱玉麒主编《西域文史》第10辑，第137—138页。
[2] 当时人会用弓箭陪葬，参裴成国《论高昌国的骑射之风》，第2—12页。
[3] 墓葬中随葬品以陶器居多，但陶器也并非死者生前所用，而是专门烧制的明器。
[4] 口含银钱更多是一种习俗，陪葬并非重点。

出土墓志、泥俑、木梳、皮鞋、丝织品、漆碗、料珠、随葬衣物疏及一批契约等随葬品[1]。正式的发掘报告至今没有发表，我们仅从随葬器物名称不太能看出墓主人生前的经济状况如何，文书则可以提供更丰富的信息。左憧憙的随葬衣物疏中记"左郎随身去日，将白银钱叁斗，白练壹万段，清稞、□麦、粟、床等伍万石"，像绝大多数唐代墓葬一样，这些银钱、白练、粮食不会真正随葬，我们也不能据此判断他生前的经济状况。能够提供更真实信息的是那批专门随葬的契约和诉讼文书。与一般墓葬中废弃契约制成明器随葬不同，阿斯塔那4号墓随葬了十五件契约，其中十四件都是完整的，显然是专门随葬的，这些契约都属于墓主人左憧憙本人，是他放高利贷及从事菜园、葡萄园租赁等经营活动的凭证。左憧憙从事经营活动之频繁、类型之多样，都是非常有典型性的。最能反映左憧憙经济状况的是诉讼文书《唐濮舍告死者左憧憙书为左憧憙家失银钱事》，这件文书显示乾封二年（667）腊月十一日左憧憙家一次失窃银钱"伍佰文"，数量相当大，由此可见他实际上非常富有。他致富的具体原因则是善于经营，如频繁租赁菜园、葡萄园，还向西域道征人及同行的府兵卫士出借帛练及银钱。

左憧憙的情况在西州并非特例，当时普通百姓借助西州交通枢纽地位及外来人口庞大的优势从事经营活动并致富的不在少数。墓葬的整体情况也可以提供更多的证据：麹氏高昌国到唐西州时期都有相当数量的墓葬为单室墓，无甬道或甬道窄短；但唐西州墓葬甬道开始变长加宽，甬道底部为斜坡或平底；武周时期一些规模较大的墓开始带有天井和壁龛，设有前、后室，墓内空间显著增大[2]。较高等级的墓葬当然大多数普通百姓是无力置办的，这在高昌国和唐西州都一样。所以这些墓葬的主人实际上都是当时的社会中上层，属于同一个阶层。如此一来，这种纵向的比较就是有意义的，甬道的变长加宽与墓室的扩大，即使不能视为社会财富普遍增长的表现，至少也应该以社会财富的增长为前提。唐西州时代的墓葬中墓主人随身穿着的大量丝质衣物也是很好的证明[3]。

---

[1] 新疆文物考古研究所《吐鲁番阿斯塔那古墓群墓葬登记表》，《新疆文物》2000年第3、4期合刊，第218页。
[2] 倪润安《麹氏高昌国至唐西州时期墓葬初论》，朱玉麒主编《西域文史》第2辑，北京：科学出版社，2007年，第36—41页。新疆维吾尔自治区博物馆《吐鲁番县阿斯塔那—哈拉和卓古墓群发掘简报（1963—1965）》，《文物》1973年第10期，第8—11页。
[3] 参阅《新疆文物》2000年第3、4期合刊发表《阿斯塔那古墓群第二次发掘简报》《阿斯塔那古墓群第三次发掘简报》《阿斯塔那古墓群第十次发掘简报》《阿斯塔那古墓群第十一次发掘简报》所附之四份《出土织物登记表》。

总体来说，尽管唐西州时代大多数墓葬的随葬品并不多，我们也不能就此认定当地百姓生活很困苦；回到文书，我们还是可以发现更多真实的场景。正是丝绸之路的存在，商旅客使的消费需求刺激了吐鲁番盆地的生产发展，制造了更多的就业机会。贫困的人任何时代任何地区都难免会有，但丝绸之路的存在，使得吐鲁番绿洲的普通百姓像康保谦、左憧憙等人都有了致富的机会，这一点是最重要的。

本文对唐西州百姓的葡萄酒销售以及客使接待诸问题进行了研究，旨在揭示唐西州经济介入丝绸之路商贸的具体方式，进而揭示丝绸之路与唐西州经济之间的关系。西州以唐帝国为强大后盾，农业经济有了显著发展。唐朝出于战略考量非常重视对西域的经营，在这样的背景下，西州以及西域各地的交通设施建设达到了很高水准，大量军资练的输入使得丝路贸易更加发达。进入西州的数量庞大的朝贡使臣、唐朝使人、胡汉商人为西州经济发展提供了强大动力。分析显示，唐朝的使人凭借递牒可在西州的馆驿获得粮食和薪柴的供应，游牧部族的首领可以获得肉和酒的招待；而胡汉商人到达西州之后，粮食、蔬菜、酒肉等需求都要依赖当地市场解决。除少数尊贵客使可获得特供待遇之外，一般客使的接待方面，高昌国与唐西州的一大区别是高昌国无偿供应葡萄酒，而唐西州时葡萄酒不在免费供应之列，这为葡萄酒在当地的生产和销售创造了更多机遇。除了在本地销售，唐朝管辖下西州的葡萄酒外销也获得了更加广阔的市场，为西州地方经济的发展贡献尤多。

高昌国时期百姓的户均土地面积约为五亩。高昌国的大量土地被官府占有，以"镇家田"的方式出租给百姓取利。唐西州实施均田制之后户均土地面积为十亩左右，比高昌国时期增加近一倍。因有唐帝国为后盾，西州百姓应接客使可以获利，供应车牛可以获得补偿。在丝路繁荣、国家强盛的大背景下，西州的社会财富显著增长，墓葬情况的历时性变化就是很好的证明。唐西州建立之后，萨珊波斯银币继续行用了六十余年，是丝路繁荣的表现，也是西州经济发达的证明。

结　语

　　中古时期的丝绸之路在粟特人重构的贸易网络之下长期保持着畅通。5—7世纪吐鲁番地区尽管经历了政权更迭，从割据的高昌国变成唐朝的西州，但绿洲经济仍然得到持续的发展，萨珊波斯银币长期在绿洲社会流通。实际上萨珊银币是中古时期丝绸之路上的通用货币，如《大唐西域记》中所记的西域绿洲龟兹、焉耆等也和吐鲁番一样流通银钱，至于在粟特本土的中亚绿洲，更是长期行用。从麴氏高昌向突厥买马的文书可知，这些银钱又会流入突厥。就6—7世纪的情况来看，尽管吐鲁番盆地生产的丝绸也在市场出售，葡萄酒也用于外销，粟特人在贸易中会使用萨珊银币支付，但萨珊银币流入吐鲁番地域的更重要原因是当时的客使和以粟特人为主体的商旅在当地消费时会以萨珊银币支付。就目前所知的史料而言，我们很难判定粟特人建立的贸易网络当时有没有进一步发展成统一的市场，但粟特人以他们的经商活动把银钱带到欧亚大陆东部的西域和河西走廊等地，使之成为通货，这确实便利了当时的丝绸之路贸易。6—7世纪粟特人以自己的商业活动使得从波斯到唐朝的广大地域范围内（主要是中亚和西域）都以萨珊波斯银币为货币，这是丝绸之路史上前所未有的情况。萨珊波斯银币是当时的丝绸之路上名副其实的国际货币[1]。

　　汉唐时期的丝绸之路在西域是由绿洲串联起来的，没有这些绿洲，就没有丝绸之路，因此西域绿洲也是研究丝绸之路的一个可行的切入点。本书探究5—7世纪的吐鲁番绿洲经济，材料相对丰富，但所见仍然是一些特定时代的片段。尽管如此，仍然可以看出吐鲁番绿洲经济与丝绸之路贸易之间的紧密联系。高昌国时期市场上的蚕丝出售明确见载于《高昌内藏奏得称价钱帐》文书，延昌二十七年（587）大致

---

[1] 参阅裴成国《中古时期丝绸之路金银货币的流通及其对中国的影响》，《吐鲁番学研究》2021年第1期，第83—90页。

半年时间内高昌买突厥马支付四千文银钱，这些都是非常清楚的史实。大凉政权时期的计赀、计口出丝帐反映出户调和口税以丝交纳以供应国际市场的情况，尽管我们没有大凉政权出售这些丝的证据，但这仍不失为契合当时时代背景的最有力的推论。高昌国时期的葡萄酒销售虽有《高昌张武顺等葡萄亩数及得酒帐》留存，但其中登录的"得酒"的去向，文书中毕竟没有直接记载。唐西州时期的葡萄酒向中原销售，利用的也还是敦煌文书，涉及的是伊州和沙州之间的运输。流动人口在吐鲁番盆地的消费，不管高昌国时期还是唐西州时期都是笔者论述的重点，而研究的具体策略都是利用帐簿分析官方接待客使的情况。因为官方接待的对象都会有帐簿的登记，而不管是高昌国还是唐西州，即便对官方客使一般也不会全部免费接待（高昌国时期最尊贵的外来客使可能例外），我们可由帐簿登录的内容分析哪些是免费供应，哪些是有偿供应，哪些须客使自己解决（即没有被供应，但仍然有消费的内容的情况）。至于一般的胡商，都直接依靠市场解决，本身留下记载的几率就非常小。我们从官府的传供帐中登录的"赏食""赐食"这种特殊情形可以推知一般的情况，虽然也是从侧面论证，但仍具有说服力。尽管高昌国到唐西州对客使免费供应的内容有所不同，但商旅须自己解决各种需求这一点是一致的。接待客使商旅的回报激发了百姓的生产积极性，释放了绿洲农牧业的发展潜力，使农牧业具有了商品化生产的特征，高昌崛起成为西域农业发展水平最高的地区之一。高昌国到唐西州时期供应国际市场的农产品及供应客使商旅的各种需求对吐鲁番绿洲经济的贡献到底有多大，限于史料我们无从进行数据估算，但对吐鲁番文书的研究揭示了这些消费和供应模式的存在[①]。

  5—7世纪吐鲁番绿洲经济发展的因素固然是多方面的，如人口的增长，从中原输入的先进生产工具及生产技术的进步，新作物品种的引进，手工业及园艺业的发展，畜牧业生产技术的进步，以及依靠精耕细作实现集约化经营等，那么这些因素与客使商旅的接待产业在推动吐鲁番绿洲经济发展方面发挥的作用有何不同？前述各点可以说都是推动生产力发展的因素，体现为生产力水平的提升和以同样的投入获得更大的产出，而客使商旅的接待产业则为增收的产品找到了稳定的销路，使产品变为商品，进而获得客使商旅支付的银钱，增加绿洲社会的收入。同样，稳定的

[①] 如果对5—7世纪吐鲁番绿洲农产品供应市场或客使接待之于地方经济的贡献感到怀疑，不妨结合今天敦煌和吐鲁番都是典型的旅游城市，以游客（也是外来人口）支撑的旅游业仍是地方经济的支柱这一现实来理解历史。

销路会激发潜在的生产力,进一步提高生产效率,推动绿洲经济进一步发展。可以说,以应接客使为目标的外向型经济是中古吐鲁番绿洲经济的突出特征,这一点与丝绸之路息息相关。这是本书对吐鲁番盆地何以能在一百多年的时间里流通萨珊波斯银币这一问题所得出的一个结论。焉耆、龟兹、于阗等丝绸之路上的西域绿洲都因客使商旅过境而面临同样的机遇,这应当是银钱在这些绿洲也作为货币流通的重要原因。

以往研究粟特人,一方面重视他们作为商人的活动,另一方面也关注他们入华之后的聚落形态以及汉化进程。我们在研究5—7世纪的吐鲁番绿洲经济的时候,也观察到一些粟特人的身影,如康保谦、康才义、康才宝等,他们在高昌国和唐西州时期都通过葡萄酒的销售来营利。这说明著籍的粟特人在吐鲁番这样的绿洲即便从事农业,也仍然可以发挥自己的特长,结合当地的实际,充分利用外来的客流实现自己追求财富的目标。

唐西州时期地方官府应接客使的具体情况书中已经详论,但这一情况是不是仅为特例呢?或者说西州的客使接待状况是否具有典型性呢?笔者认为答案是肯定的。唐朝建立后,唐太宗在贞观初年就朝贡贸易的问题曾与魏徵有过讨论。《旧唐书·魏徵传》记载:"时高昌王麴文泰将入朝,西域诸国咸欲因文泰遣使贡献。太宗令文泰使人厌怛纥干往迎接之。徵谏曰:'中国始平,疮痍未复,若微有劳役,则不自安。往年文泰入朝,所经州县,犹不能供,况加于此辈。若任其商贾来往,边人则获其利;若为宾客,中国即受其弊矣……今若许十国入贡,其使不下千人,欲使缘边诸州何以取济?'"[①]这段记载非常重要,它提示了刚刚建立的唐朝要如何处理与西域国家间经济关系的问题。魏徵对如何接待西域诸国来客的问题提出了自己的看法,到底是让他们以朝贡使者的身份来,还是以商贾的身份来,这个决定权在唐朝。那么这两者对唐朝而言有什么区别呢?如果是朝贡使者来到唐朝,会向唐廷贡献方物,唐廷会有回赐,沿途所经州县要接待供应;如果是商贾,那就是与民间进行贸易,沿途要通过购买的方式解决供应问题,对州县百姓有利。魏徵的分析完全符合实际,唐太宗采纳了他的意见,这对有唐一代的朝贡贸易政策有重要影响。唐朝通过执行铜鱼符制度对朝贡使者进行入境审查,使得商人无法假借名义进行商业活动。这是唐朝与西域交往方面的重要方针,从中可以看出唐朝外交政策具有明显的务实特征。由此可知,唐前期商旅在西域、在河西走廊应该都是取给于沿途绿洲的。实际上《大

---

① 《旧唐书》卷七一《魏徵传》,北京:中华书局,1975年,第2548页。

慈恩寺三藏法师传》记载贞观初玄奘过凉州时说："凉州为河西都会，襟带西蕃、葱右诸国，商侣往来，无有停绝。时开讲日，盛有其人，皆施珍宝……散会之日，珍施丰厚，金钱、银钱、口马无数，法师受一半然灯，余外并施诸寺。"[①] 这段史料说明当时凉州也有大量西域商旅，他们把金钱、银钱带到了凉州，这些金钱、银钱可能进入了当地的流通领域。其中的银钱无疑就是指萨珊波斯银币，当时在吐鲁番盆地的高昌国作为日常通货使用。实际上这些西域商旅在凉州和其他河西走廊的绿洲如要获得供给应当都是以银钱支付（因金钱币值太高），这也是《隋书》记载"（北周）河西诸郡，或用西域金银之钱"[②]的原因，虽时间稍早，背景则应相同。唐前期大量入境的商胡会不会也带动河西走廊的经济发展呢？我们看到《资治通鉴》记载天宝时称"天下称富庶者无如陇右"[③]，论者认为从丝绸之路的角度来说，"陇右道既不易销售很多由丝绸之路运输来的货物，又没有很多的当地物产向外运输。这样说来，陇右道沿丝绸之路的一些州县，除过像凉州这样少数的都市外，其他都只能是过路的站。过路站对当地来说是没有很大的意义的"，"'天下称富庶者无如陇右'，那是过分的夸张，和实际是不相符合的"[④]。《资治通鉴》以严谨、缜密著称，论当有据。"天下称富庶者无如陇右"中"陇右"指陇右道，包含西州以及秦州、凉州等河西走廊诸州，是西域商旅必经的地带，从唐前期至武周时期西州一直流通萨珊波斯银钱来看，论者所云"过路站对当地来说是没有很大的意义的"，洵非史实。天宝年间陇右河西诸州中以凉州、秦州的户口为最多，其余州户口数均较西州更少[⑤]，过境的商旅从西州至长安，河西走廊各州是最常利用的通道，商胡的消费对绿洲经济的推动应更为直接。陇右道当丝绸之路干线，这种地理位置优势得天独厚，丝绸之路对沿途绿洲经济的推动作用自然不应被忽视。唐西州的绿洲经济形态具有一定的典型性，为我们认识更大地域范围内的绿洲经济提供了启示。

---

① 慧立、彦悰《大慈恩寺三藏法师传》，孙毓棠、谢方点校，北京：中华书局，2000年，第12页。
② 《隋书》卷二四《食货志》，北京：中华书局，2019年，第765页。
③ 《资治通鉴》卷二一六"天宝十二载八月戊戌条"，北京：中华书局，2011年，第7038页。
④ 史念海《论唐代前期陇右道的东部地区》，作者《河山集（五集）》，太原：山西人民出版社，1991年，第258—282页。
⑤ 《旧唐书》卷四〇《地理三》，第1630—1646页。《新唐书》卷四〇《地理四》，北京：中华书局，1975年，第1039—1047页。

附录一　高昌国"作人"问题再论

中古时期社会的一个重要特征是人身依附关系的发展[1]，地处西域一隅的高昌国也带着这一时代特征，但同时又具有自己的特色。

关于高昌国的依附人口状况，最受关注同时研究较为充分的是"作人"的问题。朱雷、堀敏一、町田隆吉、関尾史郎等先生都曾发表文章讨论这一问题，但就"作人"的概念这一基本问题，仍未能达成共识。以下综述主要研究成果。

朱雷《论麹氏高昌时期的"作人"》最早研究了作为隶属民的"作人"，认为其地位有类于部曲以及宋、齐之"十夫客"，他们被当成财产，可以继承、买卖；"作人"保有一部分自己支配的时间，有某种程度的私有经济活动，承担部分赋税徭役[2]。朱雷在文章的开始部分将吐鲁番出土文书中见到的"作人"分为三大类别：第一种是各种类型的服役者，"城作人""田亩作人""堨作人"即属此类；第二种是寺院中的雇佣劳动者，《高昌乙酉、丙戌岁某寺条列月用斛斗帐历》（以下简称《某寺月用斛斗帐历》）[3]中出现的"外作人"即属此类；第三类是特殊的封建依附者[4]。此后的研究者如堀敏一、関尾史郎等在承认"作人"的隶属民身份的同时，

---

[1] 关于魏晋南北朝时期依附人口的研究参见唐长孺《魏晋南北朝时期的客和部曲》，收入作者《魏晋南北朝史论拾遗》，北京：中华书局，1983年，第1—24页。田余庆《秦汉魏晋南北朝人身依附关系的发展》，《中国史研究》1983年第3期；收入作者《秦汉魏晋史探微（重订本）》，北京：中华书局，2004年，第63—96页。堀敏一《六朝时期隶属民的诸形态——部曲、客女身份形成的前提》，原载《中国古代的身份制——良と贱》，汲古书院，1987年；此据刘俊文主编《日本学者研究中国史论著选译》第4卷，韩昇译，北京：中华书局，1992年，第36—66页。
[2] 朱雷《论麹氏高昌时期的"作人"》，唐长孺主编《敦煌吐鲁番文书初探》，武汉：武汉大学出版社，1983年；收入作者《朱雷敦煌吐鲁番文书论丛》，上海：上海古籍出版社，2012年，第47—73页。
[3] 唐长孺主编《吐鲁番出土文书》壹，北京：文物出版社，1992年，第400—405页。
[4] 朱雷《论麹氏高昌时期的"作人"》，第47—52页。朱雷先生的这种划分继承自唐长孺先生的观点，参见唐长孺《新出吐鲁番文书简介》，《东方学报》第54期，1982年；收入作者《山居存稿》，北京：中华书局，1989年，第322—324页。

对于其与奴婢的差异以及从事经济活动的程度提出了不同意见。堀敏一对"作人"的地位的表述前后两次稍有变化：他最初认为，"作人"虽是贱民，却像一般编户一样承担国家的赋役，所以他们保留了原来编户的部分特征，而沦为与奴婢相同的地位；后来他认为，"作人"是由奴婢地位上升而来，开始进入由国家掌握并进行课税的初期阶段[1]。可以看出，堀敏一是将"作人"定位在编户与奴婢之间，应当说与朱雷的观点并无冲突。関尾史郎基于对相关文书的不同理解，对朱雷的观点提出了异议。他研究了《高昌将显守等田亩得银钱帐》[2]，认为不能由此件文书得出"作人"缴纳田租的结论，"作人"的"臧钱"是为赎罪缴纳的银钱而非赋税，高昌国有关"作人"的赋课徭役不是针对"作人"，而是针对其主人的，雇佣"作人"的契约也不是与"作人"订立，而是与其主人订立的。作者否定了"作人"具有相对的自主权，拥有自己的经济[3]。関尾史郎的观点可以说与朱雷有着明显的分歧。此外，関尾史郎通过对《高昌延寿四年（627）威远将军麴仕悦记田亩作人文书》（以下简称《田亩作人文书》）[4]等两组六件文书的分析认为，"田亩作人"是依附人口的所有者提供"作人"在国家所有的"屯田"或"官田"上耕作，"城作人""塲作人"也都属此类[5]。而在此之前，堀敏一认为"外作人"系从外部雇佣的"作人"，即"外作人"也是依附人口，对朱雷所分的第二类提出质疑[6]。町田隆吉接受堀敏一的这一观点[7]。由以上对既有研究成果的概括可见，学界对"作人"的概念、"作人"的经济活动、"作人"是否承担赋役等问题都存在意见分歧。笔者欲就这些问题发表一点浅见，同时就学者们讨论较少的依附人口在当时高昌社会中所占比重以及发挥的作用作一考察。

---

[1] 堀敏一《中国古代の身份制——良と贱》，东京：汲古书院，1987年，第264—266页。
[2] 唐长孺主编《吐鲁番出土文书》贰，北京：文物出版社，1994年，第42页。
[3] 関尾史郎《论"作人"》，侯世新译，《西域研究》1995年第1期，第51—57页。関尾史郎《〈田亩作人文书〉小考——トゥルファン出土高昌国身份制关系文书研究序说》（上、下），《新潟史学》第26、27号，1991年，第61—74、65—83页；要旨载《吐鲁番出土文物研究会会报》第22号，1989年，第3—4页。関尾史郎《"田亩作人文书"の周边——アスターナ一五四号墓出土作人关系文书の分析》，《东アジア——历史と文化》创刊号，1992年，第100—84页。
[4] 唐长孺主编《吐鲁番出土文书》壹，第425、444—445页。
[5] 関尾史郎《〈田亩作人文书〉小考——トゥルファン出土高昌国身份制关系文书研究序说》（下），第71页。
[6] 堀敏一《中国古代の身份制——良と贱》，第268页注释20。
[7] 町田隆吉《使人と作人——麹氏高昌国时代の寺院、僧尼の隶属民》，《骏台史学》第78号，1990年，第99页。

一

由上文对学界已有研究成果的介绍可以看出，目前关于"作人"的概念仍存在严重分歧，是我们必须厘清的基本问题。関尾史郎在《〈田亩作人文书〉小考》的开篇部分就唐长孺和朱雷对"作人"的分类提出了质疑："作人"作为一个制度概念，拥有多种含义，虽不能说完全不可能，但总给人以不自然的感觉。服役的农民和他们的隶属民一起被官府称为"作人"，这是令人无法想象的。试图对"作人"概念做出统一解释的努力并不始自関尾史郎，如上文所述，堀敏一和町田隆吉已各自提出不同看法[①]。関尾史郎的尝试是从对《田亩作人文书》的新研究开始的。他通过对两组六件《田亩作人文书》进行仔细的文书学分析，认为《田亩作人文书》与同时期的条记文书不仅书写格式相似，内容亦相近，应当都是赋役供出后交由供出者保管的凭证。供出者自身并非"田亩作人"，而是将自己的隶属民供出在屯田或官田上劳作[②]。関尾史郎对于《田亩作人文书》的研究扎实周延，结论可信。作者在文章的末尾明确指出高昌国时代作为制度概念的"作人"仅仅是对民间隶属民的称呼[③]。関尾史郎在另外一篇文章中对《高昌入作人、画师、主胶人等名籍》[④]进行专门研究，认为画师和主胶人是官员、民户中有特殊技能者；"入作人"是官府征发的从事某种一般劳动的民户，而非依附人口"作人"。作者在文中解释，"作"字即提供劳动的意思，高昌国时代无论一般民户，还是作为依附人口的"作人"，从事徭役劳动都可称为"作"[⑤]。案，"入作人"的身份既然是普通百姓，而非依附人口，我们确实无法对高昌国的"作人"概念做出统一解释[⑥]。

关于"城作人"，朱雷和関尾史郎都研究了大谷4059号文书，即《高昌年次未详（6世纪后期或7世纪前期）高昌城作人文书》[⑦]。本件文书中虽然出现了"城作人"，

[①] 町田隆吉在《使人与作人》一文中指出，在同一个社会中，"作人"一词存在多个不同的含义，无论如何都让人难以理解。见町田隆吉《使人と作人——魏氏高昌国时代の寺院、僧尼の隶属民》，第102页。
[②] 関尾史郎《〈田亩作人文书〉小考》（下），第65—71页。
[③] 関尾史郎《〈田亩作人文书〉小考》（下），第77页。
[④] 唐长孺主编《吐鲁番出土文书》壹，第282页。
[⑤] 関尾史郎《〈高昌年次未详入作人、画师、主胶人等名籍〉试释》，《龙谷史坛》103、104合刊号，1994年，第10—12页。
[⑥] 尽管関尾史郎在文章中解释说，"入作人"的"作"字和作为隶属民的"作人"的"作"字应当明确加以区别（関尾史郎《〈高昌年次未详入作人、画师、主胶人等名籍〉试释》，第11页），但"入作人"这一名称中也确实包含了"作人"，如果要对"作人"一词做统一解释，"入作人"似不应被排除在外。
[⑦] 池田温《中国古代籍帐研究》，龚泽铣译，北京：中华书局，2007年，第167页。

但身份是否为依附人口，文书本身不含可供考证的信息[1]。关于"埳作人"，因为有阿斯塔那339号墓所出的《高昌武城埳作额名籍》（以下简称《埳作额名籍》）[2]，我们可以做进一步的分析。阿斯塔那339号墓出土延寿三年（626）墓表一方、延和十九年（620）纪年文书一件。本件文书残缺，无纪年，被裁剪成四大件、两小件，无法拼接。第一件文书（文书号60TAM339:50/1-1）的首行可见"▢▢▢▢月廿五日，武城埳作额麴忠悌、赵延丰、赵众"等字，透露出本件文书的核心信息。另外五件断片上的主要信息都为人名，编为1-6的最后一件上可见合计人数的信息。第二、三、四件上既可见"麴忠悌"这样的普通人名，也可见"作人秋得"这样的作人名。普通人名和作人名分别集中书写，不相混杂。第二件第5行末尾可见"次后入小儿▢▢▢▢"，第8行可见"次作人善丰"，由此可知名籍的书写应当是按照成人、小儿、作人的顺序。需要说明的是，作人的名字都单独出现，未见主人名。第三件的前两行所书为作人的名字，第3行内容为"▢人中出入埳作人赵华得、索道祐、王阿▢儿、▢养▢▢▢▢"，由此可见，本件文书处理的应当是从埳作额中落实埳作人的事宜。文书解题称人名右旁都有朱笔标点，或一点，或二点，或三点，这些当为官府所点。另外在许多人名的右旁有淡墨书写的小字记注，大致可分为两类：一类是"大行"（意当为"远行"）、"在高昌"、"在都官"、"屯戍"、"屯蒲桃"、"条脱"等，都是不能应役，或者已经向官府报告得以免除的情况[3]；第二类是"作一车"，可能是关于"埳作"数量的特殊要求[4]。通过对文书信息的梳理，可知当时"埳作"这种差役，征发对象至少涵盖普通百姓、小儿和作人三类，他们在应役时都可以被称为"埳作人"。由此可知，"埳作"并不仅限于依附人口"作人"承担，一般民户也须承担。所以"埳作人"一词仅仅指承担"埳作"者，本身并不包含主体的身份信息。高昌国的"作人"概念并不特指隶属民，这是"埳作人"的概念分析带给我们的启示。

至于"外作人"，朱雷认为是指寺院中的雇佣劳动者："大约由于雇来在葡萄

---

[1] 朱雷没有讨论"城作人"的身份，似乎默认其系平民。见朱雷《论麴氏高昌时期的"作人"》，第48—49页。関尾史郎将本件文书当作与《田亩作人文书》关联的上奏文书进行讨论，亦未讨论"城作人"的身份。见関尾史郎《〈田亩作人文书〉小考》（下），第76页。阿斯塔那206号墓出土了两件残文书，分别为《高昌威神城作子名籍》《高昌城作子名籍》，见唐长孺主编《吐鲁番出土文书》贰，第300—301页。文书留存信息有限，难做具体分析。
[2] 唐长孺主编《吐鲁番出土文书》壹，第396页。
[3] 人名旁的记注多见"门帝""南门帝"，具体含义不详，推测可能是指在城门处执行某种差役。
[4] 高昌国官府应当有关于"埳作"的详细规定，包括具体数量。不标注数量的应当都是按照默认的数量执行；而有"作一车"记注的，应当是因为某种原因上次未能应役，此次合并执行的。

园开沟，或者田间刈麦这类劳动，故雇'外作人'。"①在朱雷的分类中，"外作人"的身份显然是普通民户，而非依附人口。堀敏一、町田隆吉认为，"外作人"是指从寺院外部雇佣的"作人"，与寺院内部的常住"作人"相区别。因为"作人"本身即可从事户外劳动（"田亩作人"即是），专门在寺院从事户内劳动的是"使人"（说详后），朱雷对"外作人"之"外"的解释龃龉不通。其实，"外作人"的身份到底是平民，还是依附人口，《某寺月用斛斗帐历》本身已经为我们提供了值得研究的信息。该寺院雇佣的外来劳动力，除了"外作人"之外，文书还记录丙戌岁六月"用雇陆人种秋"（第52行），七月"雇小儿拾人用蒿床"（第59行），八月"雇人政（整）车"（第68行）。雇"外作人"从事的是"种麦""掘沟""刈麦"等劳动，与丙戌岁六、七、八三个月雇人从事的劳动差别不大。"小儿"在其他文书中也曾出现，应当是指未成年人②。所雇种秋和整车的人，没有特别指出身份，应当都是普通民户。如果"外作人"这个名词指向的身份也是普通民户的话，按照帐历的书写习惯，种秋和整车的人也应当冠以"外作人"的称呼；如果"外作人"并不特别指示受雇者身份，那么种秋和整车之人亦可归入"外作人"的范畴。既然帐历中明确区分了"外作人"和其他平民受雇者，就说明"外作人"确实是有着特殊身份的，他们和寺院内部的"作人"一样，都系依附人口，区别在于他们是外雇的。其他文书也明确显示，当时的"作人"确实可以暂时脱离主人从事雇佣劳动。"外作人"应当是指从外部雇佣的"作人"，"作人"身份应当是依附人口。堀敏一、町田隆吉说是③。

　　基于以上整理和研究，可知朱雷对"作人"的分类已难以适用，我们有必要重新梳理"作人"的概念。不与其他词语连称的单独的"作人"是指高昌国的一种依附人口，高昌国官方可能借用了这个原本泛指劳作者的普通名词④；"田亩作人"是

---

① 朱雷《论麹氏高昌时期的"作人"》，第49—50页。
② 《墥作额名籍》中也出现了"小儿"，与未注明身份的人（实际应当是成人）、作人一起在"墥作"的行列之中。《高昌重光三年（622）条列虎牙氾某等传供食帐二》（唐长孺主编《吐鲁番出土文书》壹，第377页）第14、15行记"次传细面一斗二升、粟米二升，供明威庆善小儿二人"，说明"小儿"不可能是一种依附人口。由此，笔者认为帐历中的"小儿"应当是指未成年人。
③ 町田隆吉认为"外作人"本身也是"作人"，所以朱雷"作人"分类中的第二、三种其实是同一类人。见町田隆吉《使人と作人——麹氏高昌国时代の寺院、僧尼の隶属民》，第102页。
④ 需要说明的是，与南北朝其他地区"作人"并非用来特指依附人口，而是泛指劳作者、工匠和受雇为人佣作不同，高昌国的"作人"是一个特定的依附人口群体。入唐以后，原来高昌国的"作人"转为合乎唐令规定的部曲，作为依附人口的"作人"群体就此消失。我们在唐西州时代的过所文书中看到许多雇佣劳动者，既有来自西域，亦有来自中原内地者，他们也被称为"作人"，但与高昌国时代作为依附人口的"作人"已经没有关系。参见程喜霖《唐代过所文书中所见的作人与雇主》，唐长孺主编《敦煌吐鲁番文书初探二编》，武汉：武汉大学出版社，1990年，第440—462页。留存至今的

在国家土地上劳作的平民所有的"作人"[①],"作人"的主人有供出"作人"为国家劳作的义务;"外作人"是寺院从社会上雇佣的"作人",这类"作人"应当也可以受雇于其他雇主;"塷作人""城作人"是国家征派的差役承担者,"塷作"的承担者兼有平民和"作人","城作"的承担者情况不详;"入作人"是官府征发的普通劳动者。对"塷作人"相关文书的研究显示,承役者既有普通民户,也有依附人口,"塷作人"这一概念并不标识主体的身份。"入作人"和"城作人"这两个名称显示,与其他词语连称的"作人"仍可以包含它作为普通名词使用时的含义。目前所见的"作人"与其他语词结合构成的词汇情况各不相同,需具体分析,无法作统一解释。

二

学界对"作人"有无经营权的问题也存在意见分歧。涉及"作人"经营权的文书中有两件契约受到特别重视,即《高昌延寿九年(632)曹质汉海富合夏麦田券》(以下简称《合夏麦田券》)[②]和《高昌延昌二十二年(582)二月康长受从道人孟忠边岁出券》(以下简称《康长受岁出券》)[③]。朱雷在讨论"作人"的经济地位时引用《合夏麦田券》,认为此是"作人"租佃土地的例证[④],实际上肯定"作人"的经营权;

唐代传世文献中也多见称工匠或劳作者为"作人"的例证。"作人"作为普通名词泛称劳作者或工匠,这是高昌国之外的地区从南北朝到隋唐时代社会通行的情况,西州建立之后这种用法又重新在吐鲁番地区流行。李鸿宾《唐代"作人"考释》(《河北学刊》1989年第2期,第73—76页)和沙梅真《历史上吐鲁番地区"作人"来源问题的探讨》(郑炳林主编《中国敦煌吐鲁番学会2008年度理事会议暨"敦煌汉藏佛教艺术与文化学术研讨会"论文集》,西安:三秦出版社,2011年,第221—228页)将唐西州过所文书中的"作人"认定为依附人口,恐难成立。

① 与条记文书中赋役类型往往标注僧俗不同,関尾史郎注意到《田亩作人文书》中不注明僧俗,他因此推测"田亩作人"这项差役只有俗人承担。関尾史郎《〈田亩作人文书〉小考——トゥルファン出土高昌国身份制关系文书研究序说》(下),第73页。
② 唐长孺主编《吐鲁番出土文书》贰,第289页。
③ 唐长孺主编《吐鲁番出土文书》壹,第96页。関尾史郎认为本件契约中出现的"还入正作"并不涉及"作人","作"是徭役的"作"。见関尾史郎《论"作人"》,第56—57页注释33。関尾史郎对契约中反映出来的明确的人身依附关系未置评论,本文不从其说。按,"还入正作"应当是指康长受重回自己的主人处为他劳动。
④ 朱雷《论麹氏高昌时期的"作人"》,第62页。

附录一 高昌国"作人"问题再论

关尾史郎则否定"作人"拥有经营权①。现将《合夏麦田券》迻录如下,再作分析。

1　□□□年壬辰岁十一月廿二日,曹质汉、张参军作人海富贰人从□□
2　□边夏石乘南奇部麦田拾叁亩,要径(经)伍孰(熟)年。年到七月□□
3　□□麦贰觓(斛),使毕,净好,若不净好,听自常取。夏价依官觓(斛)中取。□
4　□□手下宕取田中伍亩　　　　　　　　张奋武。田中租殊(输)伯(佰)役,□□□
5　□;渠破水谪,仰耕田　　　　　　　　不得脱取,田中要否□
6　□□若脱田取时,罚　　　　　　　　立卷(券),卷(券)成之后,各不得返
7　□,□者一罚二入不悔者。　　　　　　　　　名为信。
8　　　　　　　　　　　　　　　　指节为明
9　　　　　　　　　　　　　　　　指节为明
10　　　　　　　　　　　　　　　海□
11　　　　　　　　　　　　　　　指节为明
12　　　　　　　　　　　　　　　指节为明

《合夏麦田券》出自阿斯塔那 117 号墓,据文书留存干支纪年,可确定其时间为延寿九年(632),属高昌国末期。关于《合夏麦田券》的主体,契约中所记为"曹质汉、张参军作人海富贰人"。此处的"贰人"是指"曹质汉"与"作人海富",而不包括"张参军"。朱雷即认为此件契约是作人海富与他人合伙共佃②;吴震则认为"作人"身份同奴婢,张参军是以其作人海富名义,与曹质汉合佃麦田③。契约是

---

① 关尾史郎在《论"作人"》一文第 53 页第二节中指出:"'作人'对其主人存在有相对的自主权,拥有自己的经济,这种论点缺乏足够的证据。"在第 54 页的第三节末尾说:"所以不能认为'作人'是完整意义上的主体,关于确立其经营权的说法应该是成立的。"按,此处所引第三节后半句与前半句矛盾,也与作者第二节的表述矛盾。承蒙关尾先生赐寄日文原稿,得知是译者翻译有误,关尾先生原文的表述是"关于确立其经营权的观点不得不令人怀疑"。
② 朱雷《论麴氏高昌时期的"作人"》,第 62 页。
③ 吴震《麴氏高昌国土地所有制形态试探》,《新疆文物》1986 年第 1 期;收入作者《吴震敦煌吐鲁番文书研究论集》,上海:上海古籍出版社,2009 年,第 502 页。

305

法律文书，其末尾的押署情况是契约主体参与契约订立的反映。我们可以具体分析一下此件契约末尾部分。契约的末尾出现了高昌国时期罕见的画指节情况，可以确认有四人画指，每人画三个指节，虽然文书画指以上部分被剪去，但可推测原来写有当事人及证人等的信息。三个指节之间分写"指节为明"四个字，第一个字"指"写于第一、二指节之间，第二个字"节"写于第二、三指节之间，第三、四个字"为明"写于第三个指节之后。需要特别指出的是，前两人的画指和后两人的画指中间一行未见画指，在相当于其他行"为明"的位置处书有"海□"人名，据人名第二字残存笔画可猜测其为"富"字①，此"海富"二字虽然较契约正文字体稍大，但可以确定出自同一人手笔。四个画指的人分别是谁？这是一个难以得到确切答案的问题，但夏田人和田主应当都在其中，另外应当还有两位证人②。夏田人画指者除"曹质汉"之外还有谁？目前看到"海富"之名被书于第3行，所以第2行画指者为"海富"的可能性很小③。如果第二个画指者为田主，似乎也不合情理，因为这样就会出现田主被夹书在两位佃田人之间的现象，除非书手疏忽大意，否则这种可能性应当不存在。合理的排列方式是第一个画指人为"田主"，第二个是"曹质汉"，第3行为我们所见的"海富"，而第三、四个画指人为证人④。值得注意的是，作为夏田人的"海富"明确地出现在了末尾的列位当中，他的身份为"夏田人"应该是可以确定的。"海富"没有如另一位夏田人"曹质汉"一样画指，可能是因为他身份特殊。但是"海富"在契约末尾列位部分作为"夏田人"出现，无疑是其法律地位的体现，证明当时高昌国的法律赋予了"作人"佃种田地的权利。强调"作人"依附身份的学者在涉及此件契约的理解时，重视"海富"的主人"张参军"在其中扮演的角色，如前述吴震认为"张参军"以作人"海富"名义，与"曹质汉"合佃麦田。这种观点恐怕难

---

① 吴震亦将该字补为"富"字。见吴震《吐鲁番出土券契文书的表层考察》，《敦煌吐鲁番研究》第1卷，北京：北京大学出版社，1996年；收入作者《吴震敦煌吐鲁番文书研究论集》，第418页。
② 同属高昌国末期的《某人买葡萄园契》（唐长孺主编《吐鲁番出土文书》贰，第292页。文书出自阿斯塔那117号墓，同墓所出兼有麹氏高昌延寿年间和唐西州文书。本件涉及土地买卖，可知为高昌国时期文书）末尾也有画指情况，"时见""临坐""倩书"三人中只有作为证人的前两者画指，而"倩书"不画指。
③ 吴震先生将第二个画指人补为"夏田人海富"，第三个补为"田主□□□"，恐误。见吴震《吐鲁番出土券契文书的表层考察》，第418页。
④ 按，高昌国的契约末尾例书"署名为信"，到唐西州时期则一变而为"画指为信"，可知高昌国末期的画指契约应当是先行受到了当时中原的影响。唐西州时代的佃田契约末尾的列位方式一般都为首行"田主"，其次"佃田人"，最后为"知见人"；本件契约不仅画指这一做法受到中原的影响，末尾的列位可能也有变化，"倩书"的名字可能没有出现。

以成立。正如朱雷指出的："如果张参军需要与他人合作租佃土地，必不会令其作人出面与人合订契券。这里只能是作人海富与他人合伙共佃。"①関尾史郎注意到文书第4行中缺部分之后出现的人名"张奋武"，认为此"张奋武"就是"张参军"②。契约的开始部分只称"张参军"，而在契约中间使用全名"张奋武"③，显得很不自然。契约作为法律文书讲求语言的严密性，如果"张参军"即"张奋武"，契约中却不予说明，作为契约文书潜在的读者的官府人员恐怕也会提出疑问。笔者认为"张奋武"是契约中"田主"的可能性更大。也就是说，作为"海富"主人的"张参军"在契约中并未出现全名，他本人应当没有参与此项契约的订立。"作人"既然作为主体租佃了田地④，劳动成果似不可能全部都归主人所有，至少应当有一部分可以自己支配。関尾史郎基于契约中的"张奋武"就是"张参军"的判断，认为此件租佃契约不是"作人"海富按本人意志自由缔结的，推测他的主人不仅介入契约本身，而且"作人"的劳动成果也归主人所有⑤。関尾史郎的理解低估了此件租佃契约反映出的"作人"经营权上的自主性。朱雷没有分析契约末尾画指情况，认为"他（笔者按，指作人海富）与曹质汉二人合伙佃进土地，并承担作人所应承担的义务，契券结尾处的四个指节印中，亦必有他的一个"⑥。如分析所示，"作人"海富出现在末尾的列位中，但并未画指。"作人"海富虽然有佃种土地的权利，却不能像平民一样画指，在这里我们看到了高昌国法律赋予"作人"权利的界限。

《康长受岁出券》出自哈拉和卓99号墓，时间为延昌廿二年（582），比《合夏麦田券》早五十年。文书涉及"康长受从孟忠边岁出"，时间从"二月廿二日"到"十一月卅日"，历时九月余，以粮食为岁出价。契约本身未明确说明康长受的身份为"作人"，朱雷结合《高昌延和十二年（613）某人从张相憙三人边雇人岁作券》⑦，认为康长受应当也是作人⑧。值得注意的是，张相憙等三人将自己的"作人"出租一年，

---

① 朱雷《论麴氏高昌时期的"作人"》，第62页。
② 関尾史郎《论"作人"》，第54页。
③ 据"张"字之前的残画可以断定该字不可能是"军"字，这样就可以排除契约中使用了"参军张奋武"这一表述的可能。
④ 契约末尾列位第3行所书"海富"之前的残缺部分原本可能写有"张参军作人"几个字，即便如此，第3行列位中的主体也仍然是"海富"。
⑤ 関尾史郎《论"作人"》，第54页。
⑥ 朱雷《论麴氏高昌时期的"作人"》，第62页。
⑦ 唐长孺主编《吐鲁番出土文书》贰，第89页。
⑧ 朱雷《论麴氏高昌时期的"作人"》，第63页。

租价是银钱"贰拾余文"[①],康长受从主人边岁出九月余,须交付"床麦伍拾斛",按照高昌国床麦一斛值钱一文计算[②],岁出价"伍拾斛"当五十文银钱,康长受岁出九月余的价格比张相憙的"作人"要高出许多。只要"作人"出价够高,就可以买到暂时离开主人的"自由"。暂获"自由"的"作人"可以像《合夏麦田券》中的海富一样,去租佃别人的土地耕种,只要辛勤劳动,就可以为自己收获财富。在支付高额岁出价从主人处暂获"自由"的时间里,康长受从事经营活动的权利应当与普通平民并无不同。"作人"的经营权虽然不完整,却是不容否认的。《康长受岁出券》条款中写到"身东西毛,仰妇儿上",这说明康长受有妻儿。康长受是"作人",其妻儿是否也是"作人",尚难遽定。无论如何,康长受有妻儿,并且妻儿也具备一定的经济能力,他们要像平民一样,替家人偿付债务,这些都是"作人"康长受经济地位的体现。

《康长受岁出券》说明"作人"可以通过支付高额岁出价的方式离开主人,"暂获自由",自主进行生产经营活动;《合夏麦田券》末尾的列位则说明高昌国的法律赋予"作人"佃种土地的权利。"作人"的经营权虽不完整,却不容否认。我们目前没有看到"作人"拥有土地的资料,但"作人"也有妻儿,他们可以进行一些经营活动,自然也拥有一定的私人财产。他们的身份具有"两重性",一方面是依附性,另一方面是一定的自主性。

三

"作人"身份"两重性"特征的另一个表现,是作为依附人口的他们要承担国家的一部分徭役。

"作人"承担徭役的情况,见于阿斯塔那78号墓所出的《高昌将显守等田亩得银钱帐》(以下简称《显守帐》)[③]。《显守帐》中出现了三个"作人",即"作人憙相"(第19行)、"作人寅柰"(第25行)、"作人众儿"(第25行),三人涉及的田亩数都为"陆拾步"。值得注意的是此处三人出现时都没有标出他们的主人,

---

① 契约有残缺。出租价格只能是每个"作人"二十余文钱,若三人共二十余文,价格过低,不合情理。参阅朱雷《论麴氏高昌时期的"作人"》,第57页。
② 粮食的价格信息出自《高昌乙酉、丙戌岁某寺条列月用斛斗帐历》,出处见前注。
③ 唐长孺主编《吐鲁番出土文书》贰,第42页。

可以认为至少在这件银钱帐中,"作人"与主人之间的依附关系没有被强调。《显守帐》被早期的研究者误认为是高昌国"计田输银钱"的证据,関尾史郎则指出其中的田亩面积应当是耕作的土地面积,而土地的性质是官府所有的屯田或官田,对该土地具有耕作义务的民户、官员、僧侣、寺院和官府所缴纳的银钱是对此种耕作义务的免役钱[①]。如果《显守帐》征收的确实是屯田或官田的代役钱,那么"作人"计田输银钱的证据就不复存在。但即便如此,"作人"缴纳了此种代役钱,实际上是以"作人"具有在国家所有的官田或屯田上耕作的义务为前提的。从这个角度来说,"作人"即便不是承担了所有种类的赋役,也至少承担了某些类型的徭役。并且需要说明的是,此件帐簿中的"作人"以脱离了主人的"独立"身份出现,显然此种徭役的承担与"作人"的主人并无关系,这体现出"作人"身份"独立性"的一个侧面,也反映出高昌国对国内人口掌控的力度,即使是"作人"这样的依附人口也必须承担徭役,如関尾史郎对《田亩作人文书》的研究所指出的,即使是隶属于主人的"作人"也有被分配从事屯田和官田等国有土地上的耕作的义务。《显守帐》从其涉及民户、官员、僧侣、寺院等各种类型的征收对象来看,应当是一种普遍性的代役钱征收,作为"作人"主人的官员和民户应当也须缴纳相应银钱。《田亩作人文书》中涉及的"作人"实际上承担了与《显守帐》中涉及的人员相似的徭役,区别只在于《显守帐》中的主体纳钱代役,而《田亩作人文书》中的"作人"则是现役。《显守帐》中没有出现"作人"主人的名字,而《田亩作人文书》中则没有出现"作人"的名字,因为两种徭役中,前者是直接针对"作人"本身,而后者所反映的是"作人"所有者对国家承担的义务。这反映出"作人"身份的两重性,一方面对主人有依附性,另一方面又为国家所掌控,承担部分赋税徭役。而如上文的分析,"作人"承担的徭役还应包括"塌作"。

　　関尾史郎对《显守帐》的研究也受到一些学者的质疑,主要理由是帐目中显示的官吏、僧侣、寺院所承担的田地面积较俗人、作人为多,如果是派耕官田,前者的负担反而比后者重,似乎不合情理[②]。杨际平根据《显守帐》中缴纳者的平均田地面积约83.6步(0.35亩),认为不应当是粮田或葡萄园,而可能是菜园,所收银钱

---

① 関尾史郎《高昌田亩(得、出)银钱帐——〈吐鲁番出土文书〉札记(一〇)》(中),《吐鲁番出土文物研究会会报》第65号,1991年,第5—7页。関尾史郎《高昌田租试论》,《史学杂志》第100编第12号,1991年,第102页。
② 杨际平《麹氏高昌田赋制度再探》,中国魏晋南北朝史学会编《魏晋南北朝史研究》,武汉:湖北人民出版社,1996年;收入《杨际平中国社会经济史论集(出土文书研究卷)》,厦门:厦门大学出版社,2016年,第402—405页。

即菜园课税，亩收四文半银钱[1]。

关于《显守帐》，目前的两种观点差异较大，因为文书本身提供的信息有限，何者为是还有待将来新资料的验证。就本文此处的论证而言，两种观点都可以为笔者提供支持。如果如关尾史郎的理解，则"作人"也须承担屯田或官田的耕作义务；如果如杨际平所论，则"作人"也拥有菜园，并且要和官员、僧俗人众一起缴纳课税。

作为依附人口的"作人"承担徭役，这与同一时期南北朝其他地区的奴婢、部曲、私客等人群的情形应当说是有很大差别的[2]。

麴氏高昌国时期的寺院中还有一种依附人口，即"使人"[3]。町田隆吉通过对《某寺月用斛斗帐历》、《高昌某寺条列月用斛斗帐历》[4]、《高昌崇保等传寺院使人供奉客使文书》（以下简称《供奉客使文书》）[5]等资料的研究指出，"使人"应当是在寺院内部或僧人身边从事杂役，即"家内劳动"者；根据"使人"的食量远较"作人"为少，可推测其从事的是杂役或者都为年少者。町田隆吉还注意到《供奉客使文书》中出现的"使人"无一例外地都没有记下名字，而"使人"的主人，寺院或者僧人的名字则必然出现，由此推测《供奉客使文书》中所谓的"供奉客使"其实是针对寺院或僧尼的一种徭役。寺院或者僧尼所有的"使人"代替主人承担徭役，这与"作人"本身即须承担徭役的情况是不同的，因此，自身应当并无财力的"使人"之于寺院或者僧尼的隶属性比"作人"应该更高，或者说"使人"应当被看作近似于"家内奴隶"的一种身份。客使的供应和接待是一种临时性差役的可能性很高，因此必须能够迅速应对，作为国家征发寺院或者僧尼所有的"使人"的前提，可推测国家

---

[1] 杨际平《麴氏高昌田赋制度再探》，《杨际平中国社会经济史论集（出土文书研究卷）》，第406—407页。

[2] 南朝和北朝的具体情况又有差别。北朝自实行均田制、三长制之后，政府对编户的控制加强，户口显著增长。颁行均田令的北魏、北齐、北周诸政权，奴婢也被予以土地，可能是由主人代交田租。虽然相关法令的具体执行情况不详，但至少说明北朝对依附人口中的奴婢采取了掌控措施，北朝政府至少在法令的层面上是向奴婢征收赋税的，而实际上大族占田荫户过限的情况并不少。东晋、南朝编户减少的主要原因就是不上户籍的封建依附者数量增加，"南北权豪竞招游食，国弊家丰"（《晋书》卷八八《颜含传》，北京：中华书局，1974年，第2286页）。参见朱大渭《魏晋南北朝南北户口的消长及其原因》，《中国史研究》1990年第3期；收入作者《六朝史论》，北京：中华书局，1998年，第302—336页。以及唐长孺《魏晋南北朝隋唐史三论》第二篇《论南北朝的差异》，武汉：武汉大学出版社，1992年；此据《唐长孺文集》所收，北京：中华书局，2011年，第78—124页。

[3] 关于寺院"使人"，涉及寺院内律不许蓄奴，但可"说净"的问题，参见谢重光《净人及其在寺院经济中的地位和作用》，《汉唐佛教社会史论》，台北：台北国际文化事业有限公司，1990年。

[4] 陈国灿《斯坦因所获吐鲁番文书研究》，武汉：武汉大学出版社，1994年，第355—360页。

[5] 唐长孺主编《吐鲁番出土文》（壹），第455页。

也掌握着"使人"的情况[①]。

《供奉客使文书》由两件残片组成，笔迹似不同，两片文书所记都为寺院或僧人的"使人"应传供奉客使的情况。第一残片所记"使人"多为寺院所有，仅见僧尼一人"□信"；第二残片所记"使人"的所有者可以确认的有两例，应当都非寺院，而是僧尼。谢重光根据此文书研究高昌的"道役"，认为"道役"的特点是僧尼本身并不应役，而是派寺院所有的"使人""作人"等服役[②]。就《供奉客使文书》而言，其中并未出现"作人"服役的情况。町田隆吉推测《供奉客使文书》中所谓的"供奉客使"其实是加于寺院或僧尼的一种徭役，而由"使人"代替主人应役。其实就《供奉客使文书》格式来看，官府都不是向寺院或僧人派役，再由其"使人"承役，而是在传令之初，就直接指派寺院或僧人的"使人"承役。可以说这种差役本身就是向"使人"征派的，应当与所谓的"道役"无关。高昌国应当并非所有寺院、全部僧尼都有"使人"[③]，那么没有"使人"的寺院或者僧尼应当无须承担这种供奉客使的徭役。

虽然如町田隆吉所指出的，"使人"比"作人"对主人的隶属程度更高，但高昌国依然将其纳入了国家徭役征派对象的行列，这一点是值得注意的。

四

除了"作人"和"使人"这两种隶属民之外，高昌国还存在奴婢。我们在粟特文买奴券[④]以及《麴氏高昌延和八年（609）十二月二十二日绍德遗书》[⑤]等文书中都可以看到奴婢被买卖、继承的情况，此外的情况我们所知不多。

麴氏高昌国依附人口的数量有多少，在人口总数中的比例如何，这是重要而基本的问题，以下试作考察。

[①] 町田隆吉《使人と作人——麴氏高昌国时代の寺院、僧尼の隶属民》，第93—108页。
[②] 谢重光《麴氏高昌的寺院经济》，收入作者《汉唐佛教社会史论》，第185页、第201页注释56。
[③] 《某寺月用斛斗帐》文书中显示，该寺有僧六人、沙弥一人，又有"使人"二人，可知"使人"并非每僧都有，而该寺的两名"使人"应当寺院所有。似乎还存在另外一种可能，即属于僧侣个人所有的"使人"未记入此件帐簿。
[④] 吉田豊、森安孝夫、新疆ウイグル自治区博物馆《麴氏高昌国时代ソグド文女奴隶卖买文书》，《内陆アジア言语の研究》第4号，1989年，第1—50页。
[⑤] 荣新江、李肖、孟宪实主编《新获吐鲁番出土文献》，北京：中华书局，2008年，第287页。

"使人"的存在目前仅见于寺院。《某寺月用斛斗帐》记载该寺有"使人"两人;《高昌某寺条列月用斛斗帐历》记该寺有"使人"四人;《供奉客使文书》凡诸寺院、僧侣"使人"都未记人数,应当默认为一人,但是否这些寺院和僧侣都只有一名"使人",不详。我们所知的"使人"数量情况仅此而已。

相比较而言,"作人"的数量情况我们掌握的资料更多一些。阿斯塔那154号墓出土了七件作人名籍[1],其中第一和第二件文书的起始位置都可见"西南坊",而末尾部分亦可见合计数字,但因为两件文书中部都有断残,所以不能确定是否确为"西南坊"的合计数字;即便是"西南坊"的合计数字,两者一为六十余,另一则为三十余,所指很可能并非该坊的全部"作人"人数,而可能是异动情况[2]。从这组"作人"名籍中我们可以大致了解的是当时每一户的"作人"数目,如文书所示,每人占有的"作人"大都为一名,但也有二名、三名的,最多的为张郎中,有"作人"五人,其次还有镇军将军某人有"作人"三人——郎中和镇军将军都是高昌国的高级官员,他们拥有的"作人"数目在某种程度上应当可以代表当时高昌国高级官员的一般水平。如果此处张郎中和镇军将军的"作人"数目确为他们拥有"作人"数目的全部的话,应当说,与同一时期南北朝其他地区豪强地主拥有的大量依附人口相比,高昌国即便是上层官员拥有的依附人口数量也是很小的。对于依附人口在当时户口中所占的比重,我们还是缺乏可以据以推算的资料。

关于这一问题,可以作为参照的是唐西州初期的相关数据。唐长孺先生依据唐西州初期文书中的户籍、手实资料得出的研究结论认为:"唐平高昌后一个时期内,西州的奴婢在人口中占有较大的比重,大致在10%左右。""唐初西州的奴婢毫无疑问是麴氏高昌遗留下来的。我们知道唐代内地奴婢仍有一定的数量,但在总人口中不可能有那样高的比例,即使唐代以前也是如此。"[3]唐先生的研究结论对于我们了解高昌国时期依附人口在总人口中的比重具有重要参考价值,但笔者认为必须作以下几点说明。

首先,就目前所知,唐西州建立之后未见有解放奴婢或者没良为奴等方面的举措,

---

[1] 唐长孺主编《吐鲁番出土文书》壹,第364—368页;参见関尾史郎《〈田亩作人文书〉の周边——アスターナ一五四号墓出土作人关系文书の分析》,第100—84页。
[2] 関尾史郎《〈田亩作人文书〉の周边——アスターナ一五四号墓出土作人关系文书の分析》,第85页脚注18。
[3] 唐长孺《唐西州诸乡户口帐试释》,作者主编《敦煌吐鲁番文书初探》,武汉:武汉大学出版社,1983年;此据《山居存稿三编》,北京:中华书局,2011年,第149、153页。

所以唐西州初期依附人口在总人口中的比重应当可以大体反映高昌国时期的情况。

其次，唐西州初期的户口手实中对于贱口的登记只记总数及奴、婢各有多少，未见部曲等其他类型的依附人口统计数字。如阿斯塔那103号墓所出《唐西州某乡户口帐》中记当地总口数为二千六十四，奴婢合计一百一十六，其中奴五十九，婢五十七[①]。如上文分析，高昌国时期的依附人口中除了奴婢之外，还有"作人"和"使人"。依据朱雷先生的研究，"作人"在唐西州时代演变为律令制中的部曲[②]，所以这一群体至唐西州时代并未消亡。这里就出现一个问题：目前所见最早出现部曲、客女的计帐是《唐永徽元年(650)后某乡户口帐》[③]，其中明确将部曲、客女当作"贱口"的两类与奴婢的数字分别登记；那么在永徽之前的计帐中，"贱口"只分奴、婢时，原来高昌国时代的"作人""使人"等依附人口是如何登记的呢？笔者估计是记入奴、婢的数字中了[④]。这就提示我们，至少贞观年间唐西州计帐中的"贱口"实际上并非全都是奴、婢，也包括原来的"作人"和"使人"等类型；而"作人""使人"作为依附人口，其性质与奴婢是有着显著差异的。

复次，高昌国时期的依附人口，尤其"作人""使人"的状况与同时期南北朝其他地区的依附人口的状况也明显不同。如朱雷先生指出的，东晋南朝范围内不同的封建隶属关系、名目众多的生产者类型，并未在高昌地区出现[⑤]。高昌国的依附人口至少"作人"和"使人"等的名籍都为国家所掌握，而"作人"和"使人"也实际上承担了国家的一部分徭役[⑥]。所以即便高昌国的依附人口在总人口中所占的比重与南北朝其他地区相近，现实状况也有很大差别。

---

① 唐长孺《吐鲁番出土文书》贰，第123页。本件文书解题称，本件纪年虽缺，但与前件《唐贞观十八年某乡申报户口帐》似出自同一人手笔。
② 朱雷《论麴氏高昌时期的"作人"》，第71页。朱雷《〈唐律疏议〉中有关"部曲"法律条文的现实意义》，武汉大学中国三至九世纪研究所编《中国前近代史理论国际学术研讨会论文集》，武汉：湖北人民出版社，1997年；收入《朱雷敦煌吐鲁番文书论丛》，第209—221页。
③ 唐长孺主编《吐鲁番出土文书》叁，北京：文物出版社，1996年，第120—121页。
④ 阿斯塔那103号墓的《唐西州某乡户口帐》中记载奴婢"贱口"部分的信息完整，可以确定本件文书中确无其他"贱口"类型。这里有两种可能，一种是该乡在高昌国时期确实没有"使人""作人"一类依附人口，另一种可能就是此时尚未出现"部曲""客女"的名称。所以如笔者推测的，依附人口都计入奴婢之中了。
⑤ 朱雷《〈唐律疏议〉中有关"部曲"法律条文的现实意义》，第212页。
⑥ 冻国栋指出麴氏高昌国寺院僧尼众多与当时的政府在经济利益方面存在冲突，这种冲突可能表现为官府用强力与寺院争夺土地和劳动人手，亦可表现为官府以赋税与力役的手段来控制或削弱寺院的经济力量。高昌国道租与俗租，道役与俗役的划定，既可限制更多的劳动人手流入寺院，又可增多国家的赋役对象。冻国栋《麴氏高昌役制研究》，《敦煌学辑刊》1990年第1期；收入作者《中国中古经济与社会史论稿》，武汉：湖北教育出版社，2005年，第93—94页。

需要特别强调的是，作为依附人口的"作人"和"使人"在高昌国发挥的特殊作用也应当予以肯定。与南北朝其他地区依附人口大量流入豪强地主的私门，脱离国家人口统计，不承担租税赋役，被豪强地主固着在私人所有的土地上不同[1]，高昌国"作人"的劳动则对国家的经济发展起到积极的推动作用，而非仅仅充实了豪强地主的私囊。依据《某寺月用斛斗帐》上登记的信息，我们知道该寺院有土地六十八亩，是当时的大土地所有者。该寺的人口情况是有僧六人、沙弥一人、"作人"二人、"使人"二人。僧侣不从事劳动，而"使人"从事杂役，该寺院真正的劳动力只有"作人"二人。作为大土地所有者，劳动人手非常有限，这也与南北朝其他地区大寺院掌握大量依附人口的情况截然不同。只凭"作人"二人是无力耕种六十八亩土地的，该寺院是如何解决劳动人手不足的问题呢？帐簿显示寺院依靠雇佣来的劳力进行耕作。从二月至七月，该寺院不间断地雇人种麦、掘沟、整渠、刈麦、种秋、薅床，先后雇佣人力六十二人次[2]，其中"外作人"四十六人次，小儿十人次，其他社会人员六人次。土地面积大而劳动人手缺乏的该寺院，从外部雇佣劳力完成耕作和收获应当是常态，而从本件帐簿看，寺院雇佣的主体是"作人"。此处的"作人"并未受到依附身份的限制，发挥的作用无疑是积极的。与南北朝其他地区的依附人口流入私门，受到豪强地主的剥削不同，高昌国的"作人"是当时劳动力市场上的重要角色，可以自由地流动。

需要指出的是，高昌国能够较彻底地掌控国内人口，这在前高昌国时代就已然如此。高昌国由十六国时期设立的高昌郡发展而来。关尾史郎研究北凉时代的高昌郡户籍，指出未从中发现冒荫的情况，户籍中不仅记录男女丁中，老小也登录在内，进而推断北凉对户口把握得很彻底[3]。到沮渠氏北凉时期能够计口征丝以为口税[4]，阚氏高昌时期能够要求百姓按人头出马送使[5]，这些都是官方对户口的有效掌控在赋

---

[1] 可为代表的是《魏书》中的记载："魏初不立三长，故民多荫附。荫附者皆无官役，豪强征敛，倍于公赋。"《魏书》卷一百一十《食货志》，北京：中华书局，2017年，第3109页。
[2] 文书相关部分有残缺，此处根据吴震复原之后的数据。见吴震《寺院经济在高昌社会中的地位》，《新疆文物》1990年第4期；收入作者《吴震敦煌吐鲁番文书研究论集》，第565页。
[3] 关尾史郎《从吐鲁番带出的"五胡"时期户籍残卷两件——柏林收藏的"Ch6001v"与圣彼得堡收藏的"Дх08519v"》，《吐鲁番学研究：第二届吐鲁番国际学术研讨会论文集》，上海：上海辞书出版社，2006年，第184页。
[4] 裴成国《吐鲁番新出北凉计赀、计口出丝帐研究》，《中华文史论丛》2007年第4期，第65—103页。
[5] 荣新江《吐鲁番新出送使文书与阚氏高昌王国的郡县城镇》，《敦煌吐鲁番研究》第10卷，上海：上海古籍出版社，2007年，第24—27页。

役征派方面的体现[①]。到麴氏高昌时期，作为依附人口的"作人"和"使人"都承担国家的赋役。

高昌国时代的"作人"目前未见于前高昌国时代的文书。笔者认为这种"作人"是高昌国时期特有的依附人口类型，在给这个群体命名时官府可能借用了原来的普通名词"作人"。"作人"这种依附人口的地位以及他们应承担的赋役类型在高昌国的法律中当有明确的规定。高昌国"作人"的来源目前尚不清楚，关尾史郎推测他们可能来自被征服的车师人。前文论及的《康长受岁出券》的主体康长受，与孟忠存在明显的人身依附关系，朱雷先生认为康长受是"作人"，笔者亦同意。契约是在延昌廿二年（582）订立的，是目前所见较早的关于"作人"的资料。康长受有名也有姓，这与时代更晚的"作人"名籍中的"作人"都有名无姓亦不同[②]。从姓氏来看，康长受可能来自中亚的粟特地区，这提示着中亚的粟特人可能是高昌国"作人"的来源之一[③]。

高昌国依附人口问题是学界研究较多的问题，本文在前人研究成果的基础上重新梳理了"作人"的概念，研究了"作人"的经营活动、承担赋役等问题，揭示了"作人"身份的"两重性"特点。他们依附于主人，但又有一定的自主性，可以从事一些经营活动；他们既为主人劳作，又承担国家的一部分赋役。依附人口在高昌国能够发挥特殊作用，与南北朝其他地区大量依附人口流入私门，充实了豪强大族的私囊不同。高昌国的依附人口之所以呈现出不同的时代特点，应当与高昌国作为绿洲国家资源有限的国情息息相关，也与高昌国强大王权的存在密不可分。

---

① 史籍记载当时南燕的情况："百姓因秦晋之弊，迭相荫冒，或百室合户，或千丁共籍……"《晋书》，卷一二七《慕容德载记》，第3169—3170页。可以说，同时期高昌郡的情况与此很不相同。
② 曾出土《高昌西南坊作人名籍》等多件"作人"名籍的阿斯塔那154号墓中所出的一件文书上有"重光二年（621）"的纪年。
③ 前文提及的粟特文买奴券显示，直到高昌国末期粟特都是高昌国奴婢的来源地之一。如果"作人"也来自粟特，那么高昌国"作人"和奴婢的区别是如何形成的，限于史料，我们尚不得而知。

附录二　评殷晴《丝绸之路与西域经济：十二世纪前新疆开发史稿》

丝绸之路是近年学术界不断升温的一个研究课题。关于这条因丝绸贸易得名的古代欧亚大陆上的经济文化交流之路，学界大都承认它在早期文化交流方面的重大意义。鉴于前近代交通工具的落后以及欧亚大陆上长距离旅行的困难，当时贸易的规模与"大航海时代"来临后世界逐步进入的经济全球化阶段不可同日而语。如何认识丝绸之路贸易与当时欧亚大陆经济的关系，尤其是这一贸易的规模及其影响程度，这些都还是有待探讨的问题。今天的新疆地区，大致相当于古代的西域，地处欧亚大陆中部，是东西南北交通的枢纽地带，对丝绸之路的开通和维系都居功至伟；同时也拜丝绸之路所赐，当地创造出了古代西域文明。要探讨丝绸之路贸易对欧亚大陆经济的影响，西域自然是不容忽视的重要地区。

殷晴先生《丝绸之路与西域经济：十二世纪前新疆开发史稿》2007年12月由中华书局出版。正如书名所示，该书在梳理研究新疆经济开发史的同时，意在揭示西域经济与丝绸之路之间的关系。

有关"西域"和"丝绸之路"的研究，自20世纪初叶至今一直是一个热点，输入"丝绸之路""西域"这样的关键词，能检索到的研究论著用汗牛充栋来形容应也不为过。毋庸讳言的是，这些浩繁的研究论著，水平也参差不齐。就殷晴先生此书涉及的"丝绸之路与西域经济"这一重要而基础的课题而言，国内外都有一些值得关注的研究成果。日本学者榎一雄20世纪七八十年代的系列研究，《丝绸之路国际贸易史的特质》《丝绸之路与队商贸易》《丝绸之路上的商人们——以利益分配为中心》《丝绸之路的国际贸易——队商贸易》等（以上诸文都收入了《榎一雄著作集》第五卷《东西交涉史Ⅱ》，汲古书院，1993年），较早对丝绸之路贸易的性质、特征以及商人的组织形式等基本问题进行了探讨。虽然他所利用的多系西域"伊斯兰化"之后的史料，但研究成果及观点仍然具有相当的价值。吴震曾发表两篇论文讨论高昌寺院经济的问题，分别是《寺院经济在高昌社会中的地位》《七世纪前后吐鲁番地区农业生产的特色》（两文分别发表在《新疆文物》1990年第4期，《新疆经济开发史研究》上册，新疆人民出版社，1992年。都收入《吴震敦煌吐鲁番文书研究论集》，上海古籍出版社，2009年）。两文用细致的数据计算和分析揭示了高昌国的一些寺院扩大再生产，进而可为丝路商旅提供商品粮的历史事实。就丝绸之路贸易与绿洲社会的关系以及如何看待绿洲社会经济性质的问题，日本学界自20世纪70年代开始掀起了"丝绸之路史观论争"，并延续至今（可以参见森安孝夫《シルクロードと唐帝国》，东京：讲谈社，2007年；间野英二《'シルクロード史观'再考——森安孝夫氏の批判に关连して》，《史林》第91卷第2号，2008年）。此外，荒川正晴《绿洲国家与队商贸易》（《オアシス国家とキャラヴァン交易》，东京：山川出版社，2003年）也是与此直接相关的研究。尽管有以上论著，但全面深入地探讨古代新疆的经济发展历程并同时观照其与丝绸之路关系的论著，殷晴先生此书当为第一种。

从副标题可知，该书涉及的时代下限为12世纪。除引论和跋语之外，该书主体部分为七章，依次为第一章《自然条件与地理位置》、第二章《原始居民的社会经济生活》、第三章《汉代西域社会经济的发展》、第四章《魏晋南北朝时期社会经济的波动》、第五章《中西交通高潮：大唐西域的繁盛（上）》、第六章《中西交通高潮：大唐西域的繁盛（下）》、第七章《唐宋之际的西域经济与中西交通》，此外，主体内容之后有一篇附录《新疆古代度量衡的演变》，之后是《主要参考文献》。本书从总体的章节布局来看基本是按时间顺序，一个时代置一章，唐代因为内容较多，分作了两章。每个时代都会涉及的有关经济发展的基本问题有政治形势与政制设置、屯田开发与水利建设、土地制度与赋税制度、生产工具制造与手工业的情况、丝路贸易与货币流通等等，通过对这些基本问题的历时性的全景式的分析介绍，各个时代经济发展的大致情况即可呈现。如有关手工业的情况，制陶业、冶铸业、纺织业、建筑业等基本的门类几乎每个时代都会论及，读者如果将不同时代的情况加以比较，对其进步和变化就会有一个整体的认识；而每个时代又有一些特有的、新兴的或者相对突出的门类，如原始居民时代是石器制造及制革，魏晋南北朝时代是蚕桑业和园艺业，唐代是玉石加工业、漆器业、造纸业、制糖业等，通过这些新兴门类，我们也可概见西域经济发展的进程。在内容安排上，每章也都根据时代特点有一些着重论述的小节，如第二章（先秦时代）第二节之《狩猎与畜牧》、第三章（汉代）第二节之《大兴屯垦：农田水利呈新貌》、第四章（魏晋南北朝）第四节之《垦殖重心东移，生态环境恶化》、第五章（唐代）第四节之《佛寺经济的兴衰》、第六章（唐代）第三节之《西州诸地中转贸易的兴盛》、第七章（唐宋之际）第一节之《南道复兴：于阗玉石贸易的热潮》。以上各节论述的问题可以说都具有鲜明的时代特征。该书的章节布局全面而又有重点，在历时性的对比中凸显了西域经济发展的特征与规律。

该书在史料运用上的一个突出特点是传世史料与出土文献兼采，文献史料与考古资料并重。有关西域经济的史籍记载大都比较粗略，谈不上丰富和全面，因此该书在传世史料之外，对西北出土文献如碑刻（如拜城刘平国治关亭诵等）、悬泉汉简、尼雅佉卢文文书、吐鲁番文书、楼兰尼雅汉文文书、库车汉文文书、敦煌文书、于阗语文书、藏文简牍、回鹘语文书等无不采择以为己用。就考古资料而言，新疆境内的岩画、遗址、墓葬、城址、烽燧、洞窟壁画等等十分丰富，作者大都能充分加以利用。纵览全书，一个突出的特点就是资料丰富。

作者此书在备述先秦到唐宋之际西域经济发展的历程和表现的同时，也始终贯穿着一个问题，即如标题所示，丝绸之路与西域经济之间的关系。作者在引论中提到："有的学者认为丝路贸易和沿线城镇的经济发展脱节，对沿线城镇并没有实际利益。这样看，似有失于偏颇。"（第5页）作者对于这一论争的态度是明确的。他又指出："纵观古代新疆发展的历史轨迹，财富的积累固然对绿洲社会经济的发展有利，但并不是唯一的也不是最重要的因素，推动地域经济发展最积极的因素还应是商品经济的活跃和人员的交流、技术的传播。就后者而言，汉朝的屯田正是有力地推动西域社会经济发展之重大举措。"（第6页）丝绸之路的内涵当然不仅仅限于贸易这一个方面，将丝绸之路上的文化与技术交流也一并考虑的话，则丝绸之路之于西域绿洲社会的意义更是毋庸置疑的。作者在第二章论及先秦时期的西域社会时，引用了学界所定义的人类社会进入文明的四个标志，并逐一与先秦时代新疆的情况进行了对照，之后说："难以认定新疆在先秦时代已进入文明社会。"（第28页）之后历史进入秦汉时代，从作者书中备述的汉代西域社会经济发展的情况来看，毫无疑问，当时的西域已经进入文明社会，这其中丝绸之路的贯通所带来的影响应当是决定性的，而从作者引论中的观点来看，显然汉朝的屯垦也发挥了重大作用。论证的环节前后相扣，得出以上结论，应当说是顺理成章的。作者在论及汉代西域蓬勃发展的丝路贸易时，列举了疏勒、于阗、焉耆三地西汉时期的户口数，之后又列举了东汉时代的数字，一经对比，即可看出增长幅度之大。作者认为这一时期绿洲城镇人口膨胀的重要原因之一就是贸易的繁盛。作者在论及汉代西域纺织业的情况时指出:"上述高档毛织品的出土地点都在塔里木盆地南缘、昆仑山北麓一带,正是两汉时期繁盛的南道沿线,东来的丝织品与西来的毛织品或南亚的棉织品同在这一带发现,绝非偶然。"(第95页)如果只以疏勒等三国人口数字的增长或南道纺织品的汇聚来论证汉代丝绸之路带给绿洲社会的影响,恐怕说服力还比较有限,但当作者的研究能为我们提供两个甚至更多的例证时,其结论的得出可以说是水到渠成。作者在第七章花费大量篇幅探讨了唐代西州诸地中转贸易的兴盛,之后指出:"在天山南北各城镇商业贸易臻于繁盛之际,商品的内容随着农业、手工业的发展,出现了明显的变化,比如粮食市场的兴起,当地生产的丝织品、毛织品、棉织品以及冶铁工具在市场上的出售,都反映了交易品已与国计民生息息相关,为供给广大人民群众的生产、生活需要起了重要作用……唐代碛西各地生产的发展,为商品运销提供了物质基础,也为各类市场的兴盛提供了物质前提,并使天山南北的商业贸易增添了新的内容。"(第357—358页)这一结论可以视为作者对"丝绸之路史观论争"所讨论问题的回应。这个结论至少有两点值得注意:首先,作者区分了商业贸易的发展程度,对唐代的情况,用"商业贸易臻于繁盛"来表述;其次,作者的这一结论建立在具体的研究基础之上,是适应于特定的历史时段和地域的。基于这两点,笔者认为这个结论较以往的研究更加具体,也更加深入,是一个重要的进步。尽管这一结论能否成立,尚待将来更深入的研究加以检证,但它无疑丰富和深化了对"论争"涉及问题的理解,并且揭示了今后关于这一问题研究的方向所在——对特定时代特定地域进行深入的分析,而不是泛泛而论或者臆想。在论述唐代西州等地以铜钱为主的货币流通这一问题时,作者探讨了何以在8世纪西域各地普遍完成了货币由银币向唐朝铜币的转换,并提出了两个理由:其一,公元4至7世纪中原政局动荡,与西域的来往时断时续,故西方银币得以在此通行;唐朝建立后强大的经济实力辐射到西陲,唐朝铜钱得到西域各国的信赖和赞誉。其二,7世纪末大食势力侵逼中亚,由于政治形势的变化,之前曾携带大量银币至天山南北乃至河西兴贩的粟特商胡处境艰难,难有大量银币投向东方市场。就笔者管见,这一重要问题之前尚无人做过专门研究,因而作者的这个观点也是很值得重视的。第七章研究唐宋之际的西域贸易形势,指出:"由于中道贸易的冷落,这时在高昌、龟兹等地,货币经济发生萎缩……西州、龟兹普遍以棉布作为通货使用,与唐代西州、焉耆、龟兹等地普遍以银钱、铜钱的情况,已有显著差异,从一个侧面反映了中转贸易的不振……以于阗而言……基本上以地产商品做交换的民族贸易,逐渐取代了中转贸易,这是10世纪前后新疆贸易史的重大转折。"(第421—422页)这样的研究结论因为都是建立在具体分析的基础之上，因而都是非常值得重视的。在跋语中，作者指出："西陲地域广阔，各地自然条件和生产水平颇多差异……唐西州时期人均耕地约2.1市亩，所以精耕细作、集约经营，已为当地农业生产的主要方式。塔里木盆地耕作粗放，不少地方生产工具原始，其生产水平显然不能与吐鲁番盆地作等同观，后者处于前列，远远超出西域一般的生产水平。"吐鲁番盆地是7、8世纪整个西域生产力最为先进的地区，殷晴先生应当是最早对此给出清晰和准确判断的学者。

作者论及汉代经营西域的初衷和根本目的，但所持之观点似还不够明晰，有进一步厘清的必要。关于这一问题，作者在书中《引论》部分如是论述："从上述西汉张骞为'断匈奴右臂'出使西域，到东汉班超为'平通汉道'而决心在西域长期奋斗，我们可以看出，汉廷中的有识之士，对维护中西交通、发展丝路贸易，在认知上已达到一个新的境界。前者开始时只是从政治上考虑孤立匈奴、争取盟国，而后者在完成西域统一大业的基础上，更多地把着眼点放在发展同西方各国的经贸往来上。张骞出使带来了前所未闻的西方信息，激发了汉武帝向西开拓的雄心，不过这终究是表象，探究其根本原因，还是因为西汉前期经济蓬勃发展、国力空前强盛，使其领导层有宏伟的气魄对外开放，积极交往，促进中西经济文化交流，这是丝路繁荣根本的社会条件。"（第2—3页）关于张骞出使西域的初衷，《史记》的记载非常明确，即"断匈奴右臂"，作者表述为"从政治上考虑孤立匈奴、争取盟国"。当时的西域各国互不统属，人数多者不过数万，少者仅数百人，何以在汉朝看来，是匈奴之"右臂"呢？西域各国对匈奴而言，重要意义何在？匈奴的生产方式是"不田作种树，随畜逐水草"，而塔里木各绿洲城国则是以农业为主，农牧兼营。匈奴因为游牧经济的不自给性，要仰赖西域绿洲城国提供粮食；张骞出使西域，争取西域各国转向中原，从经济上切断匈奴的粮食供给，这对于西汉抗击匈奴是具有重大意义的。间野英二指出，中国积极经营中亚的汉、唐两个时代，都是强大的游牧民族（匈奴、突厥）支配中亚绿洲地带的时代。中国对中亚、绿洲地带的经营，不仅仅是出于对这一地带经济的关心以及求知欲、好奇心，而是出于阻止游牧民族对绿洲地带的支配，以削弱游牧民族经济的目的。也就是说，中国的中亚经营，应当理解成其为削弱游牧民族而采取的一个战略（间野英二、堀川彻《中亚的历史·社会·文化》，放送大学教育振兴会，2004年，第53页）。关于汉代经营西域的初衷和根本目的的问题，笔者认为这不是一个见仁见智的问题。我们不排除汉、唐经营西域的部分目的是招徕远人、便利经贸往来，但宋、明两朝不经营西域同样可以招徕远人、进行贡赐贸易，而汉、唐之所以格外重视经营西域，其初衷还是抗击威胁中原王朝的游牧民族。对于中原王朝而言，经营西域的同时，便利了丝绸之路的畅通，这是附带效应，似乎不应颠倒主次。

作者此书既名为《丝绸之路与西域经济：十二世纪前新疆开发史稿》，应当还是从中原王朝的角度出发展开论述的，所以副标题使用了"开发"这样的词语。"开发"的含义是什么，主体又是谁呢？作者在全书的跋语中说："当今西部大开发，报刊上有新疆历史上三次开发之说，前两次主要指的是汉唐屯田。这一保卫、建设西北边陲，维护丝路畅通的重大举措，成效显著，影响深远，为我国历代政府所遵循。"（第462页）依据这段论述，作者应同意报刊上的"三次开发之说"，那么本书所着眼的西域的开发，主要是指"汉唐屯田"，主体似乎也应该视为汉唐中央政府。那么作为西域绿洲经济生产的主力，绿洲王国和百姓的主体性又体现在哪里？这是值得我们思考的问题。在第三章《汉代西域社会经济的发展》第六节《蓬勃发展的丝路贸易》中作者指出："在丝绸之路长途贸易中，东西方国家都要输出黄金以换取自身需要的物品。那么长期交往中，巨额的黄金落入谁手？……从多方面片段的历史记载分析，主要的受益者，有可能是垄断中继贸易的安息等国及塔里木盆地的绿洲城国……大宗商品贸易实际多受官方操纵，巨额商利，常落入各地王公贵族手中。"（第112—113页）就汉代的情况而言，西域绿洲王公贵族获利的重要来源还应该包括朝贡贸易的回赐。如果我们转变视角，又可以看到这样的记载："敦煌、酒泉小郡及南道八国，给使者往来人马驴橐驼食，皆苦之。"（《汉书·西域传》）贸易的兴盛带来丝路上客使人流的增加，实际也加重了绿洲国家的负担，当然这些负担会转嫁到平民身上。如果区分西域国家人口的阶层，则我们的考察会更加细致，汉代的贸易模式让绿洲社会上层受益，而让百姓受累。至于屯垦开发的主体，则无疑是底层的百姓。我们可以说汉代西域经济发展的主体是普通百姓，但经济贸易的发展没有产生足够的让百姓同时获利的渠道。西域经济的发展也是生产力和生产关系作用的结果，其中涉及的因素是多方面的，绿洲生态环境、周边和国际环境、百姓生产潜力的激发、中央政府的屯垦开发、丝路商贸的刺激、客使商旅提供的商机等，这其中丝绸之路商贸刺激的因素很重要，但却不是全部。西域经济发展历程需要作更全面的考察，而作为绿洲主体的西域百姓应当被给予更多的关注。

该书涉及的时段长，内容多，所以对一些问题的论述不够严谨。如第四章在论及魏晋南北朝时期的土地制度和赋税徭役时，利用吐鲁番文书对高昌的情况进行了分析。魏晋南北朝时间跨度有360余年，就高昌的情况而言，从高昌郡到高昌国，前后变化也很大。作者在论述中虽然有时也指出了历时性的变化，但总体上未作分期研究；而对于高昌国的调、剂问题，高昌国赋役中的僧、俗分别等等，都未遐论及。就西域的赋役制度问题，出土文书较多的鄯善、于阗、吐鲁番等地已经具备了进行深入研究和分期讨论的条件，在区域的个案研究基础上再进行比较分析，应当是将来可能的研究取向之一。

　　该书的一个不足之处是对前人研究成果的吸收还应更加充分。如前所述，该书充分利用了西北出土文献，但这些文献中的每一种其实都有很厚的既往学术史，许多重要的文书本身的学术史都很值得进行专门梳理。比如前人关于汉佉二体钱、汉龟二体钱、高昌银钱、佉卢文书、高昌国的赋税制度等问题的研究都已有相当的积累，而且在许多具体问题上学界尚有不同意见，充分吸收这些研究成果虽然难度很大，但对这样一个涉及很长时段及广阔地域的重要课题，舍此亦别无他途。如第三章第六节作者引用敦煌悬泉汉简汉元帝永光年间（前43—前39）康居使者入贡诉讼文案指出，当时汉朝地方官吏与豪强沆瀣一气，欺诈侮易，或通过苛捐杂税进行勒索，成为危害丝路贸易的恶势力。（第113页）实际上此次康居入贡之所以遭到汉朝从中央到地方的冷遇，据研究是因为此前永光元年（前43）康居曾收容匈奴郅支单于，并合力对付汉朝的属国乌孙[①]。从国际关系角度来说，汉朝当时的处置方式无可厚非。又如作者引用《高昌将显守等田亩得银钱帐》（唐长孺主编《吐鲁番出土文书》贰，第42页）来论证史籍中记载的高昌"计亩输银钱"的问题，说"计亩输银钱也是田赋中的一项重要内容，经济效益显著的葡萄园不仅以银钱纳税，而且税额也比一般田地高"，似乎把《高昌将显守等田亩得银钱帐》视为葡萄园计亩征收银钱的例证；在引用文书后又分析说"此超出常情的租税额，可能系租税合一的公田"（第145—146页）。实际上，学界对这件文书有不少研究，更为合理的意见是这些缴纳的银钱是免除在官田或屯田上劳作的代役钱[②]，而不能直接视为"计田输银钱"的例证。

　　该书还有其他一些疏漏。如作者引用《承平五年道人法安弟阿奴举锦券》，仍将这件文书的年代"承平五年"视为北凉政权年号，括注为447年，实际上应该是麴氏高昌国开国君主麴嘉的年号，承平五年即506年。作者用这件文书论证当时西域织锦业发展情况，但年代却提前了半个多世纪，不免对读者估计当时西域蚕丝业发展情况产生误导。又如书中两次提到昭苏波马出土的西汉时期的铁铧一件，第一

[①] 王素《悬泉汉简所见康居史料考释》，荣新江、李孝聪主编《中外关系史：新史料与新问题》，北京：科学出版社，2004年，第149—161页。

[②] 関尾史郎《高昌田亩（得、出）银钱帐——〈吐鲁番出土文书〉札记（一〇）》（中），《吐鲁番出土文物研究会会报》第65号，1991年，第5—7页。

次称"与汉关中长安等地所出形制完全一致的大铁犁铧"(第74页),第二次称"与陕西关中地区以往出土的'舌形大(铁)铧'形制相似"(第89页),两处的表述不一。全书有四百六十多页之厚,应当说校勘很精,但也误植了一些错别字,谨此指出,以供再版修订。第160页"洛消山普拉",应为"洛浦";第188页倒数第八行的"法卢文书",当为"佉卢文书";第223页所引用《高昌夸林等行马入亭马名籍》,"夸林"实为"洿林";第398页所引《新唐书·西域传》"及还,诈言假道回纥为所夺,久之事三世"句,"三世"当为"泄"字之讹。

就古代西域经济史研究而言,殷晴先生的《丝绸之路与西域经济:十二世纪前新疆开发史稿》已经成为一部绕不过去的重要著作,是我们全面了解古代西域经济发展历程的必读书。在这部著作出版后,殷晴先生仍然执着于这一课题的研究,并且不断发表新作,如《汉代于阗的崛起与兴盛》(朱玉麒主编《西域文史》第7辑,科学出版社,2012年)、《6世纪前中印陆路交通与经贸往来——古代于阗的转口贸易与市场经济》(《中国经济史研究》2017年第3期)等。这些论文聚焦于特定时段的于阗王国,达到了新的研究高度,当为治西域史者所重视。

附录三 评李艳玲《田作畜牧：公元前 2 世纪至公元 7 世纪前期西域绿洲农业研究》

《田作畜牧：公元前 2 世纪至公元 7 世纪前期西域绿洲农业研究》是李艳玲博士的博士论文，2014 年作为《欧亚历史文化文库》的一种由兰州大学出版社出版。

如标题所示，该书研究的是公元前 2 世纪至公元 7 世纪前期的西域绿洲农业，涵盖两汉魏晋南北朝，但时间断限又不是严格以朝代为依据，之所以到 7 世纪前期，是以公元 640 年高昌国的灭亡作为下限。与 2007 年殷晴先生出版的《丝绸之路与西域经济》不同，该书不是全面研究绿洲经济，而是聚焦农业，不涉及手工业。在该书的绪论中作者特别说明，本书讨论的农业指广义的农业，包括种植业和畜牧业，所以使用了"田作畜牧"为主标题，"与中原地区以种植业为主的农业生产体系不同，古代西域绿洲的经济生产中，畜牧业占据重要地位，而不是一种附带性的存在"（第 11 页）。至于该书涉及的地域范围，作者也明确说明是塔里木盆地、吐鲁番盆地和哈密盆地的绿洲，不包括天山北麓以畜牧业为主的地区。

该书的内容除绪论之外，分为五章。绪论部分主要介绍了前人的相关研究成果，说明该书将从四个层面论述西域绿洲农业，一是农业资源，二是农业经营管理，三是农业生产技术，四是农产品贸易。第一章是《西域绿洲农业生产的自然地理环境》，依次介绍了地文、气候、水文，交待了西域绿洲农业发展的客观条件。第二章《公元前 2 世纪以前西域绿洲农业生产概况》，分为"公元前 2000 年至公元前 1000 年前后"和"公元前 1000 年前后至公元前 2 世纪末期"，下限是汉朝势力进入西域，实际上是西域的史前时期，史籍没有记载，研究的依据是考古资料。可以看出当时的西域绿洲主要依赖畜牧业经济，种植业仍处于相对次要地位。第三章《公元前 2 世纪至公元 1 世纪初西域的绿洲农业》，涉及的实际上是汉朝势力进入到西汉结束的时期。除最后的小结外，有四节内容，分别是《绿洲的人口资源及农业品种》《城郭田畜——绿洲国的农业生产》《通利沟渠，以时益种五谷——西汉在西域绿洲的屯田》《"仰谷""积谷""赎食""贡献"——绿洲的农产品贸易》。本章主要使用传世史料，引用了部分相关的汉简和年代晚一些的佉卢文文书。第四章《公元1世纪初至5世纪前期西域的绿洲农业》，涉及的是东汉至十六国时期。除最后的小结外有五节内容，分别是《人口资源的整合及农业新品种的引进》《新绿洲农业区的兴起及其生产》《绿洲国的种植业——以佉卢文资料反映的鄯善王国为中心》《绿洲国的畜牧业——以佉卢文资料反映的鄯善王国为中心》《绿洲农产品贸易的发展》。其中第二节所谓的新绿洲农业区主要是指东汉以后屯田的伊吾、高昌和楼兰诸地，使用的史料主要是楼兰的汉晋简牍和吐鲁番出土的十六国时期的文书。第三、四两节从标题即知是利用佉卢文文书研究鄯善国的种植业和畜牧业。在第三节讨论种植业时分别考察了绿洲国发展种植业的措施、种植业的经营和管理方式、绿洲国种植业的生产技术等三个具体问题。第四节讨论畜牧业时具体考察了畜牧业的经营方式、畜牧业管理措施及政策法规、畜牧业生产技术等三个具体问题。第五章《公元5世纪中期至7世纪前期西域的绿洲农业》，涉及的时段是南北朝至唐初。除最后的小结之外有四节内容，分别是《人口资源的变动及农业经营品种的增加》《吐鲁番盆地——绿洲农业经济的发达区》《塔里木盆地的绿洲农业》《绿洲农产品贸易概观》。作为重点的第二节篇幅最大，主要利用吐鲁番出土高昌国时期的文书详细考察了官府对农业的管理与经营、私营农业的生产经营、农业生产技术的进步三个具体问题。由以上内容介绍可以看出，作为该书主体部分的第三、四、五章讨论不同时期的农业情况时始终围绕绪论中交代的四个方面，内容严整，从中可以清晰看出八百年绿洲农业发展的轨迹。

在时段划分上，本书打破了以往以中原王朝为分期依据的传统做法，"以西域自身社会历史的发展特征为划分依据"，将西汉置于第三章，将东汉和十六国置于第四章。东汉屯田的地点伊吾、车师和楼兰，也被魏晋所继承，进而使得绿洲新农业区兴起，可以说具有内在的连续性。5世纪中叶以后鄯善衰落，吐鲁番盆地的高昌国崛起并一直存在到640年，所以第五章将5世纪中期至7世纪前期置于一个时段，也有其合理性。可以说作者的这种分期是一种积极的尝试和创新。就西域绿洲经济发展水平而言，汉晋时期的于阗、龟兹也都是大国，农业发展水平在西域绿洲应当也处于先进地位，但限于史料，很难进行深入细致的研究。就本书篇幅而言，全书240页，后两章164页，占三分之二，之所以如此，一方面是因为魏晋南北朝西域绿洲农业发展迅速，成效显著；另一方面也是佉卢文文书和吐鲁番文书为传世史籍记载较少的西域绿洲农业研究提供了大量新资料。

其实就西域绿洲经济而言，此前研究成果已经很多，该书作者充分挖掘出土文献中的信息，深入细致地对绿洲农业的基本因素如农业资源、农业经营管理、农业生产技术等方面进行历时性的考察，得出了一些引人注目的重要观点。根据考古资料的分析，作者认为史前时期的西域绿洲"普遍主要依赖于畜牧业经济，种植业经济仍处于相对次要地位"（第39页），这是关系到西域绿洲农业的起源问题的一个重要认识。西汉时期"自然生产条件较好的北部绿洲的人口明显多于南部，南部相对于北部，在农业劳动力资源方面明显处于劣势"（第42页）。从匈奴向包括各绿洲国在内的西域政权征收的主要是畜产品，"这在一定程度上说明西域绿洲国在种植业经济占有重要地位的情况下，总体上仍是以畜牧业经济为主导"（第47页）。与西汉以吐鲁番盆地及罗布泊地区为重心，其他地区为辅助，屯田地点广布的格局不同，东汉以下内地政权的屯田生产主要集中在高昌与楼兰地区。在此基础上，两地逐渐成为新的绿洲农业经济区。（第88页）官府屯田的开展与汉地移民的大量涌入，无疑促进了东北部及东部地区的汉化，这使西域绿洲的农业生产在一定程度上呈现东、西部分异的特点。（第91页）这种东、西部农业发展的分异，使西域绿洲农业经济的地域不平衡性更趋明显。（第165页）鄯善国的农业生产经营单位大体分为家庭与庄园、领地两种，种植业的经营与管理方式呈现出多样化的特点。（第112页）田主设置管家管理生产，管家人员分为不同层次，相应地负责种植业生产全过程的各个环节。（第124页）可推测公元1至5世纪前期西域绿洲国虽已应用铁犁、牛耕技术，但生产工具仍以木制为主。（第126页）以精绝州所在的尼雅河流域为例，这里的灌溉系统分不同层级，主、干、支、毛渠相配套，各层级有斗门调节用水。（第128页）民众放牧皇家牲畜，不是无偿劳役，官府与牧养者构成雇佣关系。因而，皇家畜牧业中存在雇工经营方式。（第138页）鄯善王国民众积累了丰富的生产经验，所掌握的畜牧业生产技术包括：分群饲养，同一畜种的牲畜又按牡、牝分群牧养；严格的饲料搭配及供给标准；注意牲畜品种的改良及培育；阉割马匹技术普遍应用。（第147—152页）这一时期绿洲国的种植业生产在总体上仍然属于粗放经营，与新农业区相对的精耕细作仍存在明显差距。（第164页）6世纪中后期高昌王国城镇数量增加颇多，人口亦当有所增长；龟兹、于阗仍为北、南道人口大国，而焉耆人口资源较高昌国已处于劣势，鄯善仍是这几个政权中人口最少者。（第169页）这一时期塔里木盆地的绿洲已广泛种植水稻。（第172页）麹氏高昌国时期人均土地额较低，凸显了该地区人多地少的矛盾。（第192页）床粟是6世纪前期吐鲁番盆地种植的主要粮食作物，麦类居次。日益凸显的人多地少的矛盾无疑使吐鲁

附录三　评李艳玲《田作畜牧：公元前2世纪至公元7世纪前期西域绿洲农业研究》

番盆地存在粮食压力。但扩大耕地面积一途，在地域狭小的吐鲁番盆地受到限制。依靠精耕细作，实行集约经营，提高土地利用率成为生产者的主要选择，复种又是提高土地利用率的最佳方法。（第201页）高昌国时期土地的用水权随土地使用权的变化而变化，不同于鄯善王国水资源使用权与土地使用权相分离的情况。（第211页）高昌的畜牧业生产中采用分群留种技术，有较成熟的选种及牛畜阉割技术，还根据健康状况分群饲养，在牲畜饲料供给方面，已有较严格的配给标准。（第214页）5世纪至7世纪前期，吐鲁番盆地承袭高昌郡时期的特点，即以种植业为主，畜牧业占据相对次要的地位。（第206页）5世纪至7世纪前期于阗、疏勒普遍栽植棉花。绿洲畜牧业在塔里木盆地农业生产中的比重当大于在吐鲁番盆地。5世纪至7世纪前期塔里木盆地东南部绿洲农业经济逐渐衰败而落后于其他绿洲。（第219页）

由以上摘录的重要观点可以看出，作者紧紧围绕农业资源、农业经营管理、农业生产技术等方面进行研究，从这些方面揭示了西域绿洲农业发展的历程。作者也揭示了区域发展的不平衡性，如人口的增减变化，早期自然条件好的北部绿洲人口明显多于南部，后来鄯善绿洲人口发生锐减；东部新绿洲农业经济区崛起并逐渐发展到精耕细作的水平，与西部相比优势更加明显；生产门类中，畜牧业从早期的占据主导到后来的占据相对次要的地位。这些重要的结论无疑深化了我们对西域绿洲农业的认识。

本书作者没有对西域绿洲经济进行面面俱到的研究，手工业、园艺业等与绿洲经济关系也非常密切的门类书中就基本未涉及。这一方面是因为，正如书名明确声明的，本书的研究对象是西域绿洲的"田作畜牧"；另一方面也是因为此前2007年出版的《丝绸之路与西域经济》论述已详，应该避免重复。尽管作者讨论的重点是种植业，但对前人论述已详的内容也仅给出注释而不再赘述，如鄯善国的农作物种类和种植业生产结构等问题（第112页），虽然是基本问题，也没有重复涉及。从这个角度来说，作者能够略人所详，详人所略，有非常明确的创新意识；着力于对西域绿洲的种植业和畜牧业的深入探究，确实也推进了西域绿洲经济的研究。

对相关文书中的有用信息进行细致深入的挖掘，是本书采用的重要研究方法。如作者根据佉卢文文书中描述骆驼的词汇最为繁复，有关羊的称谓也较多，有关马和牛的称谓略显简单，涉及骡等其他畜产的词汇极少这一词汇分布上的不均衡性指出："这在一定程度上反映了鄯善王国的畜产结构，即以骆驼和羊为主，马、牛次之，其他畜产更次之。"（第133页）实际上要从严格意义上分析鄯善国的畜产结构需要很多的相关数据，这在以出土文献为主的史料背景下难度比较大，作者从词汇分布的特点出发，得出的推论，巧妙地解决了这一难题，无疑是非常具有启发性的。还可再举一例：作者根据斯坦因所获180号佉卢文文书中两处提到畜群时都是九峰牝驼和一峰牡驼，推测这应是当时鄯善王国饲养的骆驼繁殖群中通行的牡、牝比例。如果论述仅止于此，不免给人以证据不足的印象，而在相关资料缺乏的情况下，作者援引了中华人民共和国成立之初蒙古族牧民饲养的驼群中种驼与牝驼的比例至少在1:7到1:8间这一实例，大大增强了说服力。作者没有止于此，又进一步作出评论："鄯善王国时期与之大体相同，可见分群牧养中牡、牝畜搭配比例方面的生产技术应用之早。"（第149页）由此就让读者对鄯善国时期畜牧业生产技术的发展水平有了清晰的认识。能够得出这一重要的结论首先应归功于作者对文献中数字信息的敏感性，当然也与作者的问题意识和提前涉猎了相关专业知识密不可分。

作者除了具有鲜明的创新意识之外，还下大力气搜集了前人研究成果，不管是中文的，还是日文和英文的，都搜罗很全，注释也很详尽。作者在第四、五两章重点分析的佉卢文书和吐鲁番文书不仅国内研究成果多，外国学界也有许多成果。比如北海道教育大学的山本光郎教授在《北海道教育大学纪要》上曾经发表过一批有关斯坦因所获佉卢文文书的研究论文，一般都是一篇论文详细分析一件文书，非常值得关注。这批论文大概因为国内不易找到，所以国内利用佉卢文简牍研究鄯善社会经济的学者少有引用，但本书的作者就吸收了山本光郎的研究成果（第146页）。对前人研究成果的重视当然也为作者研究取得新突破提供了保障。

作者在本书中研究的绿洲经济的四个层面中最后一个是农产品贸易。主体部分的第三、四、五章都有专门的一节讨论这个问题。汉代丝绸之路全线贯通之后，西域地区的交通路线得以维系，完全依赖于沙漠中绿洲的存在，正是一个个绿洲串联起来才形成了西域地区丝路的基本走向。作为商贸通道的丝绸之路与西域绿洲经济之间有着怎样的关系，这是一个容易想到的基本问题。目前学界对这一问题的讨论可以细分为两个层面：第一，丝路商贸贩卖的商品类型与绿洲的消费市场之间的关系如何。第二，西域绿洲的农牧产品如何参与丝绸之路贸易。关于第一个层面的问题，因为日本学者榎一雄曾经对丝路贸易的商品特点进行过归纳，即体积小、价值大的奢侈品，所以容易让人想到西域绿洲的平民没有消费能力，不论丝路商贸多么发达，都与西域绿洲关系不大，美国学者韩森即坚持这一观点。对于这一观点的不足笔者曾进行过批评[1]，此处不赘。李艳玲博士在本书中探讨的是绿洲农牧产品的交易，既

---

[1] 裴成国《丝绸之路与高昌经济——以高昌国的银钱使用与流通为中心》，朱玉麒主编《西域文史》第10辑，北京：科学出版社，2015年，第127—169页。

附录三 评李艳玲《田作畜牧：公元前2世纪至公元7世纪前期西域绿洲农业研究》

包括本地市场的内部交易，也涉及其与丝路贸易间的关系。

在第三章讨论西汉时期的绿洲农产品贸易时，作者归纳出了四种贸易形式，即"仰谷""积谷""赎食"和"贡献"。其中"仰谷"一词出自《汉书·西域传》中的"寄田仰谷"语，指的是一些以畜牧业为主的政权因本国缺少耕地，为满足自身谷物需要，借耕邻近绿洲国土地进行谷物生产，以及从邻国购买谷物的经济活动。（第47页引述山本光郎观点）"寄田仰谷"现象的产生应当是因为西汉时期西域绿洲国家农业欠发达，一些以畜牧业为主的国家须设法解决粮食来源问题。到东汉之后，西域绿洲种植业得到了发展，典型的"寄田仰谷"应该就消失了。作者引用了3、4世纪的佉卢文文书材料证明当时仍然存在周边以畜牧业为主的山地政权向鄯善购买粮食的贸易活动。"积谷"指西汉的屯田区向周边政权购买储积谷物。所以"仰谷"和"积谷"都是指粮食贸易，区别在于购买粮食的主体不同。第三种"赎食"是指外来客使从途经的绿洲区购买农产品。"赎食"的概念不是来自传世史籍，而是出自悬泉汉简中的《永光五年（前39）康居使者诉讼文案》。这件文案反映了康居使者向汉朝朝贡的许多细节，受到学界的高度关注。其中使者陈述之前朝贡的情况时说到"前数为王奉献橐驼，入敦煌关、县，次赎食。至酒泉，昆归官"，接着陈述此次的情形："入关行，直不得食。"[1] 从前后两次的对比中可知其上一次来朝贡受到了供食的优待，这次则受到冷遇，没有供食。其中的"赎"是"续"的意思[2]，"赎食"应是免费供应之意，所以作者理解的"赎食"概念恐怕不确。实际上正如《汉书》中所述"敦煌、酒泉小郡及南道八国，给使者往来人马驴橐驼食，皆苦之"[3]，沿途绿洲小国都有免费供应，敦煌关县正常情况下亦应如是。作者在书中多处使用的"赎食"贸易的概念恐怕需要重新斟酌。外来客使从途经的绿洲区购买农产品的情况当然存在，但在西域绿洲国家与两汉维系朝贡体制的背景下，外来客使的主要供应应系免费，到中原王朝衰落之后购买方才成为主要方式。最后一种"贡献"贸易则是绿洲政权向汉朝贡送以畜产品为主的方物的活动，因为会有汉朝的回赐，所以具有贸易的性质。第四章讨论东汉至十六国时期的绿洲农产品贸易时，作者分"新农业区的农产品贸易"和"绿洲国的农产品贸易"两类。第一类主要涉及楼兰和高昌郡的情况，将高

---

[1] 李艳玲书中引用的简文是依据胡平生、张德芳《敦煌悬泉汉简释粹》，上海：上海古籍出版社，2001年。笔者此处引用的录文句读依据王素《悬泉汉简所见康居史料考释》，荣新江、李孝聪主编《中外关系史：新史料与新问题》，北京：科学出版社，2004年，第155页。

[2] 这是王素先生的意见，参见上引文。

[3] 《汉书》卷九六上《西域传》，北京：中华书局，1962年，第3893页。

昌郡的民间借贷和官方借贷也视为贸易，似乎欠妥。第二类讨论的是鄯善国的情况，既提及跨绿洲的农产品贸易活动（粮食和骆驼），也提到了外来的粟特商人在绿洲购买农产品（骆驼）的情形，还有绿洲内部存在的谷物借贷、牲畜租借活动。第五章在讨论5世纪中期至7世纪前期的绿洲农产品贸易时，因资料有限，讨论的基本局限于高昌国的情况。作者依据吴震先生的研究梳理了《高昌乙酉、丙戌岁某寺条列月用斛斗帐历》的信息，推算该寺有占48.68%的粮食用于出售，反映该寺粮食产品具有较高的商品率；又以该寺的经济水平推测5世纪至7世纪前期，西域绿洲国内粮食作物的商品性生产水平整体并不高（第225页），前后的表述似乎有矛盾之处，其"商品性生产水平整体并不高"的估计不知道是参照什么标准得出的。实际上该寺的这件帐历是研究绿洲经济商品化生产非常难得的材料，专门研究这件文书的吴震先生即由此推算当时的高昌寺院生产的粮食除供本寺院僧俗食用之外，还可供应4680人——约占高昌总人口17%的人口——的食粮，这些商品粮对丝路畅通具有积极的意义，做出了相当的贡献。[①]作者又考察了高昌时期粮食借贷情况，限于资料，也简要提及了向中原的贡献贸易和粟特商队在绿洲购买生活资料和牲畜饲草料，最后认为7世纪前期以前，与对外贸易相比，绿洲国内的农产品贸易对当地农业经济影响更大。（第232页）作者同意韩森之前提出的观点，即不管丝绸之路贸易规模如何，它对丝路沿线居民的影响极小。最后总结为，在公元5世纪至7世纪前期的西域绿洲，商业经济虽然占有重要地位，但农业经济的主导地位可能并没有改变。（第234页）

由以上梳理可以看出，有关农产品贸易部分的论述中，第三章讨论西汉时期的情况使用的史料以传世史料为主，第四章以佉卢文文书为主，第五章以吐鲁番文书为主。传世史料是官方编纂，从官方立场出发，第四、五两章利用的虽然是出土文献，但大多仍然是谕令、帐簿，及与民众生活关系密切的契约等，直接涉及丝路贸易以及胡商的其实非常少。总体而言，有关丝路商贸与绿洲经济间关系的史料是不丰富的，我们面对的史料的局限性是不言而喻的，这在相当程度上会影响我们的判断。

公元前2世纪至公元7世纪西域绿洲农业的发展变迁，诚然如作者所说是自然环境以及其他多方面因素综合作用的结果，并且不同时期主导性的因素也不同。从作者的分析中可以看出他重视人口资源的变化、屯田的影响以及先进农业生产技术

---

① 吴震《寺院经济在高昌社会中的地位》，《新疆文物》1990年第4期；收入作者《吴震敦煌吐鲁番文书研究论集》，上海：上海古籍出版社，2009年，第564—566页。

的发展，总体上都属于生产力的范畴，不涉及生产关系层面，虽然讨论了农产品贸易，但对绿洲农业的商品化程度估计不高。作者认为吐鲁番绿洲5世纪中期至7世纪中叶的高昌国是整个西域绿洲农业经济发达区，代表了作者讨论的八百年西域绿洲经济的最高水平。如果要揭示高昌经济崛起的原因，仅从生产力的角度是不够的。

我们容易想到一些基本事实：大批以粟特人为代表的商队在丝绸之路西域段的活跃，5世纪以吐鲁番盆地为代表的蓬勃发展的蚕桑丝织业，高昌国6世纪中叶之后长期以萨珊波斯银币为日常通货，高昌国每年接待的大量客使和商胡。我们可以肯定的是西域绿洲也为丝路商贸提供货源，如蚕丝、葡萄酒等。作者分析的《高昌乙酉、丙戌岁某寺条列月用斛斗帐历》中该寺院出售大量粮食换回银钱，那么那些潜在的粮食消费群体是什么人？实际上绿洲的农产品大量用于供应客使和商胡，大量的传供帐文书可以揭示这个史实。正是这种市场导向最大限度地激发和释放了吐鲁番绿洲的农业生产力，推动了绿洲农业经济的发展。前文谈及分析丝绸之路商贸与西域绿洲经济之间关系的两个层面实际上是很难截然分开的，另外应该充分重视西域绿洲供应商胡客使的模式，这无疑对绿洲经济有着深刻的影响。

这本著作对八百年西域绿洲种植业和畜牧业的研究扎实而细致，尤其是在充分吸收中外前人研究成果的基础上努力开拓，将这一问题的研究推到了新的学术高度。作者学风严谨，突出体现在两个方面：一是勇于对前人的论断提出质疑，尤其是证据不足的观点，启发读者考虑其他的可能性；二是对限于史料无法探究的问题总是坦然承认，绝不强作解人。

要更加深刻全面地认识西域绿洲经济的发展历程，与种植业和畜牧业关系密切的园艺业，和手工业如纺织业、酿造业等，实际上也无法撇开不论。提出以上想法并非求全责备，而只是提示其他可能的研究方向，以此就教于作者和读者。

参考文献

传世典籍

司马迁撰《史记》，北京：中华书局，2014年。
许慎撰，段玉裁注《说文解字注》，上海：上海古籍出版社，1981年。
班固撰《汉书》，北京：中华书局，1962年。
刘熙撰《释名》，《丛书集成初编》，上海：商务印书馆，1939年。
张华撰，范宁校证《博物志校证》，北京：中华书局，1980年。
陈寿撰《三国志》，北京：中华书局，1959年。
范晔撰《后汉书》，北京：中华书局，1965年。
沈约撰《宋书》，北京：中华书局，2018年。
萧子显撰《南齐书》，北京：中华书局，2017年。
慧皎撰，汤用彤校注《高僧传》，北京：中华书局，1992年。
魏收撰《魏书》，北京：中华书局，2017年。
令狐德棻等撰《周书》，北京：中华书局，2022年。
魏徵等撰《隋书》，北京：中华书局，2019年。
房玄龄等撰《晋书》，北京：中华书局，1974年。
李延寿撰《北史》，北京：中华书局，1974年。
姚思廉撰《梁书》，北京：中华书局，2020年。
慧立、彦悰著，孙毓棠、谢方点校《大慈恩寺三藏法师传》，北京：中华书局，2000年。
李林甫等撰，陈仲夫点校《唐六典》，北京：中华书局，1992年。
封演撰，赵贞信校注《封氏闻见记校注》，北京：中华书局，2005年。

杜佑撰《通典》，北京：中华书局，1988年。

李吉甫撰，贺次君点校《元和郡县图志》，北京：中华书局，1983年。

圆仁著，白化文等校注《入唐求法巡礼行记校注》，石家庄：花山文艺出版社，1992年。

刘昫等撰《旧唐书》，北京：中华书局，1975年。

王溥撰《唐会要》，上海：上海古籍出版社，2006年。

李昉等编著《太平广记》，北京：中华书局，1961年。

王钦若等撰，周勋初等校订《册府元龟》，南京：凤凰出版社，2006年。

欧阳修、宋祁撰《新唐书》，北京：中华书局，1975年。

司马光编著《资治通鉴》，北京：中华书局，2011年。

脱脱等撰《宋史》，北京：中华书局，1977年。

彭定求编《全唐诗》，北京：中华书局，1960年。

孙星衍等辑，周天游等校《汉官六种》，北京：中华书局，1990年。

王筠撰《说文句读》，上海：上海古籍书店，1983年。

出土文献及今人论著

中文部分

巴罗《新疆出土佉卢文残卷译文集》，王广智译，韩翔、王炳华、张华主编《尼雅考古资料》，乌鲁木齐，1988年。

《北京大学藏敦煌文献》（2），上海：上海古籍出版社，1995年。

毕波《粟特人与晋唐时期陆上丝绸之路香药贸易》，《东亚文明研究学刊》第10卷第2期，2013年。

蔡鸿生《唐代九姓胡与突厥文化》，北京：中华书局，1998年。

长泽和俊《丝绸之路史研究》，钟美珠译，天津：天津古籍出版社，1990年。

陈国灿《敦煌吐鲁番文书与魏晋南北朝隋唐史研究》，《中国敦煌吐鲁番学会研究通讯》1986年第1期；收入作者《论吐鲁番学》，上海：上海古籍出版社，2010年。

陈国灿《对高昌国某寺全年月用帐的计量分析——兼析高昌国的租税制度》，《魏晋南北朝隋唐史资料》第9、10期，1988年；收入作者《陈国灿吐鲁番敦煌出土文献史事论集》，上海：上海古籍出版社，2012年。

陈国灿《高昌国的占田制度》，《魏晋南北朝隋唐史资料》第 11 期，武汉：武汉大学出版社，1991 年；收入作者《陈国灿吐鲁番敦煌出土文献史事论集》，上海：上海古籍出版社，2012 年。

陈国灿《斯坦因所获吐鲁番文书研究》，武汉：武汉大学出版社，1994 年。

陈国灿《高昌国负麦、粟帐的年代与性质问题》，收入作者《斯坦因所获吐鲁番文书研究》；又载《出土文献研究》第 3 辑，北京：中华书局，1998 年。

陈国灿《唐西州在丝绸之路上的地位和作用》，《吐鲁番学研究》2006 年第 2 期；收入《陈国灿吐鲁番敦煌出土文献史事论集》，上海：上海古籍出版社，2012 年。

陈国灿《论吐鲁番学》，上海：上海古籍出版社，2010 年。

陈国灿《陈国灿吐鲁番敦煌出土文献史事论集》，上海：上海古籍出版社，2012 年。

陈国灿、吾迈尔·卡德尔《古丝路上的国际商城——高昌"末胡营"考》，《西域研究》2018 年第 3 期。

陈昊《吐鲁番洋海 1 号墓出土文书年代考释》，《敦煌吐鲁番研究》第 10 卷，上海：上海古籍出版社，2007 年；收入荣新江、李肖、孟宪实主编《新获吐鲁番出土文献研究论集》，北京：中国人民大学出版社，2010 年。

陈良文《吐鲁番文书中所见的高昌唐西州的蚕桑丝织业》，《敦煌学辑刊》1987 年第 1 期。

陈习刚《高昌冻酒与冰酒起源》，《农业考古》2008 年第 4 期。

陈习刚《吐鲁番文书中的"酢"、"苦酒"与葡萄酒的种类》，《西域研究》2010 年第 3 期。

陈习刚《吐鲁番所出〈高昌张武顺等葡萄亩数及租酒帐〉再探讨》，《吐鲁番学研究》2015 年第 1 期。

陈烨轩《〈唐天宝二年（743）交河郡市估案〉新探》，荣新江主编《丝绸之路上的中华文明》，北京：商务印书馆，2022 年。

陈仲安《十六国北朝时期北方大土地所有制的两种形式》，《武汉大学学报（哲学社会科学版）》1980 年第 4 期。

陈仲安《试释高昌王国文书中之"剂"字——麴朝税制管窥》，唐长孺主编《敦煌吐鲁番文书初探二编》，武汉：武汉大学出版社，1990 年。

程喜霖《吐鲁番文书中所见的麴氏高昌的计田输租与计亩承役》，《出土文献研究》第 1 辑，北京：文物出版社，1985 年。

程喜霖《汉唐烽堠制度研究》，西安：三秦出版社，1990 年。

参考文献

程喜霖《唐代过所研究》，北京：中华书局，2000年。

池田温《中国古代籍帐研究》，东京：东京大学出版会，1979年；龚泽铣译，北京：中华书局，2007年。

池田温《麻札塔格出土盛唐寺院支出簿小考》，敦煌研究院编《段文杰敦煌研究五十年纪念文集》，北京：世界图书出版公司，1996年。

池田温《初唐西州土地制度管见》，原载《史滴》第5号，1984年；韩昇译本收入池田温《唐研究论文选集》，北京：中国社会科学出版社，1999年。

大庭脩《吐鲁番出土的北馆文书——中国驿传制度史上的一份资料》，《敦煌学译文集：敦煌吐鲁番出土社会经济文书研究》，兰州：甘肃人民出版社，1985年。

丁福保《古钱大辞典》，北京：中华书局，1982年。

冻国栋《麹氏高昌役制研究》，《敦煌学辑刊》1990年第1期；收入作者《中国中古经济与社会史论稿》，武汉：湖北教育出版社，2005年。

冻国栋《中国中古经济与社会史论稿》，武汉：湖北教育出版社，2005年。

《俄藏敦煌文献》第9卷，上海：上海古籍出版社，圣彼得堡：俄罗斯科学出版社东方文学部，1998年。

方豪《中西交通史》，上海：上海人民出版社，2008年。

高敏《秦汉的徭役制度》，《中国经济史研究》1987年第1期。

高敏《魏晋南北朝赋役豁免的对象与条件》，《江汉论坛》1990年第6期。

高启安《敦煌吐鲁番文书中三等次供食问题研究》，《敦煌写本研究年报》第4号，2010年。

葛承雍《"胡人岁献葡萄酒"的艺术考古与文物印证》，《故宫博物馆院刊》2008年第6期。

関尾史郎《论"作人"》，侯世新译，《西域研究》1995年第1期。

関尾史郎《唐西州"某头"考》，朱雷主编《唐代的历史与社会：中国唐史学会第六届年会暨国际唐史学术研讨会论文选集》，武汉：武汉大学出版社，1997年。

関尾史郎《从吐鲁番带出的"五胡"时期户籍残卷两件——柏林收藏的"Ch6001v"与圣彼得堡收藏的"Дх08519v"》，《吐鲁番学研究：第二届吐鲁番学国际学术研讨会论文集》，上海：上海辞书出版社，2006年。

郭道扬《中国会计史稿》（上），北京：中国财政经济出版社，1982年。

郭媛《试论隋唐之际吐鲁番地区的银钱》，《中国史研究》1990年第4期。

国家文物局古文献研究室《马王堆汉墓帛书》（壹），北京：文物出版社，1980年。

韩森《丝绸之路贸易对吐鲁番地方社会的影响：公元 500—800 年》，荣新江、华澜、张志清主编《粟特人在中国：历史、考古、语言的新探索》，北京：中华书局，2005 年。

韩森《从吐鲁番、撒马尔罕文书看丝绸之路上的贸易》，《吐鲁番学研究：第三届吐鲁番学暨欧亚游牧民族的起源与迁徙国际学术研讨会论文集》，上海：上海古籍出版社，2010 年。

韩森、荣新江《高昌居民如何把织物当作货币（公元 3—8 世纪）》，孟宪实、朱玉麒主编《探索西域文明：王炳华先生八十华诞祝寿论文集》，上海：中西书局，2017 年。

韩树峰《吴简中的口算钱》，《历史研究》2001 年第 4 期。

韩香《隋唐长安与中亚文明》，北京：中国社会科学出版社，2006 年。

贺昌群《汉唐间封建的土地国有制与均田制》，上海：上海人民出版社，1958 年。

弘一《江陵凤凰山十号汉墓简牍初探》，《文物》1974 年第 6 期。

侯灿《高昌故城址》，《新疆文物》1989 年第 3 期。

侯灿、吴美琳著《吐鲁番出土砖志集注》，成都：巴蜀书社，2003 年。

侯旭东《北朝村民的生活世界：朝廷、州县与村里》，北京：商务印书馆，2005 年。

胡戟《唐代粮食亩产量——唐代农业经济述论之一》，《西北大学学报（哲学社会科学版）》1980 年第 3 期。

胡戟、荣新江主编《大唐西市博物馆藏墓志》，北京：北京大学出版社，2012 年。

胡明曌《有关玄武门事变和中外关系的新资料——唐张弼墓志研究》，《文物》2011 年第 2 期。

胡如雷《〈唐天宝二年交河郡市估案〉中的物价史料》，收入作者《隋唐五代社会经济史论稿》，北京：中国社会科学出版社，1996 年。

黄今言《汉代的訾算》，《中国社会经济史研究》1984 年第 1 期。

黄今言《从张家山竹简看汉初的赋税征课制度》，《史学集刊》2007 年第 2 期。

黄楼《吐鲁番所出唐代月料、程料、客使停料文书初探——以吐鲁番阿斯塔那 506 号墓料钱文书为中心》，《敦煌吐鲁番研究》第 11 卷，上海：上海古籍出版社，2008 年；收入作者《吐鲁番出土官府帐簿文书研究》，北京：社会科学文献出版社，2020 年。

黄楼《阚氏高昌杂差科帐研究——吐鲁番洋海一号墓所出〈阚氏高昌永康年间供物、差役帐〉的再考察》，《敦煌学辑刊》2015 年第 2 期；收入作者《吐鲁番出土官府帐簿文书研究》，北京：社会科学文献出版社，2020年。

黄楼《吐鲁番所出〈阚氏高昌某郡毯等帐〉考释》，《新疆大学学报》2016年第6期；收入作者《吐鲁番出土官府帐簿文书研究》，北京：社会科学文献出版社，2020年。

黄楼《吐鲁番新出北凉〈计赀出献丝帐〉〈计口出丝帐〉再研究》，《吐鲁番学研究》2019年第2期；收入作者《吐鲁番出土官府帐簿文书研究》，北京：社会科学文献出版社，2020年。

黄楼《吐鲁番出土官府帐簿文书研究》，北京：社会科学文献出版社，2020年。

黄正建《唐代的"传"与"递"》，《中国史研究》1994年第4期；收入作者《走进日常：唐代社会生活考论》，上海：中西书局，2016年。

荒川正晴《唐过所与贸易通道》，欧阳晖译，《吐鲁番学研究》2005年第1期。

荒川正晴《欧亚交通、贸易与唐帝国》，冯培红、王蕾译，兰州：甘肃教育出版社，2023年。

贾应逸《浅论新疆古代毛纺织业的发展》，《新疆文物》2005年第4期。

姜伯勤《敦煌吐鲁番与丝绸之路上的粟特人》，《季刊东西交涉》第5卷第2号，1986年；收入作者《敦煌吐鲁番文书与丝绸之路》，北京：文物出版社，1994年。

姜伯勤《高昌麴朝与东西突厥——吐鲁番所出客馆文书研究》，北京大学中国中古史研究中心编《敦煌吐鲁番文献研究论集》第5辑，北京：北京大学出版社，1990年；收入作者《敦煌吐鲁番文书与丝绸之路》，北京：文物出版社，1994年。

姜伯勤《敦煌吐鲁番文书与丝绸之路》，北京：文物出版社，1994年。

姜伯勤《高昌世族制度的衰落与社会变迁》，《中国社会历史评论》第4辑，北京：商务印书馆，2002年。

蒋福亚《魏晋南北朝社会经济史》，天津：天津古籍出版社，2005年。

孔祥星《唐代新疆地区的交通组织长行坊——新疆出土唐代文书研究》，《中国历史博物馆馆刊》1981年第3期。

孔祥星《从吐鲁番出土的衣物疏看十六国和麴氏高昌国时期的纺织品》，《中国历史博物馆馆刊》1984年第6期。

劳费尔《中国伊朗编》，林筠因译，北京：商务印书馆，1964年。

李宝通《试论魏晋南北朝高昌屯田的渊源流变》，《西北师大学报（社会科学版）》1992年第6期；收入《敦煌吐鲁番学研究论集》，北京：书目文献出版社，1996年。

李并成《唐代前期河西走廊的农业开发》，《中国农史》1990年第1期。

李伯重《江南农业的发展（1620—1850）》，王湘云译，上海：上海古籍出版社，2007年。

李伯重《"丝绸之路"的"正名"——全球史与区域史视野中的"丝绸之路"》,《中华文史论丛》2021年第3期。

李春润《北朝的杂徭——北朝徭役识微下》,《中南民族学院学报（人文社会科学版）》1988年第4期。

李大龙《汉唐藩属体制研究》,北京：中国社会科学文献出版社,2006年。

李方《唐西州九姓胡人生活状况一瞥——以史玄政为中心》,《敦煌吐鲁番研究》第4卷,北京：北京大学出版社,1999年,收入作者《唐西州行政体制考论》,哈尔滨：黑龙江教育出版社,2013年。

李方《唐西州行政体制考论》,哈尔滨：黑龙江教育出版社,2013年。

李鸿宾《唐代西州市场商品初考——兼论西州市场的三种职能》,《敦煌学辑刊》1988年第1、2期；收入作者《隋唐五代诸问题研究》,北京：中央民族大学出版社,2006年。

李鸿宾《唐代"作人"考释》,《河北学刊》1989年第2期。

李剑农《中国古代经济史稿》(魏晋南北朝隋唐部分),武汉：武汉大学出版社,2011年。

李锦绣《唐前期传制》,作者《唐代制度史略论稿》,北京：中国政治大学出版社,1998年。

李锦绣《唐代财政史稿》,北京：社会科学文献出版社,2007年。

李锦绣《银币与银铤——西安出土波斯胡伊娑郝银铤再研究》,余太山、李锦绣主编《丝瓷之路：古代中外关系史研究》V,北京：商务印书馆,2016年。

李均明《简牍文书"致"考述》,《新疆文物》1992年第4期。

李明伟《丝路贸易与西亚钱币文化初探》,载其主编《丝绸之路贸易史研究》,兰州：甘肃人民出版社,1991年。

李特文斯基主编《中亚文明史》第3卷《文明的交会：公元250年至750年》,马小鹤译,北京：中国对外翻译出版公司,2003年。

李肖、张永兵、丁兰兰《吐鲁番近年来出土的古代钱币》,《吐鲁番学研究》2008年第1期。

李埏《略论唐代的"钱帛兼行"》,《历史研究》1964年第1期。

李艳玲《"寄田"与"仰谷"——试论西汉时期塔里木盆地绿洲的农业开发方式和农产品贸易》,罗丰主编《丝绸之路上的考古、宗教与历史》,北京：文物出版社,2011年。

李艳玲《公元5世纪至7世纪前期吐鲁番盆地农业生产探析》,《西域研究》2014

年第 4 期。

李艳玲《田作畜牧：公元前 2 世纪至公元 7 世纪前期西域绿洲农业研究》，兰州：兰州大学出版社，2014 年。

李遇春《新疆乌恰县发现金条和大批波斯银币》，《考古》1959 年第 9 期。

林立平《唐代主粮生产的轮作复种制》，《暨南学报》1984 年第 1 期。

林梅村《楼兰尼雅出土文书》，北京：文物出版社，1985 年。

林梅村《沙海古卷：中国所出佉卢文书（初集）》，北京：文物出版社，1988 年。

林梅村《粟特文买婢契与丝绸之路上的女奴贸易》，《文物》1992 年第 9 期。

林日举《高昌郡赋役制度杂考》，《中国社会经济史研究》1993 年第 2 期。

林友华《从四世纪到七世纪中高昌货币形态初探》，《敦煌吐鲁番学研究论文集》，上海：汉语大词典出版社，1990 年。

凌文超《普林斯顿大学葛斯德图书馆藏两件天山县鸲仓牒考释》，《吐鲁番学研究》2009 年第 2 期。

刘安志《唐初西州的人口迁移》，《中华文史论丛》2007 年第 3 辑；收入作者《敦煌吐鲁番文书与唐代西域史研究》，北京：商务印书馆，2011 年。

刘安志《敦煌吐鲁番文书与唐代西域史研究》，北京：商务印书馆，2011 年。

刘进宝《唐宋之际归义军经济史研究》，北京：中国社会科学出版社，2007 年。

刘文锁《沙海古卷释稿》，北京：中华书局，2007 年。

刘文锁、王磊《论丝绸技术的传播》，余太山主编《欧亚学刊》第 4 辑，北京：中华书局，2004 年；收入刘文锁《新疆考古论稿》，北京：商务印书馆，2022 年。

柳方《吐鲁番新出的一件奴隶买卖文书》，《吐鲁番学研究》2005 年第 1 期。

柳洪亮《新出吐鲁番文书及其研究》，乌鲁木齐：新疆人民出版社，1997 年。

卢开万《试论麴氏高昌国时期的赋役制度》，唐长孺主编《敦煌吐鲁番文书初探》，武汉：武汉大学出版社，1983 年。

卢向前《论麴氏高昌臧钱——67TAM84:20 号文书解读》，《北京大学学报（哲学社会科学版）》1991 年第 5 期；收入作者《敦煌吐鲁番文书论稿》，南昌：江西人民出版社，1992 年。

卢向前《高昌西州四百年货币关系演变述略——敦煌吐鲁番文书经济关系综述之一》，收入作者《敦煌吐鲁番文书论稿》，南昌：江西人民出版社，1992 年。

卢向前《敦煌吐鲁番文书论稿》，南昌：江西人民出版社，1992 年。

卢向前《唐代西州土地关系述论》，上海：上海古籍出版社，2001 年。

卢向前《麴氏高昌和唐代西州的葡萄、葡萄酒及葡萄酒税》，《中国经济史研究》
    2002年第4期。
罗新《中古北族名号研究》，北京：北京大学出版社，2009年。
吕恩国《洋海货贝的历程》，《吐鲁番学研究》2016年第1期。
马小鹤《摩尼教与古代西域史研究》，北京：中国人民大学出版社，2008年。
马雍《麴斌造寺碑所反映的高昌土地问题》，《文物》1976年第12期；收入作者《西
    域史地文物丛考》，北京：文物出版社，1990年。
孟凡人《楼兰新史》，北京：光明日报出版社，1990年。
孟凡人《楼兰鄯善简牍年代学研究》，乌鲁木齐：新疆人民出版社，1995年。
孟宪实《麴文泰与唐玄奘》，《敦煌吐鲁番研究》第4卷，北京大学出版社，1999年；
    收入作者《汉唐文化与高昌历史》，济南：齐鲁书社，2004年。
孟宪实《汉唐文化与高昌历史》，济南：齐鲁书社，2004年。
孟宪实《北凉高昌初期内争索隐——以法进自杀事件为中心》，朱玉麒主编《西域
    文史》第1辑，北京：科学出版社，2006年；收入作者《出土文献与中古史研究》，
    北京：中华书局，2017年。
孟宪实《吐鲁番新出一组北凉文书的初步研究》，沈卫荣主编《西域历史语言研究集刊》
    第1辑，北京：科学出版社，2007年；收入作者《出土文献与中古史研究》，北京：
    中华书局，2017年。
孟宪实《论十六国、北朝时期吐鲁番地方的丝织业及相关问题》，《敦煌吐鲁番研究》
    第12卷，上海：上海古籍出版社，2011年；收入作者《出土文献与中古史研究》，
    北京：中华书局，2017年。
孟宪实《缣布与丝绸——论西州的土贡》，《敦煌吐鲁番研究》第13卷，上海：上
    海古籍出版社，2013年；收入作者《出土文献与中古史研究》，北京：中华书局，
    2017年。
孟宪实《唐西州马价考》，《新疆师范大学学报》2016年第3期。
孟宪实《出土文献与中古史研究》，北京：中华书局，2017年。
孟宪实《汉唐时代的丝绸之路：使者·绢马·体制》，北京：社会科学文献出版社，
    2024年。
孟宪实、宣红《论麴氏高昌中央诸曹职掌》，《西域研究》1995年第2期；收入孟宪实
    《汉唐文化与高昌历史》，济南：齐鲁书社，2004年。
尼古拉斯·辛姆斯—威廉姆斯《中国和印度的粟特商人》，毕波译，周伟洲主编《西

北民族论丛》第 10 辑，北京：中国社会科学出版社，2014 年。

倪润安《麴氏高昌国至唐西州时期墓葬初论》，朱玉麒主编《西域文史》第 2 辑，北京：科学出版社，2007 年。

乜小红《略论十六国以来高昌地区的丝织业》，《西北师大学报（社会科学版）》2003 年第 5 期。

裴成国《吐鲁番出土契约研究》，中国人民大学历史学院 2006 届硕士学位论文。

裴成国《从高昌国到唐西州量制的变迁》，《敦煌吐鲁番研究》第 10 卷，上海：上海古籍出版社，2007 年。

裴成国《论高昌国与突厥之间的关系》，周伟洲主编《西北民族论丛》第 11 辑，北京：社会科学文献出版社，2015 年。

裴成国《论高昌国的骑射之风》，《西域研究》2016 年第 1 期。

裴成国《唐朝初年西州人与洛州亲属间的几通家书》，荣新江主编《唐研究》第 22 卷，北京：北京大学出版社，2016 年。

裴成国《中古时期丝绸之路金银货币的流通及其对中国的影响》，《吐鲁番学研究》2021 年第 1 期。

裴成国《高昌供食文书及传供帐的文书学研究》，朱玉麒、李肖主编《坚固万岁人民喜：刘平国刻石与西域文明学术研讨会论文集》，南京：凤凰出版社，2022 年。

彭信威《中国货币史》，上海：上海人民出版社，1958 年；上海：上海人民出版社，2007 年。

钱伯泉《从〈高昌主簿张绾等传供状〉看柔然汗国在高昌地区的统治》，载敦煌吐鲁番学新疆研究资料中心编《吐鲁番学研究专辑》，乌鲁木齐：乌鲁木齐县印刷厂，1990 年。

钱伯泉《从联珠对马纹锦谈南北朝时期高昌地区的丝织业》，《新疆文物》2006 年第 2 期。

钱伯泉《"高昌吉利"钱研究》，《新疆文物》2008 年第 3、4 期。

庆昭蓉《吐火罗语世俗文献与古代龟兹历史》，北京：北京大学出版社，2017 年。

裘锡圭《汉简零拾》，《文史》第 12 辑，1981 年。

荣新江《西域粟特移民聚落考》，马大正等主编《西域考察与研究》，乌鲁木齐：新疆人民出版社，1994 年；收入作者《中古中国与外来文明》，北京：生活·读书·新知三联书店，2001 年。

荣新江《胡人对武周政权之态度——吐鲁番出土〈武周康居士写经功德记碑〉校考》，

《民大史学》第 1 期，北京：中央民族大学出版社，1996 年；收入作者《中古中国与外来文明》，北京：生活·读书·新知三联书店，2001 年。

荣新江《〈且渠安周碑〉与高昌大凉政权》，《燕京学报》新 5 辑，北京：北京大学出版社，1998 年；收入作者《吐鲁番的典籍与文书》，上海：上海古籍出版社，2023 年。

荣新江《北朝隋唐粟特人之迁徙及其聚落》，《国学研究》第 6 卷，北京：北京大学出版社，1999 年；收入作者《中古中国与外来文明》，北京：生活·读书·新知三联书店，2001 年。

荣新江《丝绸之路：东西方文明交往的通道》，《中华文明之光》第 2 辑，北京：北京大学出版社，1999 年；收入作者《中古中国与外来文明》，北京：生活·读书·新知三联书店，2001 年。

荣新江《高昌王国与中西交通》，《欧亚学刊》第 2 辑，北京：中华书局，2000 年；收入作者《中古中国与外来文明》，北京：生活·读书·新知三联书店，2001 年。

荣新江《中古中国与外来文明》，北京：生活·读书·新知三联书店，2001 年。

荣新江《阚氏高昌王国与柔然、西域的关系》，《历史研究》2007 年第 2 期；收入作者《丝绸之路与东西文化交流》，北京：北京大学出版社，2015 年。

荣新江《吐鲁番出土〈金光明经〉写经题记与祆教初传高昌问题》，朱玉麒主编《西域文史》第 2 辑，北京：科学出版社，2007 年；收入作者《丝绸之路与东西文化交流》，北京：北京大学出版社，2015 年。

荣新江《吐鲁番新出送使文书与阚氏高昌王国的郡县城镇》，《敦煌吐鲁番研究》第 10 卷，上海：上海古籍出版社，2007 年；收入作者《吐鲁番的典籍与文书》，上海：上海古籍出版社，2023 年。

荣新江《丝绸之路与东西文化交流》，北京：北京大学出版社，2015 年。

荣新江《中古中国与粟特文明》，北京：生活·读书·新知三联书店，2015 年。

荣新江《怎样理解"丝绸之路"》，杨艳秋主编《理论与史学》第 1 辑，北京：中国社会科学出版社，2015 年。

荣新江《欧亚大陆视野下的汉唐丝绸之路》，李肖主编《丝绸之路研究》第 1 辑，北京：生活·读书·新知三联书店，2017 年。

荣新江《商胡、萨保与粟特贸易网络》，作者《从张骞到马可·波罗：丝绸之路十八讲》，南昌：江西人民出版社，2022 年。

荣新江《吐鲁番的典籍与文书》，上海：上海古籍出版社，2023 年。

荣新江、文欣《"西域"概念的变化与唐朝"边境"的西移——兼谈安西都护府在唐政治体系中的地位》,《北京大学学报(哲学社会科学版)》2012年第4期。

荣新江、史睿主编《吐鲁番出土文献散录》,北京:中华书局,2021年。

荣新江、李肖、孟宪实主编《新获吐鲁番出土文献》,北京:中华书局,2008年。

荣新江、李肖、孟宪实主编《新获吐鲁番出土文献研究论集》,北京:中国人民大学出版社,2010年。

芮传明《葡萄与葡萄酒传入中国考》,《史林》1991年第3期。

芮传明《唐代"酒家胡"述考》,《上海社会科学院学术季刊》1993年第2期。

沙梅真《历史上吐鲁番地区"作人"来源问题的探讨》,郑炳林主编《中国敦煌吐鲁番学会2008年度理事会议暨"敦煌汉藏佛教艺术与文化学术研讨会"论文集》,西安:三秦出版社,2011年。

沙畹《西突厥史料》,冯承钧译,上海商务印书馆,1934年;北京:中华书局,2004年。

沙知《敦煌契约文书辑校》,南京:江苏古籍出版社,1998年。

沙知、吴芳思主编《斯坦因第三次中亚考古所获汉文文献(非佛经部分)》第1、2册,上海:上海辞书出版社,2005年。

盛观熙《再论"高昌吉利"钱》,《新疆钱币》增刊"中国钱币学会丝绸之路货币研讨会专刊",2004年第3期。

盛余韵《中国西北边疆六至七世纪的纺织生产:新产品及其创制人》,《敦煌吐鲁番研究》第4卷,北京:北京大学出版社,1999年。

史念海《黄河流域蚕桑事业盛衰的变迁》,《河山集》,北京:生活·读书·新知三联书店,1963年。

史卫《从货币职能看唐代"钱帛兼行"》,《唐都学刊》2006年第3期。

斯加夫《吐鲁番发现的萨珊银币和阿拉伯—萨珊银币——它们与国际贸易和地方经济的关系》,《敦煌吐鲁番研究》第4卷,北京:北京大学出版社,1999年。

斯加夫《公元7—8世纪高昌粟特社会的文献记录:唐朝户籍所见文化的差异与演变》,荣新江、华澜、张志清主编《粟特人在中国:历史、考古、语言的新探索》,北京:中华书局,2005年。

宋杰《吐鲁番文书所反映的高昌物价与货币问题》,《北京师范学院学报(社会科学版)》1990年第2期。

宋晓梅《都官文书中的臧钱与高昌对外贸易中的几个问题》,《西域研究》2001年第4期;收入作者《高昌国:公元五至七世纪丝绸之路上的一个移民小社会》,

北京：中国社会科学出版社，2003年。

宋晓梅《高昌国：公元五至七世纪丝绸之路上的一个移民小社会》，北京：中国社会科学出版社，2003年。

苏金花《唐五代敦煌绿洲农业研究》，中国社会科学院研究生院博士论文，2002年。

孙莉《萨珊银币在中国的分布及其功能》，《考古学报》2004年第1期。

孙振玉《试析麴氏高昌王国对葡萄种植经济以及租酒的经营管理》，中国敦煌吐鲁番学会新疆研究资料中心编《吐鲁番学研究专辑》，乌鲁木齐：乌鲁木齐县印刷厂，1990年。

唐耕耦《唐代前期的杂徭》，《文史哲》1981年第4期。

唐耕耦、陆宏基编《敦煌社会经济文献真迹释录》第4辑，全国图书馆文献缩微复制中心，1990年。

唐长孺《魏晋南北朝史论丛》，北京：生活·读书·新知三联书店，1955年。

唐长孺《门阀的形成及其衰落》，《武汉大学学报》1959年第8期；收入作者《山居存稿续编》，北京：中华书局，2011年。

唐长孺《吐鲁番文书中所见高昌郡县行政制度》，《文物》1978年第6期；收入作者《山居存稿》，北京：中华书局，1989年。

唐长孺《贞观十四年(640)手实中的"合受田"》，《魏晋南北朝隋唐史资料》第2期，1980年；改题《唐贞观十四年手实中的受田制度和丁中问题》，收入作者《山居存稿三编》，北京：中华书局，2011年。

唐长孺《高昌郡纪年》，《魏晋南北朝隋唐史资料》第3期，1981年；收入作者《山居存稿三编》，北京：中华书局，2011年。

唐长孺《新出吐鲁番文书简介》，《东方学报》第54期，1982年；收入作者《山居存稿》，北京：中华书局，1989年。

唐长孺《魏晋南北朝史论拾遗》，北京：中华书局，1983年。

唐长孺《吐鲁番文书中所见丝织手工业技术在西域各地的传播》，《出土文献研究》第1辑，北京：文物出版社，1985年；收入作者《山居存稿》，北京：中华书局，1989年。

唐长孺《山居存稿》，北京：中华书局，1989年。

唐长孺《魏晋南北朝隋唐史三论》，武汉：武汉大学出版社，1992年；北京：中华书局，2011年。

唐长孺主编《敦煌吐鲁番文书初探》，武汉：武汉大学出版社，1983年。

唐长孺主编《吐鲁番出土文书》第壹册至第肆册，北京：文物出版社，1992—1996年。

天一阁博物馆等校证《天一阁藏明钞本天圣令校证（附唐令复原研究）》，北京：中华书局，2006年。

田余庆《秦汉魏晋南北朝人身依附关系的发展》，《中国史研究》1983年第3期；收入作者《秦汉魏晋史探微（重订本）》，北京：中华书局，2004年。

童丕《据敦煌写本谈红蓝花——植物的使用》，胡素馨编《佛教物质文化：寺院财富与世俗供养国际学术研讨会论文集》，上海：上海书画出版社，2003年。

吐鲁番地区文物局《新疆吐鲁番地区巴达木墓地发掘简报》，《考古》2006年12期。

汪小烜《走马楼吴简户籍初论》，《吴简研究》第1辑，武汉：崇文书局，2004年。

王炳华《唐西州白水镇初考》，《新疆社会科学》1988年第3期；收入作者《西域考古历史论集》，北京：中国人民大学出版社，2008年。

王炳华《阿拉沟古堡及其出土唐文书残纸》，荣新江主编《唐研究》第8卷，北京：北京大学出版社，2002年；收入作者《西域考古历史论集》，北京：中国人民大学出版社，2008年。

王炳华《西域考古历史论集》，北京：中国人民大学出版社，2008年。

王承文《晋唐时代岭南地区金银的生产和流通——以敦煌所藏唐天宝初年地志残卷为中心》，荣新江主编《唐研究》第13卷，北京：北京大学出版社，2007年。

王冀青《唐前期西北地区用于交通的驿马、传马和长行马——敦煌、吐鲁番发现的馆驿文书考察之二》，《敦煌学辑刊》1986年第2期。

王克孝《Дx.2168号写本初探——以"蓝"的考证为主》，《敦煌学辑刊》1993年第2期。

王启涛《吐鲁番出土文书词语考释》，成都：巴蜀书社，2005年。

王素《〈吐鲁番出土文书〉前三册评介》，《中国史研究》1983年第2期。

王素《高昌佛祠向佛寺的演变——吐鲁番文书札记二》，《学林漫录》第11集，北京：中华书局，1985年。

王素《麴氏高昌中央行政体制考论》，《文物》1989年第11期。

王素《吐鲁番所出高昌取银钱作孤易券试释》，《文物》1990年第9期。

王素《〈吐鲁番所出高昌取银钱作孤易券试释〉补说》，《文物》1993年第8期。

王素《吐鲁番出土北凉赀簿补说》，《文物》1996年第7期。

王素《吐鲁番出土高昌文献编年》，台北：新文丰出版公司，1997年。

王素《〈吐鲁番出土文书〉（壹）附录残片考释》，《出土文献研究》第3辑，北京：

中华书局，1998年。

王素《高昌史稿·统治编》，北京：文物出版社，1998年。

王素《高昌史稿·交通编》，北京：文物出版社，2000年。

王素《悬泉汉简所见康居史料考释》，荣新江、李孝聪主编《中外关系史：新史料与新问题》，北京：科学出版社，2004年。

王素《〈新获吐鲁番出土文献〉书评》，《敦煌吐鲁番研究》第11卷，上海：上海古籍出版社，2009年。

王素《吐鲁番新获高昌郡文书的断代与研究——以〈新获吐鲁番出土文献〉为中心》，《故宫学刊》2009年第1期。

王素《长沙东牌楼东汉简牍选释》，《文物》2005年第12期；收入《汉唐历史与出土文献》，北京：故宫出版社，2011年。

王素《汉唐历史与出土文献》，北京：故宫出版社，2011年。

王素《敦煌吐鲁番与汉唐西域史》，北京：生活·读书·新知三联书店，2023年。

王素、李方《〈梁四公记〉所载高昌经济地理资料及其相关问题》，《中国史研究》1984年第4期。

王素、汪力工《长沙吴简"户品出钱"简新探》，《中国文物报》2007年4月20日；收入王素《汉唐历史与出土文献》，北京：故宫出版社，2011年。

王素、宋少华、罗新《长沙走马楼简牍整理的新收获》，《文物》1999年第5期。

王小甫《唐吐蕃大食政治关系史》，北京：北京大学出版社，1992年；北京：中国人民大学出版社，2009年。

王小甫《丝路运作与唐朝制度》，郑阿财、汪娟主编《敦煌学》第36期"张广达先生九秩华诞颂寿特刊"，台北：乐学书局，2020年。

王新民《麴氏高昌与铁勒突厥的商业贸易》，《新疆大学学报（哲学社会科学版）》1993年第3期。

王艳明《从出土文书看中古时期吐鲁番地区的蔬菜种植》，《敦煌研究》2001年第2期。

王义康《唐代边疆民族与对外交流》，哈尔滨：黑龙江教育出版社，2013年。

王永生《"高昌吉利"钱币考——兼论隋唐之际高昌地区的文化融合》，《西域研究》2007年第1期。

王永生《新疆历史货币：东西方货币文化交融的历史考察》，北京：中华书局，2007年。

王子今《匈奴经营西域研究》，北京：中国社会科学出版社，2016年。

王仲荦《唐代西州的布》，《文物》1976年第1期；收入作者《蜡华山馆丛稿》，北京：

中华书局，1987年。

卫斯《关于吐鲁番出土文书〈租酒帐〉之解读与"姓"字考》，《西域研究》2003年第2期；又刊《西域研究》2005年专刊。

卫斯《从佉卢文简牍看精绝国的葡萄种植业——兼论精绝国葡萄园土地所有制与酒业管理之形式》，《新疆大学学报》2006年第6期。

文欣《吐鲁番新出唐西州征钱文书与垂拱年间的西域形势》，《敦煌吐鲁番研究》第10卷，上海：上海古籍出版社，2007年；收入荣新江、李肖、孟宪实主编《新获吐鲁番出土文献研究论集》，北京：中国人民大学出版社，2010年。

吴承洛《中国度量衡史》，上海：商务印书馆，1957年。

吴玉贵《试论两件高昌供食文书》，《中国史研究》1990年第1期；收入作者《西暨流沙：隋唐突厥西域历史研究》，上海：上海古籍出版社，2020年。

吴玉贵《高昌供食文书中的突厥》，《西北民族研究》1991年第1期；收入作者《西暨流沙：隋唐突厥西域历史研究》，上海：上海古籍出版社，2020年。

吴玉贵《突厥汗国及其对西域的统治》，余太山主编《西域通史》第四编，郑州：中州古籍出版社，2003年。

吴震《近年出土高昌租佃契约研究》，《新疆历史论文续集》，乌鲁木齐：新疆人民出版社，1982年；收入《吴震敦煌吐鲁番文书研究论集》，上海：上海古籍出版社，2009年。

吴震《吐鲁番文书中的若干年号及相关问题》，《文物》1983年1期；收入《吴震敦煌吐鲁番文书研究论集》，上海：上海古籍出版社，2009年。

吴震《麴氏高昌国土地所有制形态试探》，《新疆文物》1986年第1期；收入《吴震敦煌吐鲁番文书研究论集》，上海：上海古籍出版社，2009年。

吴震《吐鲁番出土"租酒帐"中"姓"字名实辨》，《文物》1988年第3期；收入《吴震敦煌吐鲁番文书研究论集》，上海：上海古籍出版社，2009年。

吴震《吐鲁番出土高昌某寺月用斛斗帐历浅说》，《文物》1989年第11期；收入《吴震敦煌吐鲁番文书研究论集》，上海：上海古籍出版社，2009年。

吴震《从吐鲁番文书看麴氏高昌土地制度》，《文史知识》1992年第8期。

吴震《七世纪前后吐鲁番地区农业生产的特色——高昌寺院经济管窥》，《新疆经济开发史研究》（上册），乌鲁木齐：新疆人民出版社，1992年；收入《吴震敦煌吐鲁番文书研究论集》，上海：上海古籍出版社，2009年。

吴震《吴震敦煌吐鲁番文书研究论集》，上海：上海古籍出版社，2009年。

吴宗国《隋唐五代简史》，福州：福建人民出版社，1998年。

武敏《从出土文书看古代高昌地区的蚕丝与纺织》，《新疆社会科学》1987年第5期。

武敏《5世纪前后吐鲁番地区的货币经济》，殷晴主编《新疆经济开发史研究》上册，乌鲁木齐：新疆人民出版社，1992年。

武敏《从出土文物看唐代以前新疆纺织业的发展》，《西域研究》1996年第2期。

夏鼐《夏鼐文集》（下），北京：社会科学文献出版社，2000年。

谢弗《唐代的外来文明》，吴玉贵译，北京：中国社会科学出版社，1995年。

谢重光《麹氏高昌寺院经济试探》，《中国社会经济史研究》1987年第1期；改题《麹氏高昌的寺院经济》，先后收入作者《汉唐佛教社会史论》，台北：台北国际文化事业有限公司，1990年；《中古佛教僧官制度和社会生活》，北京：商务印书馆，2009年。

谢重光《麹氏高昌赋役制度考辨》，《北京师范大学学报》1989年第1期。

谢重光《净人及其在寺院经济中的地位和作用》，作者《汉唐佛教社会史论》，台北：台北国际文化事业有限公司，1990年。

谢重光《中古佛教僧官制度和社会生活》，北京：商务印书馆，2009年。

新疆博物馆考古部《阿斯塔那古墓群第二次发掘简报》《阿斯塔那古墓群第三次发掘简报》《阿斯塔那古墓群第十次发掘简报》《阿斯塔那古墓群第十一次发掘简报》，《新疆文物》2000年第3、4合期。

新疆博物馆考古队《吐鲁番哈拉和卓古墓群发掘简报》，《文物》1978年第6期。

新疆社会科学院考古研究所《新疆考古三十年》，乌鲁木齐：新疆人民出版社，1983年。

新疆维吾尔自治区博物馆《吐鲁番县阿斯塔那—哈拉和卓古墓群清理简报》，《文物》1972年第1期。

新疆文物考古研究所《吐鲁番阿斯塔那古墓群墓葬登记表》，《新疆文物》2000年第3、4期合刊。

徐俊《俄藏 Дх.11414+Дх.02947 前秦拟古诗残本研究——兼论背面券契文书的地域和时代》，《敦煌吐鲁番研究》第6卷，北京：北京大学出版社，2002年。

许序雅《〈大唐西域记〉所记中亚里程辨析》，《中国边疆史地研究》1998年第4期；收入作者《唐代丝绸之路与中亚史地丛考：以唐代文献为研究中心》，北京：商务印书馆，2015年。

许序雅《唐朝与中亚九姓胡关系演变考述——以中亚九姓胡朝贡为中心》，《西域研究》2012年第1期。

严耀中《麴氏高昌王国寺院研究》,《文史》第 34 辑,北京:中华书局,1992 年。

阎文儒《吐鲁番的高昌故城》,《文物》1962 年第 7、8 期合刊。

杨际平《试考唐代吐鲁番地区"部田"的历史渊源》,《中国社会经济史研究》1982 年第 1 期;收入《杨际平中国社会经济史论集(出土文书研究卷)》,厦门:厦门大学出版社,2016 年。

杨际平《麴氏高昌土地制度试探》,《新疆社会科学》(上、下),1987 年第 3、4 期;收入《杨际平中国社会经济史论集(出土文书研究卷)》,厦门:厦门大学出版社,2016 年。

杨际平《麴氏高昌赋役制度管见》,《中国社会经济史研究》1989 年第 2 期;收入《杨际平中国社会经济史论集(出土文书研究卷)》,厦门:厦门大学出版社,2016 年。

杨际平《唐前期的杂徭与色役》,《历史研究》1994 年第 3 期;收入《杨际平中国社会经济史论集(唐宋卷)》,厦门:厦门大学出版社,2016 年。

杨际平《麴氏高昌田赋制度再探》,中国魏晋南北朝史学会编《魏晋南北朝史研究》,武汉:湖北人民出版社,1996 年;收入《杨际平中国社会经济史论集(出土文书研究卷)》,厦门:厦门大学出版社,2016 年。

杨际平《秦汉户籍管理制度研究》,《中华文史论丛》2007 年第 1 辑;收入《杨际平中国社会经济史论集(先秦秦汉魏晋南北朝卷)》,厦门:厦门大学出版社,2016 年。

杨际平《谈北凉时期高昌郡的计赀、计口出丝与计赀配养马》,《西北师大学报(社会科学版)》2014 年第 2 期;收入《杨际平中国社会经济史论集(出土文书研究卷)》,厦门:厦门大学出版社,2016 年。

杨洁《论流入中国的波斯萨珊银币的功能——以吐鲁番出土银币为例》,《中国社会经济史研究》2010 年第 2 期。

杨洁《丝路绿洲国家的货币:本地铸造,抑或外部流入?》,《中国经济史研究》2011 年第 3 期。

杨洁《从粟特文文书看入华粟特人的货币问题》,《史林》2012 年第 2 期。

杨希义《唐代关中农业经济的主要产品及其地理分布》,《西北大学学报(哲学社会科学版)》1986 年第 1 期。

姚崇新《北凉王族与高昌佛教》,《新疆师范大学学报(哲学社会科学版)》1996 年第 1 期;收入作者《中古艺术宗教与西域历史论稿》,北京:商务印书馆,2011 年。

姚崇新《试论高昌国的佛教与佛教教团》,《敦煌吐鲁番研究》第 4 卷,北京:北京大学出版社,1999 年;收入作者《中古艺术宗教与西域历史论稿》,北京:商务印书馆,2011 年。

姚崇新《中外医药文化交流视域下的西州药材市场——以〈交河郡市估案〉为中心》,《文史》2009 年第 4 期;收入作者《中古艺术宗教与西域历史论稿》,北京:商务印书馆,2011 年。

伊斯拉菲尔·玉苏甫、安尼瓦尔·哈斯木《新疆博物馆馆藏波斯萨珊朝银币》,《中国钱币》2006 年第 3 期。

殷晴《丝绸之路与西域经济:十二世纪前新疆开发史稿》,北京:中华书局,2007 年。

《英藏敦煌文献》(1),成都:四川人民出版社,1990 年。

余太山《两汉魏晋南北朝与西域关系史研究》,北京:中国社会科学出版社,1995 年。

余太山《两汉魏晋南北朝正史西域传研究》,北京:中华书局,2003 年。

余太山《两汉魏晋南北朝正史西域传要注》,北京:中华书局,2005 年。

余太山《Aλχovo 钱币和嚈哒的族属》,《中国史研究》2011 年 1 期;收入作者《嚈哒史研究》,北京:商务印书馆,2012 年。

余太山主编《西域文化史》,北京:中国友谊出版公司,1995 年。

余太山主编《西域通史》,郑州:中州古籍出版社,2003 年。

余欣、陈昊《吐鲁番洋海出土高昌早期写本〈易杂占〉考释》,《敦煌吐鲁番研究》第 10 卷,上海:上海古籍出版社,2007 年。

余英时《汉代的贸易与扩张:汉胡经济关系结构研究》,邬文玲等译,上海:上海古籍出版社,2005 年。

张传玺《关于香港新见吐鲁番契券的一些问题》,《国学研究》第 13 卷,北京:北京大学出版社,2004 年。

张家山二四七号汉墓竹简整理小组编《张家山汉墓竹简〔二四七号墓〕》,北京:文物出版社,2001 年。

张庆捷《北魏平城波斯银币与丝绸之路的几个问题》;收入作者《民族汇聚与文明互动:北朝社会的考古学观察》,北京:商务印书馆,2010 年。

张仁玺《秦汉复除制述论》,《山东师范大学学报(人文社会科学版)》1993 年第 4 期。

张荣强《孙吴简中的户籍文书》,《历史研究》2006 年第 4 期;收入作者《汉唐籍帐制度研究》,北京:商务印书馆,2010 年。

张爽、薛海波《丝路视域下拜占庭、中介民族与中国关系研究》,北京:中国社会科学出版社，2022年。

张友直《中国实物货币通论》，北京：中国财政经济出版社，2009年。

张泽咸《唐五代赋役史草》，北京：中华书局，1986年。

张泽咸《汉晋唐时期农业》，北京：中国社会科学出版社，2003年。

张哲郎《乡遂遗规——村社的结构》，刘岱总主编《吾土与吾民》，北京：生活·读书·新知三联书店，1992年。

赵丰《红花在古代中国的传播、栽培和应用——中国古代染料植物研究之一》，《中国农史》1987年第3期。

赵文润《隋唐时期吐鲁番地区租佃制发达的原因》，《陕西师范大学学报》1987年第1期。

郑炳林《唐五代敦煌种植林业研究》，《中国史研究》1995年第3期；收入兰州大学敦煌学研究所《敦煌归义军史专题研究》，兰州：兰州大学出版社，1997年。

郑学檬《高昌实物田租问题探讨——〈吐鲁番出土文书〉读后札记》，《敦煌吐鲁番出土经济文书研究》，厦门：厦门大学出版社，1986年。

郑学檬《十六国至麴氏王朝时期高昌使用银钱的情况研究》，《敦煌吐鲁番出土经济文书研究》，厦门：厦门大学出版社，1986年。

郑学檬主编《中国赋役制度史》，上海：上海人民出版社，2000年。

中国文化遗产研究院、新疆维吾尔自治区博物馆编《新疆博物馆新获文书研究》，北京：中华书局，2013年。

周藤吉之《唐中期户税的研究——以吐鲁番出土文书为中心》，《敦煌学译文集：敦煌吐鲁番出土社会经济文书研究》，兰州：甘肃人民出版社，1985年。

周藤吉之《吐鲁番出土佃人文书的研究——唐代前期的佃人制》，《敦煌学译文集：敦煌吐鲁番出土社会经济文书研究》，兰州：甘肃人民出版社，1985年。

周伟洲《敕勒与柔然》，上海：上海人民出版社，1983年；桂林：广西师范大学出版社，2006年。

周伟洲《两汉时期新疆的经济开发》，《中国边疆史地研究》2005年第1期；收入作者《西域史地论集》，兰州：兰州大学出版社，2012年。

朱大渭《魏晋南北朝阶级结构试析》，中国魏晋南北朝史学会编《魏晋南北朝史研究》第1辑，四川省社会科学院出版社，1986年；收入作者《六朝史论》，北京：中华书局，1998年。

朱雷《麴氏高昌王国的"称价钱"——麴朝税制零拾》，《魏晋南北朝隋唐史资料》

第 4 期，1980 年内部交流；收入《朱雷敦煌吐鲁番文书论丛》，上海：上海古籍出版社，2012 年。

朱雷《吐鲁番出土北凉赀簿考释》，《武汉大学学报》1980 年第 4 期；收入《朱雷敦煌吐鲁番文书论丛》，上海：上海古籍出版社，2012 年。

朱雷《论麴氏高昌时期的"作人"》，唐长孺主编《敦煌吐鲁番文书初探》，武汉：武汉大学出版社，1983 年；收入《朱雷敦煌吐鲁番文书论丛》，上海：上海古籍出版社，2012 年。

朱雷《吐鲁番出土唐"勘田簿"残卷中所见西州推行"均田制"之初始》，《魏晋南北朝隋唐史资料》第 18 期，武汉：武汉大学出版社，2001 年；收入《朱雷敦煌吐鲁番文书论丛》，上海：上海古籍出版社，2012 年。

朱雷《朱雷敦煌吐鲁番文书论丛》，上海：上海古籍出版社，2012 年。

朱雷主编《唐代的历史与社会：中国唐史学会第六届年会暨国际唐史学术研讨会论文选集》，武汉：武汉大学出版社，1997 年。

朱绍侯《汉代乡、亭制度浅论》，《河南师大学报》1982 年第 1 期。

朱英荣《龟兹经济与龟兹文化》，《新疆大学学报》1990 年第 3 期；收入《龟兹文化研究》（一），乌鲁木齐：新疆人民出版社，2006 年。

日文部分

白须净真《高昌・阚爽政权と缘禾・建平纪年文书》，《东洋史研究》第 45 卷第 1 号，1986 年。

白须净真《麴氏高昌国における王令とその传达——下行文书"符"とその书式を中心として》，《东洋史研究》第 56 卷第 3 号，1997 年。

本间宽之《麴氏高昌国の文书行政——主として辞をめぐって》，《史滴》第 19 号，1997 年。

本间宽之《麴氏高昌における人民把握の一侧面》，《史滴》第 28 号，2006 年。

池田温《〈西域文化研究〉第二〈敦煌吐鲁番社会经济资料（上）〉的批评与介绍》，《史学杂志》第 69 编第 8 号，1960 年。

池田温《中国古代物价初探》，《史学杂志》第 77 编第 1、2 期，1968 年；韩昇译本收入池田温《唐研究论文选集》，北京：中国社会科学出版社，1999 年。

池田温《中国古代籍帐研究》，东京：东京大学出版会，1979 年。

池田温《敦煌の流通经济》，池田温编《讲座敦煌3：敦煌の社会》，东京：大东出版社，1980年。

池田温《麴氏高昌国土地制度の性格》(要旨)，《史学杂志》第91编第12号，1982年。

池田温《中国における吐鲁番文书整理研究の进展——唐长孺教授讲演の绍介を中心に》，《史学杂志》第91编第3号，1982年。

池田温《中国古代买田・买园券の一考察——大谷文书三点の绍介を中心として》，《西嶋定生博士还历记念：东アジア史における国家と农民》，东京：山川出版社，1984年。

池田温《吐鲁番、敦煌文书にみえる地方城市の住居》，《中国都市の历史的研究》，东京：刀水书房，1988年。

川村康《麴氏高昌国における土地卖买についての一考察》，《法研论集》第41号，1987年。

嶋崎昌《姑师と车师前・后王国》，《隋唐时代の东トゥルキスタン研究——高昌国史研究を中心として》，东京：东京大学出版会，1977年。

町田隆吉《吐鲁番出土"北凉赀簿"をあぐって》，《东洋史论》第3号，1982年。

町田隆吉《吐鲁番出土文书に见える佛教寺院名について》，《东京学艺大学附属高等学校大泉校舍研究纪要》第15集，1990年。

町田隆吉《使人と作人——麴氏高昌国时代の寺院・僧尼の隶属民》，《骏台史学》第78号，1990年。

町田隆吉《六—八世纪トゥルファン盆地の谷物生产》，《堀敏一先生古稀记念：中国古代の国家と民众》，东京：汲古书院，1995年。

町田隆吉《吐鲁番出土佛教寺院经济关系汉语文书の整理と研究》，平成十二年度—平成十三年度科学研究费补助金研究成果报告书，2002年。

町田隆吉《蒲陶と蒲桃》，《西北出土文献研究》第2号，2005年。

冈崎敬《东西交涉の考古学》（增补），东京：平凡社，1980年。

宫崎纯一《八世纪以前のトゥルファン地方の农业生产について》，《佛教大学大学院研究纪要》第13号，1985年。

宫崎市定《晋武帝户调式研究》，《宫崎市定全集》第7卷，岩波书店，1992年。

关尾史郎《高昌国における田土をめぐる觉书——〈吐鲁番出土文书〉札记（三）》，《中国水利史研究》第14号，1984年。

关尾史郎《"缘禾"と"延和"のあいだ——〈吐鲁番出土文书〉札记（五）》，《纪尾井史学》第 5 号，1985 年。

関尾史郎《"文书"と"正史"の高昌国》，《东洋史研究》第 47 卷第 3 号，1988 年。

関尾史郎《トゥルファン出土高昌国税制关系文书の基础的研究——条记文书の古文书学的分析を中心として》（一—九），《新潟大学人文科学研究》第 74、75、78、81、83、84、86、98、99 号，1988、1989、1990、1992、1993、1993、1994、1998、1999 年。

関尾史郎《高昌文书中の"剂"字について——〈吐鲁番出土文书〉札记（八）》（上、下、补遗、再补），《吐鲁番出土文物研究会会报》第 16、17、39、49 号，1989—1990 年。

関尾史郎《〈田亩作人文书〉小考——トゥルファン出土高昌国身份制关系文书研究序说》（上、下），《新潟史学》第 26、27 号，1991 年；要旨载《吐鲁番出土文物研究会会报》第 22 号，1989 年。

関尾史郎《高昌田亩（得、出）银钱帐——〈吐鲁番出土文书〉札记（一〇）》（上、中、下），《吐鲁番出土文物研究会会报》第 64、65、71 号，1991 年。

関尾史郎《高昌田租试论》，《史学杂志》第 100 编第 12 号，1991 年。

関尾史郎《〈田亩作人文书〉の周边——アスターナ一五四号墓出土作人关系文书の分析》，《东アジア——历史と文化》创刊号，1992 年。

関尾史郎《〈高昌年次未详入作人、画师、主胶人等名籍〉试释》，《龙谷史坛》103、104 合刊号，1994 年。

関尾史郎《〈高昌延寿元年（624）六月勾远行马价钱敕符〉をめぐる诸问题》（上），《东洋史苑》第 42、43 合并号，1994 年；黄正建译文《有关高昌国"远行马价钱"的一条史料——大谷一四六四、二四〇一号文书及其意义》，《出土文献研究》第 3 辑，北京：中华书局，1998 年。

関尾史郎《条呈——トゥルファン出土五胡文书分类试论（Ⅰ）》，《东アジア——历史と文化》第 10 号，2001 年。

関尾史郎《サンクトペテルブルグ藏、Дx02683v＋Дx11074v 初探——トゥルファン盆地の水利に关する一史料》，《中国水利史研究》第 30 号，2002 年。

関尾史郎《トゥルファン将来、"五胡"时代契约文书简介》，《西北出土文献研究》创刊号，2004 年。

関尾史郎《〈北凉年次未详（5 世纪中顷）赀簿残卷〉の考察》（上），《西北出土文献研究》第 2 号，2005 年。

関尾史郎《トゥルファン将来、"五胡"时代契约文书简介补订》,《西北出土文献研究》第 2 号,2005 年。

関尾史郎《トゥルファン出土、"五胡"时代文书の定名をめぐって——〈新获吐鲁番出土文献〉の成果によせて》,《西北出土文献研究》第 7 号,2009 年。

関尾史郎《"赀簿"の周边——北凉时代の簿籍と税制》,土肥义和、气贺泽保规编《敦煌・吐鲁番文书の世界とその时代》,东京:汲古书院,2017 年。

荒川正晴《高昌国における土地制度について》,《史観》第 101 册,1979 年。

荒川正晴《麹氏高昌国における郡县制の性格をめぐって——主としてトゥルファン出土资料による》,《史学杂志》第 95 编第 3 号,1986 年。

荒川正晴《麹氏高昌国の远行车牛について——〈高昌某年传始昌等县车牛子名及给价文书〉の检讨を中心にして》,《吐鲁番出土文物研究会会报》第 16 号、17 号,1989 年。

荒川正晴《トルファン出土〈麹氏高昌国时代ソグド文女奴隶卖买文书〉の理解をめぐって》,《内陆アジア言语の研究》第 5 号,1990 年。

荒川正晴《唐代驿传制度的构造及其运用》,《吐鲁番出土文物研究会会报》第 83 号,1992 年。

荒川正晴《林梅村〈粟特文买婢契与丝绸之路上的女奴贸易〉评介》,吐鲁番出土文物研究会编《吐鲁番出土文物研究会会报》第 100 号,1994 年。

荒川正晴《ソグド人の移住聚落と东方交易活动》,岩波讲座《世界历史》15《商人と市场:ネットワークの中の国家》,东京:岩波书店,1999 年。

荒川正晴《オアシス国家とキャラヴァン交易》,东京:山川出版社,2003 年。

荒川正晴《游牧国家とオアシス国家の共生关系——西突厥と麹氏高昌国のケースから》,《东洋史研究》第 67 卷第 2 号,2008 年。

荒川正晴《ユーラシアの交通・交易と唐帝国》,名古屋:名古屋大学出版会,2010 年。

吉田豊、森安孝夫、新疆ウイグル自治区博物馆《麹氏高昌国时代ソグド文女奴隶卖买文书》,《内陆アジア言语の研究》第 4 号,1989 年。柳洪亮译文载《新疆文物》1993 年第 4 期。

榎一雄《明末の肃州》,《宇野哲人先生白寿祝贺记念东洋学论丛》,1974 年;收入《榎一雄著作集》第三卷,东京:汲古书院,1993 年。

榎一雄《シルクロード国际贸易史の特质》,1985 年进讲草案,收入《榎一雄著作集》第五卷,东京:汲古书院,1993 年。

间野英二《〈シルクロード史観〉再考——森安孝夫氏の批判に関连して》,《史林》第 91 卷第 2 号,2008 年。

姜伯勤《敦煌、吐鲁番とシルクロード上のソグド人》(2),《季刊东西交涉》第 5 卷第 2 号,1986 年。

堀敏一《均田制の研究》,东京:岩波书店,1975 年。

堀敏一《中国古代の身份制——良と贱》,东京:汲古书院,1987 年。

米田贤次郎《オアシス农业と土地问题——特にトルファン沟渠の变更と土地の割替を问题にして》,《鹰陵史学》第 11 号,1986 年。

片山章雄《高昌吉利钱について》,《小田义久博士还历记念东洋史论集》,京都:真阳社,1995 年;于志勇译文载《西域研究》1995 年第 1 期。

前泽伸行《古代ギリシアの商业と国家》,岩波讲座《世界历史》15《商人と市场:ネットワークの中の国家》东京:岩波书店,1999 年。

桑山正进《东方におけるサーサーン式银货の再检讨》,《东方学报》第 54 册,1982 年。

森安孝夫《シルクロードと唐帝国》,东京:讲谈社,2007 年。

山本光郎《"寄田仰谷"考》,《史林》第 67 卷第 6 号,1984 年。

杉山正明《中央ユーラシアの历史构图》,岩波讲座《世界历史》11《中央ユーラシアの统合:9—16 世纪》,东京:岩波书店,1997 年。

松田寿男《中央アジア史》,アテネ文库,弘文堂,1955 年;收入《松田寿男著作集》一,东京:六兴出版,1986 年。

松田寿男《沙漠の文化:中央アジアと东西交涉》,东京:中央公论新社,1966 年;收入《松田寿男著作集》一,东京:六兴出版,1986 年。

松田寿男《アジアの历史:东西交涉からみた前近代の世界像》,东京:岩波书店,1992 年。

小田义久《麴氏高昌国官厅文书小考》,唐代史研究会编《中国律令制の展开とその国家・社会との关系:周边诸地域の场合を含めて》,《唐代史研究会报告》第 5 集,东京:刀水书房,1984 年。

小田义久《大谷文书集成》第 1、2、3 卷,京都:法藏馆,1984、1990、2003 年。

中日共同尼雅遗迹学术考察队编著《中日共同尼雅遗迹学术调查报告书》第二卷,1999 年。

曾布川宽、吉田丰编《ソグド人の美术と言语》,京都:临川书店,2011 年。

シルクロード学研究センター《新疆出土のサーサーン式银货——新疆ウイグル自

治区博物馆藏のサーサーン式银货》,《シルクロード学研究》第 19 卷, 2003 年。

西文部分

Boyer, A. M. & Rapson, E. J. & Senart, E. & Noble P. S. ed., *Kharoṣṭhī Inscriptions, Discovered by Sir Aurel Stein in Chinese Turkestan*, Part Ⅰ - Ⅲ, Oxford: Clarendon Press, 1920, 1927, 1929; New Delhi: Cosmo Publications, 1997.

Burrow, T., "Further Kharoṣṭhī Documents from Niya", *Bulletin of the School of Oriental Studies, University of London*, Vol.9, No.1(1937).

Burrow, T., *A Translation of Kharoṣṭhī Documents from Chinese Turkestan*, London: The Royal Asiatic Society, 1940.

Étienne de la Vaissière, *Sogdian Traders: A History,* Leiden & Boston: Brill, 2005.

Frye, Richard N., "Sasanian-Central Asian trade relations", *Bulletin of the Asia Institute*, New Series, Volume 7, 1993.

Göbl, R., *Documente zur Geschichte der Iranischen Hunnen in Baktrien und Indien*, I-IV, Wiesbaden, 1967.

Göbl, R., "Sasanian Coins", E. Yarshater ed., *The Cambridge History of Iran*, Vol. 3 (1), Cambridge: Cambridge University Press, 1983.

Liu, Xinru, *Ancient India and Ancient China: Trade and Religious Exchanges, AD1-600*, Delhi: Oxford University Press, 1988.

Liu, Xinru, *The Silk Road in World History*, New York: Oxford University Press, 2010.

Lurje, P. B., *Personal Names in Sogdian Texts (Iranisches Personennamenbuch band 2)*, Wein: Austrian Academy of Sciences, 2010.

Marshak, Boris I., "Central Asia from the Third to the Seventh Century", Annette L. Juliano and Judith A. Lerner ed., *Nomads, Traders and Holy Men Along China's Silk Road*, Turnhout: Brepols, 2002.

Mitchiner, M., "Some Late Kushano-Sassanian and Early Hephthalite Silver Coins", *East and West*, Vol 25, No.1/2, 1975.

Sims-Williams, N., "The Sogdian Merchants in China and India", A. Cadonna and L. Lanciotti ed., *Cina e Iran: da Alessandro Magno alla Dinastia Tang*, Firenze: Casa Editrice Leo S. Olschki, 1996.

Skaff, Jonathan Karam, "Sasanian and Arab-Sansanian Coins from Turfan: Their Relationship to International Trade and the Local Economy", *Asia Major*, Vol.11, No.2, 1998(1999).

Stein, A. M., *Innermost Asia: Detailed Report of Explorations in Central Asia, Kansu and Eastern Iran*, 4 vols, Oxford: Clarendon Press, 1928.

Wang, Helen, *Money on the Silk Road: the Evidence from Eastern Central Asia to c. AD 800*, London: the British Museum Press, 2004.

Yamamoto, T. & Ikeda, O. co-ed., *Tun-huang and Turfan Documents Concerning Social and Economic History* Ⅲ Contracts (A) Introduction & Texts, The Toyo Bunko, 1987.

Yamamoto, T. & Ikeda, O. co-ed., *Tun-huang and Turfan Documents Concerning Social and Economic History*, Supplement, The Toyo Bunko, 2001.

Yoshida, Y., "Translation of the Contract for the Purchase of a Slave Girl Found at Turfan and Dated 639" (Appendix to V. Hansen, "New Work on the Sogdians, the Most Important Traders on the Silk Road: Review of Étienne de la Vaissière, *Histoire des marchands sogdiens*, and Rong Xinjiang, *Zhonggu Zhongguo yu Wailai Wenming*"), *T'oung Pao*, Vol.89, No.1-3, 2003.

Zeǐmal, E. V., "The Circulation of Coins in Certral Asia during the Early Medieval Period (Fifth-Eighth Centuries A.D.)", *Bulletin of the Asia Institute*, New Series,Volume 8, 1994.

收入本书作者已刊论文目录

1.《吐鲁番新出北凉计赀、计口出丝帐研究》，《中华文史论丛》2007年第4期。
2.《吐鲁番新出一组阚氏高昌时期供物、差役帐》，沈卫荣主编《西域历史语言研究集刊》第2辑，北京：科学出版社，2009年。
3.《〈高昌主簿张绾等传供帐〉再研究——兼论阚氏高昌国时期的客使接待制度》，《西域研究》2013年第4期。
4.《文书所见高昌国平民土地占有状况研究》，朱玉麒主编《西域文史》第8辑，北京：科学出版社，2013年。
5.《高昌国夏树契约研究》，中共金塔县委等编《金塔居延遗址与丝绸之路历史文化研究》，兰州：甘肃教育出版社，2014年。

6.《高昌国"作人"问题再论》，《中国经济史研究》2014年第2期。

7.《丝绸之路绿洲国家百姓的生计》，荣新江、朱玉麒主编《西域考古、史地、语言研究新视野——黄文弼与中瑞西北科学考查团国际学术研讨会论文集》，北京：科学出版社，2014年。

8.《丝绸之路与高昌经济——以高昌国的银钱使用与流通为中心》，朱玉麒主编《西域文史》第10辑，北京：科学出版社，2015年。英文版 "The Silk Road and the Economy of Gaochang: Evidence on the Circulation of Silver Coins", Daniel C. Waugh ed., *The Silk Road*, Vol.15, 2017。

9.《〈高昌张武顺等葡萄亩数及租酒帐〉再研究——兼论高昌国葡萄酒的外销》，吐鲁番学研究院编《吐鲁番与丝绸之路经济带高峰论坛暨第五届吐鲁番学国际学术研讨会论文集》，上海：上海古籍出版社，2016年。日文版《〈高昌张武顺等葡萄亩数および租酒帐〉の再研究——高昌国の葡萄酒の贩路を兼ねて》，荒川正晴、柴田幹夫编《シルクロードと近代日本の邂逅：西域古代资料と日本近代佛教》，东京：勉诚社，2016年。

10.《麹氏高昌国流通银钱辨正》，《北京大学学报（哲学社会科学版）》2016年第1期。

11.《高昌货币史上的毯本位时代》，朱玉麒主编《西域文史》第12辑，北京：科学出版社，2018年。

12.《麹氏高昌国流通货币研究》，《中国史研究》2018年第1期。

13.《唐代西州农业的发展》，中国中古史集刊编委会编《中国中古史集刊》第5辑，北京：商务印书馆，2018年。

14.《唐西州银钱的使用与流通》，沙武田主编《丝绸之路研究集刊》第2辑，北京：商务印书馆，2018年。

15.《丝绸之路与唐西州经济述略》，《敦煌吐鲁番研究》第18卷，上海：上海古籍出版社，2019年。

16.书评：殷晴《丝绸之路与西域经济——十二世纪前新疆开发史稿》，《唐宋历史评论》第7辑，北京：社会科学文献出版社，2020年。

17.书评：李艳玲《田作畜牧——公元前2世纪至公元7世纪前期西域绿洲农业研究》，《隋唐辽宋金元史论丛》第12辑，上海：上海古籍出版社，2022年。

图版目录

第一章 公元 5 世纪吐鲁番绿洲的经济与赋役

图 1-1 《北凉计赀出献丝帐》2006TZJI:190+2006TZJI:185+2006TZJI:173+2006TZJI:172+2006TZJI:186+2006TZJI:189；2006TZJI:174，2006TZJI:175，2006TZJI:187，2006TZJI:188（《新获吐鲁番出土文献》，第 278、280 页）

图 1-2 《北凉计口出丝帐》2006TZJI:170＋2006TZJI:179；2006TZJI:169；2006TZJI:177＋2006TZJI:178（《新获吐鲁番出土文献》，第 282 页）

图 1-3 《阚氏高昌永康年间供物、差役帐》97TSYM1:9-1（《新获吐鲁番出土文献》，第 130 页）

图 1-4 《阚氏高昌永康年间供物、差役帐》97TSYM1:8-2（《新获吐鲁番出土文献》，第 131 页）

图 1-5 《阚氏高昌永康年间供物、差役帐》97TSYM1:11-8b+97TSYM1:11-7（《新获吐鲁番出土文献》，第 136 页）

图 1-6 《阚氏高昌永康年间供物、差役帐》97TSYM1:7-1（《新获吐鲁番出土文献》，第 137 页）

图 1-7 《阚氏高昌永康年间供物、差役帐》97TSYM1:7-1 背面（《新获吐鲁番出土文献》，第 138 页）

图 1-8 《阚氏高昌永康年间供物、差役帐》97TSYM1:11-7 背面＋97TSYM1:11-8b 背面（《新获吐鲁番出土文献》，第 139 页）

图版目录

图 1-9 《阚氏高昌永康年间供物、差役帐》97TSYM1:8-3 背面（《新获吐鲁番出土文献》，第 141 页）

图 1-10 《阚氏高昌永康年间供物、差役帐》97TSYM1:8-2 背面（《新获吐鲁番出土文献》，第 144 页）

图 1-11 《阚氏高昌永康年间供物、差役帐》97TSYM1:9-1 背面（《新获吐鲁番出土文献》，第 145 页）

图 1-12 《阚氏高昌仓部织物及赤违等支出帐》（《吐鲁番出土文书》壹，第 122—123 页）

第三章 丝绸之路与高昌国的银钱流通

图 3-1 《高昌延寿八年孙阿父师买舍券》（《吐鲁番出土文书》贰，第 206 页）

图 3-2 《高昌张武顺等葡萄亩数及得酒帐》60TAM320:01/8（《吐鲁番出土文书》壹，第 324 页）

图 3-3 《高昌张武顺等葡萄亩数及得酒帐》60TAM320:01/1(a)、60TAM320:01/1(b)（《吐鲁番出土文书》壹，第 325、326 页）

图 3-4 《高昌张武顺等葡萄亩数及得酒帐》60TAM320:01/2（《吐鲁番出土文书》壹，第 327 页）

图 3-5 《高昌张武顺等葡萄亩数及得酒帐》60TAM320:01/3（《吐鲁番出土文书》壹，第 328 页）

图 3-6 《高昌□善等传供食帐》（二）60TAM307:4/4(a)（《吐鲁番出土文书》壹，第 416 页）

图 3-7 《高昌虎牙都子等传供食帐》60TAM307:4/2(a)（《吐鲁番出土文书》壹，第 414 页）

图 3-8 《高昌上钱帐历》（二）60TAM307:4/2(b)（《吐鲁番出土文书》壹，第 420 页）

表格目录

第一章　公元 5 世纪吐鲁番绿洲的经济与赋役

　　表 1-1　北凉赀簿所记赀额及折算田亩数情况表

　　表 1-2　计赀出献丝帐赀额对应出献丝数量情况表

　　表 1-3　计口出丝帐家口数量情况表

　　表 1-4　与人名字体相同的供物、差役记录表

　　表 1-5　不同文书上笔迹相同的供物差役项目表

　　表 1-6　重复出现人名的情况表

　　表 1-7　第 16、17 件所见供薪方式表

　　表 1-8　重复出现的三组人名的供物差役情况表

　　表 1-9　相连同姓人名情况表

　　表 1-10　与"瓨"有关的差役记录表

第二章　麹氏高昌国流通货币

　　表 2-1　文书中出现"半文"钱的情况表

　　表 2-2　月用斛斗帐历中的粮食出售情况表

　　表 2-3　月用斛斗帐历中粮食充当货币的情况表

第三章　丝绸之路与高昌国的银钱流通

表 3-1　高昌国买舍、买舍地契约信息表

表 3-2　当寺出售粮食得银钱情况表

第四章　土地与生计

表 4-1　勘田簿反映的高昌国百姓土地占有情况表

表 4-2　辇质帐反映的高昌国百姓土地占有情况表

表 4-3　计亩承车牛役簿反映的高昌国百姓土地占有情况表

表 4-4　麹氏高昌国田地租佃契约情况表

表 4-5　张武顺帐及苻养帐葡萄园亩数信息表

表 4-6　高长史帐葡萄园亩数信息表

表 4-7　麹氏高昌国土地买卖情况表

表 4-8　该寺出售粮食得银钱情况表

第六章　丝绸之路与唐西州经济

表 6-1　户籍材料中的田亩信息表

后　记

本书是我的第一部著作。关注这个问题始于我写博士论文的时期，至今已有十五年。

当时的考虑是从丝绸之路的角度剖析中古时期的吐鲁番绿洲社会，由此观察中外文化交流在西域的具体反映，经济是其中重要的一个方面。不久我就注意到高昌国流通萨珊波斯银币的问题，尤其是这些银钱在普通百姓的日常交易中也有使用，我好奇它们是从哪里来的。由此我从平民、寺院和国家三个角度分析了银钱在高昌社会中的使用和流转，最后把视线转向了葡萄酒生产和外来人口的消费供应，进行了聚焦和深入分析，终于找到了银钱的外部来源。这项研究成为我博士论文的一章，也是我认为比较令人满意的部分，即收为本书的第三章。毕业之后我又继续关注这一问题，发表了多篇论文，澄清了银钱就是萨珊银币的问题，揭示了银钱存在虚拟单位"半文"，以及粮食作为实物货币流通的史实，由此上溯到阚氏高昌，讨论当时使用的毯实际也是一种区域性货币。因为银钱流通的终结是在武周时期，我又进一步探究了唐西州的货币流通及农业经济发展问题，分析了政权更迭之后唐朝的客使接待与地方经济的关系。从北凉到高昌国，吐鲁番绿洲的经济发展成效显著，我从长时段观照了经济崛起过程中绿洲社会自身的资源优化配置和经济战略调整的轨迹。我还关心绿洲社会中的百姓生活，考察了丝路商机带给他们哪些维系生计的可能。至此基本完成了这项研究所涉及的具体问题。

本书能够出版首先要感谢荣新江先生。在北大读博的五年，对我而言不仅是学识的积累、技能的习得，更是学术精神的淬炼和洗礼。荣老师在学术上勇猛精进，不断开拓进取，一直是我学习的榜样。我从 2005 年开始参加"新获吐鲁番文献整理小组"的读书班，一直到 2008 年整理成果正式出版，我有幸参与了那一批文书的录文、拼接、研究等各个环节的工作，得到了锻炼和成长的机会。

后 记

我进入吐鲁番学研究领域的引路人是我的硕士导师孟宪实先生。孟老师的研究关注民间和基层社会，一方面固然是因为只有敦煌吐鲁番文书保存了这样的资料，更重要的是孟老师有着研究历史以映照现实的关怀。我自己的研究关注点，无论是社会经济还是地域社会变迁，无一不是从普通人的角度着眼，不知不觉间受到了影响。

2009年国庆节之后我东渡日本，师从新潟大学関尾史郎先生。関尾先生研究吐鲁番文书以扎实绵密的文书分析见长，从他问学，让我对文书学的研究方法有了更真切的体会。我的博士论文的主体部分是在新潟完成的，当时每两周向関尾先生报告一次进展，即便遭遇困难或挫折也要按时提交，最终得以按时完成。

文书研究有时候像破案，问对问题才能找到答案。在追寻普通百姓的银钱来源的时候，我将目光转向了《高昌张武顺等葡萄亩数及得酒帐》，文书中出现了"租了""无租""得酒""储酒""有酒""无酒"等各种名词，再加上相互之间的组合，让文书看起来扑朔迷离。这些名词应该都是为这件文书所编，确切的含义当事人明白，今天看起来却很费解。前人作过不少尝试，仍然未得通解。这件文书有没有可能包含葡萄酒出售的信息，这是我关注这件文书的初衷。在全面吸收前人研究成果的合理之处以后，我发现如果将整件文书中最核心的词"得酒"理解为交给官府以用于出售的酒，则整件文书就都豁然开朗，其他名词也都能够契合这一理解。在追索很久之后终于一通百通，兴奋之情难以言表。当时是在2010年春季我留学中的新潟大学研究生的共同研究室，时间已是深夜。我担心自己的想法过后就理不清，所以连夜就整理思路写了出来。写完之后仍然很兴奋，我决定放松一下出去走走，就顺便去了校园对面的24小时便利店买早餐面包。买完返回校园的时候已接近破晓，下意识转头西顾，那一刻的新大校园薄雾茫茫，树影婆娑，宛若仙境，令我终生难忘。

从读博士以来，受到许多先生的关照。朱雷先生和陈国灿先生都是大家，我于2007年9月在京郊九华山庄的"新获吐鲁番出土文献"定稿会上有幸近距离接触，后来在学术会议上也多次亲聆教诲，获益匪浅，谨向两位逝去的先生表达铭感之情。王素先生主持了我的毕业论文答辩，后来又多予勉励，令我备受鼓舞。蒙朱玉麒先生垂青，我读硕士的时候就发表了自己第一篇尚显稚嫩的习作。另外周伟洲先生、吴玉贵先生、王小甫先生、李肖先生、王欣先生、陈峰先生、罗丰先生都对我多有指教。本书中最早完成的篇章来自于读博的时候参加荣老师主持的"新获吐鲁番文献整理小组"时受命研究两组文书而写就的论文，文书的录文都是集体的成果，论文的初稿都蒙整理小组各位师友的帮助和鼓励，谨致谢忱。2024年3月，我有幸受邀赴日本东洋文库参加"敦煌吐鲁番研究的最前沿"学术研讨会并发表演讲，演讲内容即本书第五章的内容，得到了与会学者的肯定。感谢气贺泽保规先生、関尾史郎先生、荒川正晴先生、岩本笃志先生在会议期间给予的多方关照。

收入本书的各部分内容基本都曾发表过，《北凉计赀、计口出丝帐》《阚氏高昌供物差役帐》《高昌张武顺等葡萄亩数及得酒帐》三件文书的性质后来都有其他学者再研究，但我的观点没有改变。第三章的内容本是篇五万多字的长文，在朱玉麒老师主编的《西域文史》上发表后，受到华盛顿大学丹尼尔·C. 沃（Daniel C. Waugh）教授的关注，译成英文后发表在他主编的刊物《丝绸之路》第 15 辑上。关于《高昌张武顺等葡萄亩数及得酒帐》的研究被译成日文收入荒川正晴先生主编的《丝绸之路与近代日本的邂逅——西域古代资料与日本近代佛教》（勉诚出版，2016 年）。收入本书的其他篇章也都做过不同程度的修订。

吐鲁番文书还有可观的埋藏，静待下一批新资料的刊布，无论本书中的观点将来被证实或证伪，我都欣然接受。

裴成国
2024 年 8 月 29 日
于西北大学